Lehner (Hrsg.)

Softwarewartung und Reengineering

GABLER EDITION WISSENSCHAFT

Information Engineering und IV-Controlling

Herausgegeben von Professor Dr. Franz Lehner

Die Schriftenreihe präsentiert aktuelle Forschungsergebnisse der Wirtschaftsinformatik sowie interdisziplinäre Ansätze aus Informatik und Betriebswirtschaftslehre. Ein zentrales Anliegen ist dabei die Pflege der Verbindung zwischen Theorie und Praxis durch eine anwendungsorientierte Darstellung sowie durch die Aktualität der Beiträge. Mit der inhaltlichen Orientierung an Fragen des Information Engineerings und des IV-Controllings soll insbesondere ein Beitrag zur theoretischen Fundierung und Weiterentwicklung eines wichtigen Teilbereichs der Wirtschaftsinformatik geleistet werden.

Franz Lehner (Hrsg.)

Softwarewartung und Reengineering

Erfahrungen und Entwicklungen

Springer Fachmedien Wiesbaden GmbH

Die Deutsche Bibliothek – CIP-Einheitsaufnahme

Softwarewartung und Reengineering : Erfahrungen und Entwicklungen /Hrsg.: Franz Lehner.
Wiesbaden : Dt. Univ.-Verl. ; Wiesbaden : Gabler, 1996
(Gabler Edition Wissenschaft: Information Engineering und IV-Controlling)
ISBN 978-3-8244-6294-0 ISBN 978-3-663-08951-3 (eBook)
DOI 10.1007/978-3-663-08951-3
NE: Lehner, Franz [Hrsg.]

Gabler Verlag, Deutscher Universitäts-Verlag, Wiesbaden

Ursprünglich erschienen bei Betriebswirtschaftlicher Verlag Dr . Th. Gabler GmbH, Wiesbaden 1996.

Lektorat: Claudia Splittgerber

Vorwort des Herausgebers

Softwarewartung ist teuer! Bei vielen Softwareanwendungen in der Wirtschaft und in der öffentlichen Verwaltung wird ein großer Anteil der verfügbaren Ressourcen für die Wartung existierender Programme verwendet. Nach wie vor sind darunter viele Programme, die noch nicht mit modernen Methoden des Software Engineerings erstellt wurden. Man kann also davon ausgehen, daß hier auch ein erhebliches Potential zur Kostenreduktion existiert. Eine wichtige Forderung lautet dabei: Man sollte nicht bei der Wartung sondern vielmehr durch die Wartung sparen!

Fragen der Softwarewartung wurden allerdings auch in der Forschung lange Zeit vernachlässigt, so daß sich unter Berücksichtigung der existierenden Softwarebestände ein enormer Nachholbedarf ableiten läßt. Dies wird zunehmend auch von der Informatik erkannt. Einer Umfrage unter Mitgliedern der Gesellschaft für Informatik zufolge wird die Bewältigung von Problemen im Umfeld von "Software-Altlasten" mit 81,8% der Nennungen als die wichtigste Herausforderung der nächsten Jahre gesehen. Es handelt sich dabei aber um keine rein technische Aufgabe, vielmehr müssen auch betriebswirtschaftliche Aspekte berücksichtigt werden.

Die Bedeutung der Thematik dokumentiert sich ferner in einem wachsenden Markt für einschlägige Reengineering-Dienstleistungen sowie für Sanierungsprojekte. Softwaretechnische Werkzeuge zur Unterstützung der dabei anfallenden Aufgaben gewinnen ebenfalls an Bedeutung, da die Komplexität für eine manuelle Bearbeitung im allgemeinen zu groß ist. Die Funktionen dieser Werkzeuge reichen von der automatischen Programmanalyse und -dokumentation über das Restrukturieren bis zur Portierung von Programmen auf andere Basissysteme. Der zunehmenden Leistungsfähigkeit steht allerdings bislang eine relativ geringe Verbreitung solcher Werkzeuge gegenüber. Dies liegt vermutlich nicht so sehr an den Werkzeugen selbst, sondern eher an ihrer geringen Bekanntheit, an fehlenden Auswahl- und Entscheidungshilfen und am niedrigen Stellenwert, welcher der Wartung noch immer in den Unternehmen beigemessen wird. Es sieht allerdings so aus, daß diese Einschätzung primär für den deutschsprachigen Raum zutrifft, während die Situation im anglo-amerikanischen Raum zumindest hinsichtlich der Werkzeugakzeptanz wesentlich besser ist. Darauf deutet insbesondere das vielfältige Angebot sowie die Herausbildung eines eigenständigen Marktsegmentes in den USA hin.

Über die Ursachen der erwähnten Unterschiede können an dieser Stelle lediglich Vermutungen angestellt werden. Eine gewisse Rolle spielen sicher die "Software-Engineering-Kultur" in deutschen Unternehmen und der vergleichsweise wesentlich kleinere Softwarebestand. Jene Unternehmen, welche die Probleme und die Herausforderungen erkannt haben, sind daher hierzulande häufig auf Eigeninitiative angewiesen.

Vor dem Hintergrund des nach wie vor unzureichenden Problembewußtseins, wird im vorliegenden Band versucht, einen Überblick über den aktuellen Stand zum Thema Softwarewartung und Reengineering aus der Sicht von Theorie und Praxis zu geben. Es handelt sich dabei um die Beiträge zur gleichnamigen Fachtagung an der Universität Regensburg im März 1996, mit der u.a. die vielfältigen Aktivitäten auf diesem Gebiet im deutschsprachigen Raum dokumentiert werden sollen. Wichtige Fragen, die im Mittelpunkt standen, sind: Welche Hauptprobleme werden beim Softwareeinsatz in den Unternehmen in den nächsten 10 Jahren erwartet? Welche Lösungen können angeboten werden? Wie wird die Wartung in der Zukunft erfolgen? Welche Hilfsmittel und Methoden werden eingesetzt?

Die vorliegenden Beiträge stammen gleichermaßen aus der Forschung sowie aus der Praxis. Um dem Leser eine einfachere Orientierung zu ermöglichen, wurde eine Gliederung bzw. Zusammenfassung in fünf Abschnitte vorgenommen. Im einzelnen handelt es sich dabei um folgende Themenbereiche:

- aktuelle Situation und Zukunft der Softwarewartung;
- Softwarewartung als Aufgabe der Qualitätssicherung;
- Ansätze des Programmverstehens;
- sprachbezogene Lösungsansätze;
- methodisches Vorgehen bei der Softwarewartung und beim Reengineering.

Mit der Tagung selbst soll ein Forum initiiert werden, das die Grundlage für einen organisierten und regelmäßigen Erfahrungsaustausch sowie für eine Zusammenarbeit zwischen Wissenschaftlern, Anwendern und Anbietern auf dem Gebiet Softwarewartung und Reengineering bieten kann. Ein wesentliches Anliegen ist darüberhinaus die Diskussion und Bewertung von zukünftigen Tendenzen. Damit wird gleichzeitig die Zielsetzung der Schriftenreihe hervorgehoben, die mit diesem Band eröffnet wird, und die einen Beitrag zu aktuellen Themen der Wirtschaftsinformatik leisten soll.

Abschließend sei noch den Mitarbeitern des Lehrstuhls für Wirtschaftsinformatik für Ihre Unterstützung bei der Vorbereitung dieses Bandes der Dank ausgesprochen. In besonderer Weise gilt dieser Dank Herrn Oliver Klosa, durch dessen Engagement das Manuskript fristgerecht fertiggestellt werden konnte.

Franz Lehner

Inhaltsverzeichnis

I. Aktuelle Situation und Zukunft der Softwarewartung

Software-Offloading

Harry M. Sneed

1. Software Offloading

"Software-Offloading" ist ein Begriff für die Auslagerung der Software-Entwicklung und -Wartung von der Produktionsanlage - in der Regel Mainframe-orientiert, auf dedizierte Entwicklungs- bzw. Wartungsarbeitsplätze - in der Regel PC´s. Im Gegensatz zum System-Downsizing, bei dem die Applikation von einem zentralen Hostrechner auf vernetzte Arbeitsplatzrechner verteilt werden, bleibt hier die Produktion auf dem Host. Nur die Wartung und Weiterentwicklung wird vom Host abgezogen und auf Arbeitsplatzrechner verlagert.

Die Gründe dafür liegen auf der Hand. Es ist zum Einen viel billiger die Entwicklungsarbeitsvorgänge wie Editieren, Kompilieren und Testen auf PC-Rechner auszuführen, wo die MIP´s nur einen Bruchteil der Mainframe MIP´s betragen [Dewi93]. Zum Zweiten ist es auch viel effektiver. Studien von Thadhani und Lampert belegen, daß Entwicklungsarbeiten auf dem PC in der Hälfte der Zeit und mit einem Drittel Aufwand erledigt werden im Vergleich zur Mainframe-Entwicklung [Thad84]. Zum Dritten ist das Angebot von Entwicklungs- und Wartungswerkzeuge auf dem PC größer und auch qualitativ besser. Viertens sind die meisten Upper-CASE Tools wie z.B. ADW, IEF oder EXCELERATOR nur auf einem graphikfähigen Arbeitsplatz einsetzbar, so daß der Übergang vom Entwurf zur Implementierung reibungsloser verlaufen kann. Schließlich ist es für die Entwickler und Wartungsingenieure wesentlich bequemer und attraktiver auf PC-Rechner unter einer graphischen Benutzeroberfläche (GUI) zu arbeiten.

Diese und andere Gründe sprechen für sich, auch wenn die Produktion aus Sicherheits- und Kapazitätsgründen auf dem zentralen Mainframe-Rechner bleiben muß. Trotzdem gibt es keinen Grund, warum die Entwicklung und Wartung nicht auf PC-Arbeitsplätze verteilt werden soll. Dies ist einer der schnellsten und sichersten Wege zur Produktivitätssteigerung, was eine AT&T Untersuchung belegt, die von Produktivitätssteigerungen von bis zu 37% spricht [AT&T89].

2. Nutzen von Offloading

Butterline beschreibt die Hauptnutzen des Offloading als

- höhere Produktivität,
- verbesserte Qualität,
- reduzierte Hostbelastung und
- Zugang zu effektiveren Werkzeugen [Butt92].

Die höhere Produktivität ist unbestreitbar. Entwickler können ihre Programme ändern, kompilieren und testen in einem Bruchteil der Zeit, die sie sonst auf dem Host verbrauchen würden. Vor allem der Test ermöglicht große Zeiteinsparungen.

Die verbesserte Qualität ergibt sich durch bessere Test-, Audit- und Editierbedingungen. Das Testen wird transparenter und einfacher, so daß ein effektiveres Testen möglich wird. Die Simulation der Dateien, Datenbanken und Bildschirmkommunikationen fördert das gezielte Testen. Endlich können einzelne Module richtig ausgetestet werden, da die Testabläufe verfolgt und nach Bedarf geändert werden können. Außerdem helfen Tools die Programme vorab zu inspezieren und aus verschiedenen Blickwinkeln zu studieren. Programmbäume, Datenbäume, Entscheidungstabellen, Datenflußdiagramme und andere Programmdarstellungen können beliebig aus dem Source Code abgeleitet und in graphischer Form präsentiert werden. Letztlich wird das Editieren durch z.B. Cut & Paste, Drag & Drop sowie durch andere graphische Editierfunktionen bequemer und sicherer. Visuelle Editoren wie Code-Wright erleichtern das Lesen und Erkennen durch Farbvariationen. Das alles trägt zur Qualitätsverbesserung bei.

Die reduzierte Hostbelastung beträgt nach einem Offloading laut AT&T Studie ca. 67% der bisherigen Hostbelastung, da nur noch die Konfigurationsverwaltung sowie der Integrations- und Systemtest am zentralen Hostrechner durchgeführt werden muß [Guen925]. Andere Studien sprechen von sogar bis zu 85% Kapazitätseinsparung.

Der Zugang zu modernen, leistungsfähigen Werkzeugen ist vielleicht der bedeutenste Vorteil. Die Micro Focus bzw. REALIA COBOL Workbench ist stellvertretend für den State of the Art in der Offline-Programmentwicklung. Die Existing Software Workbench (ESW) leistet ähnliches für die Software-Wartung. Diese modernen Werkzeuge kombinieren das Editieren mit Reverse Engineering, Kompilieren und Testen. Testrahmen simulieren die Zugriffe auf Mainframe Datenbanken wie IMS und DB/2 und emulieren die CICS-Bildschirmschnittstellen. Das ermöglicht einen nahtlosen Übergang von den sog. Lower-CASE Programmierwerkzeugen zu den vorhandenen Upper-CASE Werkzeugen, die über ein gemeinsames Repository zu einer Hochleistungsproduktionsumgebung verschmelzen, wovon man vor 10 Jahren nur träumen konnte [siehe Fig. 1].

3. Kosten von Offloading

Die oben beschriebenen Nutzen fordern auch ihren Preis. Es wäre töricht zu glauben, daß alles wäre umsonst zu bekommen. Dennoch, im Verhältnis zu den Nutzen sind die Kosten relativ gering. So rechnet Butterline für eine Gruppe von 11 Entwickler

- $ 40.500,- Hardware-Kosten,
- $ 85.250,- Software-Kosten,
- $ 23.100,- Ausbildungskosten und
- $ 19.900,- Installationskosten [Butt92].

Das ergibt insgesamt $174.750 fixe Kosten. Hinzu kommen ca. $ 40.000,- jährliche variable Kosten. Somit fallen für die ersten 5 Jahre Kosten in Höhe von rund $ 375.000,- oder DM 562.500,- an. Eine detaillierte Kostenzusammenstellung zeigt Figure 2.

Setzt man dem eine Produktivitätssteigerung der Entwickler bzw. der Wartungsingenieure von 30% entgegen, was auf jeden Fall zu erwarten ist, und rechnet die Kostenersparnisse pro Entwickler DM 30.000,- bei einem durchschnittlichen Jahreseinkommen von DM 100.000,-, so belaufen sich die Einsparungen der 11 Entwickler in 5 Jahren auf DM 1.650.000. Somit werden durch die höhere Produktivität dreimal soviel Gelder eingespart als die Kosten des Offloading zu Buche schlagen.

Hinzu kommen Ersparnisse im Wartungsbudget - bis zu einem Drittel bei den Fehlerbehebungskosten, bis zur Hälfte bei den Änderungskosten und bis zu einem Viertel bei den Weiterentwicklungskosten. Da Fehlerbehebungskosten mit ca. 24%, Änderungskosten mit ca. 20% und Weiterentwicklungskosten mit ca. 40% die Gesamtwartungskosten bestimmen, betragen die zu erwarteten Einsparungen rund 28% der Wartungskosten [Snee93]. Dies bedeutet letztendlich, daß bei einem Wartungsteam mit 11 Mitarbeitern die Wartungsersparnis DM 308.000,- im Jahr beträgt bzw. 3 Mitarbeiter für andere Aufgaben freigesetzt werden können.
Insgesamt betrachtet sind die Wirtschaftlichkeitszwänge zum Offloading so eindeutig, daß es eigentlich nicht zu rechtfertigen ist, wenn Software-Anwendungssysteme weiterhin auf einem Mainframe entwickelt oder gewartet werden. Diese kann nur bedeuten, daß die DV-Entscheidungsträger sich vor einer solchen Veränderung fürchten.

4. Der Entwicklerarbeitsplatz

Für die optimale Entwicklung neuer Host-Applikationen auf dem PC-Arbeitsplatz werden neben der Hardware-Ausrüstung und der Vernetzung folgende Software-Entwicklungswerkzeuge benötigt:

- ein Projektkalkulationswerkzeug,
- ein Projektverfolgungswerkzeug,
- ein Projektmeßwerkzeug,
- ein Systemmodellierungswerkzeug,
- ein Programmentwurfswerkzeug,
- ein Datenbankentwurfswerkzeug,
- ein GUI-Entwurfswerkzeug,
- ein Programmgenerator,
- ein Syntax-orientierter Editor,
- ein Compiler,
- ein Debugger,
- ein Testplanungswerkzeug,
- ein Testfallspezifikationswerkzeug,
- ein Testdateneditor,
- ein Testergebnisvalidator,
- ein Testmonitor,
- ein CASE Repository System [McCl89].

Zu beachten ist, daß die Werkzeuge nahtlos miteinander integriert sind, sowohl was die gemeinsame Oberfläche als auch was die gemeinsame Datenbasis anbetrifft. Eingekapselte Objekte müssen einen dynamischen Datenaustausch zwischen asynchron laufenden Tools erlauben auch über Rechnergrenzen hinweg, d.h. verschiedene Entwickler an verschiedenen Arbeitsplätzen müssen echtzeitig miteinander kommunizieren können. Jeder braucht einen direkten Zugriff auf den aktuellen Stand der neuen Komponenten.

In einer derartig vernetzten und integrierten Entwicklungsumgebung werden manche klassischen Führungsaufgaben verschwinden, da jedes Teammitglied sich selbst führt bzw. von dem Tool oder Workflow-System geführt wird. Wenn jeder weiß was von ihm erwartet wird, so braucht er keine Anleitung. Der ganze Entwicklungsprozeß wird zum selbststeuernden Regelkreis in dem der Entwickler und die Entwicklungswerkzeuge eine Symbiose bilden. Das Resultat ist eine wesentlich schlankere und effektivere Entwicklungsorganisation.

5. Der Wartungsarbeitsplatz

Für die optimale Wartung alter Host-Applikationen auf dem PC-Arbeitsplatz werden neben der Hardware-Ausrüstung und der Vernetzung folgende Software-Wartungswerkzeuge benötigt:

- ein Auftragskalkulationswerkzeug,
- ein Auftragsplanungswerkzeug,
- ein Auftragsmeßwerkzeug,
- ein Software-Audit Werkzeug,
- ein Programm Reverse Engineering Werkzeug,
- ein Datenbank Reverse Engineering Werkzeug,
- ein Bildschirm-Masken Reengineering Werkzeug,
- ein Programm Reengineering Werkzeug,
- ein Datenbank Reengineering Werkzeug,
- ein Syntax-orientierter Editor,
- ein Compiler,
- ein Debugger,
- ein Testdateneditor,
- ein Ergebnisabgleichsvalidator,
- ein Regressionstestmonitor,
- ein Konfigurationsverwaltungssystem,
- ein CARE Repository System [McCL92].

Im Vergleich zum Entwicklerarbeitsplatz enthält der Wartungsarbeitsplatz teilweise die gleichen Tools, jedoch sind auch einige Werkzeuge wartungsspezifisch wie z.B. Audit, Reverse- und Reengineering Tools. Die Managementwerkzeuge zur Auftragsplanung und -verfolgung sind zwar den Managementtools der Entwickler ähnlich, im Mengengerüst jedoch unterschiedlich. So dauern im Durchschnitt die Entwicklungsprojekte 1 Jahr und haben eine Teamgröße von 3 bis 5 Mitarbeiter. Der Wartungsauftrag dauert hingegen durchschnittlich nicht mehr als eine Woche und beschäftigt nur eine Person [Lien80]. Dafür gibt es mehrere Wartungsaufträge die gleichzeitig bearbeitet werden müssen.

Der Wartungsprogrammierer muß "fremden" Code analysieren, Fehler lokalisieren und beheben, Änderungen durchführen, Informationen über das System dokumentieren, Schnittstellen zu anderen Software-Systemen entwickeln, die Dokumentation fortschreiben bzw. die Programme nachdokumentieren und die neuen Versionen testen. In periodischen Zyklen muß er auch die ihm anvertraute Software sanieren bzw. überarbeiten. Dazu benötigt er die Techniken des Reverse- und Reengineering. Insofern stellt der Wartungsprogrammierer ganz andere Anforderungen an die Werkzeuge. Für den Entwickler steht die Idee am Anfang und die Lösung am Ende des Projekt im Vordergrund. Der Wartungsingenieur hingegen bekommt die Lösung am Anfang und erzeugt eine veränderte bzw. verbesserte Lösung am Ende. Für diesen Prozeß braucht er Werkzeuge, die die Software als Eingabe verarbeiten. Statt Generatoren braucht er Regeneratoren oder Code-Transformatoren, statt Verifikationshilfen braucht er Regressionstestwerkzeuge und statt Dokumentatoren braucht er Redokumentatoren. Der Wartungsarbeitsplatz besteht also aus eine Sammlung von RE-Werkzeugen, die unter einer gemeinsamen graphischen Oberfläche mit einem gemeinsamen Repository arbeiten [Kats].

Das Offloading der Softwarewartung vom Mainframe zu vernetzten Arbeitsplatzrechner verspricht eine erhebliche Produktivitätssteigerung bei der Abwicklung der Wartungsaufgaben. Die Code-Masse läßt sich viel leichter auf einem PC-Arbeitsplatz analysieren, manipulieren, transformieren und validieren. Zudem bessert sich die Qualität der Wartung. Die einzelnen Wartungseingriffe können gezielter und zuverlässiger durchgeführt werden. Gerade für COBOL gibt es zahlreiche Wartungs-, Test- und Reengineering Werkzeuge für den PC. Somit ist der Offline-Wartungsarbeitsplatz ohne weiteres realisierbar, man muß nur konsequent und zielstrebig daraufhin arbeiten.

Das Hauptproblem bleibt die Kommunikation mit dem Host, denn für die Wartung bedarf es häufigen Programm- und Datenaustausch zwischen der Produktionsmaschine und dem Wartungsrechner im Gegensatz zur Neuentwicklung. Täglich müssen Programme entladen, verändert, getestet und wieder geladen werden. Die Datenübertragung muß deshalb reibungslos funktionieren um keine Engpässe entstehen zu lassen. Deshalb ist ein leistungsstarkes und zuverlässiges File-Transfer-Programm notwendig. Der Markt bietet inzwischen Produkte mit den notwendigen Eigenschaften an. Das Produkt "Super TCP-FTP" soll hier stellvertretend für andere genannt werden. ODBC bietet auch eine allgemeingültige Datenbankschnittstelle an, die von allen Wartungswerkzeugen zur Verwaltung ihrer Datenbestände verwendet werden kann [Siehe Fig. 3].

6. Die Erfahrung der Schweizerischen Bankgesellschaft

Die schweizerische Bankgesellschaft - SBG - hat sich bereits 1992 mit der Idee des Software-Offloading auseinandergesetzt. Damals wurde Dr. Reinhold Thurner beauftragt, ein Konzept für einen Entwicklerarbeitsplatz unter MS-WINDOWS auszuarbeiten. Dieses Konzept wurde 1993 vorgelegt. Es beinhaltete neben den Standardeinrichtungen, die Vernetzung, die Datenübertragung, die verteilte Datenhaltung und die graphischen Oberflächen. Desweiteren beinhaltete dieses Konzept auch Vorschläge zu produktivitätssteigernden Werkzeugen wie z.B. die Entwicklung eines SBG-spezifischen Code-Editors und File-Editors [Thur93].

Parallel zu dieser Studie wurde ein Arbeitskreis gebildet, der die Einführung der Arbeitsplatzrechner planen und koordinieren sollte. Leistungsstarke PC-Rechner sollten die bisherigen Offline DEC Rechner ablösen. Der Arbeitskreis war zum einen für die hard- und softwaretechnische Ausstattung der Arbeitsplätze verantwortlich und zum anderen für die Vernetzung der PC, das eine zentrale Rolle einnahm. Für die Durchführung der anstehenden Arbeiten erteilte der Arbeitskreis Aufträge und stattete die betroffenen Abteilungen mit einem Budget aus. Ein Auftrag beinhaltete z.B. die Einführung und die Erprobung der File-Transfer Software "Super TCP-FTP". Andere Aufträge betrafen die Vernetzung der Rechner, die Bereitstellung von Software-Wartungswerkzeuge für die Analyse, Transformation und Validation der UNISYS-Hostprogramme, sowie die Konvertierung und Editierung der UNISYS-Hostdatenbanken. Ein besonderer Schwerpunkt bildete das Reengineering und die Migration der Hostprogramme von JSP/COBOL-74 nach UNISYS/COBOL-85.

Seit 1994 sind die neuen Arbeitsplatzrechner im Einsatz. Sowohl die Programme als auch die Daten werden von den beiden Hostrechner UNISYS und IBM auf die PC-Rechner transferiert und dort verarbeitet. Nach einer gewissen Anlaufzeit werden nun immer mehr Entwicklungs- und Wartungsaufgaben offline erledigt. Zur Zeit sind folgende programmbezogene Prozesse und Werkzeuge auf dem PC möglich:

- Prüfung und Messung der Programme
- Restrukturierung und Konvertierung nach COBOL-85
- Programm-Editieren mit Code-Wright
- Programm-Nachdokumentation mit COBREDOC
- Programmtest mit COBRETEST
- Testdaten-Editieren mit FILEDIT

Die Host-Daten werden mit dem FILE-CONVERTER konvertiert, mit dem FILEDIT editiert und mit dem FILE-VALIDATOR validiert.

Alle Anwendungen arbeiten unter der MS-WINDOWS Oberfläche in einem Novell Netzwerk. Die Konfiguration der Arbeitsplatzrechner ist individuell auf den Anwender anpaßbar.

7. Das Offloaded Wartungsverfahren der SBG

Im Zusammenhang mit der Ausstattung des Wartungsarbeitsplatzes wurde ein neues Offline-Wartungsverfahren eingeführt. Nach diesem neuen Verfahren werden Wartungsaufträge - Fehlermeldungen und Änderungsanträge - gesammelt und im Hinblick auf ihre Auswirkungen analysiert. Aufgrund der Wartungsanalyse wird mit einem Schätzwerkzeug auf dem Wartungsarbeitsplatz der Aufwand und die Zeitdauer für die Abwicklung des anstehenden Wartungsprojektes geschätzt. Erst wenn der Kunde die geschätzten Kosten akzeptiert, wird das Projekt genehmigt.

Der dritte Schritt bzw. der erste im eigentlichen Wartungsprojekt, ist das Entladen der betroffenen Programme und Dateien auf den Arbeitsplatzrechner.

Im vierten Schritt werden die Programme analysiert und maschinell nachdokumentiert. Anhand der Nachdokumentation kann der Wartungsingenieur feststellen, welche Datenstrukturen, Datenflüsse und Ablaufpfade geändert werden müssen.

Im fünften Schritt geht es um die Spezifikation der Regressionstestfälle. Hier gilt es aus der gesamten Testdatenmenge jene Transaktionen und Datensätze auszuwählen, die die geplanten Änderungen validieren können.

Im nächsten Schritt werden diese Daten extrahiert und mit dem FILE-Editor aufbereitet. Jetzt erst erfolgt im siebten Schritt die Veränderung der Programme und Datenstrukturen. Die veränderten Programme werden kompiliert und in den Regressionstestrahmen eingebunden. Dort werden sie so lange ausgeführt und ausgebessert bis ihr tatsächliches Verhalten dem erwarteten neuen Verhalten entspricht. Dazu werden sowohl die Datenergebnisse als auch die Ablaufpfade mit denen der letzten Version verglichen.

Nach dem Regressionstest folgt im zehnten Schritt die Qualitätssicherung der gewarteten Komponenten. Hier werden die Testergebnisse auf das Erreichen der erforderlichen Testüberdeckung und die Programme auf die Einhaltung der Programmierregeln überprüft. Wichtig ist beim Test, daß alle von den Änderungen betroffene Programmpfade und Datenfelder für jeden potentiellen Nutzungsfall getestet werden. Für die gewarteten Programme gilt, daß der Grad zu welchem die Programmkonventionen einzuhalten sind nicht niedriger als bei dem "Orginal-Programme" sein darf. Außerdem soll der Komplexitätsgrad nicht höher und die Qualitätsrate nicht niedriger sein. Bestehen die gewarteten Komponenten die Qualitätsprüfung, so werden sie für die Produktion wieder freigegeben, d.h. sie werden in die Hostbibliothek wieder einge-

tragen. Abschließend verfaßt der Wartungsingenieur einen Bericht, der den tatsächlichen Aufwand und eventuelle besonderen Vorfälle beinhaltet. Diese
Informationen werden gespeichert und können jederzeit statistisch ausgewertet werden [Siehe Fig. 4].

8. Das Reengineering der alten Programme

Die meisten Programme bei der SBG - mehr als 20.000, sind in einer antiquierten Programmiersprache verfaßt - JSP/COBOL mit DELTA Makroanweisungen. Die gesamte Programmsteuerung wurde mit JSP-Konstrukten realisiert. Sämtliche IO-, TP- und DB-Operationen sind mit DELTA-Makros implementiert. Die elementaren Verarbeitungsoperationen sind in COBOL-74 geschrieben. In den '70er Jahren war dies eine fortschrittliche Programmarchitektur. Für die '90er Jahre stellt dieselbe Architektur einen Anachronismus dar. Die Programmierwelt hat sich gänzlich verändert. Die COBOL-Sprache beinhaltet jetzt selbst die wichtigsten Strukturierungskonzepte. CICS bietet eine komfortable TP-Schnittstelle an und SQL ist eine normierte Datenbankzugriffssprache. Insofern sind die meisten JSP und DELTA Sprachkonstrukte überflüssig geworden. Das Ziel muß deshalb sein, die veralteten Konstrukte in equivalente neue COBOL, CICS und SQL Konstrukte umzusetzen.

Diesem Zweck dienen die Reengineering Werkzeuge auf dem Wartungsarbeitsplatz. Das Werkzeug COBRECON transformiert COBOL-74-Codes und -Datenstrukturen nach COBOL-85, das Werkzeug JSPRECON konvertiert die JSP-Steuerungskonstrukte in equivalente COBOL-85 Konstrukte und das Tool DELRECON wandelt die DELTA-Makros in CICS bzw. SQL EXEC Makros um. Auf diese Weise werden aus den Programmen der '70er Jahre zumindest Programme der '80er Jahre, die auch auf den PC-Arbeitsplatzrechner kompilier- und testbar sind und das ist eine unentbehrliche Voraussetzung für die Offline-Wartung der Programme [Siehe Fig. 5].

Die ABACUS Entwickler- und Wartungsarbeitsplätze sind erst seit kurzem vollständig im Einsatz, so daß gültige Aussagen über Produktivitätssteigerungen und Qualitätsverbesserungen noch nicht möglich sind. Die ersten Eindrücke deuten jedoch daraufhin, daß die gesteckten Erwartungen übertroffen werden. Mit dem Software-Offloading hat die SBG auf jeden Fall einen entscheidenen Schritt nach vorne gewagt und Erfahrungen sammeln können, die dem DV-Anwendern zugute kommen.

LITERATUR

[AT&T89] AT&T Application Development Workgroup: Internal Study of AT&T Appli cation Development Solutions, Orlando, Fla., March 1989

[Butt92] Butterline, M.A.: From Mainframe to Workstations - Offloading Application Development, QED Publishing Group, Boston, 1992, S. 25 und S. 56

[Dewi93] Dewire, D.T.: Client/Server Computing, McGraw-Hill, New York, 1993, S. 125

[Guen925] Guengerich, S.: Downsizing Information Systems, Sams Publishing, Carmel, IN., 1992, S. 81

[Kats] Katsoulakos, P./Tobin, M.: The REDO Architecture, in REDO Compendium - Reverse Engineering for Software Maintenance, John Wiley & Sons, Chiche ster, G.B.,

[Lien80] Lientz, B.P./Swanson, E.B.: Software Maintenance Management, Addison-Wesley Pub., Reading, Mass., 1980, S. 67

[McCl89] McClure, C.: CASE is Software Automation, Prentice-Hall, Englewood Cliffs, N.J., 1989, S. 19

[McCL92] McClure, C.: The Three R´s of Software Automation - Reengineering, Reposi tory, Reusability, Prentice-Hall, Englewood Cliffs, N.J., 1992, S 25

[Snee93] Sneed, H.: Software-Wartung, Rudolf Müller Verlag, Köln, 1991, S. 117

1993, S. 255

[Thad84] Thadhani, A.J.: Factors affecting programmer productivity, IBM Systems Jour nal Vol. 23, No. 1, 1984, S. 19-35.

[Thur93] Thurner, R.: ABACUS-Entwicklerarbeitsplatz, Bericht für die Schweizerische Bankgesellschaft, Zürich, Sept. 1993

Anhang:

COST FACTOR	MAINFRAME	WORK BENCH
Working Hours (40 Hours x 52 x 80 %) Productivity Increase Costs per Hour	1.664 0 $ 50	1.664 30 % $ 50
Personnel Costs	$ 83,200	$ 58,240
Mainframe Usage (1000 per Month x 12)	$ 12,000	$ 3,000 - 75 %
Teminal & Controller Costs (100 per Month x 12)	$ 1,200	0
Yearly Costs	$ 96,400	$ 61,240
SAVINGS		$ 35,160

Figure 1: Savings thru Offloading (4)

Workbenches for 11 Developers	COSTS
HARDWARE	$ 40,500 (24%)
SOFTWARE	$ 85,250 (50%)
TRAINING	$ 23,100 (14%)
INSTALLATION	$ 19,900 (12%)
Total One Time Costs Costs per Developer	$ 168,750 $ 15,341
ANNUAL COSTS X 5	$ 40,000 $ 200,000
TOTAL COSTS	$ 368,750

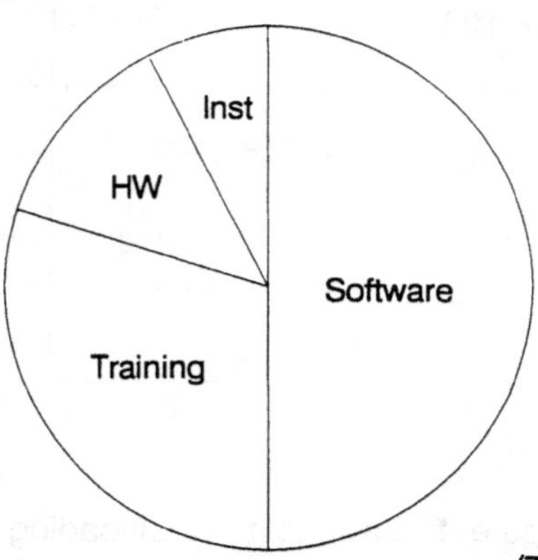

Figure 2: Costs of Offloading[7]

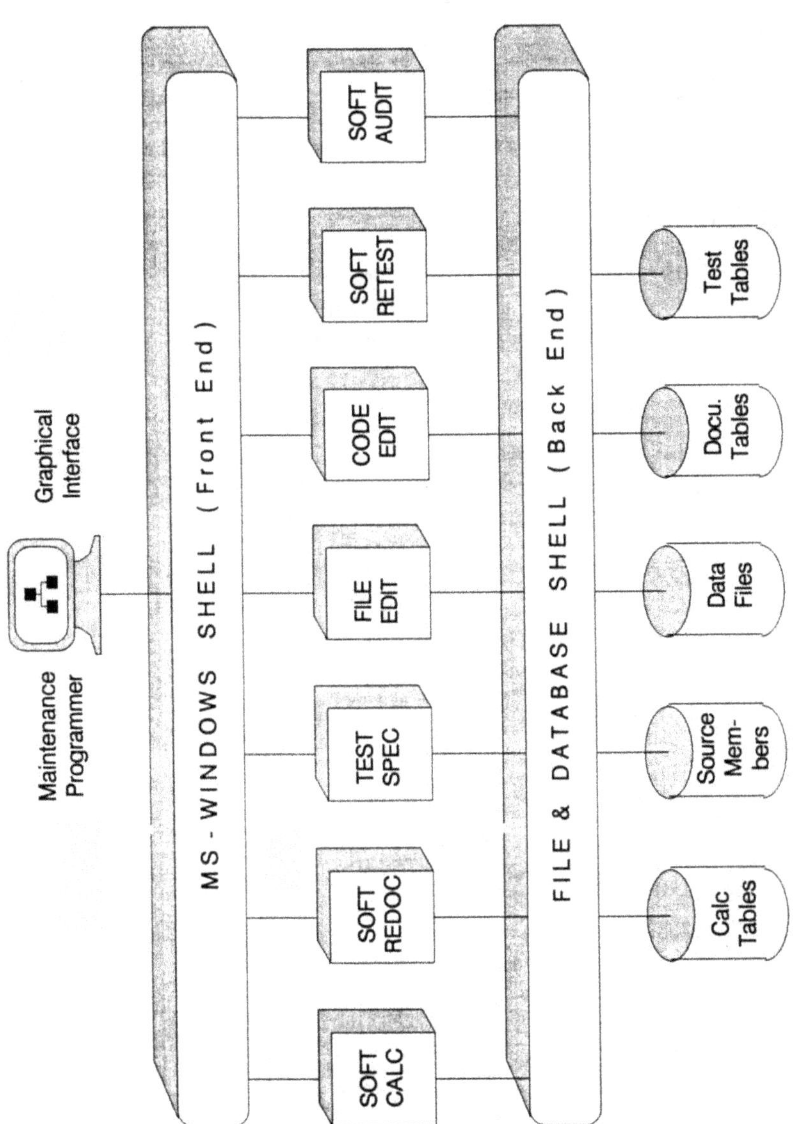

Figure 3 : UBS Maintenance Workbench Architecture

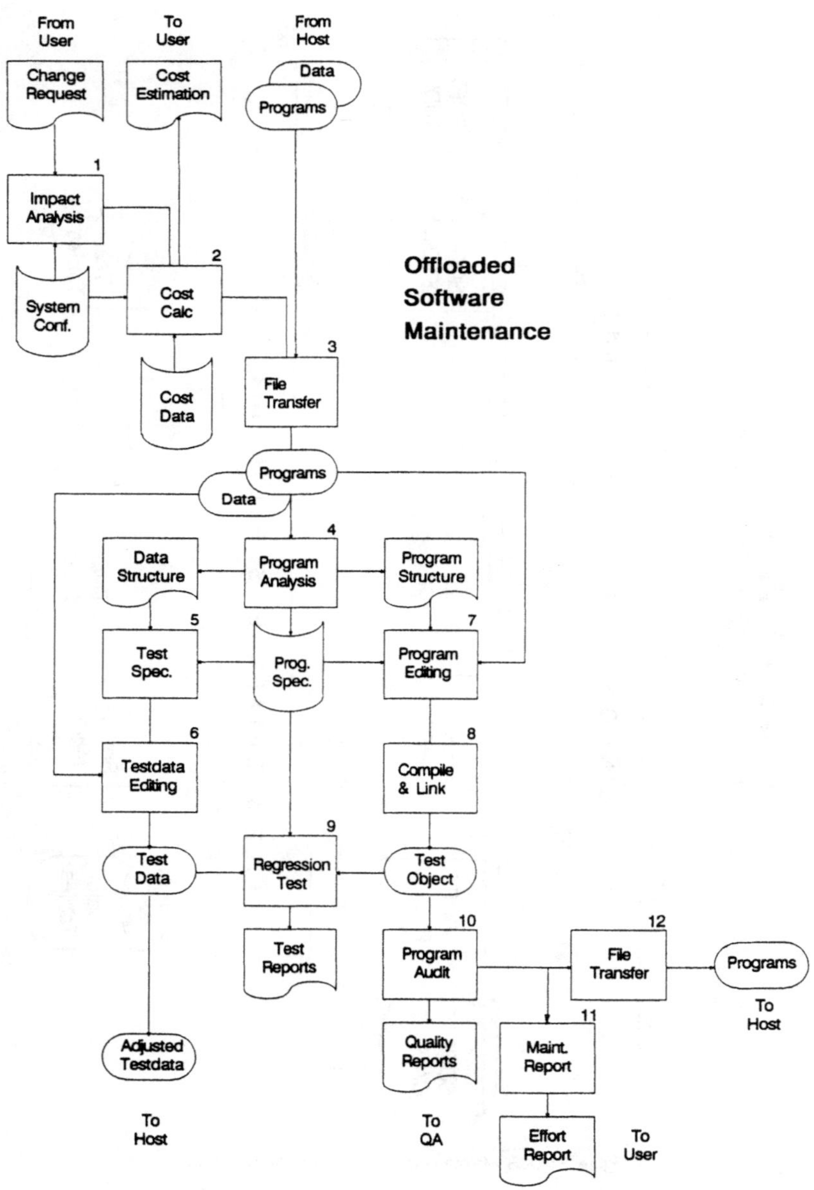

Figure 4 : UBS Maintenance Process

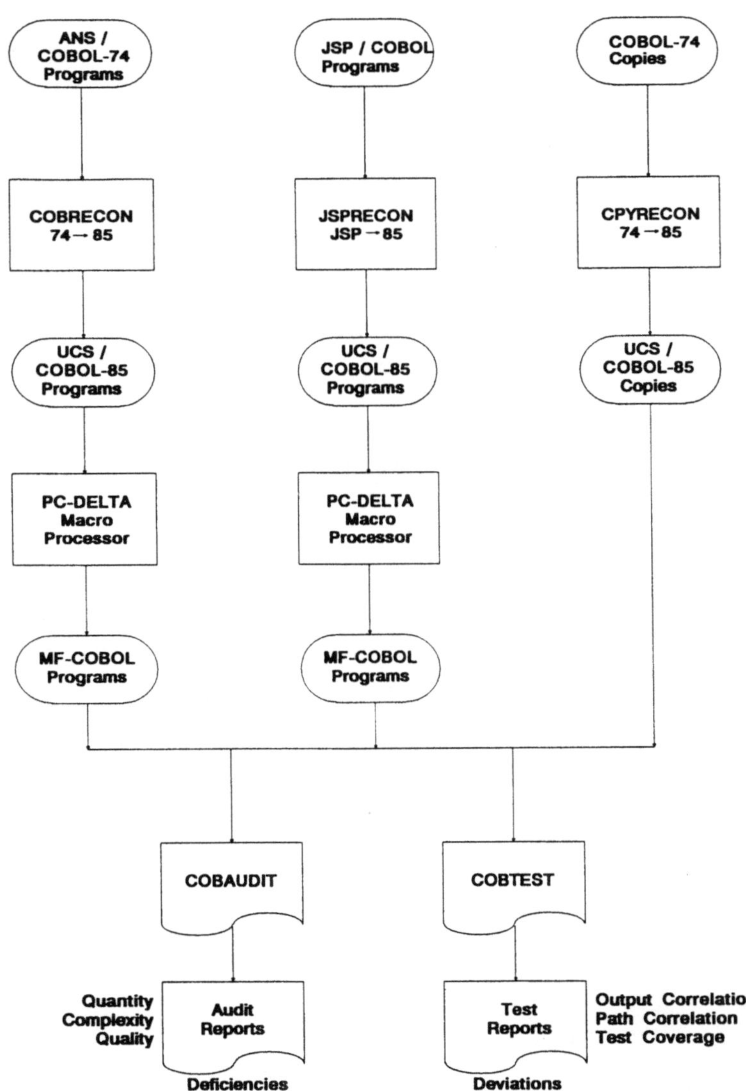

Figure 5 : UBS Reengineering Tools

Reengineering-Factory -

Erfolgsmechanismen großer Reengineering-Maßnahmen

Jens Borchers

Zusammenfassung

Viele Unternehmen betreiben heute noch Anwendungssysteme, die zum großen Teil bereits vor vielen Jahren entwickelt worden sind. Die stellen trotz ihrer häufig nicht mehr aktuellen technischen Implementierung eine für die Abwicklung des Geschäftsbetriebs kritische Ressource dar. Der Versuch, die i.d.R. unter hohen Wartungskosten leidenden Systeme durch radikale Neuentwicklung "von Null" abzulösen, trägt ein hohes finanzielles und technisches Risiko. Als Ausweg aus dieser Situation bietet sich das Software-Reengineering an, bei dem die bestehenden Systeme als Ausgangsbasis für ein überarbeitetes - oder sogar "wiederentwickeltes" - System genutzt werden. Dieser Beitrag beschreibt die Basismechanismen und kritischen Erfolgsfaktoren von Reengineeringprojekten, die letztlich zum Ansatz der "Reengineering-Factory" führen, mit dem auch große Reengineering-Maßnahmen in engen Zeit- und Kostenrahmen abgewickelt werden können.

Abstract

Many companies today still have to maintain legacy systems which - although these systems in a lot of cases are outdated in respect to their implementation - are still a crucial asset which can not be easily replaced by new systems. Experiences in the past have shown that the approach of a complete new development from scratch carries a high risk. To overcome this situation, software reengineering has become an alternative to attack the problems arising from legacy software using a more evolutionary approach. This paper describes the basic mechanisms and critical success factors for large reengineering projects and the experiences in setting up a real „reengineering factory" to conduct large project within tight budgets and time frames.

1. Einführung

Viele Unternehmen, die seit nunmehr zwanzig und mehr Jahren eine - noch immer primär mainframebasierte - Datenverarbeitung betreiben, „kämpfen" mehr oder weniger mit ihrem bestehenden Software-Bestand, für den der Begriff „alt" i.d.R. falsch gewählt ist, denn schließlich tragen diese Anwendungen seit vielen Jahren zur Aufrechterhaltung des Geschäftsbetriebes bei.

Auch die vielbeschworene „Wartungskrise", die uns wöchentlich aus allen DV-Gazetten entgegentritt, trifft eigentlich nicht den Kern des Problems: nicht die Tatsache, daß der Wartungsanteil mittlerweile den der Neuentwicklung deutlich überschreitet, ist das Problem, sondern vielmehr, daß für den Wartungsbereich bei vielen Unternehmen immer noch nicht die optimierten Prozesse und entsprechende Werkzeuge vorhanden sind.

Im Gegensatz dazu sind uns im Laufe der letzten zehn Jahre viele Allheilmittel offeriert worden, die die sog. Wartungskrise beseitigen sollten. Die Sprachen der vierten Generation gehör(t)en ebenso dazu wie die Ende der achtziger Jahre als „endgültige" Lösung aller Probleme propagierten CASE-Umgebungen. Nachdem alle diese Ansätze mehr oder weniger erfolgreich gewesen sind, steht die nächste Generation schon bereit: eine Vielzahl sog. „Power-Tools", vor allem auf Basis der Client/Server-Architektur und in Anlehnung an das neue Paradigma der Objektorientierung.

Alle diese Ansätze, die fast immer allein auf die Erstentwicklung eines Softwaresystems fokussiert waren, haben jeweils Wechsel von Paradigmen und Entwicklungsbasen nach sich gezogen, deren Software-Implementierungen häufig auch heute noch in Betrieb sind, aber den heutigen Paradigmen nicht mehr entsprechen.

Daneben hat das Fortschreiten der Technologie im Bereich der Basissysteme wie Datenbanken, TP-Monitore etc. in vielen Unternehmen zu mehreren Generationen von Software - auf unterschiedlichen Plattformen und in unterschiedlichen Sprachen und nach unterschiedlichen methodischen Ansätzen entwickelt - geführt. Diese sind heute alle parallel zu pflegen, da eine Anpassung an die jeweils aktuelle Technologie meist aus (kurzsichtigem?) Kostendenken und einer Unterschätzung der Lebensdauer („das entwickeln wir demnächst ohnehin neu") häufig nicht stattgefunden hat. Dem Autor sind Unternehmen bekannt, in denen mehr als ein halbes Dutzend parallel genutzter Implementierungsbasen für Anwendungssysteme in Gebrauch sind. Die Auswirkungen einer derartigen Systemheterogenität auf die Effizienz und Kosten der Anwendungsbetreuung sind offensichtlich und sollen hier nicht weiter vertieft werden.

2. Software-Reengineering als Alternative?

Unter dem Begriff „Reengineering“ ist seit Beginn der neunziger Jahre eine Reihe von Methoden und Werkzeugen populär geworden, die die Lösung für bestehende, aber nicht mehr zeitgemäß implementierte Softwaresysteme liefern soll. Einen guten Überblick über die Arbeiten auf dem Gebiet des Software Reengineering liefert die Sammlung von [Arno93]. Es sei an dieser Stelle ausdrücklich darauf hingewiesen, daß in diesem Papier der Begriff „Reengineering“ immer im Sinne von „Software Reengineering“ und nicht „Business Process Reengineering“ gebraucht wird.

Der Begriff „Reengineering“ wird dabei heute im englischen Sprachraum nach [ChCr90] definiert als „Untersuchung und Modifikation eines Systems, um es in einer neuen Form wiederherzustellen und diese Form nachfolgend zu implementieren“. Nach einer Definition in [Baum95] umfaßt Software Reengineering danach „alle Aktivitäten, die auf die Wiederverwendung eines vorhandenen Softwaresystems oder von einzelnen Teilen dieses Systems bei der Erstellung eines neuen Softwaresystems gerichtet sind“. Unter dem Begriff Reengineering werden dabei eine Reihe von Methoden zusammengefaßt, z.B. Reformatierung, Restrukturierung, Redokumentation etc. Hier soll auf diese nicht im einzelnen eingegangen werden (vgl. z.B. [Baum95], [BoZa89] oder [Snee92]).

Reengineering ist die Antwort auf die ernüchternde Feststellung, daß sich auch mit Hilfe noch so ausgefeilter Tools eines nicht problemlos reproduzieren läßt: das in Software umgesetzte Know-how, welches über die gesamte Betriebszeit eingeflossen ist. In vielen Fällen sind die entsprechenden Know-how-Träger schon gar nicht mehr im Unternehmen. Reengineering soll dieses Know-how erhalten, wieder erschließen und in Form renovierter Software und Dokumentation verfügbar machen, damit die Weiterentwicklung auf einer abgesicherten Basis erfolgen kann.

Sicher ist Reengineering nicht in allen Fällen ein Allheilmittel zur Lösung unserer Softwareprobleme. Es bietet aber einen - heute gut abgesicherten - Ansatz, bestehende Systeme evolutionär weiterzuentwickeln und damit eine gute Alternative zu den in der Vergangenheit häufig gescheiterten Projekte der Art „Totale Neuentwicklung auf der grünen Wiese unter Nutzung neuester (und meist noch nicht beherrschter) Technologie“.

3. Merkmale von Reengineering-Projekten

Große Reengineeringmaßnahmen werden heute primär aus folgenden Gründen initiiert:

- Wechsel der Hardwarebasis oder des Betriebssystems
    - In den achtziger Jahren primär Umstellungen von DOS nach MVS im IBM-Bereich oder von Nicht-IBM-Umgebungen (vgl. z.B. [BoZa89]).
    - In den neunziger Jahre verstärkt Downsizing von Mainframesystemen auf Unix- oder andere Client/Server-Betriebssysteme.
- Wechsel des Datenbanksystems, heute primär in Richtung auf relationale Systeme (hierarchische oder Netzwerksysteme nach DB2, Oracle oder andere), zukünftig in Richtung OODBMS?
- Wechsel anderer Basiskomponenten (z.B. TP-Monitor, Benutzeroberflächen)
- Wechsel der Entwicklungssprache
    - Assembler nach 3GL
    - COBOL-74 nach COBOL-85
    - 3GL nach 3GL
    - 4GL nach 3GL (!!)
    - „Power-Tool" zu „Power-Tool"
    -

Gerade der letztgenannte Wechsel dürfte aufgrund der fehlenden Standardisierung dieser Sprachen und des schnellebigen Marktes in Zukunft stark zunehmen.

- Überarbeitung von Anwendungssystemen zur Anhebung der Softwarequalität unter Berücksichtigung der heute gültigen Entwicklungsregeln, wie z.B.
    - Restrukturierung von Programmen und Daten,
    - Modularisierung,
    - Einbau einer Softwareschicht für Datenbankzugriffe.

Es sei an dieser Stelle angemerkt, daß Reengineering-Projekte, bei denen es ausschließlich um die Verbesserung der Softwarequalität geht, heute immer noch die Ausnahme sind, da hierfür i.d.R. keine Budgets zur Verfügung gestellt werden. Die oben angesprochenen Verbesserungen können aber tlw. im Rahmen der „klassischen" Reengineeringmaßnahmen mit erledigt werden (manchmal allerdings nur „undercover").

Die Abwicklung großer Reengineeringmaßnahmen, bei denen mehrere hundert oder gar mehrere tausend Softwarekomponenten einer Systemumgebung bearbeitet werden müssen, kann sinnvoll nur im Rahmen eines entsprechenden Projekts erfolgen. Der Ansatz, derartige Maßnahmen parallel zum Tagesgeschäft in der Linienorganisation „mit zu erledigen", scheitert häufig oder führt zu „never-ending Stories".

Reengineering-Projekte haben gegenüber Neuentwicklungs-Projekten folgende Vorteile:

- Der Projektauftrag läßt sich eindeutig definieren und basiert i.d.R. auf den technischen Spezifikationen der existierenden und angestrebten Implementierung.
- Es ist ein abgesichertes Vorgehen definierbar, welches auf viele Softwarekomponenten gleichermaßen angewendet werden kann („Kochbuch").
- Für technische RE-Maßnahmen ist eine Kenntnis der fachlichen Hintergründe nicht erforderlich.
- Die eindeutige Sicherung der Ergebnisse kann durch Regressionstests, i.d.R. auf rein technischer Ebene ohne fachliche Expertise, abgesichert werden.
- Für viele Teilaufgaben kann eine hohe Automatisierung erreicht werden.
- Die manuellen Tätigkeiten können gut outsourced werden und sind heute vor allem mit „Off-shore"-Ressourcen kostengünstig abwickelbar.

Auf der anderen Seite existieren natürlich auch eine Reihe von Fallstricken für RE-Projekte:

- Verzicht auf die Erstellung einer detaillierten Vorgehensbeschreibung („Kochbuch").
- Keine Absicherung der Ergebnisse durch eine umfassende Qualitätssicherung, insbesondere keine Durchführung rigider Regressionstests.
- Zu geringe Automatisierung, da die manuelle Bearbeitung häufig der fehleranfälligste Teil ist.

- Kein rigides Konfigurationsmanagement (in großen Projekten sind weit über 10.000 Einzelkomponenten zu verwalten).
- Unterschätzen des Ressourcenbedarfs, insbesondere für Testdaten und isolierte Testumgebungen.
- Und last but not least: Abweichen von der Grundregel, keine anderen Änderungen „eben mitzumachen, wenn man die Programme doch ohnehin gerade bearbeitet". Das Abweichen von der Grundregel der Wiederherstellung der fachlichen „1:1"-Funktionalität ist die größte Gefahr für den Erfolg eines Reengineering-Projekts!

4. Aufbau einer Reengineering-Factory

Um große Reengineering-Projekte in einer möglichst kurzen Zeit und in einem wirtschaftlich vernünftigen Rahmen abwickeln zu können, müssen fertigungsähnliche Prozesse geschaffen werden.

In Anlehnung an den Begriff „Software Factory" benutzen wir den Begriff der „Reengineering Factory", um zu demonstrieren, daß viele Aktivitäten innerhalb eines RE-Projektes fabrikartig abgewickelt werden können (und müssen, um es in überschaubarer Zeit und Kostenrahmen abwickeln zu können!).

Der Aufbau und der Betrieb einer derartigen „Fabrik" vollzieht sich in folgenden Abschnitten:

Analyse

Bevor die eigentlichen Reengineering-Maßnahmen begonnen werden können, müssen zunächst folgende Aufgabenkomplexe durchlaufen werden:

- Istaufnahme der zu bearbeitenden Systeme
    - Inventarisierung
    - Analyse von Abhängkeiten im Sinne der durchzuführenden Maßnahme
    - Analayse von Schnittstellen
- Erarbeiten der genauen Zielarchitektur
- Festlegung der Umstellungsstrategie

    - Punktumstellung
    - Paketumstellung
    - Langfristumstellung (praktisch nie)

- Festlegung der globalen Teststrategie

Vorbereitung

Wenn die Zielarchitektur und die zu bearbeitenden Softwarekomponenten (und damit auch der Arbeitsumfang) festliegen, kann der Aufbau der eigentlichen Fabrik erfolgen. Dieser zielt auf eine genaue Spezifikation aller Arbeitsschritte (im Sinne eines Arbeitsplans in der Fertigung) und deren Automatisierungsmöglichkeiten. Im einzelnen gehören dazu folgende Schritte:

- Erarbeiten einer detaillierten technischen Spezifikation, dem sog. „Kochbuch“
- Verifikation des Kochbuchs an einem Prototypen
- Spezifikation, Beschaffung und Erstellung aller Werkzeuge
- Festlegen der Reihenfolge der Bearbeitung für die zu bearbeitenden Softwaresysteme bzw. -komponenten (Erstellen der „Fertigungsaufträge“)
- Einrichtung der gesamten technischen und organisatorischen Infrastruktur
- Durchführung eines Pilotprojektes unter Produktionsbedingungen („Vor-Serie“)

Dabei muß es vorrangiges Ziel sein, eine weitestgehende Automatisierung aller Teilarbeitsschritte und des Gesamtprozesses zu erreichen. Wir haben dazu einen eigenes Werkzeug (RE/Cycle® Assistant) entwickelt, welches es erlaubt, Basis-Prozesse einmalig exemplarisch zu definieren und damit alle automatisierbaren Aktivitäten zu initiieren, wobei diese direkt jeweils an die aktuell zu bearbeitenden Komponenten angepaßt werden.

Es hat sich herausgestellt, daß sich ein Verzicht auf Automatisierung immer nachteilig auf die Qualität und damit auf den Projektverlauf ausgewirkt. Natürlich ist in jedem Fall abzuwägen, ob der Erstellungsaufwand für eine Automatisierung sich im Verhältnis zur Zahl der damit zu bearbeitenden Komponenten auszahlt. Oft reicht bereits eine einfache technische Unterstützung aus, um die Fehlerquoten manueller Tätigkeiten stark zu senken.

Abschließend sei auch davor gewarnt, die Vorbereitungsphase zu früh zu beenden („wir müssen jetzt endlich anfangen“). Mangelnde Vorbereitung rächt sich in Reengineering-Projekten drastisch, da während der eigentlichen „Produktion“ Nachbesserungen nur sehr schwer möglich sind.

Durchführung („Produktion“)

Wenn die Reengineering Factory aufgebaut und durch eine entsprechende Vorserie getestet worden ist, kann die eigentliche Produktion anlaufen.

Dabei laufen i.d.R. folgende Hauptprozesse ab:

- Erstellung von Testdaten für die Regressionstests
- Übernahme eines Arbeitspaktes in die Reengineering-Umgebung
- Fabrikmäßige Bearbeitung aller Softwarekomponenten
- Durchführung der Regressionstests und weiterer Qualitätssicherungsmaßnahmen zum Nachweis der korrekten Bearbeitung.
- Auslieferung aus der Fabrik, Rückgabe der Komponenten in die normale Entwicklungs- und Wartungsumgebung

5. Anwendung in der Praxis

Die oben beschriebene Vorgehensweise ist von uns bei einer der größten Datenbankumstellungen weltweit angewendet worden.

Dabei waren bei der BHW Bausparkasse in Hameln alle auf dem CODASYL-Datenbanksystem CA-IDMS basierenden Anwendungssysteme auf eine Standard-SQL-Umgebung (zunächst auf DB2-Basis) umzustellen. Eine ausführliche Darstellung des Projektes findet sich in [Gron94] bzw. [Borc93]. An dieser Stelle seien nur kurz folgende Randbedingungen genannt:

- 2500 Sachbearbeiter, 700.000 Transaktionen in 10 h
- 33 Mio. DB-Calls, Datenbankvolumen: 50 GB
- 580 Records mit 350 Netzwerkverbindungen („Sets“)
- 2.700 COBOL-Programme, ca. 3,5 Mio Lines of Code
- Zu ersetzende DB-Befehle: über 24.000

Dieses Projekt ist nach der oben beschriebenen Vorgehensweise in folgenden Schritten abgewickelt worden:

- Analyse und Vorbereitung: Januar - September 1992
- Pilotprojekt: 100 Programme, Oktober 1992 - Januar 1993
- Durchführung:
    - Arbeitspakete von jeweils 30 - 200 Programmen
    - Jedes Wochenende eine Produktionübernahme
    - Februar 1993 - November 1993 (4 Monate vor zunächst geplantem Endtermin!)
- Abschaltung des Altsystems: 31. Dezember 1993

Ohne die rigiden, fabrikmäßigen Mechanismen, wie sie in diesem Papier dargestellt werden, wäre nach heutiger Einschätzung ein derartiger Zeitplan nicht einzuhalten gewesen. Insgesamt waren in dem Projekt in Spitzenzeiten über 30 Mitarbeiter beschäftigt.

Einen der Hauptfaktoren für den Erfolg dieses Projektes hat die rigide Testabwicklung gebildet. Dabei wurden - im Gegensatz zur landläufigen Auffassung - nicht die umgestellten Programme erstmals in der neuen Umgebung getestet, sondern es wurde mit in der Quellumgebung erstellten Testdaten ein „Re-Test" durchgeführt. Dadurch konnten die Anwendungsbetreuer die Testdaten noch in ihrer gewohnten Umgebung erstellen. Ein Regressionstest hat danach eindeutig gezeigt, ob eine Komponente bereits korrekt bearbeitet worden ist oder nicht.

Zum Zeitpunkt der Erstellung dieses Papiers (Dezember 1995) läuft bereits die Pilotphase eines noch weit größeren und komplexeren Reengineeringprojekts.

Dieses Projekt hat folgende Ziele:

- Ablösung des Netzwerk-Datenbanksystems durch Nutzung von Standard-SQL;
- Ablösung des TP-Monitors durch eine offene, client/server-orientierte Dialogumgebung;
- Ablösung einer 4GL-Sprache durch Standard-COBOL;
- Schaffung einer Softwarearchitektur, die eine einfache Portierung der Anwendungen auf andere Plattformen zuläßt;
- Abwicklung der gesamten Maßnahme in einem Zeitrahmen von etwa 2 Jahren.

Dabei sind etwa folgende Mengen an Software-Komponenten zu bearbeiten:

- ca. 800 Datenbank-Recordtypen mit ca. 1000 Set-Verbindungen und einem Datenvolumen von mehreren hundert Millionen Sätzen;
- ca. 1.500 Batchprogramme und 2.500 Onlineprogramme, die auf diesen Datenbanken agieren;
- ca. 2.000 Bildschirmmasken.

Auch hier wird eine hochautomatisierte Reengineering Factory aufgebaut, in der alle repetitiven Aktivitäten abgebildet sind. Die verbleibenden manuellen Tätigkeiten werden „off-shore" in Asien durchgeführt, wobei die Projektmitarbeiter über eine Satellitenstrecke mit dem Entwicklungsrechner in Deutschland verbunden sind.

6. Resümee

Reengineering stellt heute einen gesicherten Weg dar, bestehende Anwendungssysteme technologisch auf den letzten Stand zu bringen und sich damit letztlich Mobilität für neue Systemwelten wie z.B. Client/Server-Architekturen zu erschließen. Auch wenn für eine - kurze - Übergangszeit zunächst noch keine Verbesserung der fachlichen Funktionalität erreicht wird, so ist doch die Ausgangsbasis für eine evolutionäre und sichere Weiterentwicklung häufig in einem besseren Maße gegeben, als dieses bei Neuentwicklungsprojekten in noch fremdem Systemumgebungen der Fall ist.

Wie die Erfahrungen aus großen Projekten zeigen, können Reengineeringmaßnahmen dabei heute mit einem fabrikmäßigen Ansatz unter Nutzung von kostengünstigen Ressourcen in einem kurzen Zeitraum und wirtschaftlich abgewickelt werden. Die weitgehende Prozessautomatisierung und rigide Qualitätssicherungsmaßnahmen stellen dabei die Haupterfolgsfaktoren dar.

Literatur

[Arno93] Arnold,R.S.: Software Reengineering. Los Alamitos: IEEE Computer Society Press 1993

[Baum95] Baumöl,U., Borchers,J., Eicker,S., Hildebrand,K., Jung,R., Lehner,F.: Einordnung und Terminologie des Software Reengineering. Juli 1995, eingereicht zur Veröffentlichung im Informatik Spektrum

[Borc93] Borchers,J.: Durchführung großer Reengineering-Projekte am Beispiel einer Datenbankumstellung. In: Scheibl, H.-J.(Hrsg.), Software-Entwicklungs-Systeme und -Werkzeuge. 5. Kolloquium Technische Akademie Esslingen, September 1993, 643 - 646

[BoZa89] Borchers,J., Zaleski,M.: Re-Strukturierung und Re-Engineering von Informationssystemen mit einem Case-Tool. In: Scheibl,H.-J.(Hrsg.), Software-Entwicklungs-Systeme und -Werkzeuge. 3. Kolloquium Technische Akademie Esslingen, September 1989, 12.4-1 - 12.4-3

[ChCr90] Chikofsky,E.J., Cross, J.H.: Reverse Engineering and Design Recovery: A Taxonomy. IEEE Software 7 (1990), Heft 1, 13 - 17

[Gron94] Gronert,E.: German Financial Institution Comes Home to IBM Database. Software Magazine 14 (1994), Nr. 3, 101 - 103

[Snee92] Sneed,H.:Softwaresanierung (Reverse und Reengineering). Köln: Rudolf Müller 1992

Software 2001:

Ein Weg in die Wiederverwendungswelt

Gerhard Chroust

Zusammenfassung

Einer der besorgniserregenden Aspekte der Software-Entwicklung ist die rapide Reduzierung des Zeitanteiles, der für die Neuentwicklung von Anwendungen zur Verfügung steht. Die meisten Softwerker sind damit beschäftigt, existierende Software zu warten. Eine Lösung dieses Dilemmas wäre eine dramatische Erhöhung der Produktivität in der Software-Entwicklung, die aber von einer ebensolchen Erhöhung der Qualität der produzierten Software begleitet werden müßte. Gleichzeitig gibt es Milliarden Zeilen von Altlasten-Code, die für enormen Aufwand in der Wartung verantwortlich sind. Systematische und großflächige Wiederverwendung existierender Software-Komponenten, verbunden mit geeignetem Reengineering dieses Codes, könnte das Wartungsproblem beherrschen helfen und gleichzeitig eine Software-Bank als Basis für die Wiederverwendung schaffen. Die Folge wäre, daß Software primär *montiert,* und nicht neu geschrieben würde.

Dieser Beitrag präsentiert ein integriertes Konzept zu obigen Problemen: die Montage von Software aus existierenden Komponenten wird durch Migration/Reengineering existierender Software erreicht. Die Egebnisse dieses Berichtes sind im Rahmen eines Projektes mit der Fa. Softlab AG, Wien, entstanden [Chroust93b][Chroust94].

1. Software: Schlüsseltechnologie und Schlüsselbarriere

Die Marktbedingungen ändern sich in atemberaubender Schnelligkeit. Time-to-Market ist ein wesentliches Erfolgskriterium [Mirani91], wobei die Computerunterstützung der Schlüssel zu Flexibilität und Reaktionsfähigkeit ist [Bangemann94]. Heutige Software ist die Basis, um die Geschäftsziele zu erreichen. Sie ist mehr als nur eine Beschleunigung ehemals manueller

Vorgänge, Software ist der Schlüssel zu einer neuartigen Abwicklung der Geschäftsprozesse. Das bedeutet aber auch, daß für die Software-Entwicklung selbst die Forderung nach kurzer 'Time-to-Market' besteht. Doch läßt hier die heutige Software-Entwicklung zu wünschen übrig: die Produktivität ist gering und die Qualität ist niedrig. Wir benötigen bessere Software, und das schneller.

Das vorherrschende Paradigma der hand-gefertigten Einzelsoftware kann dies niemals bieten. Wir müssen das Paradigma anderer Industrien verwenden: Wiederverwendung existierender Komponenten. Die existierenden Komponenten können aber erst nach einer gewissen Wiederaufbereitung sinnvoll eingesetzt werden, womit auch das zweite Problem angesprochen werden kann: die Reduzierung der Wartung existierender Software, man spricht [Yourdon92] von 80 Milliarden Zeilen COBOL-Code! Reduzierung des Wartungsaufwandes würde Softwerker-Kapazitäten freimachen, die bei der Neuentwicklung von Software eingesetzt werden können.

In den folgenden Kapiteln werden die obigen Ansätze diskutiert. Kapitel 2 diskutiert die wesentlichen Prozesse, die bei der Software-Wiederverwendung zum Tragen kommen, Kapitel 3 diskutiert detaillierter Software-Montage, Kapitel 4 befaßt sich mit der Wiedergewinnung von semantischer Information aus existierendem Code, Kapitel 5 skizziert den Weg von existierenden Altlasten zu wiederverwendbaren Software-Komponenten und Kapitel 6 diskutiert kurz die notwendige Systemunterstützung.

2. Software 2001: Vier Prozesse

Insgesamt ergeben sich bei dem diskutierten Problem drei Ausgangspunkte (Abb. 1):

- das existierende System,
- die in Aussicht genommene Software-Bank [Mittermeir87] [Mittermeir90] (Komponentenbibliothek [Rezagholi95]) zur Speicherung und Wiederverwendung von Software-Komponenten,
- das neue, dem State-of-the-Art entsprechende System.

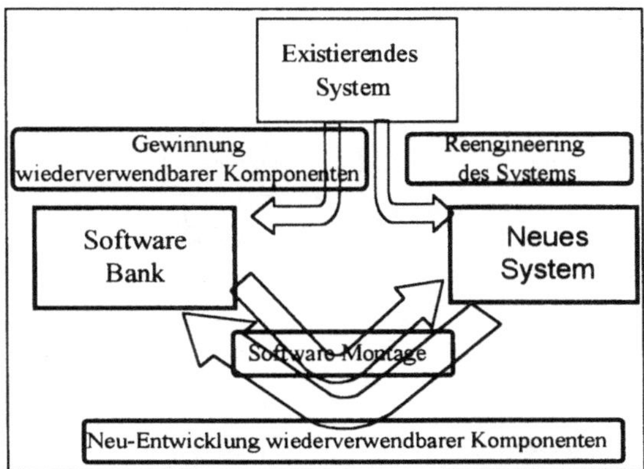

Abb. 1: Drei Ausgangspunkte für Wiederverwendung

In Abb. 1 sind die wesentlichen Prozesse dieses Szenarios identifiziert:

- Software-Montage, basierend auf den Software-Komponenten der Software-Bank
- Entwicklung von neuen, noch nicht vorhandenen Komponenten (bei Bedarf),
- Reengineering existierender Systeme, bzw. Systemteile,
- Gewinnung von wiederverwendbaren Komponenten aus existierenden Systemen.

Es ist zu beachten, daß sich die Wiederverwendbarkeit nicht auf Code-Fragmente beschränken darf (vgl. Abschnitt 0.), es müssen genauso wiederverwendbare Entwürfe, Spezifikationen etc. geschaffen werden. In der Folge werden wir zeigen, daß eine beträchtliche Synergie und Analogie zwischen diesen einzelnen Prozessen besteht.

3. Software-Montage : eine Vision und ein Weg

3.1 Grundidee

Das Szenario für die Software-Montage ist in Abb. 2 dargestellt. Der Prozeß setzt eine genügend mit wiederverwendbaren Komponenten gefüllte SW-Bank voraus. Wesentlich ist, daß bei allen Schritten vorerst auf die bereits existierenden Komponenten in der SW-Bank zugriffen wird. Je nach Vorhandensein der Komponenten werden Veränderungen an den Anforderungen, der Spezifikation und dem Entwurf vorgenommen. Das setzt natürlich voraus, daß in der SW-Bank auch Anforderungsbeschreibungen, Spezifikationen und Entwürfe gespeichert sind. Besonders die Wiederverwendung von Mustern, Entwürfen und ähnlichen höher-wertigen Dokumenten ist erst der Schlüssel zur Wiederverwendung [Kogut95] [Gerten89].

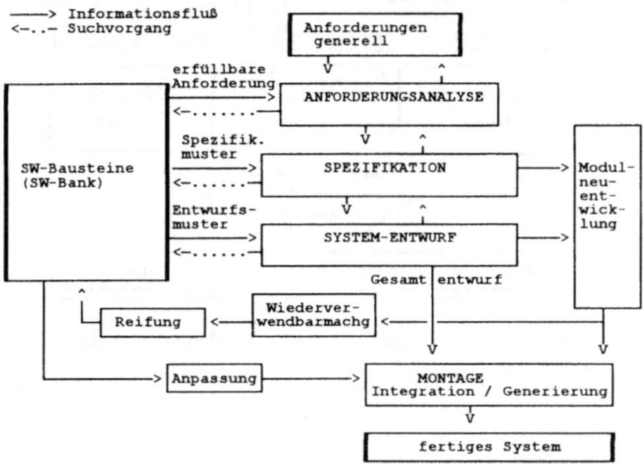

Abb. 2: Software-Montage

Im einzelnen sind folgende Schritte vorgesehen (vgl. auch [Rezagholi95] [Rezagholi95a]:

- Basierend auf den generellen Anforderungen wird in der Anforderungsanalyse ein Kompromiß zwischen dem Vorhandenen und dem Gewünschten gesucht.
- Diese Anforderungsanalyse dient als Basis der Spezifikation (Fachkonzept). Auch hier wird - basierend auf den Komponenten in der SW-Bank - wieder ein möglichst hohes Maß an Wiederverwendbarkeit gesucht. Ähnlich dem Prototyping-Paradigma [Pomberger93] ist auch eine nachträgliche Veränderung der Anforderungen (um eine leicht abweichende Spezifikation verwenden zu können) vorgesehen. Falls keine wiederverwendbare Spezifikation (oder Teile davon) auffindbar sind, wird eine Neuentwicklung veranlaßt.
- Ein ähnlicher Vorgang wiederholt sich im Entwurf, basierend auf den Entwurfsmustern der SW-Bank [Boerstler89] [Gerten89].
- Das Resultat ist ein Gesamtentwurf, der das gesamte System darstellt.
- Nun werden auf Grund des Entwurfs die notwendigen Code-Module aus der SW-Bank (nach allfälliger bereits wohldefinierter Anpassung) mit den neu-entwickelten Modulen montiert, bzw. generiert um das fertige System zu bilden.

- Die neu-entwickelten Module (inklusive zumindest Spezifikation und Entwurf) werden nach den unten angedeuteten Prinzipien wiederverwendbar gemacht und nach einer gewissen 'Reifezeit' der SW-Bank angegliedert.

Ein derartiger Montage-Prozeß bedarf offensichtlich der Computerunterstützung um effektive durchgeführt zu werden, Überlegungen dazu finden sich in Kapitel 0 .

3.2 Motivation

Ein wesentlicher Faktor für die Einführung von Wiederverwendungs-Paradigmen ist eine Einstellungsänderung der Mitarbeiter. Folgendes ist dabei besonders zu achten:

- Im allgemeinen überschätzen Softwerker den Aufwand für Adaptierung und Wiederverwendung und unterschätzen den Aufwand für Neuentwicklung.
- Psychologisch gesehen wollen Ingenieure nicht 'abkupfern', sondern selbst 'kreativ' sein. Auch unser ganzes Ausbildungssystem ('nicht abschreiben!', 'nicht schwindeln!') ist auf die selbständiges Erarbeiten (selbst wenn die Lösung schon existiert!) ausgerichtet.
- Die in der Informatik gelehrten Systementwicklungsparadigmen sind fast durchwegs an der Neuentwicklung orientiert.
- Die mögliche Produktivitätssteigerung durch Wiederverwendung [Boerstler89] wird oft nicht beachtet.
- Wiederverwendung bedingt i.a. eine längere Start-Phase: Man muß intensiv suchen, bevor man Erfolg hat, das '*Laßt uns schnell beginnen*'-Syndrom läuft dem zuwider.
- Die Suche nach Komponenten muß nicht erfolgreich sein. Nach einer intensiven Suche kann es sich herausstellen, daß man letztendlich doch eine Komponente neu entwickeln muß ('*Warum dann nicht gleich?*').
- WYGIWIT ('*What You Get Is What Is There*'): Das endgültige System entspricht nicht genau den ursprünglichen Vorstellung, sondern ist ein Kompromiß zwischen originalen Anforderungen und vorhandenen Komponenten.
- Es muß klargestellt werden, daß Wiederverwendung eines der Ziele des Management ist und somit diesbezügliche Tätigkeiten unterstützt werden.

3.3 Kostenüberlegungen

- Die Kosten für die Entwicklung wiederverwendbarer Komponenten sind deutlich höher als für einmal verwendbare. Durch ein geeignetes Verrechnungsschema muß sichergestellt werden, daß das laufende Projekt nicht durch diese Zusatzkosten belastet wird.

- Die Kosten für die Entwicklung und Wartung der SW-Bank, besonders die Kosten für die personelle Betreuung, müssen in geeigneter Weise gedeckt werden.

- Hilfreich ist die Betrachtung der Software-Komponenten als betrieblichen Vermögenswert, der inventarisiert, bilanziert und der Abschreibung unterworfen wird [Rezagholi95].

3.4 Organisatorische Voraussetzungen

- Das Wiederverwendungsparadigma muß auch organisatorisch abgesichert werden [Rezagholi95a].

- Die Struktur der Entwicklungsabteilung muß dem neuen Konzept angepaßt werden. Das bedeutet, daß es Spezialisten für das Auffinden und Adaptieren wiederverwendbarer Komponenten geben muß.

- Die Entwicklung von Produkten und die Pflege/Bereitstellung von wiederverwendbaren Modulen muß, wie auch in den japanischen Vorbildern [Matsumoto86], durch organisatorisch getrennte Gruppen durchgeführt werden, da deren Zielvorstellungen wesentliche Unterschiede aufweisen.

- Es müssen neue Job-Profile geschaffen werden (z.B. 'Wiederverwendungsexperte', 'Spezialist für Wiederverwendbarmachung', ...), vgl. [Riel93].

- Eine gewisse Standardisierung ('style guides' [Rezagholi95]) müssen leichten Zugang und Verständlichkeit ermöglichen, eine Notwendigkeit, die auch in [Kogut95] sehr deutlich aufgezeigt wird.

4. Wiederverwendung

4.1 Varianten der Wiederverwendung

Die Wiederverwendung von existierenden Systemkomponenten kann auf verschiedenen Niveaus erfolgen. Plakativ kann man im Englischen von den 5 RE's sprechen (Abb. 3):

REmain	Weiterverwendung ohne Änderung
REcap	Weiterverwendung durch Umschließung des Moduls mit einer neuen Hülle (shell). Die Hülle übernimmt die Anpassung
REstructure	Der Module wird hauptsächlich automatisch restrukturiert und so den neuen Anforderungen angepaßt
REengineer	Aus den existierenden Komponenten wird semantische Information herausgefiltert und daraus die Anwendung neu entwickelt.
REdo	Die Komponente wird vollkommen neu entwickelt, ohne mehr als die Ideen und Anforderungen des alten Systems zu übernehmen.

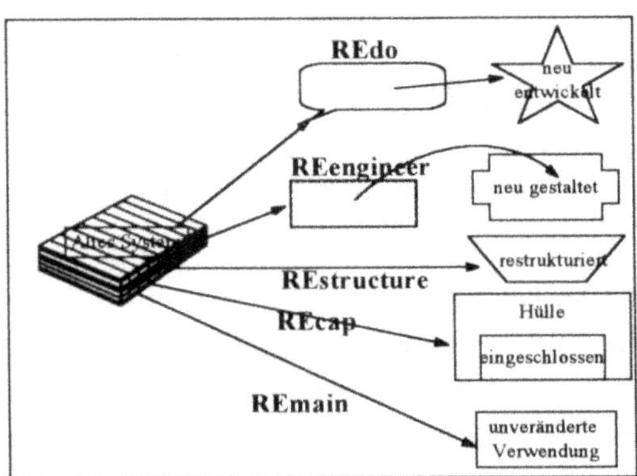

Abb. 3: Die 5-RE's

4.2 Reverse Engineering / Reengineering

Wie aus Abb. 2 vorgeht, ist die Neuentwicklung eines Systems eng mit der Analyse der existierenden SW-Komponenten in der SW-Bank gekoppelt. Das bedingt das Vorhandensein von Spezifikations- und Entwurfsmustern in der SW-Bank und auch von entsprechend passenden Anforderungsprofilen (um die Suche zu erleichern). Der Wunsch, bestehende Software-Altlasten in wiederverwendbare Komponenten der SW-Bank zu transformieren, erfordert zwangsläufig [Chroust93a] eine Wiedergewinnung der semantischen Informationen aus dem existierenden Code: Wir sprechen von Reverse Engineering [Arnold93][Arnold93b] [Sneed90]. Auf Grund der durch das Reverse Engineering [Ritsch94] gefundenen Informationen (Abb. 4) kann das neue System entwickelt werden.

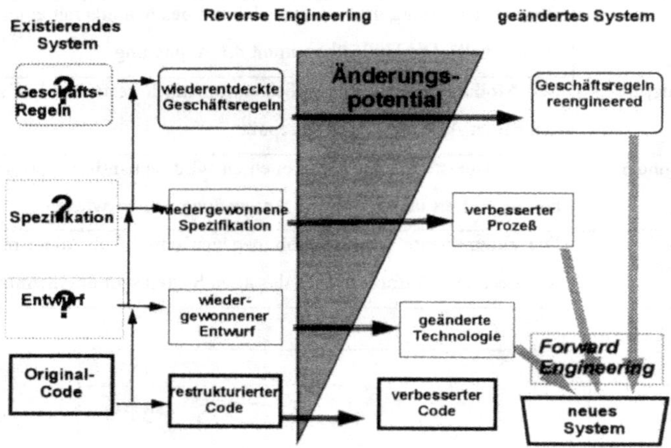

Abb. 4 : Semantik und Änderungspotential

Je nach der Kluft zwischen dem alten System und den Anforderungen für das neue System ist die Wiedergewinnung der semantischen Information auf verschiedenen Niveaus anzusetzen. Das entspricht auch der nach Entwicklungsniveaus (Anforderungen, Spezifikation, Entwurf, Code) ausgerichteten Entwicklung der Software [Chroust92a] [Schulz92]. Besonders bei alten Systemen, bei denen die Dokumentation unverläßlich bis nicht vorhanden ist (H. Sneed spricht von 'Software Archäologie' [Chroust93a]) ist es notwendig, aus dem existierenden Code die Bedeutung der Geschäftsprozesse wiederzugewinnen (wobei eine vorherige Verbesserung des Codes durch Restrukturierung empfehlenswert ist). Über die Methoden und Techniken des Reengineering muß auf die vorhandene Literatur verwiesen werden [Arnold93] [Ritsch94] [Schwanke91].

Wesentlich ist, daß nur die Anhebung des Verständnisses auf ein genügend hohes Niveau die Chance bietet, genügend weitgehende Veränderungen durchzuführen. Abb. 4 deutet an, daß die Wiedergewinnung höherer semantischer Informationen, bis zur Rekonstruktion pragmatischer Geschäftsregeln auch größere Änderungen der Prozesse gestattet.

4.3 Wiederverwendung über die SW-Bank

Wiederverwendung ist wie ein Sparbuch,
man muß einzahlen, bevor man abheben kann.
Je mehr man einzahlt, um so größer sind die Zinsen.
[Tracz88]

Software-Montage setzt die Existenz einer genügend reichhaltigen Sammlung von wiederverwendbaren Komponenten voraus [Mittermeir87][Mittermeir90]. Wie in Abb. 2 angedeutet, dürfen nicht nur Code-Fragemente vorhanden sein, es ist notwendig, auch die dazugehörigen Spezifikationen und Entwürfe, ja auch die Anforderungsprofile zur Verfügung zu stellen [Boerstler89]. Das Motiv ist, daß die alleinige Wiederverwendung von Code-Fragmenten meist zu eingeschränkt ist und zuwenig Wiederverwendungspotential bietet. Erst die Bereitstellung von höher-semantischen Komponenten bietet eine auch ökonomisch vertretbare Chance. Damit wird eine sehr alte Idee von David Parnas [Parnas72] in modifizierter Form wiedererweckt.

Das Endziel ist eine Software-Entwicklung, bei der der überwältigende Teil aus vorhandenen Komponenten zusammengestellt ('montiert') wird. Japanische Beispiele zeigen, daß bis zu 80% neuer Systeme durch existierende, wiederverwendbare Module abgedeckt werden können [Matsumoto86][Yourdon92].

4.4 Alte Lasten und alte Schätze

Da das Wiederverwendbarkeits-Paradigma nur vernünftig zum Tragen kommt, wenn genügend wiederverwendbare Komponenten in der SW-Bank vorhanden sind, muß diese aus der existierenden Code-Basis schnell aufgefüllt werden.

Ein zweites Argument für die intensive Überführung der vorhandenen Code-Basis in die Software-Bank ist die Tatsache, daß viele Geschäftsregeln zwar in den vorhandenen Systemen implementiert und damit verfügbar sind, aber außerhalb der Systeme nicht dokumentiert, vergessen etc. sind.

In beiden Fällen werden aus den sehr oft als 'Altlasten' bezeichneten Systemen auch 'alte Schätze', die verborgenes Know-how in sich tragen.

In Abb. 5 sind die 6 Hauptschritte einer Wiederverwendung aufgeführt: Je nach Ziel der Wiederverwendung kann man (in Übereinstimmung mit Abb. 4) sich auf verschiedenen Ebenen bewegen: Code, Entwurf, Spezifikation oder Geschäftsregeln. Im nächsten Abschnitt werden die einzelnen Schritte näher diskutiert.

5. Sechs Schritte zur Wiederverwendung

Die in Abb. 5 skizzierten Schritte werden hier besprochen. Aus Platzgründen können hier nur die grundlegenden Ideen vorgestellt werden, für Details muß auf [Chroust94] verwiesen werden.

5.1 Analyse

In diesem Schritt werden 3 Unterschritte unterschieden. Am Ende gibt es mehr Informationen über den Code, der Code ist besser strukturiert und wartbar, was in vielen Fällen genügt.

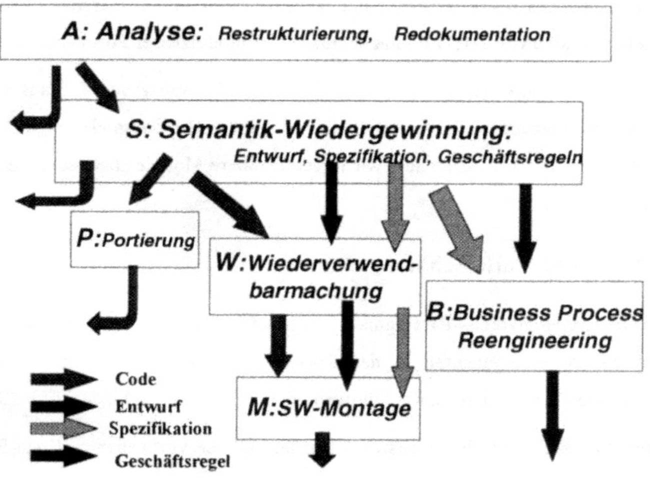

Abb. 5: 6 Schritte zur Wiederverwendung

5.1.1 Code Analyse/Redokumentation

Als erster Schritt ist die existierende Basis zu analysieren. Die syntaktisch herleitbaren Informationen (Aufrufhierarchie, Parameterlisten, Verwendungsverweise, Namenskonventionen, Strukturdiagramme) werden gesammelt . Besonders wichtig sind bei der Analyse auch quantitative Angaben über Größe der Module und deren Komplexität [Banker93] [McCabe89]. In vielen Fällen sind diese Informationen auch ein Nebenprodukt einer Code-Restrukturierung (vgl. Abschn. 0).

Als Resultat entsteht ein besser dokumentierter Code, der alle rein syntaktisch (oder mit minimaler menschlicher Intervention ermittelbaren Informationen über den Code enthält.

5.1.2 Portfolio Analysis

Basierend auf den Resultaten der Code-Analysis und auf weiteren Informationen über die Software (soweit vorhanden) wird die existierende Software bewertet [Kitzmüller94]. Bewertungskriterien sind:

- Verwendungshäufigkeit,
- Lebensdauer,
- Standard-konformität,
- Brauchbarkeit,
- Vielfältige Verwendung, besonders in verwandten Gebieten,
- Isoliertheit, Modularisierung,
- Stabilität.

5.1.3 Code-Restrukturierung

Code-Restrukturierung zielt primär auf eine mechanische, automatische Verbesserung von existierendem Code [Arnold89] . Es ist eine auf syntaktischer Ebene ablaufende Tätigkeit um dadurch eine bessere Ausgangsposition für anspruchsvollere, komplexere Veränderungen zu haben[Knoell93]. Laut [McClure93] ersparen restrukturierte Module etwa 33-44% der Wartungskosten. Die Ziele der Restrukturierung [Chroust91][IBM86g] sind:

- Programmlesbarkeit erhöhen,
- Programmlogik vereinfachen,
- Programmierstandards erzwingen,
- spätere Programmänderungen erleichtern / Risiko senken,
- SW-Wartungskosten senken,

- Wartungs-Zyklus verkürzen,
- Programmqualität erhöhen,
- Anwenderzufriedenheit erhöhen,
- Motivation / Zufriedenheit d. Wartungspersonals erhöhen,
- Abhängigkeit von Wartungsspezialisten verringern,
- Vorbereitung von Migration / Konvertierung,
- SW-Investition sichern.

5.2 Semantik-Wiedergewinnung

Aufgabe dieser Phase ist es, die Bedeutung der Anwendung/Module zu ermitteln. Menschliche Unterstützung ist hier unerläßlich. Es geht um die Interpretation der in der Analyse-Phase ermittelten Informationen. Wesentliche Überlegungen wurden bereits in Kapitel 0 besprochen. Wie in Abb. 4 angedeutet, müssen nicht immer alle Schritte durchgeführt werden. In vielen Fällen genügt eine Entwurfswiedergewinnung um das System weiterzuverwenden. Im wesentlichen sind hier 4 Schritte zu setzen:

5.2.1 Entwurfswiedergewinnung

Aus dem (restrukturierten) Code wird ein kompatibler Entwurf wiedergewonnen (siehe auch Abschnitt 0)

5.2.2 Separieren der Funktionen

Besonders älterer Code ist im wesentlichen monolithisch aufgebaut. Sowohl in Hinsicht auf eine Migration als auch auf Wiederverwendung sind die verschiedenen Grundaufgaben eines Moduls zu trennen. Das Hauptmotiv ist, daß gerade die unten angeführten Funktionen je nach Einsatz und Plattform unterschiedlich sind und so aus der wiederverwendbaren Funktion ausgelagert werden müssen. Kandidaten für Separation sind:

- Funktionen/Algorithmen,
- Benutzerschnittstellen,
- Datenbank- und I/O-Zugriffe,
- Betriebssystem-Schnittstellen,
- Fehlerbehandlung,
- Daten.

5.2.3 Wiedergewinnung der Spezifikation

Aus dem Entwurf wird, ähnlich dem Entwurf, eine kompatible Spezifikation hergeleitet (vgl.. Abschnitt 0).

5.2.4 Wiedergewinnung der Geschäftsregeln

Dieser Schritt ist wohl der anspruchsvollste, aber im Endeffekt werden hier die Informationen für eine zukunftsorientierte Führung des Betriebes herausgearbeitet. In Vergessenheit geratene Sonderfälle und Ausnahmen der Verarbeitung sollen wieder ans Tageslicht gefördert. Das bedarf intensiver menschlicher Hilfestellung und einer gehörigen Menge Kreativität (vgl. Abschnitt 0 und Abb. 4).

5.3 Portierung

In manchen Fällen, wenn nur die Portierung/Migration auf eine andere Plattform notwendig ist, kann man, basierend auf der Entwurfswiedergewinnung und einer gewissen Separation der Funktionen, diese Portierung durchführen [Gruenbacher93].

5.4 Wiederverwendbarmachung

Eine sehr wesentliche Fragestellung ist, welche Schritte notwendig sind, um aus den Komponenten bestehender Anwendungen wiederverwendbare Komponenten für die SW-Bank zu machen. In [Boerstler89] finden sich einige wesentliche Forderungen an wiederverwendbare Software-Komponenten:

- Verständlichkeit,
- Definiertheit,
- Übertragbarkeit,
- Zugreifbarkeit,
- hohe Kohäsion,
- lose Kopplung.

5.4.1 Homogenisierung

Die in den vorigen Schritten identifizierten Kandidaten bedürfen noch weiterer Nachbearbeitung, um mehreren widersprüchlichen Forderungen zu genügen (vgl. auch [Garnett90]:

- generelle Anwendbarkeit ohne Verlust der Effizienz,
- Variationsmöglichkeiten ohne kompliziertes Tailoring,
- Abstraktion von der konkreten Plattform ohne Verlust der Verständlichkeit,
- hohe Kohäsion und lose Kopplung des Moduls,
- Verständlichkeit,
- Anpassungsfähigkeit,
- Verläßlichkeit,
- Portabilität.

5.4.2 Speicherung, Klassifizierung, Repräsentation

Erfolgreiches Wiederfinden beginnt bereits bei der Ablage. Obwohl die benötigte Wiederverwendung zum Zeitpunkt der Ablage nicht antizipiert werden kann, müssen möglichst umfangreiche Informationen für die spätere Verwendung mit abgelegt werden. Das bedeutet vorerst, daß alle Entwurfsdokumente abgelegt werden müssen, um mit der Suche auf dem richtigen Niveau (vgl. Abb. 2) beginnen zu können. Einige Folgerungen sind:

- Die Komponenten sind unter vielfältigen Beziehungen und Sichten (vgl. die verschiedenen Sichten in integrierten CASE-Werkzeugen) abzulegen.
- Hypertext-artige Vernetzung von ähnlichen/verwandten Bausteinen ist vorteilhaft.
- Eine Klassifizierung in Grundkomponententypen (Steuer-Baustein, funktioneller Baustein, transformierender Baustein, ...) ist hilfreich, vgl. die Klassifizierung von Werkzeugen [Chroust92a], [Chroust92b].
- Neben der statischen Beschreibung ist auch eine dynamische 'Demo-Möglichkeit' für Bausteine vorzusehen.

5.5 Business Process Reengineering

Während in der Vergangenheit die Automation als primäres Ziel die Kostenreduzierung und Produktivitätssteigerung von ehemals manuellen Geschäftsabläufen hatte, ist sie heute gefordert, neuartige Geschäftsabläufe zu definieren und zu ermöglichen, die eine schnellere und flexiblere Geschäftsabwicklung erlauben, die am Markt und an den Kunden interessiert ist. Aus diesem Grund versucht man eine radikalen Umgestaltung der Geschäftsprozesse [Hammer94] [Martin89a]. Voraussetzung für eine Umgestaltung ist natürlich das Wissen über die existierenden Prozesse, wie sie aus der semantischen Analyse hergeleitet werden kann. Die Diskussion würde den Rahmen des Beitrages sprengen.

6. Wiederverwendungs-Umgebungen

Das präsentierte Konzept kann nur mit durch entsprechende Computerunterstützung realisiert werden [Brereton88] [Chroust92a][Chroust92b][Herrmann88] [Merbeth92]. Eine derartige Umgebung

- integriert die notwendigen Werkzeuge,
- bietet eine gemeinsame Oberfläche für die Werkzeuge,
- verwaltet die Zwischen- und Endergebnisse in der SW-Bank,
- bietet Vorgehensmodelle für das gesamte Vorgehen an.

Für Details muß auf die Literatur und auf [Chroust91] und [Chroust94] verwiesen werden.

7. Zusammenfassung

Software-Wiederverwendung ist eine wichtige Antwort auf Produktivitäts- und Qualitätsprobleme der Software-Entwicklung. SW-Wiederverwendung stellt eine beachtliche Paradigmen-Änderung dar. Deshalb müssen grundlegende Konzepte der Software-Entwicklung neu überdacht werden. Ein wesentlicher Punkt ist, daß Wege und Strategien aufgezeigt werden, wie man von den heutigen riesigen Code-Massen in die neue Entwicklungskonzeption wechselt, ohne die getätigten Investitionen zu verlieren. Es zeigt sich, daß die Migration und die Wiederverwendung möglich und erreichbar ist.

Literatur

[Arnold89] Arnold R.S.: Software Restructuring.- Proc. IEEE vol. 77 (1989) no. 4, pp. 607-617, also: Arnold R.S. (ed.): Software Reengineering.- IEEE Computer Society Press, 1993, Los Alamitos, Calif., pp. 438-358

[Arnold93] Arnold R.S. (ed.): Software Reengineering.- IEEE Computer Society Press, 1993, Los Alamitos, Calif.

[Bangemann94] Bangemann M. (ed.): Europe and the global information society - Recommendations to the European Council.- European Commission, Brussels 26 May 1994

[Banker93] Banker R.D., Datar S. M., Kemerer C.F., Zweig D.: Software Complexity and Maintenance Costs.- Comm ACM vol. 36 (1993) no. 11, pp. 81-94

[Boerstler89] Boerstler J.: Wiederverwendbarkeit und Software-Entwicklung - Probleme, Lösungsansätze und Bibliographie.- Softwaretechnik Trends vol. 9 (1989) no. 2, pp. 62-76

[Brereton88] Brereton P. (ed.): Software Engineering Environments.- Ellis Horwood Ltd., J.Wiley 1988

[Chroust91] Chroust G., Heger G., Pfann P.: Integrating the Use of AD/Cycle Tools under ADPS (A Restructuring Environment).- Proc. SHARE Lausanne, April 1991, pp. 15-27

[Chroust92a] Chroust G.: Modelle der Software-Entwicklung - Aufbau und Interpretation von Vorgehensmodellen.- Oldenbourg Verlag, 1992

[Chroust92b] Chroust G.: Software-Entwicklungsumgebungen - Synthese und Integration.- Informatik-Spektrum vol 15 (1992) no. 7, pp. 165-174

[Chroust93a] Chroust G.: Software und Archäologie.- Computerwelt Nr. 48/1993, 1. Dez. 1993, p. 9

[Chroust93b] Chroust G.: Die Rolle der Software-Entwicklungsumgebung für die Wartung.- Softlab (ed.): Softwarewartung: Wege aus dem Dilemma, 25.3.93, Wien

[Chroust94] Chroust G., Grünbacher P., Hofer S.: Software 2001 - Eine Vision und ein Weg.- Bericht Softlab Österreich, Juni 1994.

[Garnett90] Garnett E.S., Mariani J.A.: Software Reclamation.- Software Enginering Journal May 1990, pp. 185-191 also: Arnold R.S. (ed.): Software Reengineering.- IEEE Computer Society Press, 1993, Los Alamitos, Calif. pp. 510-516]

[Gerten89] Gerten R.: Motivation für die Wiederverwenbarkeit von System-Entwürfen.- Softwaretechnik Trends vol. 9 (1989) no. 2, pp. 93-104

[Gruenbacher93] Grünbacher P., Schaschinger H.: Moving from UI to GUI - Migration Patters of traditional Host-Based User Interfaces to State-of-the-Art GUI. IT&P Sofia 1993

[Hammer94] Hammer M., Champy J.: Business Reeengineering - Die Radikalkur für das Unternehmen.- Campus Frankfurt/M, 3. Auflage, 1994

[Herrmann88] Herrmann R.: MAESTRO - die integrierte Software-Produktionsumgebung von Softlab.- Gutzwiller T., Österle H. (eds.): Anleitung zu einer praxisorientierten Software-Entwicklungsumgebung, Band 2.- AIT Verlag München 1988, pp. 63-78

[IBM86g] IBM Corp. (ed.): COBOL Structuring Facility - Reengineering Concepts IBM Corp. Form No. SC34-4079-1, Nov. 1986

[Kitzmueller93] Kitzmüller K., Schwalb J.: A System-theoretic Approach to Migration of Project Models.- Pichler F., Moreno-Diaz R. (eds.): CAST 93, Lecture Notes on Computer Science, Springer Verlag 1994, 427-439

[Knoell93] Knöll H.D., Schwarze M.: Re-Engineering von Anwendungssoftware.- BI-Wiss.-Verlag, Mannheim, Leipzig, Wien 1993

[Kogut95] Kogut P.: Design Reuse: Chemical Engineering vs. Software Engineering.- Software Engineering Notes vol 20 (1995) no. 5, pp. 73-77

[Martin89a] Martin J.: Information Engineering, Book I: Introduction.- Prentice Hall, Englewood Cliffs 1989

[Matsumoto86] Matsumoto Y.: A Software Factory: An Overall Approach to Software Production.- Freeman P. (ed.): Tutorial: Software Reusability.- IEEE Computer Society, Order No. 750, 1986

[McCabe89] McCabe T. J., Butler C.W.: Design Complexity Mearurement and Testing.- Comm ACM vol. 32 (1989) no. 12, pp. 1415-1425

[McClure93] McClure C., Märtin D. (transl.): Software-Automatisierung - Reengineering, Repository, Wiederverwendbarkeit Hanser 1993

[Merbeth92] Merbeth G.: MAESTRO-II - das Integrierte CASE-System von Softlab.- Balzert H. (ed.): CASE - Systeme und Werkzeuge.- 4. Auflage, B-I Wissenschaftsverlag 1992, pp.215-232

[Mirani91] Mirani A. (ed.): Corporate and Financial Directors Conference, Vienna Oct. 1991 IBM Germany Oct. 1991

[Mittermeir87] Mittermeir R.T., Rossak W.: Software Bases and Software Archives.- Proc. 1987 Fall Joint Comp. Conf.

[Mittermeir90] Mittermeir R.: Software-Wiederverwendbarkeit - Ein Ansatz zur Hebung von SW-Produktivität und SW-Qualität.- ADV (ed.): EDV in den 90er Jahren: Jahrzehnt der Anwender - Jahrzehnt der Integration.- ADV 1990, pp. 158-167

[Parnas72] Parnas D.L.: On the Criteria to be Used in Decomposing Systems into Modules.- Comm. ACM vol. 15 (1972), No. 12, pp. 1053.

[Pomberger93] Pomberger G., Blaschek G.: Software-Engineering - Prototyping und objektorientierte Software-Entwicklung.- Hanser 1993

[Rezagholi95] Rezagholi M.: Programm zur schrittweisen Ausrichtung der Softwareerstellung auf Wiederverwendung Softwaretechnik Trends vol. 15 (1995) no. 4, pp. 41-43

[Riel93] Riel, A J: The Design and Management of C++ Class Libraries, OOPSLA 1993 Tutorial Notes #10, Washington 1993.

[Ritsch94] Ritsch H.: Heuristische Wiederaufbereitung - Ansätze zur konzeptorientierten Redokumentation von gewachsenen Applikationen.- Dissertation, Universität Klagenfurt, Juni 1994

[Schulz92] Schulz A.: CASE Report 92 - Ein umfassende Analyse von CASE-Entwicklungsmethoden und CASE-Werkzeugen.- GESmbH 1992, D-78476-Allensbach, Germany, 1993

[Schwanke91] Schwanke R.W.: An Intelligent Tool for Re-Engineering Software Modularity.- Proc. 13th Int'l Cnf. on Software Engineering, 1991, IEEE Inc., pp. 83-92, also: Arnold R.S. (ed.): Software Reengineering.- IEEE Computer Society Press, 1993, Los Alamitos, Calif. pp.265-274

[Sneed90] Sneed H.M.: Software Wiederverwendung.- ADV (ed.): EDV in den 90er Jahren: Jahrzehnt der Anwender - Jahrzehnt der Integration.- ADV 1990, pp. 199-214

[Tracz88] Tracz W.: Software Reuse Maxims.- Sofware Engineering Notes vol. 13 (1988), No. 4, pp. 28-31

[Yourdon92] Yourdon E.: Decline and Fall of the American Programmer.- Yourdon Press 1992

Danksagung. *Der Autor dankt der Fa. Softlab. AG Österreich für die Unterstützung dieses Forschungsauftrages.*

System-(Re)-Engineering in SAP Projekten
Ein Erfahrungsbericht

P. Klee, W. Klein, H. Offermann, U. Streubel

Zusammenfassung

Die Braun AG führt die integrierte Standardsoftware R/3 der SAP AG in den Vertriebstochtergesellschaften und der Hauptverwaltung ein. Hauptziel ist die Ablösung der heterogenen Altsysteme auf MVS und AS/400 durch die integrierte R/3-Software auf UNIX. Aufgrund der anspruchsvollen Zeitziele für die Systemeinführung war es erforderlich, die Anpassung selbsterstellter Systemkomponenten an die Software-Engineering-Standards und die Erstellung von Teilen der Systemdokumentation a posteriori durchzuführen bzw. in der Stabilisierungsphase nach Produktionsinbetriebnahme abzuschließen. Die vorliegende Arbeit stellt einführend das Unternehmen Braun AG vor; der bisherige Projektverlauf und das Projektumfeld werden grob beschrieben. Anschließend werden die durchgeführten, laufenden oder noch geplanten Reengineering-Aktivitäten dargestellt. Die Arbeit schließt mit einem Ausblick auf die Erfordernisse für Folgeprojekte ab.

1. Unternehmensprofil BRAUN AG

Braun ist Produzent von Elektrokleingeräten, wie Rasierern, Haar- und Mundpflegegeräten, Haushaltsgeräten und Uhren. Die Hauptverwaltung des Unternehmens befindet sich in Kronberg bei Frankfurt. Braun verfügt über drei deutsche und fünf ausländische Werke sowie ein zentrales Distributionslager. Der internationale Vertrieb der Braun-Produkte obliegt insgesamt 33 Vertriebstochtergesellschaften. Konzernmutter von Braun ist Gillette mit Sitz in Boston, U.S.A..

Braun erzielte im Geschäftsjahr 1993/94 einen Umsatz von 2,2 Milliarden DM bei einem Betriebsergebnis von 200 Millionen US$. Zum Ende des genannten Geschäftsjahres beschäftigte Braun weltweit ca. 8.900 Mitarbeiter. Die Daten für 1994/95 lagen den Verfassern bei Erstellung dieser Arbeit noch nicht vor.

2. Projektumfeld

2.1 Technisches Umfeld

Braun betreibt zur Zeit drei SAP-R/3-Installationen, jeweils mit Entwicklungs-, Konsolidierungs- und Testsystem, und außerdem eine von Drittanbietern erstellte Lagersoftware auf R/3-Basis. Der Releasestand aller Braun-R/3-Systeme ist zur Zeit 2.2e. Die Umstellung auf Release 3.0 ist für die nähere Zukunft geplant. Als Datenbank- und Applikationsserver dienen IBM RS/6000 (AIX) und HP 9000 (HP-UX). Präsentationsclients sind i.d.R. IBM-kompatible PCs mit Windows 3.1, in seltenen Fällen auch UNIX-Workstations. R/3 wird mit ORACLE 7 als Datenbank betrieben.

2.2 Projekthistorie

Die Anfang 1993 vorgelegte IT-Strategie von Braun empfahl die Einführung von SAP R/3, um softwaretechnisch schnellen Anschluß an die Client-Server-Technologie zu finden. Nach der Auswahl eines strategischen Beratungspartners im zweiten Halbjahr 1993 führte das Business Process Reengineering (BPR) Ende 1994 zu der Entscheidung, R/3 unternehmensweit einzuführen. Das im Februar 1995 begonnene Pilotprojekt ging am 1. Oktober 1995 in Produktion. Weitere Projekte sind in Planung oder schon gestartet.

2.3 Projektsituation

2.3.1 Allgemeine Situation

Ein SAP-Einführungsprojekt sollte nicht ohne Know-How-Träger gestartet werden. Durch die Komplexität von R/3 ist es sogar nötig, eigene Modul-Spezialisten einzusetzen - die häufigen Stellenanzeigen im SAP-Bereich verdeutlichen diese Situation. Der Bedarf wird oft mit *externen Beratern* gedeckt. Die Braun AG hat bei ihrer R/3-Einführung bisher bevorzugt auf Berater gesetzt, mit dem Hintergrund, deren Wissen auf die Braun-IT-Mitarbeiter zu transferieren.

Angehende SAP-Anwender haben im allgemeinen *hohe Erwartungen* gegenüber R/3, die durch das Marketing der SAP, die Medien oder auch ein der Systemeinführung vorausgehendes Business Process Reengineering (BPR) begründet sind. Diese Erwartungen beziehen sich besonders auf die Möglichkeiten, das System - ohne Eingriffe in den Standard - allein durch das Customizing an die unternehmensspezifischen Erfordernisse anzupassen. Bei nicht anpaßbaren Funktionen sollen Modifikationen durch Organisationsänderungen vermieden werden.

Für die meisten IT-Mitarbeiter ist ein Projekt mit derart komplexer Standardsoftware, was Technologie, Funktionalität und Projektorganisation angeht, neu. Erfahrungsgemäß ist in einer solchen Projektsituation ein hoher Grad von Formalisierung erforderlich, der sich auf Kommunikation im Projekt, Projektmanagement, Qualitätssicherung, Konfigurationsmanagement und Einsatz von Methoden, Standards und Richtlinien im Projekt bezieht. Alle diese Punkte bedürfen intensiver Betreuung.

Im folgenden soll primär vom *R/3-Pilotprojekt* bei Braun die Rede sein, das die betriebswirtschaftlichen Funktionen einer Vertriebsregion abdeckt..

Das Projektteam hat unter Anleitung des Beratungsunternehmens zunächst ein grobes Fachkonzept erstellt, dessen Methodik im Verlauf des Projekts den Möglichkeiten und Erfordernissen angepaßt wurde. Im wesentlichen handelt es sich um linear abgefaßten Text, der als MS-Word-Dokument gespeichert ist. Darauf basierend wurden direkt im Prototyping-Verfahren die benötigten Komponenten des R/3-Systems konfiguriert und implementiert, insbesondere Schnittstellenprogramme und „Add-Ons“ in Form von User-Exits und Reports. Das Projektteam verwendete entsprechend den Empfehlungen des Beratungspartners keine der verbreiteten Methodenfamilien (z.B. SA, ERM, OOA, BPR (Hammer)), die Qualitätssicherung erfolgte informell im Rahmen der normalen Projektarbeit, und die Berücksichtigung der im Prinzip akzeptierten Programmier- und Dokumentationsstandards war bis zum Produktionsstart den Zeitzielen nachgeordnet. Für die Anwender wurde eine umfangreiche Anwenderdokumentation erstellt. Zusätzlich wurden von mehreren IT-Mitarbeitern in den ersten drei Monaten der Stabilisierungsphase nach Systemeinführung die Anwender bei der Benutzung des Systems ganztägig beobachtet und betreut. Als Dokumentationswerkzeuge wurden primär die Produkte WordPerfect, MS-Word, MS-Excel, Freelance Graphics und ABC-Flowcharter eingesetzt. Zur Projektsteuerung und -kontrolle diente PMW.

Der Know-How-Transfer von den Beratern zu Braun erfolgte im Rahmen der Projektarbeit durch Teilnahme von IT-Mitarbeitern an bestimmten Aktivitäten, bei denen sie von den Beratern lernen konnten.

Die *Rolle der Systems-Engineering-Gruppe* während der Projektlaufzeit und bei der Nachbereitung des Projekts bestand darin, kommunizierte Projektergebnisse methodisch aufzuarbeiten, das Braun-IT-Vorgehensmodell um R/3-spezifische Aktivitäten und Ergebnisse zu erweitern und für das Software-Engineering relevante R/3-Standards (z.B. Programmierrichtlinien) zu erarbeiten. Außerdem wird ein großer Zeitanteil für R/3-Troubleshooting, Anwendungsentwicklung nachträglich aufgetretener Anforderungen und die Überarbeitung von “Add-Ons” aufgewendet. Alle diese Arbeiten haben das Ziel, die Wartbarkeit und Stabilität der R/3-Installation bei Braun auf lange Sicht zu gewährleisten sowie zukünftige R/3-Projekte zu vereinheitlichen und zu vereinfachen. Das Nachbereitungsverfahren ist als Defizit erkannt, und zukünftig soll methodisch adäquate Dokumentation unter Betreuung durch die Systems-Engineering-Gruppe in den Projekten direkt erstellt werden.

Im folgenden werden systematisch die *Reengineering-Bedarfe* beim *R/3-Standard* und bei den *Pilotprojektergebnissen* dargestellt.

2.3.2 Stand der SAP-Dokumentation

R/3-interne Dokumentation

- *Informationsmodell (IM)*
  Das IM steht in struktureller und grafischer Form als SERM (Structured Entity Relationship Model) zur Verfügung. Im Release 2.2 ist das IM nicht komplett und nicht editierbar.
- *Data Dictionary (DD)*
  Das DD enthält in ausschließlich struktureller Form, d.h. ohne grafische Präsentation, das Relationenmodell der R/3-Tabellen, d.h. Informationen über deren Aufbau und Beziehungen. Das DD ist außerdem eine Hauptkomponente der Systemsteuerung.
- *Implementation Guide (IMG)*
  Der IMG ist ein hierarchisch aufgebauter Einführungsleitfaden, der das Customizing, d.h. die Einstellung der R/3-Steuerungstabellen, erleichtert. Er bietet außerdem Funktionalität zur Projektsteuerung (z.B. Statuskonzept) und Dokumentation (Notizen).
- *Online-Hilfe*
  An den meisten Stellen im R/3 sind ausführliche, z.T. aktive Kontext-Hilfen verfügbar, deren Anpassung an Anwenderbedürfnisse jedoch problematisch ist, weil dies eine Systemmodifikation darstellt.

Alle diese Werkzeuge haben zahlreiche technische Restriktionen, die die praktische Brauchbarkeit einschränken, die hier jedoch nicht näher erläutert werden können. Für Release 3.0 sind Verbesserungen angekündigt.

R/3-externe Dokumentation

- *R/3-Referenzmodell*
  Das Referenzmodell erhebt den Anspruch, die Organisations-, Funktions-, Steuerungs- und Datensicht von R/3 zu beschreiben. Es steht unter dem ARIS-Toolset der IDS zur Verfü-

gung. Derzeit wird wegen funktionaler Defizite ausschließlich die Steuerungs-(Prozeß-) Sicht in Form ereignisgesteuerter Prozeßketten (EPKs) genutzt. ARIS ist nicht mit R/3-Release 2.2 integriert; das soll sich im Release 3.0 in gewissem Rahmen ändern.

- *R/3-Dokumentation unter Windows*

  Als Windows-Applikation ist auf CD-ROM eine zusammenfassende R/3-Anwendungs- und Systemdokumentation erhältlich.

Methodische Defizite der R/3-Modelle

- *IM/DD*

  Die Verbindung zwischen IM und dem im DD implementierten Relationenmodell ist in R/3 häufig mehrdeutig und in Teilbereichen überhaupt nicht definiert (z.B. Beziehungstypen vs. Fremdschlüssel). Diese Defizite haben ihre Hauptursache darin, daß das IM durch Reverse Engineering und Abstraktion aus dem historisch gewachsenen Relationenmodell entstand/entsteht und nicht im Sinne eines Forward Engineering das Relationenmodell aus dem IM. Das gilt auch für die Kohärenz von Benutzeroberfläche und Datenmodellen.
- *Prozeßmodell*

  Das Referenzmodell bietet zwar eine Steuerungssicht aber keine adäquate Kommunikationssicht. Textuelle Beschreibungen fehlen zumeist, und die Datensichten sind nur mangelhaft mit den Prozeßsichten integriert.
- *Modellintegration*

  Die Dokumentationssysteme stellen sich eher als "stand-alone Tools" denn als integrierter Werkzeug- und Methodenverbund dar, was sich besonders in einer globalen Synonym- und Redundanzproblematik widerspiegelt.

Technische und methodische Restriktionen der im SAP-Umfeld verfügbaren Werkzeuge und Methoden bedingen den Einsatz weiterer CASE-Werkzeuge (hier: ADW/KEY von Sterling Software).

3. Ziele des Software Reengineering

Unter *Software-Reengineering* subsumieren wir alle Aktivitäten, die der qualitativen Verbesserung und Aufbereitung fertiggestellter Software dienen. Unter Software verstehen wir dabei jede identifizierbare, maschinenlesbare Komponente eines bestehenden DV-Systems, also z.B. Programme, Dokumentation, Datenbanktabellen. Der Begriff *"Reengineering"* wird so erweitert, daß darunter nicht nur das Reverse Engineering (d.h. die Analyse bestehender Software) sondern auch das sich anschließende Forward Engineering verstanden wird. Bezogen auf das konkrete Projekt gehören zur Software:

- **R/3-Standardsoftware** mit R/3 Basis- und -Applikationsmodulen (ABAP/4-Programme, Datenbanken etc.), R/3-Data Dictionary, R/3-Informationsmodell (IM), R/3 Referenzmodell, R/3-Einführungsleitfaden (IMG), R/3-Anwenderdokumentation.
- **Projektsoftware** mit Customizing-Dokumentation im Einführungsleitfaden (IMG-Notes), Sollkonzept mit Prozeßmodell, Organisationsmodell, korrigiertem und projektspezifisch erweitertem R/3-Informationsmodell, Anwenderdokumentation, Schnittstellenbeschreibungen, Data-Dictionary-Objekte, Job-Scheduling-Dokumentation, Programme und Programmdokumentation.

4. Vorgehen nach Phasenmodell

Die beim Reengineering zu erarbeitenden Ergebnisse sind im wesentlichen die des Forward Engineering. Daher wird zunächst zusammenfassend das Braun-IT-Vorgehensmodell (Braun-VM) dargestellt.

Das Braun-VM basiert auf dem Information-Engineering-Vorgehensmodell (IE) von James Martin. Es wurde gegenüber IE vor allem im organisatorischen Bereich modifiziert und erweitert, um die Schwächen der klassischen Wasserfallmodelle zu eliminieren, während die Stärken weiter genutzt werden sollen. Nach Braun-VM besitzt ein Projekt folgende Grundphasen: *Planung*, *Analyse*, *Design*, *Konstruktion* und *Einführung*. Im folgenden werden die R/3-spezifischen Ausprägungen der Phasen beschrieben.

4.1 Planung

Die Planung dient der Vorbereitung des eigentlichen Projekts. Ziel dieser Phase ist es, eine verbindliche Projektdefinition mit Wirtschaftlichkeitsrechnung zu erarbeiten.

Hauptergebnisse sind

- eine Bestandsaufnahme des Ausgangszustands,
- eine Analyse bestehender Probleme und Verbesserungspotentiale,
- eine Zielanalyse, was mit dem bevorstehenden Projekt erreicht werden soll, und
- eine grundlegende Wirtschaftlichkeitsbetrachtung.

Methoden sind: Strukturierte Analyse, Entity-Relationship-Modell, Clustering-Analyse und Zielbaum.

4.2 Analyse

In der Analyse wird das Sollkonzept für das R/3-Projekt erstellt. Folgende Ziele sollen erreicht werden:

- Akzeptanz und realistische Erwartungen beim zukünftigen Anwender,
- optimierte Geschäftsprozeßabdeckung,
- formale Beschreibung des Systems als Grundlage für Design und funktionalen Test,
- eindeutige semantische Beschreibung der Systemschnittstellen,
- Planbarkeit der organisatorischen Einbindung.

Methoden sind: Strukturierte Analyse, Entity-Relationship-Modell, EPKs.
Erfahrungsgemäß ist es ungünstig, ein Sollkonzept zu erstellen, ohne R/3-Funktionalität und R/3-Datenstrukturen zu berücksichtigen. Bei der "freien" Herleitung von Soll-Modellen erhält man u.U. optimalere Lösungen für die Zielformulierungen der Planung - diese sind aber ohne Systemmodifikationen in aller Regel nicht realisierbar. Daher geht die Analyse von den verfügbaren R/3-Standardmodellen aus.
Basis für das Prozeßmodell ist das R/3-Referenzmodell in Form von EPKs. Die ARIS-Methodik unterscheidet nicht sauber zwischen Prozessen (z.B. Auftragserfassung), die die Datenbasis von einem konsistenten Zustand in einen anderen überführen, und deren untergeordneten Routinen (z.B. Preisfindung), die lediglich Zwischenergebnisse liefern. Daher sind zunächst im Referenzmodell die eigentlichen Prozesse zu identifizieren.
Als nächstes werden Prozesse und R/3-Anwendungstransaktionen einander zugeordnet; optimal wäre eine eindeutige Zuordnung von elementaren (atomaren) Prozessen zu Transaktionen. Basierend auf dieser Zuordnung lassen sich im R/3 erste Arbeitsabläufe durchführen. Mit System-Mitteln - jedoch leider nicht vollautomatisch - lassen sich die Customizing- und Anwendungstabellen finden, auf denen die Anwendungstransaktionen operieren. Den Tabellen wird der Ausschnitt des IM zugeordnet, den sie repräsentieren; speziell den Customizing-Tabellen werden die Customizing-Transaktionen zugeordnet, mit denen sie gepflegt werden.
Die aufgefundenen R/3-Tabellen und -Transaktionen bilden die Basis für das Prototyping am System, mit dem die fachlichen Ergebnisse verifiziert und dem Anwender vermittelt werden. Customizing-Einstellungen werden in den IMG-Notizen dokumentiert.
Um das fachliche Modell für die Anpassung zu komplettieren, werden die Prozesse aus den EPKs, der identifizierte Ausschnitt aus dem IM, die aufgefundenen Tabellen und Transaktionen in das ADW/KEY übertragen. Festgestellte Beziehungen, z.B. die Aktionen der Prozesse auf

den Entitätstypen oder die Implementierung von Prozessen durch Transaktionen werden ebenfalls dort erfaßt.

Diese Grundinformation wird dann um weitere Informationen ergänzt, die IE für diese Phase vorsieht, z.B. Datenflußdiagramme und insbesondere das Systemkontextdiagramm zur Darstellung der Kommunikationsbeziehungen im System und der Systemschnittstellen, Aufbauorganisation im Systemumfeld, inhaltliche Beschreibung des Berichtswesens usw.

Die Herleitung des Sollmodells geschieht in einem klassischen Prototyping-Ansatz:

- Sammeln der Anforderungen (z.B. durch Einzelinterviews mit oder ohne Prototyp, moderierte Gruppensitzungen),
- synchrones Übertragen der Anforderungen in Modell und Prototyp (i.A. wird das Modell mehr Funktionalität abbilden als das R/3-System darstellen kann),
- Verifizierung von Modell und Prototyp.

Die Anzahl der Prototyping-Iterationen soll klein und vorher festgelegt sein. Für Modifikationen und "Add-Ons" werden nur in Ausnahmefällen Prototypen entwickelt. Da ein SAP-System nach dem Prototyping erfahrungsgemäß in einem ungeordneten Zustand ist, ist es angeraten, einen klassischen Ansatz zu verfolgen, d.h. den Prototyp nicht von der Analyse ins Design zu übernehmen.

Die erstellten Modelle sind nicht nur Ausgangspunkt für das Design, sondern insbesondere auch für die Systemwartung und die Einarbeitung neuer Mitarbeiter von großem Wert.

4.3 Design/Konstruktion

Die Design-Phase dient dem Entwurf, der logischen Spezifikation des Systems. Sie dient der Vorbereitung der Konstruktionsphase, indem sie weitgehend implementierungsunabhängig die Programmarchitektur und -logik, die Datenbankstruktur und die Benutzeroberfläche definiert; aus diesen Informationen können in der Konstruktionsphase plattformabhängige Implementierungen generiert werden. Im Falle R/3 ist die Trennung zwischen Design und Konstruktion nicht exakt möglich, da die Entkopplung der logischen Spezifikation von der speziellen Zielplattform im wesentlichen zur Laufzeit vom R/3-Basissystem geleistet wird. Es empfiehlt sich daher bei R/3-Projekten Design und Konstruktion zu einer Phase zu verschmelzen.

Die Design-Phase hat im Vergleich zu den vorangehenden Phasen eine erheblich größere Menge von Ergebnistypen, die hier nicht alle im einzelnen beschrieben werden können. Wir greifen aus den zugehörigen Aktivitäten in den folgenden Abschnitten einige Beispiele heraus.

4.4 Parametrisierung/Customizing

Das Customizing wird bei der Analyse (Prototyp) und im Design durchgeführt, dabei werden die R/3-Grundeinstellungen den spezifischen Anforderungen angepaßt und zwar direkt mit den Customizing-Transaktionen oder unter Zuhilfenahme des Einführungsleitfadens. Im Customizing werden keine R/3-Programme modifiziert.

Für einen Customizingschritt sollen die einzelnen Datenfelder mit ihren Braun- und SAP-spezifischen Informationen genauer erläutert, die Zusammenhänge der Felder, Tabellen und Entitäten dokumentiert und Besonderheiten festgehalten werden. Ergebnisse dieser Respezifikation sind: ein spezieller Auszug aus dem R/3-IM (falls vorhanden), projektspezifische Ergänzung und Anpassung dieses Modells, eine Notiz im Einführungsleitfaden.

Der überarbeitete IM-Auszug muß in ADW/KEY dargestellt werden, weil das R/3-IM nicht editiert werden kann und die Anzeigefunktion unkomfortabel und instabil ist.

Methodik

Aus dem Inhaltsverzeichnis des IMG werden die Kapitel ausgewählt, die für das Projekt relevant sind. Um die wesentlichen Entitätstypen festzustellen, werden auf sämtlichen Maskenfeldern der Transaktionen die Tabellen abgefragt. Aus dem R/3-DD läßt sich das Relationenmodell (Abb. 1) ableiten. Danach werden mit dem Informationssystem die zu den Tabellen gehörigen Entitätstypen ermittelt und die IM-Sicht auf den Customizingvorgang erzeugt (Abb. 2). Dieses Datenmodell wird anhand der DD-Information und der Customizingtransaktionen überprüft und korrigiert. Das überarbeitete semantische Datenmodell mit den spezifischen Einstellungen wird in ADW/KEY hinterlegt (Abb. 3).

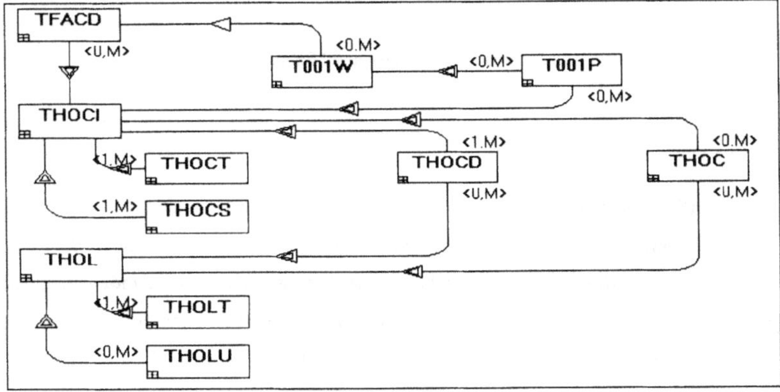

Abb. 1: Relationenmodell des Fabrikkalenders

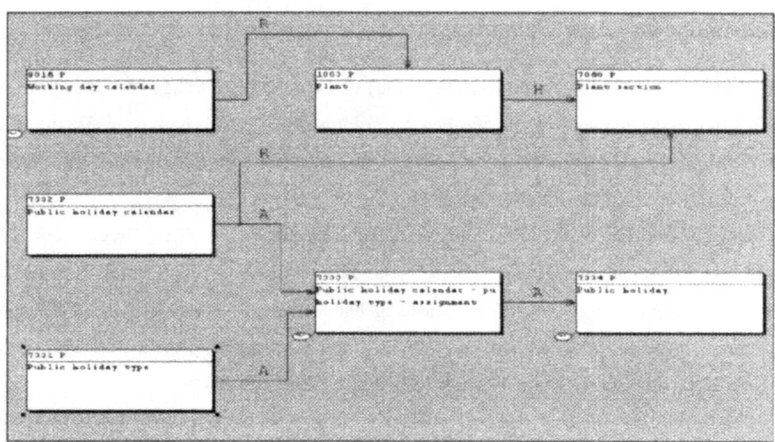

Abb. 2: IM-Ausschnittt für den Fabrikkalender

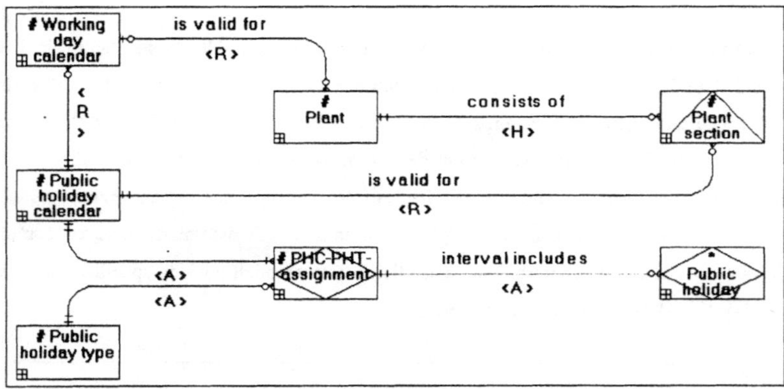

Abb 3: Semantisches Datenmodell Fabrikkalender

4.5 Programmierstandards

Um gute Wartbarkeit und Qualität erreichen zu können, waren frühzeitig ABAP/4 Entwicklungsstandards bereitzustellen und die Entwickler darauf zu verpflichten. Insbesondere die Dokumentation und Struktur der zu erstellenden ABAP/4 Programme sollte ermöglichen, daß die Programme nicht nur ihrem Autor verständlich sind. Wegen der R/3-System-weiten Bedeutung der Namen von Entwicklungsumgebungs-Objekten wie Programmen und DD-Objekten (EU-

Objekte) war darauf zu achten, daß klare Handhabungsregeln vor Beginn der Entwicklungstätigkeiten zur Verfügung standen.
Da im R/3 für die Entwicklungsumgebung und das DD außer über die Festlegung von Namensräumen keine grundsätzliche Trennung zwischen SAP und Kundenbereich besteht, ist besonders die Beachtung dieser Namensräume von großer Bedeutung. Nichtbeachtung kann bei jedem SAP Release-Wechsel (ca. alle 3 Monate) zu Konflikten führen. Daher wurden neben struktur- und befehlsbezogenen Regeln ausführliche Namenskonventionen in den Entwicklungsstandards festgelegt. Für alle Eigenentwicklungen, die im internationalen Umfeld geplant sind, wurde die Entwicklungssprache Englisch vorgeschrieben.
Kritische EU-Objekte wie z.B. Domänen sollten nur von bzw. nach Absprache mit Qualitätssicherungskoordinatoren (QS-Koordinatoren), die je Einführungsprojekt zu autorisieren sind, angelegt werden.

4.5.1 (Re-)QS und (Re-)Dokumentation der Eigenentwicklungen

Zusätzlich zu den durch die R/3 - Entwicklungsumgebung vorhandenen Möglichkeiten wurde von den QS-Koordinatoren bald der Wunsch geäußert, sogenannte Qualitätsüberprüfungsstempel zu ermöglichen, um transparent eine entsprechende Kontrolle dokumentieren zu können. Die Realisierungsüberlegungen dazu führten zur Entwicklung eines Qualitätsunterstützungs-Werkzeugs, geschrieben in ABAP/4.
Mit diesem Tool erhält man einerseits eine Übersicht über alle zu bestimmten Einführungsprojekten zugehörigen Entwicklungsklassen und ihren Objekten, andererseits eine Übersicht aller einem Projekt zuzuordnenden Korrekturen. Eine Korrektur beschreibt einen Änderungsstand von bestimmten Programmen und Dictionary-Objekten, der dann als eine Einheit vom Entwicklungs- ins Test- bzw. Produktions-System transportiert werden kann. Einer solchen Korrektur kann dann der oben genannte Qualitätsüberprüfungsstempel von autorisierten Personen zugeordnet werden.
Die Entwicklung dieses Programms verlangte ein grundlegendes Wissen von den R/3 internen Zusammenhängen. Dieses wurde durch intensive Analyse der im R/3 vorhandenen Vorgehensweisen erworben. Die vorzunehmenden „Re"-Tätigkeiten waren das Erstellen des Daten bzw.Relationenmodells für den Bereich Eigenentwicklung / Korrekturwesen (Abbildung 4). Dies war erforderlich, da die SAP (zumindest bis Releasestand 2.2.e) keine Datenmodelle für den Basis-Bereich zur Verfügung gestellt hat. Das so erhaltene Modell wurde dann um eigene Objekttypen erweitert und im SAP Dictionary umgesetzt (Abbildung 5). Das System wurde als selbstgeschriebene Transaktion in ABAP/4 implementiert.

Zur Unterstützung der Entwickler sind alle Objekte, die von den definierten Namenskonventionen abweichen, markiert und damit leicht erkennbar. Gleiches gilt für die vorgeschriebene Pflegesprache. Zusätzlich dazu wurde ermöglicht, innerhalb des Systems komfortabel Zusammenhänge zu („re“-)dokumentieren. So kann der Entwickler eine sogenannte Task anlegen mit einer Kurzbeschreibung des Inhalts und durch Markieren von EU-Objekten diese der Task zuordnen. Damit ist innerhalb des Entwicklungssystems schnell ein Überblick über die Eigenentwicklungen zu gewinnen.

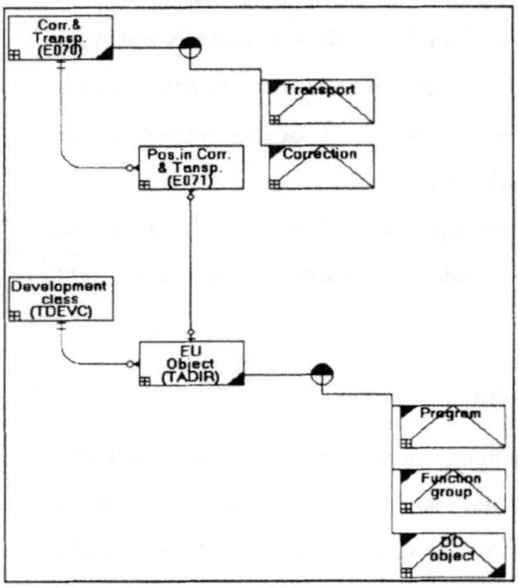

Abbildung 4 Datenmodell des SAP Standards

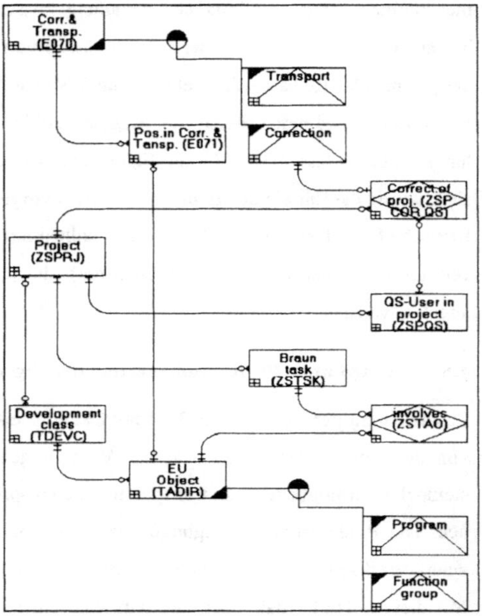

Abbildung 5 Erweitertes Datenmodell

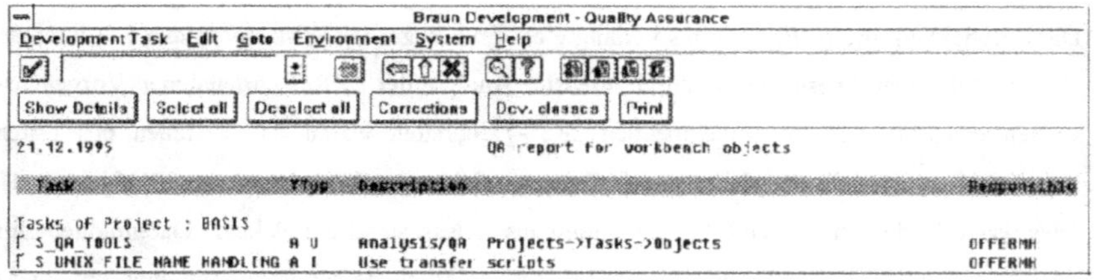

Abbildung 6 Snapshot QA-Tool

Falls diese Art der Beschreibung nicht ausreicht, kann ein WORD-Dokument mit festgelegter Struktur und gleichem Namen ausgefüllt und ein eventuell zugehöriges Flow-Chart, das mit dem ABC Flow-Charter erstellt wurde, hinzugefügt werden. Ziel ist eine Programmdokumentation, die soweit wie möglich im R/3 System direkt oder zumindest online verfügbar sein sollte.

Um die möglichen Schwachstellen bei einem Review der Programme möglichst vollständig abzudecken, wurde ein Review-Formular entwickelt, das in Zusammenarbeit mit dem Entwickler dem Qualitätssichernden als eine Art Leitfaden dient und in das die notwendigen Überarbeitungen eingetragen werden können.

4.5.2 Beispiel Schnittstellenrealisierung

In der Schnittstellenprogrammierung lag einer der Hauptschwerpunkte. Die SAP sieht generell einen Typus Schnittstelle vor, bei dem die Daten während des Einspielens die gleichen semantischen Überprüfungen durchlaufen wie bei einer Online-Benutzereingabe.

Das zu schreibende „Batch-Input"-Programm stellt die Anwendungsdaten in sogenannten Batch-Input-Mappen zusammen. Dabei muß nicht die vollständige semantische Korrektheit überprüft werden, da anschließend die Batch-Input-Mappe dazu verwendet wird, das Standard-SAP-Programm (welches normalerweise Online abläuft) mit Eingabedaten zu beliefern. Fehlerhafte Daten werden genau wie bei der interaktiven Eingabe erkannt und gekennzeichnet. Dieses Verfahren ermöglicht es, sämtliche Online-Programme auch im Hintergrund „als Schnittstelle" zu verwenden.

Die Komplexität der Aufgabe besteht vor allem darin, in der Mappe die richtigen Felder in den richtigen Masken in der richtigen Reihenfolge zu beschicken. Der Aufbau erfolgt normalerweise mit einer Folge von aufwendigen Analyseschritten. Wegen der Aufwendigkeit und Fehleranfälligkeit dieses Verfahrens entstand die Idee, die Analysearbeit zu einem großen Teil zu automatisieren. Da man aufgrund der Transparenz des SAP-Systems auf fast sämtliche Kontroll- und Steuerdaten zugreifen kann, wurde ein Batch-Input-Programm-Generator entwickelt. Mit diesem lassen sich nach Eingabe des Transaktionscodes die Felder automatisch füllen mit einer Möglichkeit zur manuellen Nachbereitung.

5. Abschließende Betrachtung, Aussichten auf Folgeprojekte

Die bei dem Pilot-Projekt gewonnenen Erfahrungen haben bei beiden Seiten, den Anwendungsentwicklern und den Software-Ingenieuren, wichtige Erkenntnisse reifen lassen. Neben der methodischen Überarbeitung der Projektergebnisse ist das Reengineering der Entwicklungsstandards und der unterstützenden Werkzeuge eine wesentliche Voraussetzung für Folgeprojekte.

Eine grundlegende Erkenntnis ist, daß auch eine so ausgereifte Standardsoftware wie SAP R/3 gewisse Reengineering-Maßnahmen erfordert. Besonders in komplexen Projekten, wie der flächendeckenden Einführung der R/3-Standardsoftware erscheinen uns die folgenden Punkte als kritische Erfolgsfaktoren:

- Vorlauf des Systems Engineering bei der Auswahl von Methoden, Tools und Standards,
- Stellenwert des Systems Engineering in der Firma, beim Management und den Mitarbeiter,
- adäquate organisatorische Einbindung des Systems Engineering in den IT-Bereich und in die R/3-Projekte,
- Einhaltung von Methoden und Standards.

Dem zur Zeit unabdingbar hohen Aufwand, mehrere Softwarewerkzeuge zu betreuen, muß organisatorisch Rechnung getragen werden.

Vom wissensbasierten System zum Decision Support System durch Softwarewartung?

Stefan Dresbach

Zusammenfassung

In diesem Beitrag soll untersucht werden, inwieweit Modelle der Softwarewartung bzw. spezielle Vorgehensmodelle für die Wartung von Expertensystemen auf wissensbasierte Systeme anwendbar sind, deren Wartung darauf abzielt, Decision Support Systems zu bauen. Dabei ist der Nutzen der wissensbasierten Systeme bzw. Systemkomponenten zu erhalten und gleichzeitig die Problem–, Nutzer– und Lösungsadäquatheit von Decision Support Systems zu garantieren. Neben einem Vergleich von wissensbasierten Systemen und Decision Support Systems werden Vorgehensmodelle der Software– und Expertensystemwartung auf ihre Eignung zum Bau von Decision Support Systems diskutiert. Als (Haupt–) Ergebnis zeigt sich, daß Standardvorgehensmodelle mit einigen Anpassungen einsetzbar sind. Dieses wird anhand eines Praxisprojektes demonstriert.

Abstract

This article explores the extent to which models of software maintenance or special methodology for maintenance of expert systems might be used for knowledge-based systems whose maintenance aims at building decision support systems. The benefit of knowledge-based systems or system components has to be preserved and similarly the suitability of decision support systems in regard to problems, users, and solutions must be guaranteed. Knowledge-based systems and decision support systems are compared, and methodologies for software and expert system maintenance are discussed in terms of their suitability for the construction of decision support systems. The principal conclusion is that standard methodologies can be used, with some adaptions. This is shown an example drawn from practice.

1.Einleitung

Immer mehr wissensbasierte Systeme (Expertensysteme) haben ihren Eingang in den betrieblichen Alltag gefunden [Mert93, 23]. Dabei gewinnt ihre Wartung und Pflege eine größer werdende Relevanz. Das hängt einerseits mit der wachsenden Einsatzdauer der wissensbasierten Systeme in Verbindung mit softwaretechnologischen Fortschritten und andererseits mit der Notwendigkeit der Anpassung des enthaltenen Wissens an neue Entwicklungen und Erkenntnisse zusammen.

Der Nutzen von wissensbasierten Systemen für bestimmte Anwendungsgebiete ist unumstritten. Gerade für Problemstellungen, die sich durch eine vage, nicht (vor–) strukturierte Problemstellung auszeichnen, werden immer wieder wissensbasierte Systeme eingesetzt. Für den Bereich der Unterstützung von Managemententscheidungen bei solchen Problemen ergibt sich eine Überlappung mit den in der Wissenschaftsdisziplin des Management Science beheimateten Decision Support Systems (Entscheidungsunterstützungssystemen).

Wissensbasierte Systeme haben in Bezug auf die Entscheidungsunterstützung sowohl als stand-alone-Systeme als auch als Softwarekomponenten Eingang in Decision Support Systems gefunden. Die Entwicklung beider Arten von Softwaresystemen sind trotzdem in Teilbereichen grundverschieden. In der Regel handelt es sich bei der Verbindung dieser beiden Konzepte um Neuentwicklungen. Die Frage, wie von bestehenden (wissensbasierten) Systemen eine sinnvolle Verbindung mit den Technologien der Decision Support Systems möglich ist, ist nach wie vor offen. Dieser Frage soll in diesem Beitrag nachgegangen werden.

Dazu werden zunächst wissensbasierte Systeme den Decision Support Systems gegenübergestellt. Die Fragestellung dieses Beitrags legt es nahe, danach die Erstellung von Decision Support Systems zu betrachten. Anschließend werden Vorgehensmodelle der Expertensystemwartung auf ihre Eignung hin für die Erstellung von Entscheidungsunterstützungssystemen untersucht. Als Abschluß dieses Kapitels werden Thesen formuliert, die als Antworten auf die im Titel des Beitrages gestellte Frage fungieren sollen. Im vorletzten Kapitel wird ein Praxisprojekt beschrieben, anhand dessen die Thesen evaluiert werden. Ein kurzer Ausblick auf die weiteren Forschungsaktivitäten zur Integration von wissensbasierten und entscheidungsunterstützenden Systemen beendet den Beitrag.

2.Wissenbasierte Systeme versus Decision Support Systems

Unter einem wissensbasierten System soll in diesem Beitrag ein Softwaresystem verstanden werden, das sich durch die folgenden Eigenschaften auszeichnet [HaKi89, 3; Turb90, 14; Kurb92, 20-22; GuTa94, 3f.]:

- Es liegt ein *schlecht strukturiertes Problem* zugrunde.
- Es wird für bzw. in einem *eng abgegrenzten Anwendungsbereich* erstellt und eingesetzt.
- Es soll *Probleme lösen, Ergebnisse erklären* und *hinzulernen können* und somit den Vergleich zum menschlichen Experten nicht scheuen müssen.
- Es trennt zwischen *Wissen* und *Inferenzverfahren.*

In diesem Beitrag sollen, analog zu [Lehn94, 8], die Begriffe 'wissensbasiertes System' und 'Expertensystem' synonym verwendet werden.

Decision Support Systems (DSS) lassen sich durch die folgenden drei Hauptcharakteristika definieren [KScM78, 1; SpCa82, 4; MaWa84, 27; Keen89, 65]:

- Ein *Entscheidungsträger* wird unterstützt.
- Die Unterstützung erfolgt für *schlecht strukturierte Probleme.*
- *Daten* und *Modelle* werden handhabbar gemacht.

Hervorzuheben ist, daß ein DSS den Entscheidungsträger nur unterstützt und nicht selbst entscheidet. Sowohl die Verantwortung für die Entscheidung als auch die Bewertung der vom DSS errechneten und vorgeschlagenen Problemlösungen verbleiben beim Entscheidungsträger. DSS und ihre theoretische Basis sollen gleichzeitig problem–, nutzer– und lösungsadäquat sein [Dres95a, 3].

Schon aus diesen beiden Definitionsansätzen wird die Unterschiedlichkeit der Systeme mit Ausnahme ihres Anwendungsbereiches auf schlecht strukturierte Probleme deutlich. Weitere Differenzen sowohl hinsichtlich ihrer Philosophie und Technologie als auch ihres Managementverständnisses lassen sich, wie Tabelle 1 zeigt, ausmachen. Auf den Punkt gebracht könnte man die DSS als ein *modellbasiertes* und, im Gegensatz dazu, die Expertensysteme als ein *wissensbasiertes* Konzept umreißen. Da der Interpretationsspielraum sowohl hinsichtlich des Wissens– als auch bzgl. des Modellbegriffs relativ groß ist, kann berechtigterweise davon ausgegangen werden, daß die Ansätze zur Erstellung und Wartung dieser beiden Arten von Softwaresystemen Berührungspunkte aufweisen. Besonders interessant im Kontext dieses Beitrags scheint ein Vergleich der Architekturen, Werkzeugkategorien und Aufgabenträger von beiden Systemen zu sein. Hier lassen sich Gemeinsamkeiten herausarbeiten.

Architektonisch bestehen wissensbasierte Systeme, wie in Abbildung 1 dargestellt, aus einer Wissensbasis, je einer Inferenz–, Erklärungs–, Wissensakquisitions– und Dialogkomponente [z.B. Kurb92, 27-29]. Eine Zusammenfassung von Komponenten zum Abspeichern der Wissensbasis, zur Wissensakquisition, zur Erklärung und die Inferenzmechanismen wird als Shell bezeichnet [HeHe90, 77]. Eine Marktübersicht zu den Expertensystems-Shells liefern Stylianou et al. [Styl92].

Kriterium	DSS	wissensbas. Systeme
Ziel	Hilfe für den Entscheidungsträger	Imitation und Ersatz von menschlichen Experten
'eigentlicher' Entscheider	Mensch	Maschine
Ausrichtung auf	Entscheidungen	Wissen (–sverarbeitung)
Richtung der Fragestellungen	Mensch befragt Maschine	Maschine befragt Mensch
Verarbeitung von	numerischen Daten	symbolischen Daten
Problembereichs-Charakterisierung	komplex, weit	enges Fachgebiet
Problemtypen	ad hoc, einmalige Probleme	sich wiederholt stellende Probleme
Eigenständige Folgerungen	Nein	Ja, wenn auch beschränkt
Erklärungsfunktion	Nein	i.d.R. ja

Tab. 1: Unterschiede zwischen DSS und wissensbasierten Systemen [in Anlehnung an Turb90, 22]

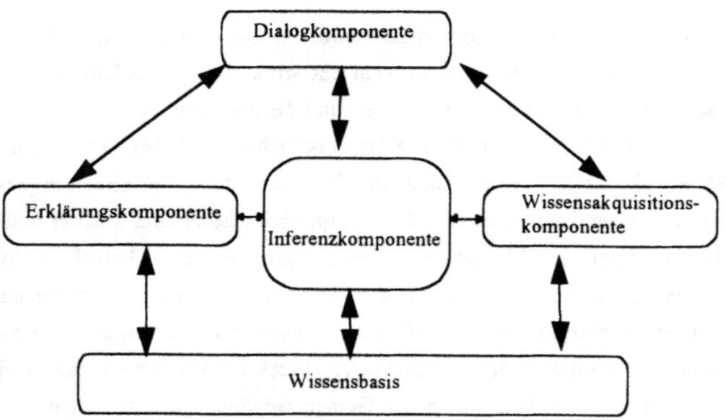

Abb. 1: Funktionale Architektur eines Expertensystems

Die Vielzahl von Anwendungen macht es schwierig, allgemeine Aussagen zur Architektur eines Decision Support Systems zu treffen. Hilfreich ist in diesem Zusammenhang die Differenzierung von drei (unverzichtbaren) Subsystemen: *D*ialogkomponente, *D*atenkomponente und *M*odellkomponente. Dieser Ansatz, der in der Literatur als D-D-M-Paradigma referenziert wird [SpWa75], läßt zunächst die genaue Ausgestaltung der einzelnen Komponenten offen, so daß diese an die jeweilige Anwendung individuell angepaßt werden kann. Aus diesem 'Grundgerüst' leitet sich die Architektur von DSS ab. Abbildung 2 veranschaulicht diese.

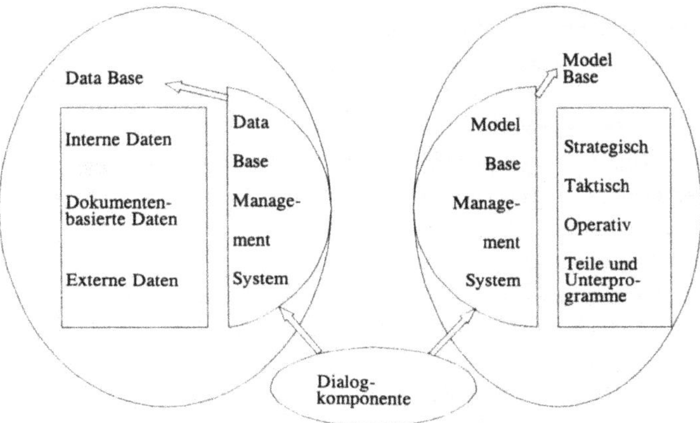

Quelle: In Anlehnung an [WaSp89, 108]

Abb. 2: Architektur eines DSS

Wo liegen jetzt die Gemeinsamkeiten in diesen beiden Architekturen? Die Wissensbasis ist vergleichbar mit den Teilen der Modellkomponente des DSS, die 'echte' Modelle beinhalten. Sowohl die Unterprogramme (Algorithmen) als auch das Modellmanagementsystem der DSS entsprechen funktionell der Inferenzkomponente — beide sind für die Generierung von Lösungen bzw. Lösungsvorschlägen zuständig. Eine explizite Wissensakquisitionskomponente findet sich nicht in der DSS-Architektur, doch werden diese Aufgaben auch vom Modellmanagementsystem mitübernommen. Bei beiden Architekturen existieren Dialogkomponenten. Durch sie bleiben dem Benutzer die implementierten Datenstrukturen, Algorithmen und Inferenzmechanismen verborgen. Eine separate Behandlung der Daten ist architektonisch in wissensbasierten Systemen nicht vorgesehen, Kopplungen mit Datenbanken aber in der Praxis üblich.

Hinsichtlich der *Werkzeugkategorien* kommen bei wissensbasierten Systemen entweder Expertensystemshells oder Programmiersprachen der Künstlichen Intelligenz wie z.B. Lisp oder Prolog in Frage. Wir wollen uns im folgenden auf die in der Praxis weit verbreiteten XPS-Shells beschränken.

Bei den DSS können drei technologische Ebenen (Kategorien) unterschieden werden [z.B. SpCa82, 10–13]. *Spezifische DSS* bezeichnen die Hard- und Software, die einen oder mehrere bestimmte Entscheidungsträger bei einer ganz speziellen Art von Problemen unterstützt. *DSS Generatoren* sind Systeme, die eine einfache und schnelle Entwicklung von spezifischen DSS ermöglichen. Deshalb müssen sie entsprechend flexibel gestaltet sein. DSS Generatoren decken eine ganze Reihe von Funktionen und Features ab, wie beispielsweise Grafikunterstützung, Report-Generierung, finanzmathematische und statistische Funktionen, Modellierungsprache, Simulation oder Optimierung. Als DSS Generatoren sind in erster Linie Spreadsheet-Pakete und Planungssprachen zu nennen [Krcm90, 414]. Bei den *DSS Tools* handelt es sich um einzelne Werkzeuge, die die Entwicklung bestimmter Komponenten von spezifischen DSS oder auch von DSS Generatoren unterstützen. Die Rolle als DSS Tool können z.B. Graphik-Editoren, DBMS, Programmiersprachen der 3. Generation, Software zur Datenübertragung oder Reportgeneratoren übernehmen.

Auch bei den Werkzeugkategorien lassen sich Entsprechungen feststellen. So übernehmen bei funktioneller Betrachtungsweise die XPS-Shells dieselbe Aufgabe wie die DSS-Generatoren. Beide enthalten vorgefertigte Komponenten und Mechanismen, deren Programmierung zeitaufwendig ist (z.B. Inferenzmechanismen oder Optimierungsverfahren). Auch bei der Gestaltung der Benutzeroberfläche sind beide Werkzeugkategorien hilfreich und stellen die benötigten Komponenten zur Verfügung (z.B. durch Grafikunterstützung).

Aufgabenträger im Rahmen der Erstellung und Wartung von wissensbasierten Systemen sind der Experte, der Wissensingenieur und der Benutzer [Kurb90, 494; Lehn94, 24]. Während die Wissensingenieure zusammen mit dem (Fach–) Experten das Wissen in computergerechter Form bereitstellen sollen (den Inhalt der Wissensbasis 'programmieren' sollen), spielt der Benutzer in der Entwicklung und Wartung von wissensbasierten Systemen nur eine untergeordnete Rolle. Im Kontext der Entscheidungsunterstützung bedeutet dies beim Beispiel einer Auftragsdisposition, daß ein Software-Entwickler (als Wissensingenieur) mit Hilfe eines als Experten fungierenden, erfahrenen Disponenten das Expertensystem entwickelt und wartet. Die Rolle des Benutzers wird durch Sachbearbeiter in der Disposition wahrgenommen, die durch das Expertensystem in die Lage versetzt werden, direkt vom Know-how des Experten zu profitieren ohne es selbst aufnehmen zu müssen.

Ähnliche Rollenbezeichnungen lassen sich für DSS festellen. Hier wird differenziert in Benutzer (Manager, Entscheidungsträger), Modellentwickler und Techniker (Hard– und Software) [Moor89, 15-17]. Im Vergleich zu den wissensbasierten Systemen fallen die Rollen des Experten und des Benutzers beim DSS zusammen. Der Manager als Experte ist gleichzeitig auch der Benutzer des Systems. Analog verhalten sich die Modellentwickler und die Wissensingenieure in ihren Rollen. Sie müssen eine Formalisierung des Wissens von Fachleuten leisten und mit Hilfe von speziellen Werkzeugen (XPS-Shells, DSS-Generatoren) implementieren. Die Technikerrolle wird bei den XPS durch die Programmierer der XPS-Shell wahrgenommen.

3. Vorgehensmodelle

Im folgenden soll der prozessurale bzw. evolutionäre Charakter der Erstellung und Wartung von DSS und wissensbasierten Systemen im Vordergrund stehen.

3.1 Erstellung von Decision Support Systems

Bei der folgenden Kurzdarstellung einer prinzipiellen Vorgehensweise zur Erstellung eines (spezifischen) DSS wird davon ausgegangen, daß ein DSS-Generator benutzt wird. Dabei kann analog zur Systementwicklung sowohl ein phasenorientierter Ansatz als auch eine evolutionäre Vorgehensweise praktiziert werden [Wern92, 80]. Als Komponenten, Tätigkeiten bzw. Phasen der DSS-Entwicklung können bei pragmatischer Betrachtungsweise unterschieden werden [in Anlehnung an SpCa82, 68f.; Andr89; Broo94, 38f.]:

- Problem– / Anforderungsanalyse,
- Modellierung,
- Methodenauswahl,
- Softwareauswahl / –design,
- Systemimplementierung,
- Evaluation.

Es liegt hierbei eine Vermischung von Problemlösungsprozeß und Softwareentwicklung vor. Problemerkennung, –formulierung und –lösung finden sich in den ersten drei Komponenten wieder. Aus diesem Grund, aber auch durch die Verwendung der DSS-Generatoren und damit fertiger Software, werden die Anfangsphasen bei der DSS-Entwicklung besonders stark betont.

Die Wartung von DSS bezieht sich in der Hauptsache einerseits auf die Anpassung der zugrundeliegenden Modelle und Methoden z.B. an neue Situationen und andererseits in der Verbesserung der eingesetzten Methoden. Somit steht die adaptive und die perfektionierende Wartung im Vordergrund.

3.2 Software– bzw. Expertensystemwartung zum Bau von DSS?

Die oben gezeigten Parallelen zwischen DSS und wissensbasierten Systemen lassen eine Konstruktion eines Entscheidungsunterstützungssystems durch die Wartung eines wissensbasierten Systems für *den* Fall sinnvoll erscheinen, daß das zugrundeliegende Problem *vollständig beschrieben* werden kann, die *Lösungsansätze* sich als *stabil* herausgestellt haben und in der Wissensbasis absehbar *keine weiteren, größeren Änderungen* zumindest für einen gewissen Zeitraum zu erwarten sind.

Im Prinzip könnte von einer Re-Implementierung gesprochen werden. Als zu erwartende Vorteile können somit beispielsweise ein besseres Laufzeitverhalten oder eine größere Portabilität genannt werden [HaKi89, 206; WeKe89, 603; Mert90, 34]. Als besondere Gründe für den Weg von der "Insellösung" wissensbasiertes System zum DSS können vor allem genannt werden:

- Die Problemlösungsvorschläge von wissensbasierten Systemen sind i.d.R. suboptimal, wobei keine Qualitätsaussagen im Hinblick auf ein etwaiges Optimum gemacht werden können.
- Die Performanz ist vor allem bei großen Datenmengen kritisch.
- Synergieeffekte aufgrund der Verbindung von wissensbasierten und modellbasierten Lösungstechniken können erwartet werden.

In einer jüngeren Studie konnten empirisch diese Gründe größtenteils bestätigt werden [Gill95]. So ergab sich bei der Untersuchung des Status von rund 100 'running systems' des Jahres 1987 für nur rd. 29% eine weite Verbreitung des Systems in der Praxis zum jetzigen Zeitpunkt. Dieser Tatsache stehen 20% der Systeme gegenüber, die nie genutzt worden sind. Hieran werden Defizite der rein wissensbasierten Systeme deutlich. Bei der Anwendung zeigte sich in einer qualitativen Bewertung der Leistungsdaten vor allem die Laufzeit (performance time) als kritisch. Generell konnte der Schluß gezogen werden, daß solche Expertensysteme, die in konventionelle Systeme integriert waren, einen signifikant höheren Gebrauchsnutzen als stand-alone Systeme zeigten.

Es liegt auf der Hand, daß der Bau von DSS im Rahmen einer Softwarewartung nur für den Fall der adaptiven oder perfektionierenden Wartung vorgenommen werden sollte. Deshalb bleibt im folgenden die korrigierende Wartung außerhalb der Betrachtung.

Für die Durchführung der Wartung von wissensbasierten Systemen wurden in jüngerer Vergangenheit mehrere (ablauforganisatorische) Phasenmodelle vorgeschlagen. Diese weisen bei genauerer Analyse große Übereinstimmungen auf. So entsprechen sich im wesentlichen die Tätigkeiten derjenigen Phasen, die sich in Abbildung 3 auf gleicher Höhe befinden. Für die folgende Diskussion wollen wir zwei Einschränkungen vornehmen: Einerseits werden keine phasenübergreifenden Maßnahmen wie Wartungsmanagement, –dokumention oder Qualitätssicherung diskutiert, andererseits soll beispielhaft das Vorgehensmodell von Fischer [Fisc93; Kurzdarstellung bei Dres95b, 17-20] für die weiteren Überlegungen benutzt werden, weil es durch die Berücksichtigung von sowohl der Implementierung als auch der Wiedereinführung als das umfassendste der drei Phasenmodelle aus Abbildung 3 bezeichnet werden kann. Wegen der gebotenen Kürze der Darstellung werden nur die Besonderheiten im Hinblick auf die Erstellung von Entscheidungsunterstützungssystemen in den einzelnen Phasen vorgestellt.

Bedarfserkennung	Need for Maintenance	Veranlassung der Wartung
Bewertung und Planung	Nature of Chance Global Location	Analyse des Wartungsobjekts und –auftrags Wartungsvorbereitung
Modifikation und Erweiterung	Maintenance Action Local Identification	Vollzug der Wartung korrigierend adaptierend perfektionierend
Test und Verifikation Validierung	Jeopardised Subset Implementation Testing	Test i.S.v. Verifikation i.S.v. Validierung
		Implementierung und Integration
Weiterbildung und Schulung		Wiedereinführung und Betrieb
[LeHo94, 39 und 44]	[CoBC93, 59]	[Fisc93, 55]

Abb. 3: Verschiedene Phasenmodelle zur XPS-Wartung

Bei der Veranlassung der Wartung muß im Wartungsziel deutlich werden, daß vor allem Performanz–, Portierungsaspekte oder die verstärkte Betonung der Charakteristika von Entscheidungsunterstützungssystemen im Vordergrund stehen sollen. Sonstige Besonderheiten bei der Formulierung des Wartungsauftrages sind in dieser frühen Phase nicht notwendig.

Im Rahmen der *Analyse des Wartungsobjekts und –auftrags* muß die Entscheidung für die Re-Implementierung als DSS fallen. Die Bedingungen, unter denen eine solche Entscheidung sinnvoll ist, wurden bereits zum Beginn dieses Abschnittes genannt. Abweichend von dem benutzten Phasenmodell [Fisc93, 40] führt die gewünschte Re-Implementierung *nicht* zu einem Ausstieg aus dem Wartungsmodell. Die sonst obligatorische Fragestellung nach dem Wechsel der Expertensystem-Shell wird obsolet. Vielmehr gewinnt die Art der weiteren Verwendung des wissensbasierten Systems an Bedeutung. Neben der Ersetzung durch ein DSS wären auch integrative Ansätze denkbar. Es können wissensbasierte Funktionen an DSS-Komponenten gekoppelt werden, das XPS als eigene DSS Komponente fungieren, einzelne Problemlösungsschritte dem XPS vorbehalten werden, ohne daß eine Systemintegration stattfindet, oder das wissensbasierte System kann zur Erzeugung alternativer Lösungen benutzt werden [Reus88, 2–22; Turb90, 687f.; Wern92, 161-183]. Da die beiden letztgenannten Alternativen unter Wartungsgesichtpunkten unproblematisch sind und eher organisatorische Fragestellungen berühren, soll nur im Falle einer echten Systemintegration bzw. einer Ersetzung des XPS durch das DSS im Wartungsmodell fortgefahren werden. Besonderer Wert sollte auch auf die Machbarkeitsabschätzung gelegt werden. In ihrem Rahmen sind Überlegungen anzustellen, inwieweit die verwendete Wissensrepräsentationsform transformierbar in eine dem DSS zugrundeliegende Modellierungssprache ist. Davon wird die Wahl eines geeigneten DSS-Generators bestimmt sein.

Innerhalb der *Wartungsvorbereitung* sind bei der Sondierung der Wissensquellen andere Schwerpunkte zu setzten als bei der Wartung von wissensbasierten Systemen. Da beim DSS Entscheidungsträger (als Äquivalent des Experten) und Benutzer als Rollen zusammenfallen, muß hier eine viel stärkere Ausrichtung auf den Nutzer bei der Auswahl der Träger fachlicher Kompetenz (Wissensquellen) erfolgen. Die Redokumentation als weitere potentielle Aktivität dieser Phase ist nur insoweit notwendig, als daß sie für das Verstehen und Nachvollziehen der Wissensbasis unabdingbar ist. Hier reichen oft schon die im Rahmen der XPS-Shells zur Verfügung gestellten Browser oder Debugging-Möglichkeiten aus. Die Suche nach möglichen Nebeneffekten erübrigt sich bei der Ersetzung des XPS durch ein DSS.
Dem *Vollzug der Wartung* entspricht in erster Linie die Modellierung bzw. Modellerstellung für DSS. Wichtig ist, daß die Modellkonstruktion nicht, wie sonst für die Entscheidungsunterstützung empfohlen [z.B. Dres96, 79], in der Hauptsache vom Problem her ansetzt, sondern auch auf dem vorhandenen und bewährten wissensbasierten System aufbaut. Dazu liegt der Schlüssel in der Transformation der speziellen Wissensrepräsentationsformen und Inferenzstrategien in Modelle und geeignete Lösungsverfahren. Als ein erster Schritt ist dazu häufig die *Quantifizierung* der qualitativen Größen des XPS notwendig, denn kommerziell angebotene DSS-Generatoren basieren i.d.R. auf (Un–) Gleichungssystemen und mathematischen Darstellungen. Oft reicht die bloße Anwendung einer Nominalskala, deren weitere sinnvolle Verwendung durch zusätzliche (Konsistenz–) Bedingungen sichergestellt werden kann. Da im betriebswirtschaftlichen Kontext ohnehin häufig Bewertungen in Geldeinheiten vorgenommen

werden müssen, stellt die Quantifizierung zumeist kein unüberwindbares Hindernis dar. Für die *Transformation der unterschiedlichen Wissensrepräsentationsformen* ist ihr zumeist deklarativer Charakter hilfreich. Planungssprachen oder Tabellenkalkulationen als die in der Praxis am häufigsten vorkommenden Modellierungssprachen können ebenfalls als deklarativ eingestuft werden, so daß hier häufig eine direkte Umsetzung möglich ist. Weitere Parallelitäten lassen sich beispielsweise zwischen den regelbasierten Systemen und den Modellen der mathematischen Programmierung feststellen. Beide enthalten explizit Bedingungen als konstruktive Elemente, und beide steuern auf eine / mehrere Konsequenzen bzw. Ziele hin. Die Analyse der Abarbeitungsvorgänge im Expertensystem kann eine sinnvolle Wiederverwendung der darin zum Ausdruck kommenden Ideen in den *Lösungsverfahren* innerhalb des DSS ermöglichen. Zumindest die Erstellung von Heuristiken sollte von dieser Analyse stark erleichtert werden, indem die sich in den Abarbeitungsvorgängen manifestierenden Lösungsstrategien nachgebildet werden. Wird die Wartung dagegen mit dem Ziel der Integration eines bestehenden wissensbasierten Systems vollzogen, brauchen Wissensbasis und Inferenzmechanismus nicht aufgelöst, vielleicht noch nicht einmal modifiziert werden. Es reicht aus, über die Schaffung geeigneter Schnittstellen für einen problemlosen Informationsaustausch zwischen wissensbasierten und DSS-Komponenten zu sorgen. Die u.U. bei integrativen Ansätzen notwendige gleichzeitige Neuerstellung von ganzen Komponenten sollte nicht einfach innerhalb der Phase des Wartungsvollzugs verschwimmen, sondern hierfür ist ein eigenes (evtl. DSS-spezifisches) Vorgehensmodell vorzusehen.

Im Rahmen des *Tests der Wartungsergebnisse* sind sowohl verifizierende als auch validierende Tätigkeiten notwendig, um sicherzustellen, daß die Qualität der Ergebnisse des neu entstandenen Systems nicht schlechter als die des gewarteten XPS sind, und um auch softwaretechnische Fehler zu minimieren, da eine vollständige Re-Implementierung wenig oder gar keinen Programmcode wiederverwenden kann. Anhand von alten wie neuen Testszenarien muß die Leistungsfähigkeit des DSS demonstrierbar sein. Die als Ergebnis des Tests vorzunehmenden Verbesserungen betreffen bei qualitativen Mängeln in erster Linie die Lösungsverfahren. Bei utopischen, nicht nachvollziehbaren Ergebnissen müssen die zugrundeliegenden Modelle aufwendig mit Hilfe der Entscheidungsträger überprüft werden.

Eine eher untergeordnete Rolle im Vergleich zur XPS-Wartung spielt die *Implementierung und Integration*, da große Teile des Vollzugs der Wartung aus integrierenden Tätigkeiten bestehen können. Ferner dürfte die Implementierung bei einem DSS unter technischen Gesichtspunkten unproblematischer sein, da bei den DSS-Generatoren i.d.R. nicht zwischen einer Entwicklungs– und einer Ablaufversion unterschieden wird. Die Einbettung in die vorhandene DV-technische Infrastruktur muß aber weiterhin gewährleistet werden, da DSS starken Rückgriff auf Datenbestände des Unternehmens machen und somit die Ankopplung von entsprechenden Datenbanken erfordern.

In der Phase '*Wiedereinführung und Betrieb*' ergaben sich keine DSS-spezifischen Besonderheiten.

Betrachtet man nun die hier beschriebenen Änderungen am Phasenmodell der XPS-Wartung, können folgenden Thesen, die als Antwort auf die im Titel dieser Arbeit gestellte Frage fungieren:

- Die Überführung von wissensbasierten Systemen in DSS kann mit Hilfe von angepaß ten Standardvorgehensmodellen der Expertensystemwartung vollzogen werden.
- Eine erfolgreiche Re-Implementierung von wissensbasierten Systemen als DSS hängt in gleichem Maße von einer formalisierten, strukturierten Vorgehensweise ab wie von einer stabilisierten Wissensbasis.
- Die Gleichsetzung von Re-Implementierung von wissensbasierten Systemen mit Neuentwicklung konventioneller Systeme ist nicht adäquat und führt zur Verschwendung von Know-how.

4. Ein Praxisprojekt: BESCHAFF

Anhand der Vorstellung eines Praxisprojektes werden nun die Ergebnisse der vorausgegangenen Diskussion beispielhaft demonstriert. Hierbei handelt es sich um eine Anwendung aus dem Beschaffungsbereich eines mittelständischen Unternehmens der Warmwasser–, Heiz– und Regelungstechnik. Das System mit dem Namen BESCHAFF wird momentan in der Praxis erfolgreich eingesetzt. Der Einfachheit halber sei im folgenden jeweils von *dem XPS* die Rede, wenn das System *vor* der Wartung gemeint ist, und von *dem DSS*, wenn das *gewartete* System angesprochen werden soll.

BESCHAFF [DrNo95] wird zur Unterstützung einer firmenspezifischen Beschaffungsmarketing-Konzeption eingesetzt. Das System wurde bereits einmal erfolgreich mit Hilfe des Vorgehensmodells von Fischer [Fisc93] gewartet. Dabei zeichnete sich das XPS schon durch die Integration einer regelbasierten Wissensbasis und umfangreichen Datenbankabfragemöglichkeiten aus [Dres95b, 21f.]. Nach einem zwölfmonatigen stabilen und hinsichtlich des Expertiseniveaus zufriedenstellenden Einsatz ergab sich die Notwendigkeit zur Wartung aus dreierlei Gründen. Erstens sank die Performanz deutlich mit zunehmender Einsatzdauer aufgrund einer schnell wachsenden Datenmenge. Zweitens war durch die Einführung einer Client-Server-Architektur eine entsprechende Anpassung an den Mehrbenutzerbetrieb im Netz notwendig. Und drittens sollte die Software an die mittlerweile eingeführte Standardsoftware für das Bestell- und Materialwesen angekoppelt werden. Entsprechend wurde der Wartungsauftrag in der Phase der *Veranlassung der Wartung* formuliert.

Da bei der Konzeption und Programmierung von BESCHAFF von Beginn an die entscheidungs*unterstützende* Sichtweise im Vordergrund gestanden hatte sowie die Regelmenge der Wissensbasis qualitativ überzeugend und zugleich inhaltlich stabil waren, wurde in der *Analyse des Wartungsobjekts und –auftrags* die Entscheidung für eine Re-Implementierung als DSS getroffen. Hierbei handelte es sich um eine *Ersetzung* der wissensbasierten Komponenten. Dadurch konnte gleichzeitig dem Wunsch Rechnung getragen werden, eine größere Flexibilität in der Benutzung des Systems hinsichtlich unterschiedlicher Szenarien zu erreichen. Die Transformation der Regelbasis wurde als möglich eingestuft, wenn es gelänge, ein befriedigendes Bewertungsschema für die Lieferantenauswahlkriterien zu konstruieren. Da dieser Punkt als besonders kritisch eingestuft wurde, lag innerhalb der *Wartungsvorbereitung* ein besonderer Schwerpunkt auf der Erarbeitung eines (Abstimmungs–) Verfahrens hinsichtlich des Bewertungsschemas. Es wurde in dieser Phase festgelegt, welche Personen mit welchen Gewichtungen beteiligt werden sollten. Dadurch konnte dieser unternehmenspolitische Akt hausintern gelöst werden, ohne daß es zu Schwierigkeiten innerhalb des (softwaretechnisch ausgerichteten und daher unpolitischen) Wartungsvorganges gekommen wäre.

In der Phase des *Vollzugs der Wartung* wurde die Quantifizierung der Lieferkriterien (wie z.B. umweltgerechte Produktbeschaffenheit) geleistet. Die auf der Analyse der Abarbeitungsvorgänge und die Befragung der späteren Benutzer basierende Festlegung des Programmablaufs erwies sich als unproblematisch, da beide Analysen zu ähnlichen Ergebnissen geführt hatten. Die Überführung der Regelbasis war aus diesem Grunde ebenfalls ohne Schwierigkeiten möglich. Durch die Quantifizierung konnte ein optimierender Ansatz ergänzt werden, der im XPS nicht realisierbar gewesen war.

Die *Testphase* wurde ohne Besonderheiten absolviert. An die Phase der *Implementierung und Integration* stellte der Wartungsauftrag nochmals hohe Anforderungen. Einerseits war die Schaffung von Schnittstellen zu einer Standardsoftware zu schaffen, andererseits mußte die

Client-Server-Architektur softwaretechnisch unterstützt werden. Bei beiden Aufgaben war der verwendete DSS-Generator IFPS/plus [Plan86] hilfreich, da er für diese Fälle entsprechende Unterstützung bietet. Für *die Wiedereinführung und den Betrieb* ergaben sich keine Besonderheiten.

5. Bewertung und Ausblick

Die Wartung von BESCHAFF hat gezeigt, daß mit den oben vorgestellten Änderungen am Standardvorgehensmodell der Expertensystemwartung die Erstellung eines Decision Support Systems sinnvoll und möglich ist. In diesem Sinne kann auf die im Titel dieser Arbeit gestellte Frage mit einem klaren 'ja' geantwortet werden. Die Gründe liegen sicherlich vor allem in der Affinität des Wartungsmodells mit der konventionellen Softwarewartung. Entscheidend für den Erfolg eines so gearteten Projektes, wie es oben beschrieben wurde, ist tatsächlich die stabilisierte Wissensbasis. Nur wenn hier keine größeren Änderungen zu erwarten sind, macht die Konstruktion eines DSS überhaupt Sinn. Die Starrheit der 'Wissensbasis' beim DSS ermöglicht aber eine viel größere Flexibilität im Umgang mit den Modellergebnissen und optimierende Komponenten.

Die weitere Forschung hat besonders auf die Frage eine Antwort zu geben, inwieweit sich unterschiedliche Wissensrepräsentationsformen standardisiert in DSS-Modelle transformieren lassen. Hier sind Rationalisierungspotentiale für die Erstellung von Entscheidungsunterstützungssystemen zu erwarten.

Literatur

[Andr89] Andriole, Stephen J.: Handbook of decision support systems. Petrocelli, Blue Ridge Summit 1989.

[Broo94] Brookes, C. H. P.: A Framework for DSS Development. In: Gray, Paul (Hrsg.): Decision support and executive Information systems. Prentice Hall, Englewood Cliffs (NJ) 1994, S. 27–44.

[CoBC] Coenen, Frans; Bench-Carpon, Trevor: Maintenance of knowledge-based systems. Academic Press, London usw. 1993.

[Dres95a] Dresbach, Stefan: Problematik und Lösungsansätze für eine Allgemeine Modellierungsmethodologie. Working Paper 5/95, Lehrstuhl für WI & OR, Universität zu Köln, 1995.

[Dres95b] Dresbach, Stefan: Erfahrungen mit einem Vorgehensmodell zur Wartung von Expertensystemen. In: GI-Rundbrief Management der Anwendungsentwicklung und -wartung 1 (1995) 1, S. 16 – 25.

[Dres96] Dresbach, Stefan: Modeling by Construction — Entwurf einer Allgemeinen Modellierungsmethodologie für betriebswirtschaftliche Entscheidungen. Diss., Universität zu Köln, im Druck.

[DrNo95] Dresbach, Stefan; Nockemann, Frank: BESCHAFF – Benutzerhandbuch. Köln 1995.

[Fisc93] Fischer, Stefan: Expertensystem-Wartung. Hänsel-Hohenhausen, Egelsbach usw. 1993.

[Gill95] Gill, T. Grandon: Early Expert Systems: Where Are They Now? In: MIS Quarterly 19 (1995) 1, S. 51–81.

[GuTa94] Guida, Giovanni; Tasso, Carlo: Design and development of knowledge-based systems — From life cycle to methodology. Wiley, Chichester usw. 1994.

[HaKi89] Harmon, Paul; King, David: Expertensysteme in der Praxis — Perspektiven, Werkzeuge, Erfahrungen. 3. Aufl., Oldenbourg, München — Wien 1989.

[HeHe92] Herden, W.; Hein, H.-W. (Hrsg.): Kurzlexikon Wissensbasierte Systeme. Oldenbourg, München — Wien 1992.

[Keen89] Keen, Peter G. W.: Value analysis: Justifying Decision Support Systems. In: Sprague, Ralph H. Jr.; Watson, Hugh J. (Hrsg.): Decision Support Systems — Putting theory into practice. 2. Aufl., Prentice-Hall, Englewood Cliffs (NJ) 1989, S. 65–81.

[KScM] Keen, P. G. W.; Scott-Morton, M. S.: Decision Support Systems — an orga nizational perspective. Addison-Wesley, Reading (MA) 1978.

[Krcm90] Krcmar, Helmut: Entscheidungsunterstützungssysteme: Hilfsmittel und Werk zeuge. In: Kurbel, Karl; Strunz, Horst (Hrsg.): Handbuch Wirtschaftsinformatik. Poeschel, Stuttgart 1990, S. 403–418.

[Kurb90] Kurbel, Karl: Entwicklung von Expertensystemen. In: Kurbel, Karl; Strunz, Horst (Hrsg.): Handbuch Wirtschaftsinformatik. Poeschel, Stuttgart 1990, S. 483–502.

[Kurb92] Kurbel, Karl: Entwicklung und Einsatz von Expertensystemen. 2. Aufl., Springer, Berlin usw. 1992.

[Lehn94] Lehner, Franz: Stand der Wartung von wissensbasierten Systemen. In: Lehner, Franz (Hrsg.): Die Wartung von wissensbasierten Systemen. Hänsel-Hohenhausen, Egelsbach usw. 1994, S. 3–29.

[LeHo94] Lehner, Franz; Hofmann, Hubert: Management, Organisation und Aktivitäten bei der Wartung von wissensbasierten Systemen. In: Lehner, Franz (Hrsg.): Die Wartung von wissensbasierten Systemen. Hänsel-Hohenhausen, Egelsbach usw. 1994, S. 30–56.

[MaWa84] Mann, Robert I.; Watson Hugh J.: A contingency model for user involvement in DSS development. In: MIS Quaterly 8 (1984) 1, S. 27–38.

[Mert90] Mertens, Peter: Expertensysteme in der Produktion — Praxisbeispiele aus Diagnose und Planung – Entscheidungshilfen für den wirtschaftlichen Einsatz. Oldenbourg, München – Wien 1990.

[Mert93] Mertens, Peter et al.: Betriebliche Expertensystem-Anwendungen. 3. Aufl., Springer, Berlin usw. 1993.

[Moor89] Moormann, Jürgen: Strategische Planung mit DSS-Generatoren. VVF, Mün chen 1989.

[Plan86] Plane, Donald R.: Quantitative Tools for Decision Support Using IFPS. Addison-Wesley, Reading (MA) usw. 1986.

[Reus88] Reusch, Peter J. A.: Modellverwaltung und Expertensystemkomponenten für betriebliche Informationssysteme. Wissenschaftsverlag, Mannheim usw. 1988.

[SpCa82] Sprague, Ralph H. Jr.; Carlson, Eric D.: Building effective Decision Support Systems. Prentice-Hall, Englewood Cliffs (NJ) 1982.

[SpWa75] Sprague, Ralph H. Jr.; Watson, Hugh J.: MIS concepts. In: Journal of Systems Management (Jan. 1975) 1, S. 34–37.

[Styl92] Stylianou, A. C. et al.: Selection Criteria for Expert Systems Shells: A Socio-Technical Framework. In: Communications of the ACM 35 (1992) 10, S. 30–48.

[Turb90] Turban, Efraim: Decision support and expert systems — management support systems. 2. Aufl., Macmillan, New York 1990.

[WeKe89] Weitzel, John R. / Kerschberg, Larry: A System Development Methodology for Knowledge-Based Systems. In: IEEE Transactions on Systems, Man, and Cybernetics 19 (1989) 3, S. 598–605.

[Wern92] Werner, Lutz: Entscheidungsunterstützungssysteme — Ein problem- und benutzerorientiertes Management-Instrument. Physica, Heidelberg 1992.

II. Softwarewartung als Aufgabe der Qualitätssicherung

Software-Entwicklungskomplexität und Wartbarkeit

Reiner Dumke, Erik Foltin

Zusammenfassung

Der vorliegende Beitrag beschreibt die Komplexität des Software-Entwicklungsprozesses und die sich daraus ergebenden Schlußfolgerungen für die Verbesserung der Software-Wartung. Ansatzpunkt ist dabei ein möglichst hoher Grad an rechnergestützter Verbindung der einzelnen Entwicklungskomponenten. Der Grad dieser Verbindung wird als Kompaktheit definiert und in seinen unterschiedlichen Ausprägungen bei der Software-Entwicklung konkret angegeben und in einer (komplexen) Maßzahl zusammengefaßt. Am Beispiel der objektorientierten Software-Entwicklung wird eine Anwendung dieses quantitativen Ansatzes hinsichtlich seiner Auswirkung auf die Wartbarkeit von Software-Produkten beschrieben.

1. Einleitende Bemerkungen

Bereits bei der Entwicklung von Software-Produkten sieht man sich im allgemeinen drei Problemen gegenübergestellt:

- dem *Anwendungsproblem*, bei dem es vor allem um die möglichen Auswirkungen bei Software-Fehlern bzw. dem durch Software ausgelösten Fehlverhalten geht (siehe beispielsweise [Neum94]),
- dem *Managementproblem*, welches sich aus der Vielzahl zu beherrschender Software-Produktkomponenten in den verschiedensten Entwicklungsstufen ergibt (siehe Abb. 1 und Abb.3) und
- dem *Technologieproblem*, welches sich aus der ständigen Einbeziehung sich ändernder Soft- und Hardware-Plattformen, sich ändernder Entwicklungsparadigmen und dergleichen mehr ergibt.

Die Beherrschbarkeit dieser Problemstellungen wird bereits zum Entwicklungszeitpunkt wesentlich geprägt, wird jedoch bei der Wartung von Software-Produkten zu einem ernsthaften Problem.

Ein Software-Produkt besteht aus den in Abb. 1 vereinfacht dargestellten Komponenten. In

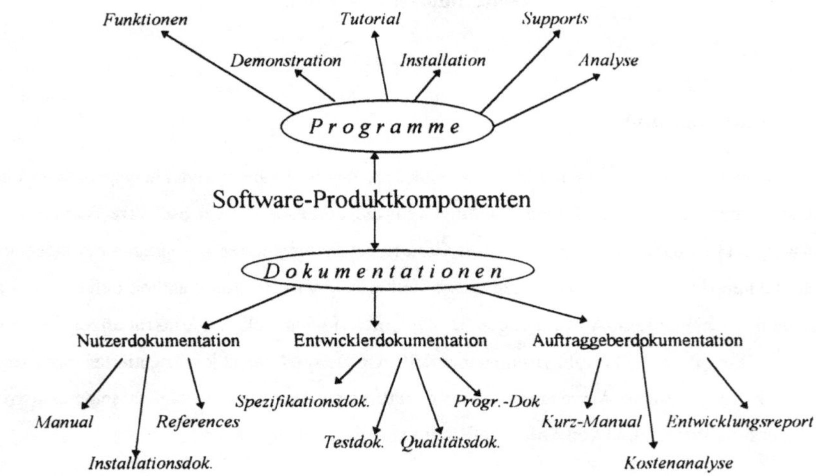

Abb. 1: Komponenten des Software-Produktes

gleicher Weise können auch die „Komponenten" der Software-Entwicklung vereinfacht dargestellt werden (siehe Abb. 2).

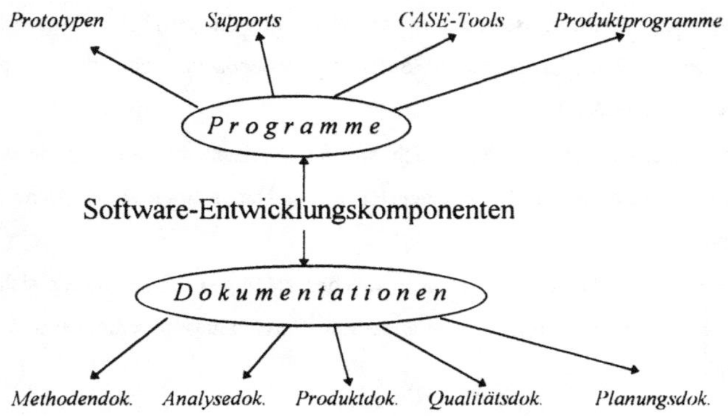

Abb. 2: Komponenten der Software-Entwicklung

Die Komplexität bei der Software-Entwicklung insgesamt resultiert vor allem aus [Frach93]:

- der Verschiedenartigkeit der zu entwickelnden Software-Produkte,
- der Verschiedenartigkeit der dabei verwendeten Methoden und Tools,
- der Entwicklungsvarianz hinsichtlich der Basis-Soft- und -Hardware,
- den unterschiedlichen Entwicklungsteams und schließlich
- der sich wandelnden firmenspezifischen Organisationsstruktur.

Hinzu kommt aber auch die Zeitbezogenheit der einzelnen Dokumente. In der Praxis ist es daher wichtig, zwischen einem Programm und seiner Dokumentation zu verschiedenen Zeitpunkten zu unterscheiden. Formal gilt für eine Software-Produkt- oder -Entwicklungskomponente

$$komponente = f(b,e,f,m,p,t) \qquad (1)$$

mit der funktionalen Abhängigkeit hinsichtlich einer *Basissoftwarebezogenheit (b)*, einer *Entwicklungsteambezogenheit (e)*, der *Firmenbezogenheit (f)*, einer *Entwicklungsmethodenbezogenheit (m)*, der *Produkt-* bzw. *Projektbezogenheit (p)* und schließlich der *Zeitbezogenheit (t)*. Eine vereinfachte Darstellung dieser Komponentenausprägungen ist in Abb. 3 angegeben.

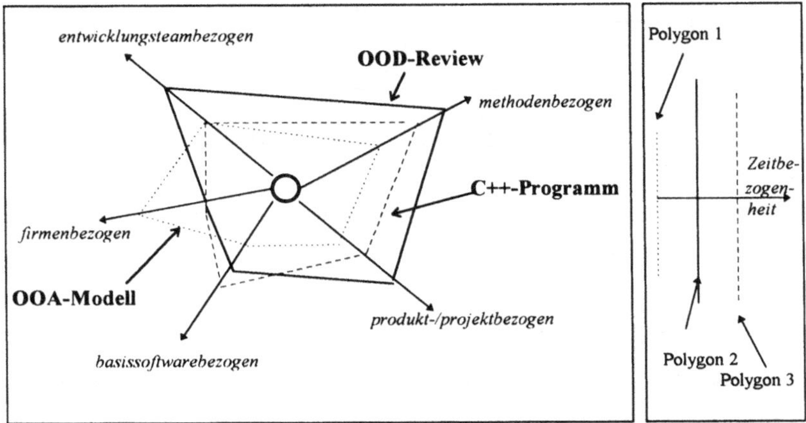

Abb. 3: Beispiel einer Komponentenausprägung

Jede Komponente hat dabei ihr eigenes, typisches Polygon, das die entsprechenden funktionalen Abhängigkeiten in jeder *Dimension* mit der jeweiligen Ausprägung kennzeichnet. Beispiele für derartige Ausprägungen sind in der folgenden Tabelle 1 aufgelistet.

Komponentendimension	*Beispielwerte*	
Basissoftware (b)	Unix/Workstations	(b1)
	Unix/PC	(b2)
	Windows/PC	(b3)
	...	
Entwicklungsteam	permanente Gruppierung	(e1)
	temporäre (projektbezogene) Gruppe	(e2)
	partizipatorische (heterogene) Gruppe	(e3)
	...	
Firmenbezug	Prototypentwicklung	(f1)
	Rationalisierungentwicklung	(f2)
	Auftragsentwicklung	(f3)
	...	
Entwicklungsmethode	Strukturierte Analyse	(m1)
	objektorientierte Entwicklung	(m2)
	Anwendung formaler Methoden	(m3)
Produkt-/Projektbezug	Informationssystem	(p1)
	Anlagensteuerung	(p2)
	Datenanalysesystem	(p3)
	...	

Tab. 1: Ausprägungen der Software-Komponenten

Derartige Ausprägungen ergeben sich in Entwicklungsteams, Software-Entwicklungsbereichen oder ganzen Software-Häusern.

2. Die Kompaktheit der Software-Entwicklung

Die einzelnen Komponenten des Software-Produktes oder der Software-Entwicklung hängen in verschiedener Weise inhaltlich zusammen: zu einem Programm gehört die Programmdokumentation, die Testdokumenation sowie dessen Spezifikation. Dieser Zusammenhang kann im Idealfall sogar rechnergestützt vorliegen. Derartige Transformationen von einer Komponente in eine andere kann beispielsweise sein

- **G1:** die *vollständige Generierung* (dabei ist es möglich, aus der einen Komponente die andere Komponente vollständig durch einen Generierungslauf zu erzeugen),

- **G2:** die *parametrische Generierung* (hierbei sind einige Generierungsinformationen (Parameter) notwendig, wie zum Beispiel bei der Programmerzeugung durch Makroauflösung),
- **G3:** die *interaktive Generierung* (bei dieser Generierungsform sind außerdem Entscheidungen während des Generierungsprozesses zu treffen),
- **G4:** die *tool-gestützte manuelle Umsetzung* (hier liegt die inhaltliche Umsetzung nahezu vollständig beim Entwickler, der eine Tool-Stützung im wesentlichen nur für die maschinelle Speicherung bzw. Erfassung benutzt),
- **G5:** die *völlige manuelle Umsetzung bzw. Neugestaltung* (hierbei finden keinerlei Informationen einer anderen Komponente rechnergestützt Eingang in die Umsetzung bzw. Entwicklung einer anderen Komponente).

Alle Komponenten in einem speziellen Entwicklungsbereich, zum Beispiel zu einer speziellen Produktentwicklung, die für eine rechnergestützte Generierung anderer Komponenten verwendet werden können, selbst aber nicht generiert werden, bilden die sogenannte *Generierungsquelle (gs)* [DuKo95]. Der reziproke Wert der Anzahl der Elemente der Generierungsquelle bildet schließlich den *Grad der Kompaktheit (dc)* bei der Software-Entwicklung. Im Idealfall ist dieser Wert gleich 1.

2.1 Methoden der Kompaktheitserhöhung

Um die Kompaktheit zu erhöhen existieren bereits eine Reihe von Methoden, von denen auszugsweise einige im folgenden kurz beschrieben werden.

- Eine *Komponentenverbindung* wird beispielsweise im WEB-System [Knut84] durch die *gewebeartige* Verbindung des Quellcodes mit der Programmdokumentation erreicht. Reduziert man hierbei die Software-Entwicklung auf die drei Komponenten WEB-Programm, Pascal-Programm und TEX-Programmdokumentation, so erhält man hierbei den Idealfall von dc =1/|{WEB-Programm}| =1/1=1.

  Ein anderes Beispiel für eine derartige Kompaktheitsverbesserung ist die Einbindung der Anwenderdokumentation in das jeweilige Tool selbst in Form von (komponentenbezogenen) Help's.
- Die *Tool- bzw. CASE-Tool-Integration* wurde von Wasserman [Wass90] formal definiert als $T = f(D,P,C)$ mit D für die Datenintegration, P für die Präsentationstintegration und C für die Steuerungsintegration. In dieser Form beschreibt zum Beispiel T_1=(„UnixFileSystem", "SunView",0) die Integration eines Unix-Filesystems in der Präsentation von SunView ohne Steuerungsintegration und T_2=(„PCTE+OMS", "Motif", "BMS") eine Integration des

PCTE mit dem Objektmanagementsystem unter Motif, welches auf dem Broadcast Message Server läuft.

Die Kompaktheit wird also hierbei in der Weise erhöht, daß eine Menge von Entwicklungs-Tools bzw. -Komponenten beispielsweise in einer speziellen Nutzeroberfläche integriert wird.

- Bei der *Anwendung formaler Methoden* wird im allgemeinen wie folgt vorgegangen [Dumk93]:
  - erste formale Spezifikation aus den informalen Anforderungen,
  - Verfeinerung der formalen Spezifikation unter Beachtung weiterer informaler Anforderungen usw.
  - erster formaler Entwurf unter Berücksichtigung von Anforderungen des Implementationssystems,
  - weiterer formaler Entwurf unter Beachtung der Nutzerschnittstellenanforderungen usw.
  - formale Implementationsbeschreibung und Prototypgenerierung.

  Dabei wird der formale Apparat stets zum Korrekheitsnachweis (Verifikation) der folgenden Entwicklungsstufe genutzt.

  Es wird also schließlich eine Programmgenerierung vorgenommen, die einen „kompakten" Zusammenhang zwischen Spezifikation bzw. Entwurf einerseits und Implementation andererseits gewährleistet.

Im folgenden soll auf die besonderen Möglichkeiten der Kompaktheitserhöhung bei der objektorientierten Software-Entwickung eingegangen werden.

2.2 Verbesserung der Kompaktheit bei der objektorientierten Software-Entwicklung

Bei der objektorientierten Software-Entwicklung (OOSE) wird allgemein eine Kompaktheitsverbesserung in folgender Weise angestrebt:

$$dc_{OOA/OOD/OOP} \rightarrow max \qquad (2)$$

Es wird damit auf einen maximalen (rechnergestützten) Zusammenhang zwischen den objektorientierten Entwicklungsstufen der Analyse und Spezifikation, dem Entwurf und der Implementation orientiert. Andererseits ist der OOSE-Ansatz ohnehin auf maximale Wiederverwendung orientiert. Im allgemeinen bedeutet OOSE also „lediglich" *Ändern oder Erweitern* der gegebenen Softwarekomponenten. Die Generierungsquelle für die Software-Entwicklung

(SE) stellt also gleichzeitig auch die Generierungsquelle für das Software-Produkt (SP) dar, d. h. es gilt ebenso die Forderung

$$| gs_{SE} \setminus gs_{SP} | \rightarrow min . \qquad (3)$$

Jede Implementation eines Software-Produktes ändert die Software-Entwicklungsumgebung beim OOSE selbst.

Wie sich die Kompaktheit in einer konkreten Entwicklungsumgebung verändern bzw. beeinflußt werden kann und sollte, zeigt das folgende, stark vereinfachte Beispiel [DuKu94]. Die ursprüngliche Entwicklungsumgebung in einem CASE-Tool-Praktikum an der Universität Magdeburg war gekennzeichnet durch

- die Basissoftware für den PC (Windows, Borland C++),
- die verwendeten CASE-Tools: ObjecTool für die Coad/Yourdon-OOSE-Methode [CoaN93] und Objectworks/Smalltalk,
- die Anwenderhandbücher zur oben genannten Software,
- die Software-Produktbestandteile einer speziellen Praktikumsaufgabe (OOA/OOD-Dokumentation, Smalltalk-Erweiterungen bzw. C++-Klassendefinitionen, Meßwerte für das Produkt).

Die folgende Liste zeigt die Ausgangskomponenten (als Generierungsquelle) aus denen alle anderen Bestandteile abgeleitet (rechnergestützt erzeugt) werden könnten.

gs = {Windows, C++, ObjecTool, Smalltalk (einschließlich Anwendungserweiterungen), ObjecTool-Manual, Smalltalk-Manual, OOA-Meßanleitungen, OOA-Messungen, OOD-Meßanleitungen, OOD-Messungen, OOP-Meßanleitungen, OOP-Messungen, OOA/OOD-Produktkomponenten, C++-Produktklassen, Produkt-Manual }

Aus dieser Quelle können beispielsweise der Qualitätsbericht, die Bewertungsmethodik, die Quellprogramme u. a. m. „generiert" werden. Die erhaltene Kompktheit ist hierbei dc = 1/15 ≈ 0,067. Durch die Implementation der folgenden Komponenten

- einem Meßprogramm OOM für die Bestimmung der Maßzahlen zu einem OOA/OOD-Modell [Papr93],
- Smalltalk-Erweiterung für die Meßwertbestimmung in diesem System [Heck95] und
- einem Meßprogramm MPP für die Komplexitätsbewertung von C++-Programmen [Kuhr94]

wurde eine Kompaktheitserhöhung erreicht als

* *Komponentenverbindung:* die Maßdefinitionen wurden im jeweiligen Meßtool implementiert,
* *Tool-Integration:* die Meßtools wurden in die jeweiligen Entwicklungstools auf Task-Ebene eingebunden,

* *Komponentengenerierung:* durch die Gleichartigkeit von OOA- und OOD-Modell (beide Phasen werden mit demselbem ObjecTool realisiert) ist die Erzeugung Modellmessungen in gleicher Weise möglich.

Die Generierungsquelle lautet jetzt

gs' = {Windows, C++, ObjecTool, Smalltalk (einschließlich Anwendungserweiterungen), ObjecTool-Manual, Smalltalk-Manual, OOM, MPP, Smalltalk-Meßerweiterungen,, OOA/OOD-Produktkomponenten, C++-Produktklassen, Produkt-Manual}

und ergibt als Kompakheitswert dc = 0,083. Dieses kleine Beispiel zeigt aber bereits, wie weit auch minimale praktische Entwicklungsumgebungen vom Kompaktheitswert 1 entfernt sind. Andererseits ist auch erkennbar, daß die Erzeugung der anderen Produktkomponenten aus der Generierungsquelle unterschiedlich (gemäß der Gi-Stufen) aufwendig ist.

3. Definition der Software-Entwicklungskomplexität und Wartbarkeit

Wir verwenden nun diese Abstufung für die Einteilung der Ausprägungen der jeweiligen Dimension der Software-Komponente. Darüberhinaus ist eine Kompaktheitsverbesserung im oben beschriebenen Sinne nicht um jeden Preis sinnvoll.

Wir definieren zunächst folgende Bewertungen für die Entwicklungskomplexität und die darauf basierende Wartbarkeit. Es sei *CSD (Complexity of Software Development)* das *Maß der Software-Entwicklungskomplexität:*

$$CSD = \sum_{d} (Ausprägungen + \Delta)_d \qquad (4)$$

mit Δ als Summe der Abstände zwischen allen Komponenten auf einer Dimension *d*. Die Bestimmung des Abstandes ergibt sich in folgender Weise

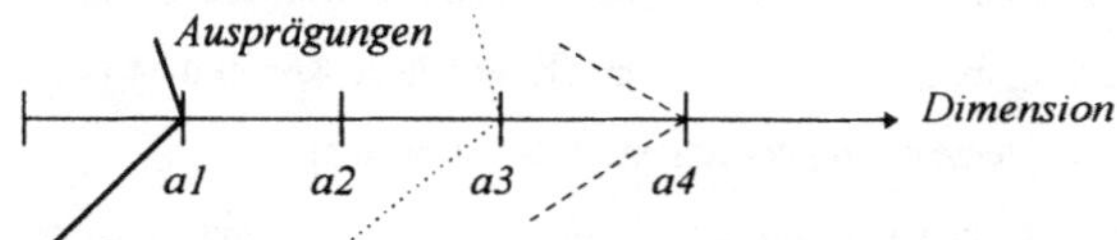

Abb. 4: Berechnung von Δ für eine beliebige Dimension einer Komponentenbewertung

Die Angabe der einzelnen Ausprägungen wird nach der Gi-Stufe vorgenommen. Es kann also auch sein, daß für eine Ausprägung (gegenwärtig) keine Komponente existiert (beispielsweise bei der Anschaffung eines noch nicht genutzten CASE-Tools usw.). Hierbei sind drei Komponenten angedeutet, die daher zwei Abstände (2 und 3) repräsentieren. Der Einzelwert für diese Dimension berechnet sich daher als (4 + (2+3)) = 9. Unter der Annahme, daß die in Abb. 3 gegebene Komponentenbeschreibung vollständig ist, ergibt sich hierbei eine Entwicklungskomplexität von $CSD=(2 + (0+1)) + (3 + (2+1)) + (3 + (1+2)) + (3 + (1+2)) + (2 + (0+1)) = 24$. Man beachte, daß hierbei die Komplexität einer einzelnen Komponente nicht in die Bewertung eingeht (siehe hierzu z. B. [Dumk92]).

Die Kennzahl *MSD (Maintainability in the Software Development)* für die *Wartbarkeit* innerhalb eines Software-Entwicklungsbereiches ergebe sich reziprok aus

$$MSD = \frac{Dimensionen}{MDC} \qquad (5)$$

Die „Normierung" mit der Dimensionszahl dient dem Erreichen des Idealwertes von 1 im Falle einer einzigen Ausprägung und einer einzigen Komponente bei jeder Entwicklungsdimension; ansonsten ist der Wert der Wartbarkeit hierbei stets kleiner als 1 (für die Ausprägungen gemäß Abb. 3 beispielsweise 0,21). Man beachte, daß *MSD* nicht als (empirisches) Maß, sondern nur als Kennzahl verwendet werden kann. Außerdem wird mit *MSD* nicht die Wartbarkeit einer einzelnen Komponente erfaßt (siehe hierzu beispielsweise [Zuse92]).

4. Die Wartbarkeit des Magdeburger Software-Meßlabors

Die Erhöhung der Wartbarkeit soll am Beispiel des Magdeburger Software-Meßlabors allgemein gezeigt werden. Das Meßlabor hat inhaltlich folgende allgemeine Zielstellungen:

- (quantitative) Analyse von Software-Entwicklungsgesetzen,
- Bewertung von Software-Entwicklungsparadigmen,
- Unterstützung der Ausbildung auf dem Gebiet der Softwaremessung,
- Erarbeitung von Expertisen zu Software-Meßtools und Meßmethoden,
- Einrichtung einer meßwertbegleitenden Software-Ausbildung für die Studenten.

Das Meßlabor stellt selbst ein Software-Projekt dar und hat die Grundstruktur eines Informationssystems. Die Informationsbereiche innerhalb des Meßlabores sind

- eine Menge von *Dokumenten* (eine Problemdefinition (als strukturierte Menge von HTML-Dokumenten für Planungs- und Berichtszwecke), ein Informationsdienst im World-Wide Web (siehe Abb. 5);
- *multimediale Komponenten* (als multimediales Beschreibungsszenarium mit Video- und Bildsequenzen, Videosequenzen von Konferenzen u. ä. m.);
- die *Laborprojektkomponenten* (als OOA-Modell mit 70 Klassen, als OOD-Modell mit 216 Klassen und 38 bereits implementierten Meßklassen);

- *Meßtools* (insgesamt 31) mit ihren Dokumentationen und Meßbeispielen (als Bewertung des angewendeten OOSE-Ansatzes, sowie weitere zielgerichtete Messungen (z. B. des Linux-Betriebssystems) u. a. m.);
- der *Literaturhintergrund* auf der Grundlage einer Metrikenbibliographie [Dumk95].

Auf dieser Grundlage gilt es natürlich, die Wartbarkeit dieses Informationssystems für eine effiziente Realisierung der oben genannten Zielstellung zu maximieren. Die Ausprägungen bei

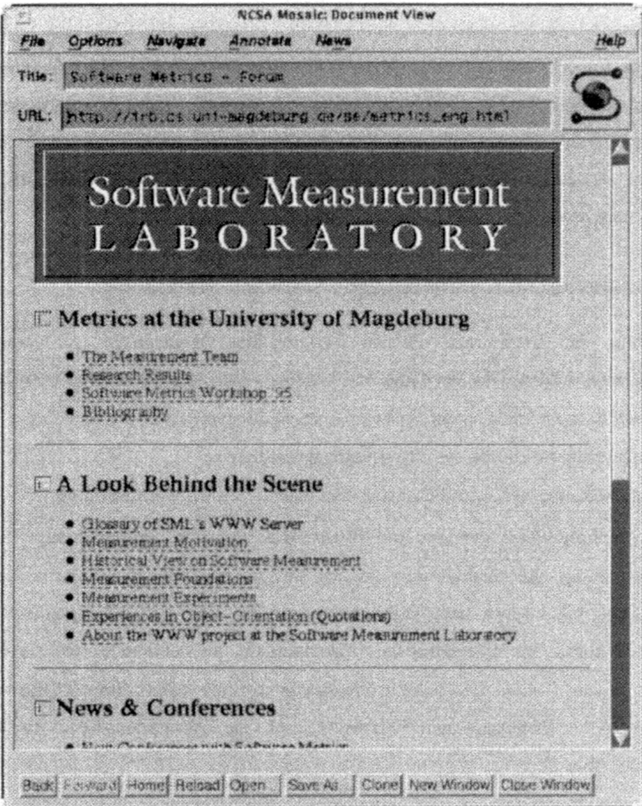

Abb. 5: World-Wide-Web-Oberfläche des Magdeburger Software-Meßlabors

den einzelnen Dimensionen hinsichtlich der Bewertung der Entwicklungskomplexität sind bereits umfangreich. So lauten beispielsweise die Ausprägungen zur Basissoftwarebezogenheit: PC/DOS, PC/Windows 3.1, PC/Windows95, PC/Linux, PC/OS/2, WS/Unix, WS/Solaris,

WS/SunOS5.4, WS/Wabi (WS steht dabei für Sun-Workstation). Die Wartbarkeit zu erhöhen bzw. die Anzahl der Ausprägungen zu senken bedeutet hierbei beispielsweise eine Prüfung der Notwendigkeit aller Plattformen, wie z. B. noch PC/DOS oder PC/Windows3.1, und gegebenenfalls eine Transformation vorzunehmen oder im Sinne der Kompaktheitserhöhung einen generischen Zusammenhang zu gewährleisten, wie er z. B. bereits beim Objectworks/ Smalltalk hinsichtlich der Gültigkeit für PC und WS-Plattformen bereits vorliegt.

Hinsichtlich der Verbesserung der Wartbarkeit des Software-Meßlabors wurden unter anderem folgende Maßnahmen realisiert:

- Die verwendete Entwicklungsmethode wurde einer durchgängigen Messung und Bewertung unterzogen [DuFW95]. Dazu war zunächst die Implementation eines weiteren Meßtools für die Dokumentation als HTML-Textstruktur notwendig [Folt95]. Darüberhinaus wurde eine experimentelle Meßphase von drei Wochen durchgeführt.
- Für die Verwendung der Planungs- und Berichtsdokumente (als HTLM-Files) wurde eine permanente Bewertungsmöglichkeit unter Verwendung der Zugriffsstatistik installiert.
- Die Meßtool-Anwendung wurde in eine integrierte Oberfläche auf den Sun-Workstations installiert.
- Generierungstools zur Dokumententransformation (MS-WORD-Text, TEX-Text, HTML-Files) wurden implementiert bzw. installiert.
- Eine gemeinsame Datenbasis zur Speicherung und Auswertung von Meßdaten wurde konzipiert und wird gegenwärtig installiert.

Diese und weitere Maßnahmen zielen also vor allem darauf ab, zum einen die Anzahl der jeweiligen Dimensionsausprägungen zu reduzieren und zum anderen den (möglichen) Abstand der Komponenten auf einer Dimensionsachse hinsichtlich ihrer Ausprägungen zu verringern.

5. Zusammenfassung und Ausblick

Der hier vorgestellte Ansatz zur Bewertung der Wartbarkeit basiert auf eine quantitative Einschätzung der Software-Entwicklungskomplexität. Dabei geht es zunächst um eine (lineare) Einbeziehung der möglichen Vielfalt bei der Software-Entwicklung überhaupt. Die komponentenweise Betrachtung sowohl des Software-Produktes als auch der Software-Entwicklung stellt selbst eine konsequente objektorientierte Vorgehensweise dar und versucht damit die Schwächen der zumeist funktionell (hierarchisch) aufgebauten Bewertungsmodelle (zum Beispiel zur Software-Qualität) zu vermeiden. Diese Schwächen liegen in der Absicht aber nicht realisierbaren Möglichkeit, alle Einflußgrößen mit einem Mal zu erfassen und zu behandeln. Mit dem hier vorgestellten Ansatz kann ohne weiteres in einem ausgewählten

(kleinen) Bereich der Software-Entwicklung begonnen werden (zum Beispiel durch einfache Kompaktheitsverbesserungen) und somit die Wartbarkeit insgesamt verbessern helfen.
Weitere Arbeiten sind darauf gerichtet, die empirische Bedeutung der Software-Entwicklungskomplexität für ausgewählte Anwendungsbereiche zu bestimmen und somit die zunächst sehr einfache (gleichwertige) Summierung der Einflußfaktoren zu skalieren.

Literatur

[BaSH86] Basili, Victor; Selby, R. W.; Hutchens, D. H.: Experimentation in Software Engineering. IEEE Transactions on Software Engineering, 12 (1986) 7, S. 733-743

[CoaN93] Coad, Peter; Nicola, Jill.: Object-Oriented Programming. Prentice Hall Inc., New York 1993

[Dumk93] Dumke, Reiner: Modernes Software Engineering - Eine Einführung. Vieweg Verlag, Braunschweig Wiesbaden 1993

[Dumk92] Dumke, Reiner: Softwareentwicklung nach Maß - Schätzen, Messen, Bewerten. Vieweg-Verlag, Braunschweig Wiesbaden 1992

[Dumk95] Dumke, Reiner: Software Metrics - A subdivided bibliography. Research Report 002/92-95, Universität Mag-deburg, Februar 1995

[DuFW95] Dumke, Reiner; Foltin, Erik; Winkler, Achim: Measurement-Based Quality Assurance in Objec-Oriented Software Development. In: Proc. of the OOIS'95, Dublin, Dezember 1995, S. 315-319

[DuKo95] Dumke, Reiner; Koeppe, Reinhard: Komplexität bei der Software-Entwicklung und Software-Zuverlässigkeit. In: Tagungsband zum Workshop „Software hoher Zuverlässigkeit, Verfügbarkeit und Sicherheit“, München/Neubiberg, Mai 1995, S. 6-1 - 6-22

[DuKu94] Dumke, Reiner; Kuhrau, Ines: Tool-Based Quality Management in Object-Oriented Software Development. In: Proc. of the Third Symposium on Assessment of Quality Software Development Tools, Washington, D.C., Juni 1994, S. 148-160

[Frach93] Frach, Karsten: Komplexität und Aufwand der Entwicklung eines umfangreichen Softwareprojektes. Studienarbeit, TU Magdeburg, März 1993

[Heck95] Heckendorf, Ronald: Implementation einer Smalltalk-Measure-Klasse zur Bewertung von Smalltalk-Methoden und -Klassen und Smalltalk insgesamt. Studienarbeit, Universität Magdeburg 1995

[Knut84] Knuth, Donald E.: Literate Programming. The Computer Journal, 27 (1984) 2, S. 97-111

[Kuhr94] Kuhrau, Ines: Konzeption und Implementation einer C++-Bewertung. Diplomarbeit, Universität Magdeburg 1994

[Neum94] Neumann, Peter G.: Risks to the Public. In: Software Engineering Notes 19 (1994)

[Papr93] Papritz, Tomas: Implementation eines OOM-Tools zur Bewertung von OOA- und OOD-Modellen nach Coad/Yourdon. Studienarbeit, TU Magdeburg 1993

[Wass90] Wasserman, A.I.: Tool Integration in Software Engineering. In: Lecture Notes on Computer Science 467, Springer Verlag, München 1990

[Zuse92] Zuse, Horst: Measuring Factors Contributing to Software Maintenance Complexity. In: Proc. of the Second International Conference on Software Quality, NC, Oktober 1992, S. 178-190

Praktische Anwendung von Softwaremetriken in einer Testmeßphase und Aufbau eines metrikbasierten Projektcontrollings

U. Dippold

Zusammenfassung

Seit mittlerweile fast drei Jahren sind in der Softwareentwicklung der DATEV Metriken zum Thema geworden. Der Weg, der dabei beschritten wurde, um Metriken schrittweise einzuführen, welche Erfahrungen gewonnen, welche Schwierigkeiten damit verbunden waren und welches zukünftige Vorgehen geplant ist, ist Gegenstand des folgenden Beitrages. Des weiteren wird von einem neuen Projekt berichtet, welches die Themen „Metriken" und „Aufwandschätzung" verknüpfen soll. Dieses neue Projekt nennt sich „Aufbau eines Projektcontrollings" und befindet sich derzeit in der Entwicklungsphase des Fachentwurfes.

1. Die DATEV

Das Unternehmen ist die Datenverarbeitungsorganisation des steuerberatenden Berufes in der Bundesrepublik Deutschland, eingetragene Genossenschaft. Sie wurde 1966 in Nürnberg gegründet mit der Grundidee, eine Finanzbuchführung mit Hilfe von Großrechenanlagen zu automatisieren, d.h. wirtschaftlicher und effektiver zu gestalten. Die Rechtsform der Genossenschaft wurde gewählt, da sie am besten geeignet erschien, als Erfüllungsgehilfe für die Mitglieder zu agieren. Der Zweck des Unternehmens, wie er aus der Rechtsform abgeleitet ist, ist die wirtschaftliche Förderung der Mitglieder, d.h. Unterstützung bei allen Dienstleistungen, die der Steuerberater für seine Mandanten übernimmt.
Die Mitgliedschaft bei DATEV können nur erwerben:
Steuerberater, Steuerbevollmächtigte, Wirtschaftsprüfer, vereidigte Buchprüfer, Rechtsanwälte, Steuerberatungsgesellschaften, Wirtschaftsprüfungsgesellschaften und Buchprüfungsgesellschaften.
Dabei bestimmen die Mitglieder selbständig, ob sie Programme am eigenen PC in der Kanzlei, im Servicerechenzentrum in Nürnberg oder im Verbund beider Systeme anwenden wollen.

Das beschäftigt heute über 4.700 Mitarbeiter. 35.000 Mitglieder können über ein firmeneigenes Datennetz ihre Daten an das Rechenzentrum übermitteln oder abfragen.
Neben dem Stammsitz in Nürnberg stehen 26 bundesweite Informationszentren zur Beratung der Steuerberater bei Organisations- und Systemlösungen zur Verfügung.
Die Problemlösungen, die von DATEV für ihre Mitglieder angeboten werden, gestalten sich unterschiedlich:
Lösungen zur Kanzleiorganisation, Personalwirtschaft, Steuerdeklarationen, Jahresabschluß, Wirtschaftsberatung, Rechnungswesen, zentrale Funktionen (ISDN, PC-Grundpaket und Datenbanken).
Mit der nächsten Softwaregeneration des Integrierten DATEV-Verbundsystems wird eine durchgängige Funktions- und Datenintegration erreicht. Die wahlfreie Nutzung und der hohe Integrationsgrad machen die Softwareentwicklung sehr komplex im Vergleich zu anderen Softwarehäusern. Ein spezielles Vorgehensmodell regelt die Softwareentwicklung bei der DATEV. Ohne neue Regeln in dieses Vorgehensmodell aufzunehmen, wurde im August 1994 der Bereich der Software-Entwicklung nach DIN ISO 9001 zertifiziert (siehe Kapitel 2.2.4).

2. Einführung und Etablierung von Metriken im Unternehmen

2.1 Ziele von Metriken im Softwareentwicklungsprozeß

Mit der Einführung und Etablierung von Metriken soll in erster Linie das Ziel verfolgt werden, eine kontinuierliche Prozeßbewertung und -verbesserung zu erlangen. Über klar definierte Meßziele (z.B. Verbesserung der Wartbarkeit und Testbarkeit von Software) sollen Abweichungen, die sich aus dem Meßprozeß ergeben mittels eindeutiger Meßergebnisse bewiesen werden. Die erzielten Meßergebnisse sollen dann, im Rahmen einer Ursachenanalyse dazu verwendet werden, Prozesse kontinuierlich zu verbessern und anzupassen. Im Sinne eines Fehlermanagementsystemes soll langfristig die Wiederholung von Problemen, die sich aufgrund von Messungen ermitteln ließen, verhindert werden, also entsprechende vorbeugende Maßnahmen im Prozeß etabliert werden.

2.2 Der Weg zur Einführung von Metriken

Im folgenden sollen der Weg und. die Stufen beschrieben werden, die in der Softwareentwicklung der DATEV durchlaufen wurden, um die kontinuierliche Einführung von Metriken im Softwareentwicklungsprozeß vorzubereiten und zu veranlassen.

2.2.1 Die Diplomarbeit

Seit 1990 wurde in der Softwareentwicklung der DATEV das Thema Softwaremetriken aufmerksam verfolgt. In der Fachliteratur war immer häufiger der Begriff "Metriken" zu lesen und in Verbindung mit diesem Begriff das Zitat von DeMarco: "Man kann nichts kontrollieren, was man nicht messen kann".

Um erste Untersuchungen in dieser neuen Fachrichtung „Softwaremetrie" durchzuführen wurde daraus mein Diplomarbeitsthema: "Konzeption und Einsatzplanung von ausgewählten Metriken zur Qualitätskontrolle über sämtliche Phasen der Softwareentwicklung" formuliert. Bei der Bearbeitung des Diplomarbeitsthemas bestand die zentrale Aufgabe für mich darin, aus einer Vielzahl bekannter Softwaremetriken aus der Literatur eine repräsentative Auswahl für möglichst alle Softwareentwicklungsphasen (ausgehend von der Voruntersuchung bis hin zur Stabilisierung) zu treffen, die firmenspezifisch einzusetzen wäre.

Im Hinblick eines zielorientierten Einsatzes von Softwaremetriken sollte eine Zuordnung von Softwaremetriken zu DATEV-spezifischen Qualitätszielen und Qualitätsmerkmalen vorgenommen werden. Anhand einzelner Softwareentwicklungsergebnisse unterschiedlicher, interner Softwareprodukte war dann zu bestimmen - in Abstimmung mit den entsprechenden Fachabteilungen - welche Metriken (aufgrund ihrer mathematischen Zusammensetzung und Variablen) effektiv eingesetzt werden können. Der resultierende Einfluß ausgewählter Softwaremetriken auf Qualitätsziele und -merkmale wurde mit Hilfe einiger GQM-Modelle (*G*oal-*Q*uestion-*M*etrik) (siehe Abbildung 1) grafisch in der Diplomarbeit dargestellt und begründet. Dabei werden ausgehend von definierten QS-Zielen und QS-Kriterien die Metriken zugeordnet, die diese Vorgaben meßbarer gestalten können.

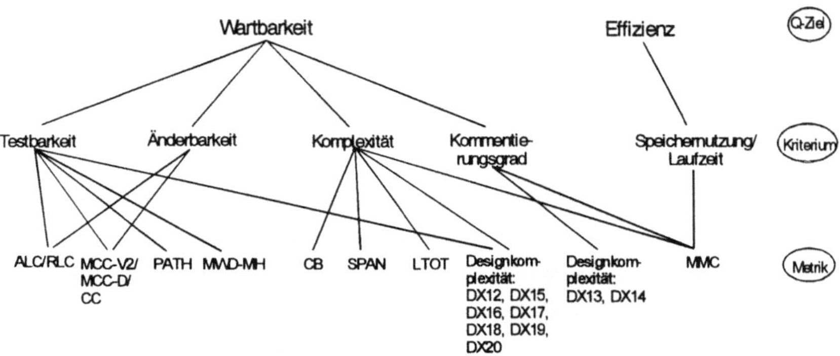

Abb. 1: beispielhaftes GQM-Modell aus der Diplomarbeit.

Ein weiteres Ergebnis der Arbeit ist eine Matrix, die in aggregierter Form einen Überblick verschafft, welche Metrik in welcher Softwareentwicklungsphase (d.h. für Unternehmensbedürfnisse) eingesetzt werden kann, welche firmenspezifischen Qualitätsziele und -merkmale mit Hilfe der entsprechenden Metrik meßbarer gestaltet werden können, welchen Validierungsstand die Metrik aus der Literatur hat und inwieweit die einzelnen Metriken mit Meßtools automatisch ermittelt werden können. Dazu wurde analog zur Diplomarbeit eine Marktanalyse zu Meßtools im Februar 1992 durchgeführt. Mittlerweile hat sich im Bereich der automatischen Meßbarkeit jedoch eine enorme Weiterentwicklung aufgezeigt. Es gibt derzeit Werkzeuge am Markt, die sowohl ein größeres Potential, sowie auch flexibler Metriken messen können in der Welt der strukturierten, d.h. traditionellen, wie auch in der objoktorientierten Softwareentwicklung.

2.2.2 Der Arbeitskreis "Softwaremetriken"

Auf der Basis der Diplomarbeit wurde im November 1993 im Bereich des Software-Engineerings bei DATEV ein Arbeitskreis zum Thema "Softwaremetriken" gegründet. Die Forderung der konkreten Einführung von Metriken im Softwareentwicklungsprozeß hatte sich verstärkt. Die Aufgabenstellung des Arbeitskreises lautete, Maßzahlen als Kennzahlen zur Qualitätssicherung einzuführen. Die Metriken sollen dabei mit Aufwand und QS-Daten (z.B. projektspezifische Rahmenbedingungen) in Beziehung gesetzt werden. Zu dieser Zeit wurden Metriken und Aufwand noch getrennt gehalten, erst nach einer Sammlung von Erfahrungswerten sollte es keine strikte Trennung von Metriken und Aufwand mehr geben. Später sollte der Aufwand in einzelne Metriken so eingehen, daß der Aufwand selbst eine Metrik darstellt.
Das Ziel des Arbeitskreises bestand darin, einfache Metriken (keine mathematischen Monumente, die nur bedingt nachvollziehbar sind) einzuführen und somit Qualität meßbarer zu gestalten. Zudem sollten Metriken als Unterstützung dienen, definierte QS-Ziele schneller und kostengünstiger (am besten entwicklungsbegleitend) zu erreichen. Die zusätzliche Sicherheit bei der Abnahme einzelner Phasenergebnisse sowie der Erfahrungsaustausch mit anderen Projekten bzw. Produkten (projekt- bzw. produktübergreifender Vergleich) waren weitere definierte Ziele im Rahmen dieses Arbeitskreises.

Innerhalb des Arbeitskreises wurden mehrere Empfehlungen erarbeitet, die die weitere Vorgehensweise bezüglich Softwaremetriken in der Softwareentwicklung der DATEV bestimmen sollten. So wurde zunächst angestrebt, eine breite Basis von Rohmeßwerten zu ermitteln. Rohmeßwerte bedeuten in diesem Zusammenhang die Einzelwerte der zusammengesetzten Metriken. Weiterhin sollten Review-Metriken, d.h. Metriken, die die Effektivität von Reviews

(Inspektion für Softwareentwicklungs-Ergebnisse der frühen Phasen, z.B. eines Fachkonzepts) beurteilen, sofort ermittelt und in einer Datenbank die Meßwerte gesammelt werden.

Diese Review-Metriken konnten innerhalb der Abteilung der Qualitätssicherung sofort generiert werden, da ein Bestandteil des dortigen Aufgabengebiets die Durchführung und Koordination von Reviews ist. Alle anderen Metriken, so wie sie in der Diplomarbeit in Form des Einsatzplanes vorgeschlagen wurden, sollten vorerst nur soweit wie möglich im DATEV spezifischen „PC-Übergabeverfahren“ in Form einer "Bewährungsphase" angewandt werden. Dabei wurde geplant, im Rahmen eines Aufbaus einer Erfahrungsdatenbasis, den Meßvorgang hinsichtlich einiger Implementierungsmetriken nach dem PC-Übergabeverfahren automatisch (mit geeigneten Meßtools) anzustoßen.

Zur Erklärung: das PC-Übergabeverfahren dient zur Konfiguration von PC-Softwarebausteinen. Es verwendet alle zur Vermarktung freigegebenen PC-Softwarebausteine über Stücklisten, sogenannte Baupläne. Aus diesen Bauplänen wird die Zuordnung der Bausteine zu Produkten, Teilpaketen, Sonderpaketen und Updates geregelt. Alle Übergabevorgänge der Softwarebausteine vom Entwicklungs- über den Abnahme- zum Produktionsstatus werden dokumentiert und in einer garantiert virenfreien Umgebung mit Hilfe eines Compiler-Servers vollzogen.

Im Anschluß daran sollte eine Analyse der Meßwerte erfolgen, das heißt, eine statistische Aufbereitung der Einzelergebnisse und eine entsprechende Verdichtung. Unter Zugrundelegung der statistischen Auswertungen sollte dann versucht werden, Aussagen darüber zu treffen, welche Module z.B. eine hohe Komplexität tragen. Aufgrund einer hohen Komplexitätskennzahl kann demnach auf einen größeren zu erwartenden Test-, Änderungs- sowie Wartungsaufwand geschlossen werden.

Um Entscheidungen darüber zu fällen, ob eine Komplexitätskennzahl hoch, niedrig oder im Bereich des "Normalen" liegt, mußten im Vorfeld Schwellwerte bezüglich der einzelnen Metriken festgelegt werden. Der Aspekt der Kosten bzw. des Aufwands soll innerhalb dieser Bewährungs- bzw. Testphase für die selektierten Metriken berücksichtigt werden. Entwicklungsaufwände der einzelnen Softwareentwicklungsergebnisse, ermittelt über Teil- oder Projektaufträge sowie der konkrete Aufwand für die Durchführung von Qualitätssicherungsmaßnahmen und die daraus abgeleiteten Kostenfaktoren mußten mit ermittelten Meßgrößen in Beziehung gesetzt werden.

2.2.3 Das Bootstrap-Assessment

Im Oktober 1993 wurde die Bootstrap-Methode und deren Bewertungskriterien auf die DATEV-Softwareentwicklung angewandt. Diese Methode ist eine europäische Weiterentwicklung des SEI-Modells (SEI = Software Engineering Institute der Carnegie Mellon University). Abweichend vom SEI-Verfahren liefert die Bootstrap-Methode neben einer Standortbestimmung, auf welcher Stufe sich eine Organisation befindet, auch ein differenziertes Profil. Außerdem berücksichtigt Bootstrap Aspekte des DIN ISO 9001-3 Qualitätsstandards.

Die Basisidee ist, daß eine Qualitäts- und Produktivitätssteigerung der Softwareentwicklung nicht allein durch Einsatz moderner Methoden und Werkzeuge erreicht werden kann, sondern im Wesentlichen vom professionellen Prozeßmanagement abhängt. Bootstrap unterscheidet fünf Reifegradstufen als Benchmark-Zahl. Zwischen der Stufe 3 und 4 besteht eine potentielle ISO 9000-Zertifizierungsfähigkeit. Dabei wurde bei DATEV ein Ergebnis von 3,62 ermittelt, das damit zu dem Zeitpunkt das beste europaweit war.

Als Empfehlung ging aus diesem Assessment für die Weiterentwicklung des Themas Metriken unter anderem hervor, daß Prozeßmetriken mit Aufwänden und Qualitätsicherungsaktivitäten eingeführt werden sollen (Fehlerkategorisierung, Analyse, Auswertung von Reviews in den frühen Phasen). Das Assessment war also nicht nur eine Vorbereitung zur DIN ISO 9000 Zertifizierung, sondern auch eine Bestätigung des geplanten Vorgehens, Metriken im Unternehmen kontinuierlich zu ermitteln.

2.2.4 Die DIN ISO 9001-Zertifizierung

Im Juli 1994 wurde als Weiterentwicklung des Bootstrap-Assessments die DIN ISO 9001 Zertifizierung erfolgreich durchgeführt. Das Zertifizierungsaudit wurde bei DATEV über den Gesamtbereich der Softwareentwicklung vollzogen. Es wurde das Zertifikat für die DIN ISO 9001 (dies ist die umfangreichste Norm, betrifft das Design, die Produktion, die Endprüfung, die Lieferung und die Montage sowie den Kundendienst) erzielt.

Die DIN ISO 9001 ist ein international bekanntes und anerkanntes Normenwerk, das in dem gesamten Entwicklungsprozeß das angewandte Qualitätsmanagement-System auf seine Normkonformität und damit auf seine Wirksamkeit untersucht. Die DIN ISO 9001 besteht als solche aus 20 verschiedenen Qualitätsmanagement-Elementen, wobei das ISO-Element 20 mit "statistischen Methoden" betitelt wird.

Aus der Auslegung der DIN-Norm geht bezüglich der statistischen Methoden die Forderung hervor, über Meßmethoden die angewandt werden im Unternehmen zu berichten, um den Entwicklungsprozeß entsprechend danach zu leiten. Zudem sollten Meßmethoden und die daraus resultierenden Ergebnisse für die Qualität des jeweiligen Softwareproduktes mitbestimmend sein. Die Norm weist jedoch darauf hin, daß es derzeit keine allgemein akzeptierten Meßmethoden für die Software-Qualität gibt. Trotzdem fordert sie weiterhin, mindestens einige Meßmethoden zu verwenden, die Einsatzfehler und Fehler vom Standpunkt des Anwenders aus aufzeigen.

Die ausgewählten Meßmethoden sollen dabei so beschaffen sein, daß die ermittelten Ergebnisse vergleichbar sind. Weiterhin fordert die Norm, Qualitätsmerkmale zu erarbeiten, um damit über diese Merkmale, Meßdaten zu sammeln und regelmäßig Berichte zu erstellen. Dabei soll nicht nur ein Berichtswesen etabliert werden, sondern - viel wichtiger - ein Korrektursystem, das konkrete Abhilfemaßnahmen vorschlägt und einleitet, falls Meßwerte sich verschlechtern oder festgelegte Grenzen verletzt werden. Analog zu dem Korrektursystem müssen dann, ausgehend von der Analyse der Meßergebnisse, Verbesserungsziele bezüglich der Qualitätsmerkmale definiert werden.

Die Norm bezieht ihre Forderungen aber nicht nur auf Produktmessungen, sondern weitet diese auf Prozeßmessungen aus. Dabei soll die Qualität des Entwicklungsprozesses gemessen werden. Die Meilensteine der Messung sollen abprüfen, ob prozeßinterne Qualitätsziele im geplanten Zeitraum erreicht werden und wie wirkungsvoll der Entwicklungsprozeß in Bezug auf die Reduzierung der Wahrscheinlichkeit ist, daß Fehler eingebaut werden oder unentdeckt bleiben. Die ausgewählten Qualitätsmerkmale sollten dabei zu dem verwendeten Prozeß passen und sie sollten - soweit wie möglich - die Qualität der gelieferten Software mitbestimmen.

Die aus dem Einsatzkonzept der Diplomarbeit hervorgegangenen Metriken erfüllten weitestgehend die Norm DIN ISO 9001. Jedoch bestärkte uns vor allem die DIN Norm bzw. der Zertifizierungsvorgang, ebenso wie das Ergebnis des Bootstrap Assessments, die „Metrik-Planungen“ zukünftig verstärkt voranzutreiben , d.h. konkrete Messungen an geeigneten Stellen des Entwicklungsprozesses durchzuführen.

3. Die Testmeßphase

3.1 Ziele der Testmeßphase

Anhand der Vorgaben aus der Diplomarbeit, der konkreten Auswahl von Metriken für alle Softwarentwicklungsphasen, der Empfehlungen aus dem Arbeitskreis und den Bestätigungen der bestehenden Konzepte durch die Methode Bootstrap und die DIN ISO 9000-Norm erschien es am sinnvollsten, zunächst eine Testmeßphase zu durchlaufen. Es ging auch darum, die Effektivität von Metriken und den Nutzen ihrer Ergebnisse in einem Testumfeld zu beweisen. Bei der Testmessung wurden vorerst nur Metriken ermittelt, die Implementierungsergebnisse, insbesondere statischen C-Sourcecode messen.

Diese Form einer "Bewährungsphase" sollte dazu dienen, zunächst den Aufwand einer Messung zu bestimmen, um derartige QS-Maßnahmen zukünftig in Arbeitsläufen frühzeitig zu terminieren. Ein weiteres Ziel dieser Testmessung bestand darin, erste Meßergebnisse zu generieren, Meßergebnisse zu analysieren sowie die geeignetsten statistischen Aufbereitungsformen zu finden. Über eine Interpretation der Meßergebnisse sollte dann versucht werden, Hinweise auf analysierte Abweichungen zu liefern. Dies konnten sowohl Unstrukturiertheiten im Sourcecode wie auch sehr komplexe Datenmodelle sein, die den Anstoß zu zusätzlichen Überprüfungen geben sollten.

Weiterhin sollte sich durch zahlreiche Ergebnisse und durch erlangte Interpretationserfahrung auch die Chance bieten, die voreingestellten Schwellwerte genauer zu justieren. So wurde es angestrebt minimale und maximale Grenzwerte unter einer firmenspezifischen Sichtweise exakter definieren zu können. Grenzwerte, die aus der Literatur hervorgehen, können oftmals in der Praxis nicht eins zu eins umgesetzt werden, sondern müssen sich erst im Unternehmen etablieren. Ein weiteres - sehr wichtiges - Ziel der "Testmeßphase" war es, durch konkrete Meßergebnisse, die objektiver Natur sein sollten, Akzeptanzprobleme und mißtrauische bzw. skeptische Haltungen gegenüber Metriken und der gesamten Meßtheorie auszuräumen.

Ziel der Testmessung war es also ebenso, die Berechtigung bzw. den konkreten Nutzen von Metriken in der Softwareentwicklung zu beweisen. Können Metriken tatsächlich auf Unstrukturiertheiten und auf unnötig hohe Komplexität hinweisen sowie Anhaltspunkte, d.h. konkrete Kenngrößen, liefern, die dazu dienen, Teile des Sourcecodes nochmals kritisch zu überprüfen? Werden Mitarbeiter bzw. deren Leistungen gemessen und bewertet? Rechtfertigt das Meßer-

gebnis den Meßaufwand? Können Meßergebnisse leicht analysiert werden und liefert deren Analyse aussagekräftige Ergebnisse? Diese und eine Vielzahl weiterer Fragen stellten sich vor der Testmessung aus Sicht der Softwareentwickler und aus der des Managements.
Weiterhin sollte sich bei DATEV das derzeit eingesetzte Meßwerkzeug, das ausschließlich statischen C-Sourcecode analysiert, innerhalb der Testmeßphase ebenfalls profilieren. Vor der eigentlichen Kaufentscheidung des QS-Meßwerkzeugs wurden bereits eingehende Tests durchgeführt, die die Funktionalität, Robustheit, Leistungsfähigkeit und Dokumentation untersucht haben.

3.2 Der Meßwerkzeugeinsatz und die Funktionalität

Für die Testmessung von C-Sourcen verwendeten wir das Werkzeug ProVista/QS der Firma 3SOFT. Das Werkzeug besteht aus drei eigenständigen Programmteilen.

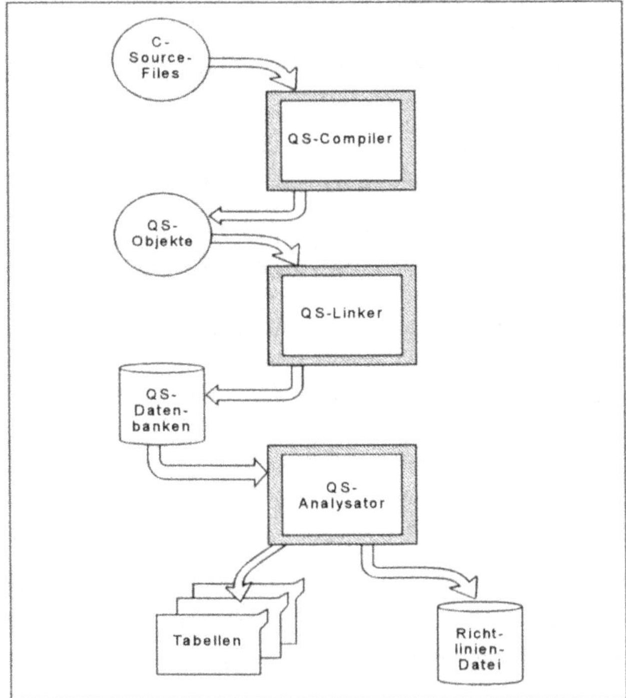

Abb. 2: Aufbau des Meßwerkzeuges "ProVista/QS"

Einen Teil davon bildet der QS-Compiler, der die Source-Files (C-Sourcen, in einer Ausbaustufe des Werkzeugs dann auch C++-Sourcen) übersetzt unter dem Aspekt der Analyse. In einer Objektdatei werden die ermittelten Komplexitätsmaße (und Metrik-Basiswerte) aus dem Compilerlauf abgelegt. Der QS-Linker als zweiter Bestandteil dient dazu, die Compiler-Ergebnisse in einer QS-Datenbank zusammenzufassen. Der dritte Pfad, der QS-Analysator (nur statische Analyse, d.h. keine Analyse zur Laufzeit des Programms) arbeitet auf Basis der QS-Datenbank weiter. Der QS-Analysator selbst stellt eine Windows-Applikation dar. Er bereitet die Komplexitätsmetriken in Tabellenform grafisch auf. Die Masse an Informationen, d.h. die konkreten Maßzahlen, die dadurch generiert werden, können durch einen ersten Filter mit firmenspezifischen Grenzen (minimale und maximale Werte) analysiert werden.

Wichtigster Bestandteil aus "Metrikensicht" ist der QS-Analysator des Werkzeugs. Die QS-Datenbank, die er dabei erwartet, wird als Zufuhr mit dem QS-Compiler und dem QS-Linker gebildet. Der Analysator bereitet die Informationen aus der Datenbank interaktiv in Form von benutzerdefinierten Tabellen auf. Die Metriken bzw. Maßzahlen werden somit modul-, unterprogramm- oder datenbezogen in einer Tabelle mit selbstdefinierten Grenzen und Sichten angeboten.

Das Werkzeug unterscheidet verschiedene Metrikgruppen, die meßbar sind:

* Allgemeine Metriken (z.B. LOC und McCabe)
* Zusammengesetzte Metriken (z.B. Interface-Länge, Parameteranzahl, Kontrollfluß, Include-Schachtelungstiefe)
* Schlüsselwörter (Häufigkeitszählungen, z.B. goto-Anweisungen)
* Operanden (Häufigkeitszählungen)
* Basiszahlen (z.B. Kommentargröße) und Operatoren (Häufigkeitszählungen).

3.3 Ablauf der Testmeßphase

Im Einverständnis mit den einzelnen Produktverantwortlichen wurden entsprechende C-Programmsourcen aus dem PC-Übergabeverfahren zum Zweck der Testmessung selektiert. In der folgenden Übersicht (Abb. 3) ist der „beschrittene" Weg der Testmessung verdeutlicht.

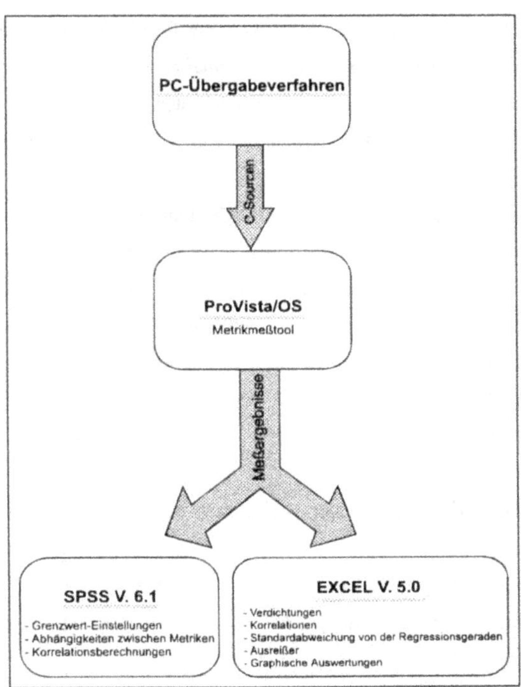

Abb.3: Weg der Testmessung

Die C-Sourcen aus dem PC-Übergabeverfahren wurden an das Meßwerkzeug ProVista/QS über entsprechende Schnittstellen übergeben. Der enorme Umfang der Meßergebnisse, den das Meßwerkzeug erzeugte wurde zuerst mit eigenentwickelten Makros aus Excel V. 5.0 verdichtet. Erst später wurde das Statistikpaket SPSS V. 6.1 (*S*tatistical *P*ackage *S*ervice & *S*olutions) zugekauft. Dieses Programmpaket wurde eingesetzt, um umständliche und „laufzeitkritische" Excel-Makros teilweise abzulösen und um statistische Verfahren effizienter durchzuführen.

3.4 Probleme und Erfahrungen in der Testmeßphase

Problematisch stellte sich beim Messen innerhalb der Testmessung der Datenumfang der zu analysierenden Daten dar. In Abhängigkeit vom Datenumfang stand der zeitliche Aufwand der Messung. Bei einem Produkt mit ca. 270 Modulen und ca. 2.700 Funktionen wurde insgesamt ein Meßaufwand von ca. 19 Stunden ermittelt (eingesetzt wurde dabei ein 80486 Rechner).
Der relativ hohe zeitliche Aufwand der Messung sowie die umfangreichen Meßergebnisse waren erwartete Resultate dieser ersten Testmessung, die sich bei weiteren Messungen relativie-

ren werden. Im Rahmen der statistischen Auswertungsformen wurden einige Anpassungen gemacht. In einer ersten Planung gingen wir erst einmal ausschließlich von den Funktionalitäten der eigenentwickelten Excel-Makros aus. Erst durch den Einsatz von SPSS konnten verfeinerte statistische Verfahren (z.B. Korrelationsgeraden) einfacher und effizienter verwendet werden.

Vor diesem Hintergrund stellte sich natürlich nach Abschluß der Testmessung die Frage, wie in Zukunft Metrikmessungen organisatorisch abgewickelt werden sollen. Soll die Abteilung Qualitätssicherung als "zentrale Instanz" alle übergebenen Sourcen aus dem PC-Übergabeverfahren (etwa 20.000 Module jährlich) hinsichtlich der Sourcecode-Komplexität, natürlich unter Verwendung bestimmter Automatismen, messen? Oder soll die Messung "zentral", aber nur auf Anforderung durchlaufen werden? Soll der einzelne Entwickler "dezentral" seine Sourcen mit dem Werkzeug überprüfen und stellt er dann die ermittelten Ergebnisse in die QS-Metrik-Datenbank?

Solche und eine Vielzahl weiterer Fragen waren nach der Testmessung weitestgehend noch unbeantwortet.

Wir erkannten sehr schnell, daß die Testmeßphase eine Reihe wichtige und überaus wertvolle Ergebnisse, Erkenntnisse und Erfahrungen lieferte, aber als „stand-alone-system" im Unternehmen nicht überlebensfähig ist .

Unsere Überlegungen gingen dahin, derartige Testmessungen für weitere Softwareentwicklungsphasen (also nicht nur Implementierung) -insbesondere für das Design- durchzuführen. Dennoch muß erwähnt werden, daß einige Meßergebnisse oftmals mit Schwierigkeiten hinsichtlich einer vernünftigen Interpretation und Aussagekraft übrig bleiben können. Um langfristig die Aussagekraft von Metriken und deren Meßergebnisse zu unterstützen, muß die Komponente „Aufwand" zur Erstellung von Softwareentwicklungsergebnissen unbedingt den Meßergebnissen gegenübergestellt werden. Geht man davon aus, daß in einem Unternehmen ein erheblicher Teil von Tätigkeiten innerhalb von Projekten bearbeitet wird und Projekte oftmals sehr lange Laufzeiten haben und zudem sehr teuer sind, wird es immer notwendiger, dem Projektverantwortlichen entsprechende Unterstützung im gesamten Projektverlauf zu bieten.

Die Resultate der Testmessung präsentierten wir dem Management. Aufgrund der eindeutigen, aussagekräftigen und effizienten Meßergebnisse wurde umgehend der Start des neuen Projektes „Aufbau eines Projektcontrollings" (siehe Kapitel 4) initiiert. In diesem Projekt sollen Meßerfahrungen, so wie sie aus der Testmessung gewonnen werden konnten, unter anderem eingehen. Die Ermittlung der Implementierungsmetriken und ihre Interpretation soll dabei nur ein Bestandteil eines durchgängigen Meßprozesses sein. Vor allem Designmetriken, so ist auch die

Forderung des Managements, müssen in einem nächsten Schritt den gleichen Weg, wie Implementierungsmetriken durchlaufen und über entsprechende Testmessungen verifiziert werden. Dabei besteht derzeit das Problem, daß es noch keine entsprechenden Meßtools für Designmetriken am Markt gibt.
Die stufenweise Einführung von Metriken aus den Softwareentwicklungsphasen (Implementierung, Design, Stabilisierung etc.) im Unternehmen hat sich als eine sehr gute Vorgehensweise erwiesen. Schrittweise kann der Nutzen von Metriken (so wie er z.B. für die Implementierungsmetriken aus der Testmessung bewiesen werden konnte) in Softwareentwicklungsprozessen etabliert werden. Vorteilhaft zeigt sich dieser Weg vor allem dann, wenn man bedenkt, daß es ja doch z.B. bzgl. der Themen: „Messen", „Metriken", „Kennzahlen und ihre Aussagekraft" die ein oder andere skeptische Haltung sowie zahlreiche Gegenargumente gibt. Zudem gewinnt man über diesen Weg auch Zeit, um sich am Markt nach geeigneten Design-Meßtools umzusehen, deren Entwicklung derzeit kontinuierlich weiter läuft.

Ein wesentliches Ergebnis der Testmessung war die Erkenntnis, daß es notwendig ist, mittels einer metrikbasierten Aufwandschätzung, in der Metriken und Aufwandgrößen gegenübergestellt werden, dem Projektleiter vor allem zukünftig hinsichtlich der Planung, Steuerung und Kontrolle seines Projektes ein Hilfsmittel an die Hand gegeben werden muß.

4. Aufbau eines metrikbasierten Projektcontrollings - Ein umfassendes Informationssystem-

Derzeit arbeiten meine Kolleginnen Frau Christine Schmidt und Frau Katrin Höll und ich im bereits erwähnten Projekt „Aufbau eines Projektcontrollings". Die Bedeutung eines solchen Systems konnten wir anhand der Ergebnisse aus der Testmessung beweisen. Eine Vorstudie wurde zu dem Thema bereits entwickelt.

4.1 Aufgabenstellung

Mit dem Aufbau des Projektcontrollings soll ein Informationssystem geschaffen werden, das den Projektleiter bei der Planung, Überwachung und Steuerung von Qualität, Aufwand, Dauer und Produktivität während des gesamten Projektverlaufes unterstützt.
Die Basis des Systems werden eine Erfahrungsdatenbank, eine derzeit in Entwicklung befindliche Metrikdatenbank und eine Datenbank des Entwicklungscontrollings (Zeitaufschreibung) bilden. Der Aufbau des Projektcontrollings soll aus zwei wesentlichen Komponenten bestehen:

- *Aneignung von Expertenwissen*

Dazu werden verschiedene laufende Projekte vom Projektcontrolling-Team begleitet, Erfahrungswerte gesammelt und empirisch untersucht.

- *Technische Realisierung*
  Verknüpfung der drei Datenbanken, Auswahl von Metrikmeßwerkzeugen und Entwicklung von Schnittstellen zu den Datenlieferanten der Metrikdatenbank.

Das Informationssystem und die dazugehörende fachliche Unterstützung wird den Projektleitern zukünftig als Dienstleistungssystem zur Verfügung gestellt werden. Es soll in erster Linie als Projekt-Frühwarnsystem dienen, das anhand von gesammelten Erfahrungswerten den Projektleiter auf kritische Konstellationen bzw. Werte hinweist. Abbildung 4 stellt das Informationssystem kurz, „PROCON“, und die drei Datenbanken als Datenlieferanten dar.

Gesamtüberblick zum Projektcontrolling

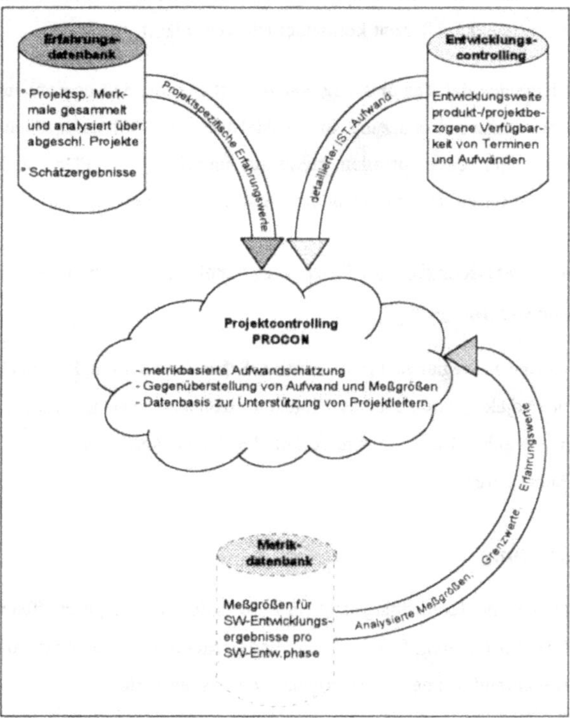

Abb.4: Das Informationssystem „Projektcontrolling“ und seine Datenlieferanten

Die *Metrikdatenbank* ist derzeit in Entwicklung. Zukünftig sollen Meßwerte verschiedener Metriken, die an einzelnen Softwareentwicklungsergebnissen (z.B. Datenmodell, Sourcecode etc.) ermittelt wurden, in diese Datenbank eingestellt werden.

Die *Erfahrungsdatenbank*, als weiterer Datenlieferant für das Projektcontrolling, dient für Aufwandschätzungen und wurde im Rahmen einer Diplomarbeit unter MS-ACCESS realisiert. Hier werden die Ergebnisse aus Function-Point Nachkalkulationen abgelegt und verschiedene projekt-, entwicklungs- und produktspezifische Merkmale gesammelt und ausgewertet.

Für die dritte Datenquelle, die *Datenbank des Entwicklungscontrollings* (Zeitaufschreibung) ist ein Modul zur Verwaltung von Projektaufträgen und sonstigen Aufträgen sowie zur Zeitaufschreibung im Unternehmen geplant.

4.2 Metriken im Projektcontrolling

Die Ergebnisablage im Projektcontrolling, d.h. die Funktionalität der Front-End-Anwendung ist zur Zeit noch im Planungsstadium. Folgende Tabelle zeigt beispielhaft die Ergebnisarten und deren Haltung im zukünftigen Projektcontrolling.

SW-Entwicklungsphase	SW-Entwicklungsergebnisse	Aufwand/ Teilergebnis	Metriken (Meßgrößen) z. B.	Projektspezifika (pro Phase) z. B.	Aufwand/ Metrik z. B.
Voruntersuchung	* Vorstudie	x PW	* Reviewmetrik	* Hoher Anteil von Fremdmitarbeitern	*...
Fachentwurf	* Datenmodell * Funktionsstruktur *...	z PW y PW ...	* Komplexität *... *...	* Probleme beim Werkzeugeinsatz	* Komplexität d.DM/Entw.aufw.
Systementwurf	* Dyn. Ablaufstruktur * Log. Dateistruktur *... *	... ...	* Fan-in/ fan-out *... *...	*...	*... *
Implementierung	* Sourcecode * Testfälle *...	... ...	* McCabe * Komm.grad * Fehler im Test	*...	* Fehlerbeh. Aufw./Fehler im Test
Konfigurierung	* Abnahmetestfälle * Prüfbericht *...	... ...	* Fehler im Test * Fehler aus Prüfbericht A/B/C	*...	*...

Tab. 1: Struktur der Ergebnisablage im Projektcontrolling

Grundstruktur für die Ergebnisablage werden die Softwareentwicklungsphasen sein. Parallel dazu müssen pro Phase und Entwicklungsergebnis Aufwandgrößen und konkrete Meßergebnisse aus Metriken gehalten werden. Zudem müssen, wie bereits beim Analyseteil der Testmessung erwähnt, Projektspezifika (pro Phase) abgelegt werden. Weiterhin kann dann (siehe letzte Spalte), falls sinnvoll, ein Bezug zwischen einer Metrik-Meßgröße und einer Aufwandgröße hergestellt werden.

5. Weiteres Vorgehen und Ausblick

Bestehende Konzepte sind derzeit die Vorstudie zum Projektcontrolling und das Datenmodell zur Metrikdatenbank. Zudem wird momentan ein Datenschutz- und Datensicherheitskonzept entwickelt, das den Zugriff und das Handling der u.U. "mitarbeiterbezogenen" Daten festlegt. Die Verifizierung der Designmetriken soll ähnlich wie bei den Implementierungsmetriken in einer Testmeßphase ablaufen. Dafür wurde bereits ein Diplomarbeitsthema formuliert.
Gespräche zur Auswahl der geeigneten Datenbanktechnologie für die Metrikdatenbank, zur Anbindung der weiteren Datenbanken und zur Realisierung der Front-End-Anwendung werden derzeit laufend geführt.

Im Rahmen eines Releasekonzeptes wird das gesamte Thema „Projektcontrolling" weiterentwickelt. Im ersten Release soll die Metrikdatenbank konzeptionell erstellt und hinsichtlich der Verwaltung von Implementierungsmetriken realisiert werden. Erfahrungswerte, Grenzwerte und Meßergebnisse aus parallel laufenden Messungen von C-Sourcecode können somit kontinuierlich in diesem Teil der Metrikdatenbank verwaltet werden. Erst im zweiten und dritten Release sollen Designmetriken und Metriken zur Konfigurierung und Stabilisierung abgelegt werden. Das Releasekonzept wurde deshalb ausgewählt, um bereits bestehende Erfahrungen aus der Testmessung im Rahmen des Informationssystemes „Projektcontrolling" den Projektleitern so früh wie möglich zur Verfügung stellen zu können. Positive Erfahrungen, verwertbare Ergebnisse sowie ein validiertes Werkzeug zur automatischen Messung von Metriken ist eben zur Zeit nur für Implementierungsmetriken vorhanden. Für das Design, die Konfigurierung und die Stabilisierung sollen gleiche Erfahrungen in Testmeßphasen erzielt werden sowie parallele Marktbeobachtungen nach geeigneten Meßwerkzeugen stattfinden. Profilieren sich diese Metriken innerhalb einer Testmeßphase, so wie die aus der Implementierungsphase, kann ein solides und zuverlässiges Gesamtfundament in Form einer Metrikdatenbank für das Projektcontrolling geschaffen werden.

Ein Qualitätsmodell für die Wartbarkeit objektorientierter Softwareprodukte

Kathrin Kuhlmann

Zusammenfassung

Die Wartung stellt heute eines der zentralen Probleme der betrieblichen Informationsverarbeitung dar. Mit der zunehmenden Verbreitung der objektorientierten Softwareentwicklung werden Hoffnungen verbunden, den Wartungsaufwand reduzieren zu können. Der Einfluß, den die Objekttechnologie tatsächlich auf den Wartungsaufwand hat, wurde bisher allerdings wenig untersucht. Eine genauere Betrachtung der grundlegenden Konzepte zeigt, daß sich sowohl positive als auch negative Effekte für die Wartbarkeit der entstehenden Produkte ergeben können. Um zu einem verbesserten Verständnis der Wartbarkeit objektorientierter Softwareprodukte beizutragen und darüber hinaus ein effektives Wartungsmanagement zu ermöglichen, wird im Rahmen dieses Beitrags ein Qualitätsmodell für die Wartbarkeit hergeleitet, das als Basis für weitere Studien dienen soll.

Abstract

Today computer scientists spend much of their time in maintaining existing software. The object-orientied software paradigm has become increasingly popular in recent years. One of the advantages often claimed for this paradigm is easier maintenance of the resulting products. Further analysis shows that the concepts of object-oriented software development provide great advantages on the one hand, but that there are also difficulties that may be expected in the maintenance of object-oriented products. In order to reach a better understanding of the maintainability of object-oriented products, this paper describes a corresponding quality model. This model could be of great interest for developers and managers involved in maintenance of object-oriented products. It will be used in future investigations.

1. Einleitung

Die objektorientierte Softwareentwicklung erfährt zunehmende Verbreitung. Einer der Vorteile, die ihr i.a. zugeschrieben werden, ist die bessere Wartbarkeit der entstehenden Produkte, die mit einer Verringerung des langfristig entstehenden Wartungsaufwands einhergeht. Tatsächlich lassen sich derartige Aussagen zwar theoretisch begründen, es gibt jedoch bisher kaum Studien, die die hier unterstellten Zusammenhänge validieren. Ausnahmen bilden die Untersuchungen von [Manc90] und [Henr93].

Nach dem IEEE-Standard für die Softwarewartung [IEEE93] beginnt die Wartung erst mit dem Abschluß der Softwareentwicklung, d.h. mit Auslieferung des Softwareprodukts. Es ist jedoch sinnvoll und nötig, bereits bei der Softwareentwicklung die spätere Wartbarkeit der entstehenden Produkte zu berücksichtigen. Denn viele Wartungsprobleme haben ihren Ursprung bereits in den frühen Phasen der Softwareentwicklung [Rom87a]. Es gibt eine ganze Reihe von Eigenschaften und Merkmalen, denen ein Einfluß auf die Wartbarkeit von Softwareprodukten zugeschrieben wird. Ihre tatsächliche Aussagekraft in bezug auf die Wartbarkeit ist jedoch bisher umstritten bzw. wurde noch nicht genügend untersucht. Dies gilt auch für objektorientierte Softwareprodukte[1], was einerseits wegen der o.g. hohen Erwartungen verwundert, die in diese neue Vorgehensweise gesetzt werden, andererseits aber durch die Tatsache begründet werden kann, daß bisher vergleichsweise wenige objektorientierte Systeme in kommerzieller Umgebung längerfristig im Einsatz sind.

Ziel des vorliegenden Beitrags ist es, Eigenschaften von objektorientierten Softwareprodukten zu identifizieren, die die Wartbarkeit der Produkte maßgeblich beeinflussen. Zusätzlich sollen jeweils Softwaremaße angegeben werden, mit deren Hilfe die Ausprägung der als relevant erachteten Eigenschaften quantifiziert werden können. Eine solche Quantifizierung kann nicht nur zu einem verbesserten Verständnis der Wartbarkeit objektorientierter Softwareprodukte beitragen, sondern auch von großem Wert für die Wartungsplanung und das Wartungsmanagement sein.

In Abschnitt 2 erfolgt zunächst eine nähere Untersuchung der Besonderheiten, die die objektorientierte Softwareentwicklung im Vergleich zur herkömmlichen[2] Softwareentwicklung auszeichnen. Sie zeigt, daß sich aus dem Einsatz der objektorientierten Technologie sowohl positive als auch negative Effekte auf die Wartbarkeit der entstehenden Produkte ergeben können, so daß eine weitere Untersuchung dieses Themas um so mehr gerechtfertigt erscheint.

In Abschnitt 3 wird zunächst eine Begriffsklärung vorgenommen. Ausgehend von der Definition der Wartbarkeit nach ISO/IEC 9126 wird die Wartbarkeit objektorientierter Produkte in einer "top-down" Vorgehensweise schrittweise präzisiert, bis für die ermittelten relevanten

Eigenschaften Softwaremaße angegeben werden können. Das auf diese Weise entstehende Qualitätsmodell soll die Grundlage für weitere Untersuchungen bilden. Ein Überblick über die zur Validierung des Qualitätsmodells notwendigen Schritte sowie ein Ausblick auf weitere interessante Aspekte beschließen diesen Beitrag.

2. Objektorientierte Softwareentwicklung

Die objektorientierte Softwareentwicklung unterscheidet sich in einigen Punkten deutlich von der herkömmlichen Softwareentwicklung. Mit den Schlüsselkonzepten der objektorientierten Softwareentwicklung sind jedoch nicht nur Vorteile verbunden; für die Wartbarkeit objektorientierter Softwareprodukte können sich durchaus kritische Effekte ergeben. In diesem Abschnitt werden einige der Eigenschaften, die in der Literatur häufig als eindeutige Vorteile der objektorientierten Softwareentwicklung beschrieben werden, hinsichtlich ihres Effekts auf die Wartbarkeit der entstehenden Produkte diskutiert. Die Grundlagen der objektorientierten Softwareentwicklung werden hierbei als bekannt vorausgesetzt. Sie können beispielsweise bei [Schad96] nachgelesen werden.

Bessere Abbildung des Problembereichs im Modell

Mit Hilfe neuer bzw. gegenüber der herkömmlichen Softwareentwicklung erweiterten Modellierungskonstrukten (Vererbung, Aggregation, Nachrichten) kann die sog. semantische Lücke zwischen der Realität und der Abbildung im Modell fast geschlossen werden. Der Realitätsbezug ist daher bei objektorientiert entwickelten Produkten klarer und gilt als leichter nachvollziehbar. Dies wirkt sich auf die Verständlichkeit der erstellten Produkte und damit auf deren Wartbarkeit günstig aus.

Mit einer zunehmenden Zahl zur Verfügung stehender Modellierungskonstrukte wächst aber auch die Zahl der möglichen Abhängigkeiten zwischen den modellierten Elementen. So sind bei der objektorientierten Softwareentwicklung insbesondere durch die Klassenbildung und die Vererbung mehr verschiedene Abhängigkeiten zwischen Elementen möglich, als bei der herkömmlichen Softwareentwicklung [Wild92]. Es ergeben sich zudem zusätzliche Möglichkeiten für den unangemessenen Gebrauch der einzelnen Modellierungskonstrukte, wie z.B. die Verwendung von Vererbungsstrukturen, ohne daß eine "is a"-Relation zugrunde liegt. Beide Effekte können die Wartbarkeit objektorientierter Softwareprodukte negativ beeinflussen.

Konsistenz der Darstellungstechniken

Die Konsistenz der Darstellungstechniken und die durchgängige Verwendung einer einheitlichen Terminologie in den verschiedenen Phasen der Softwareentwicklung führt dazu, daß der bei der herkömmlichen Softwareentwicklung zu beobachtende Bruch zwischen den verschiedenen Phasen der Softwareentwicklung wegfällt. Dadurch werden günstige Voraussetzungen

für die Aktualisierung der Dokumentation bei Programmänderungen geschaffen, was sich auf die Wartbarkeit des betrachteten Softwareprodukts positiv auswirkt.
Für die Wartbarkeit objektorientierter Softwareprodukte ist eine aktuelle und konsistente Dokumentation dringend notwendig, da sich die Durchdringung der modellierten inhaltlichen Konzepte für das Verständnis eines objektorientierten Systems als wesentlich erweist [u.a. Leij91]. Der Aufwand für die Archivierung und Verwaltung aller benötigten Dokumente dürfte sich infolge der höheren Granularität eher steigern als verringern. Sog. "Reverse Engineering"-Tools stehen bisher kaum zur Verfügung, so daß die Unterstützung des Änderungsvorgangs inkl. Aktualisierung der Analyse- und Designdokumente bei Programmänderungen auch im Rahmen der objektorientierten Softwareentwicklung noch ungenügend ist. Hierdurch kann die Wartbarkeit der Produkte negativ beeinflußt werden.

Einheit von Daten und Funktionen

Bei der objektorientierten Softwareentwicklung erfolgt keine funktionale, ablauforientierte Zergliederung des Codes, die bei der herkömmlichen Softwareentwicklung häufig dadurch Probleme bereitet, daß Änderungen der Datenstrukturen viele Programmstellen betreffen. Statt dessen werden die Verarbeitungen nach inhaltlich sinnvollen Konzepten und unter konsequenter Verwirklichung der Datenkapselung auf die Objekte des Problembereichs verteilt. Die Auswirkungen von Änderungen bleiben dadurch lokal begrenzt, solange keine Änderungen der Schnittstelle einer Klasse bzw. ihrer Objekte erforderlich werden. Die Datenkapselung trägt daher zu einer Verbesserung der Wartbarkeit bei.

Folge der konsequenten Datenkapselung und der "neuen" Sichtweise von Anwendungssystemen als Gesamtheit unabhängiger, selbständig miteinander kommunizierender Einheiten ist es auf der anderen Seite, daß die Verarbeitungen arbeitsteilig und damit "verteilt" erfolgen. Während es bei der herkömmlichen Softwareentwicklung wenige größere Module nachzuvollziehen galt, sind bei objektorientierten Softwareprodukten i.a. viele kleine Methoden zu betrachten. Dabei ist nicht nur die Aufrufhierarchie der Methoden zu berücksichtigen, zusätzlich muß die Zuordnung der Methoden zu verschiedenen Klassen beachtet werden. Hierdurch ergibt sich eine "neue Dimension" der Komplexität, die bei Entwicklung und Wartung objektorientierter Softwareprodukte zu bewältigen ist [Wild92].

Explizites Betonen allgemeiner Strukturen durch Vererbung

Der Einsatz der Vererbung setzt eine gute Kenntnis des Problembereichs voraus und unterstützt eine saubere, stufenweise verfeinernde Entwurfsmethodik. Vererbungsstrukturen helfen darüber hinaus dabei, Redundanzen zu vermeiden.

Neben diesen unbestreitbaren Vorteilen, die die Vererbung auch für die Wartbarkeit der objektorientierten Produkte mit sich bringt, können sich zugleich negative Auswirkungen auf die Wartbarkeit ergeben: Für das vollständige Verstehen einer Klasse müssen neben der Klasse selbst auch alle ihre direkten und indirekten Basisklassen verstanden werden. Die benötigten Informationen werden so auf mehrere Klassen verteilt. Die Möglichkeit der Mehrfachvererbung sorgt für zusätzliche Problemfelder (Netzstruktur schwieriger zu verstehen als die Baumstruktur der Einfachvererbung; Namenskonflikte).

Durch Vererbung in Verbindung mit Polymorphismus und spätem Binden können innerhalb eines Systems mehrere Methoden gleichen Namens aber ggf. unterschiedlicher Verarbeitungen existieren. Die zur Laufzeit auszuführende Methode wird anhand des dynamischen Typs des zur Laufzeit referenzierten Objekts ermittelt [Schad95]. Rein statisches Nachvollziehen der Abläufe ist dadurch nicht mehr oder nur bedingt möglich.

Die Vererbung sorgt daher insgesamt für eine Steigerung der Komplexität, mit der sich Entwickler bei der Wartung und Entwicklung von Systemen beschäftigen müssen.

Wiederverwendung

Neben Qualitäts- und Produktivitätssteigerungen erhofft man sich von der Wiederverwendung wegen der auftretenden Standardisierungseffekte auch Verbesserungen der Wartbarkeit [z.B. Conv94] (die Qualität der wiederverwendeten Einheiten wird hierbei vorausgesetzt).

Auf die Wartbarkeit eines Produkts kann sich die Wiederverwendung dann negativ auswirken, wenn allgemeinere Klassen verwendet werden, als dies für die Erfüllung der Anforderungen im konkreten Fall erforderlich ist, oder wenn die o.g. Standardisierungs- und Gewöhnungseffekte noch nicht eingetreten sind. Die für die konkrete Anwendung überflüssigen geerbten Eigenschaften verursachen z.T. zusätzlichen Aufwand beim Verstehen der Softwareprodukte.

Wie die vorangegangenen Überlegungen zeigen, ist es keineswegs eindeutig, welche Auswirkungen sich aus dem Einsatz objektorientierter Technologien insgesamt auf die Wartbarkeit der entstehenden Produkte ergeben. Um die Wartbarkeit genauer untersuchen zu können und auf diese Weise zu einem verbesserten Verständnis der Wartbarkeit zu gelangen, wird im kommenden Abschnitt ein Qualitätsmodell für die Wartbarkeit objektorientierter Produkte entworfen.

3. Ein Qualitätsmodell für die Wartbarkeit

An dieser Stelle soll zunächst eine Begriffsklärung vorgenommen werden: Unter der Wartung wird hier sowohl die korrigierende Wartung als auch die adaptierende, perfektionierende Wartung oder die Weiterentwicklung verstanden [Lehn94]. Zudem ist die Wartbarkeit als Eigenschaft des Softwareprodukts vom Wartungsprozeß als solchem abzugrenzen. Während die Wartung als Prozeß all jene Maßnahmen umfaßt, mit deren Hilfe ein Anwendungssystem in einem betriebsbereiten Zustand gehalten wird, bezieht sich die Wartbarkeit auf jene Eigenschaften des betrachteten Softwareprodukts, die eine effektive und effiziente Wartung unterstützen [Lehn91]. Um ein Qualitätsmodell für die Wartbarkeit objektorientierter Softwareprodukte aufzustellen, das die in Abschnitt 2 gemachten Aussagen berücksichtigt, wird der Begriff der Wartbarkeit zunächst schrittweise präzisiert. Verwendet wird hierfür die Definition der Wartbarkeit eines Produkts nach ISO/IEC 9126 [Sand94]. Auf dieser Basis wird in Anlehnung an den "Goal Question Metric (GQM)" Ansatz[3] von [Rom87b] in einer "top-down" Vorgehensweise der Einsatz von Softwaremaßen für die einzelnen Aspekte motiviert.

Die Abbildung 1 veranschaulicht den Gang der Betrachtungen.

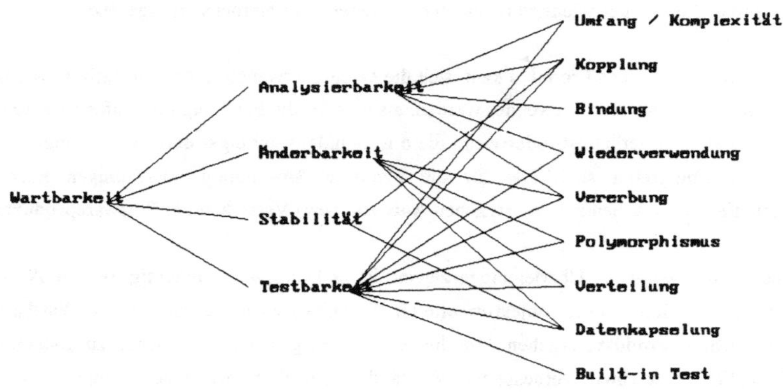

Abb. 1.: Qualitätsmodell für die Wartbarkeit objektorientierter Softwareprodukte

Die Wartbarkeit eines Produkts wird nach ISO/IEC 9126 durch die Menge der Merkmale beschrieben, die den Aufwand beeinflussen, der für die Durchführung spezifizierter Modifikationen benötigt wird [Sand94]. (Von der Ursache der durchzuführenden Modifikationen wird in diesem Zusammenhang abstrahiert. Je nach Wartungsart können hier unterschiedliche Ursachen zugrunde liegen [Lehn91].) Gemäß ISO/IEC 9126 gliedert sich die Wartbarkeit eines

Produkts in die Aspekte Analysierbarkeit, Änderbarkeit, Stabilität und Testbarkeit. Diese Aspekte sollen in eigenen Abschnitten getrennt voneinander betrachtet werden.

Für alle Aspekte der Wartbarkeit gleichsam bedeutend ist neben dem Umfang des Produkts vor allem die Güte der zugrundeliegenden Dokumentation. Wichtig sind dabei ist die objektive, möglichst quantifizierbare Formulierung der Anforderungen, die Vollständigkeit der Spezifikation, die Strukturiertheit der gesamten Dokumentation sowie die Verfolgbarkeit der Anforderungen bis zu deren Umsetzung [u.a. Bind94]. Die Existenz einer Dokumentation, die diesen Anforderungen genügt und stets in aktueller und konsistenter Form vorliegt, muß durch ein geeignetes Entwicklungs- und Konfigurationsmanagement gewährleistet werden und soll an dieser Stelle als gegeben vorausgesetzt werden.

Analysierbarkeit

Die Analysierbarkeit eines Softwareprodukts wird durch die Menge der Merkmale beschrieben, die den Aufwand für das Lokalisieren der zu modifizierenden Teile beeinflussen [Sand94]. Da Entwickler einen Großteil ihrer Zeit bei der Wartung mit dem Verstehen der betroffenen Produkte und Spezifikationen verbringen [Same90], kommt der Analysierbarkeit eines Softwareprodukts eine besondere Bedeutung zu.

Für die Analysierbarkeit eines Softwareprodukts ist vor allem die Verständlichkeit der Strukturierung wichtig. Die Verständlichkeit wird durch die Kopplung, die Bindung und die Komplexität der zugrundegelegten Einheiten (z.B. Klassen oder (Teil-)Systeme) beeinflußt [z.B. Coad91, Booc94]. Zudem ist der bewußte Einsatz des Vererbungskonzepts von Bedeutung (nur "is a", selten Mehrfachvererbung [Lore94, Wild92]). Auch die Wiederverwendung kann sich wegen der genannten Standardisierungseffekte positiv auf die Analysierbarkeit eines Systems auswirken [Kuef94, Conv94].

Änderbarkeit

Die Änderbarkeit eines Systems wird durch die Menge der Merkmale beschrieben, die den Aufwand für die Durchführung von Modifikationen beeinflussen [Sand94].

Für die Änderbarkeit eines objektorientierten Softwareprodukts ist die Verwirklichung der Datenkapselung von Bedeutung, weil durch sie die Auswirkungen von Änderungen lokal begrenzt werden können. Zudem sind der Grad der Verteilung der Abläufe sowie der Einsatz von Vererbung, Polymorphismus und des späten Bindens wichtig [Same90, Risi94, Wild92, Leij91], weil sie die Begrenzbarkeit der Auswirkungen von Änderungen bzw. die Menge der zu überprüfenden Elemente beeinflussen (vgl. Ausführungen im Abschnitt 2).

Stabilität

Die Stabilität eines Softwareprodukts wird durch die Menge der Merkmale beschrieben, die das Risiko unerwarteter Auswirkungen von Modifikationen beschreiben [Sand94].

Für die Stabilität eines objektorientierten Softwareprodukts ist die Kopplung der einzelnen Einheiten des Softwareprodukts (insbesondere Kopplungen durch Verletzungen der Datenkapselung) bedeutsam, weil Kopplungen das Auftreten von Seiteneffekten begünstigen [z.B. Coad91, Risi94]).

Testbarkeit

Die Testbarkeit eines Softwareprodukts wird durch die Menge der Merkmale beschrieben, die den Aufwand für das Überprüfen des modifizierten Produkts beeinflussen [Sand94].

Für die Testbarkeit eines objektorientierten Softwareprodukts ist vor allem die Strukturierung des Softwareprodukts (Datenkapselung, Kopplung und Komplexität der Einheiten sowie Vererbung und Polymorphismus) von Bedeutung, da hierdurch u.a. der Testumfang bestimmt wird. Das Vorhandensein von sog. "Built-in Test-Capabilities" wie z.B. Vor- und Nachbedingungen, Invarianten oder spezieller Test-Driverklassen kann die Durchführung von Tests erleichtern [Bind94, McGr94]. Die Wiederverwendung existierender Lösungen ist ebenfalls zu berücksichtigen, da die Verwendung standardisierter Einheiten den Testumfang reduzieren kann [Kueff94].

Für jede der angegebenen, für die Wartbarkeit objektorientierter Produkte relevanten Eigenschaften lassen sich in der Literatur vorgeschlagene Softwaremaße finden. Eine Auswahl wird im folgenden zusammengestellt (eine ausführlichere Beschreibung dieser und weiterer Softwaremaße für objektorientierte Softwareprodukte findet man beispielsweise bei [Kuhl95]). Die durch die Softwaremaße bewerteten Eigenschaften werden dabei hinsichtlich des Effekts auf die Wartbarkeit objektorientierter Softwareprodukte charakterisiert ($\downarrow$ bedeutet, daß eine Steigerung der Meßwerte eine Reduzierung der Wartbarkeit impliziert, $\uparrow$ bedeutet, daß mit höheren Meßwerten eine bessere Wartbarkeit verbunden wird; es sei ausdrücklich darauf hingewiesen, daß es sich bei den Meßergebnissen um Hilfsgrößen für die Bewertung der Wartbarkeit handelt, nicht um zu maximierende oder zu minimierende Werte).

Softwaremaß	Effekt
Softwaremaße für den Umfang / die Komplexität	
Anzahl der Klassen eines Systems: Je mehr Klassen ein System enthält, desto mehr Klassen müssen für Test und Wartung korrekt verstanden werden; [Buth91].	↓
Anzahl der "use cases" eines Systems: Je mehr Anwendungsfälle für ein System modelliert werden, um so mehr Möglichkeiten haben Anwender, mit dem System zu interagieren und um so mehr Möglichkeiten für Fehlbenutzungen bestehen.	↓
Anzahl der Elemente einer Klasse: Je mehr Elemente eine Klasse enthält, desto mehr Elemente müssen für den korrekten Einsatz und die korrekte Modifikation der Klasse verstanden und verarbeitet werden; [LiHe93].	↓
Anzahl der Basisklassen einer Klasse: Bei Test und Wartung einer Klasse müssen stets auch alle Basisklassen einer Klasse mit berücksichtigt werden; [Buth91].	↓
Anzahl der Klassen mit mehr als einer direkten Basisklasse: Die mehrfache Vererbung sollte wegen der sich hieraus ergebenden Erhöhung der Komplexität (Möglichkeit von Namenskonflikten, schwerere Verständlichkeit) sehr bewußt eingesetzt werden [Lore94].	↓
Softwaremaße für die Bindung	
Bindung einer Klasse: Eine starke Bindung einer Klasse wirkt sich positiv auf deren Verständlichkeit aus; [Chid91] oder [Kuhl94].	↑
Softwaremaße für die Wiederverwendung	
Anzahl wiederverwendeter Klassen: Die Anzahl der Klassen, die aus Standardbibliotheken oder problembereichsspezifischen, ggf. selbst erstellten Bibliotheken entnommen wurden, gibt an, wie viele standardisierte Komponenten innerhalb des Anwendungssystems vorgefunden werden.	↑
Softwaremaße für die Vererbung	
Ähnlichkeit der Klassen in einer Vererbungsstruktur: Der Anteil der Schnittstelle, den eine Klasse von ihren Basisklassen erbt, gibt an, wie ähnlich eine Klasse ihren Basisklassen ist; [Will94].	↑
Anteil der geerbten und genutzten öffentlichen Methoden je Klasse: Wird nur ein geringer Anteil der geerbten öffentlichen Methoden einer Klasse auch tatsächlich genutzt, so stellt sich die Frage, ob Vererbung in diesem Fall ein angemessenes Konstrukt ist; [Will94].	↑
Anteil der überschriebenen Methoden einer Klasse: Werden in einer abgeleiteten Klasse viele der geerbten Methoden überschrieben, so sollte überprüft werden, ob es sich bei der abgeleiteten Klasse um eine echte Spezialisierung der Basisklasse handelt; [Lore94].	↓
Anzahl der abgeleiteten Klassen je Klasse: Die Anzahl der von einer Klasse K abgeleiteten Klassen läßt Rückschlüsse darauf zu, aus wievielen verschiedenen Klassen Objekte stammen können, die wie Objekte der Klasse K verwendet werden dürfen und gibt zusätzlich an, wie viele Klassen bei Änderungen der Basisklasse direkt betroffen sind; [Chid91].	↓
Softwaremaße für Polymorphismus	
Anzahl der Redefinitionen einer Methode: Die Häufigkeit, mit der eine Methode überschrieben wird, beeinflußt die Anzahl der Methoden, die im schlechtesten Fall verstanden werden müssen, um einen Methodenaufruf nachvollziehen zu können.	↓
Anzahl der dynamisch gebundenen Methodenaufrufe: Bei dynamsich gebundenen Methodenaufrufen entscheidet der dynamische Typ des zur Laufzeit referenzierten Objekts darüber, welche Methode ausgeführt wird; [Bind94].	↓
Softwaremaße für den Verteilungsgrad	
Erweiterte Antwortmenge einer Klasse: Anzahl der Klassen, deren Objekte an der Bearbeitung eines Methodenaufrufs an Objekte der Klasse K beteiligt sein können; [Bind94].	↓
Softwaremaße für die Datenkapselung /das Geheimnisprinzip	
Anteil der öffentlich sichtbaren Attribute: Je mehr Attribute einer Klasse öffentlich sichtbar sind, desto mehr ungewollte Seiteneffekte sind möglich und müssen bei der Wartung berücksichtigt werden; [Bind94].	↓
Anzahl der Verstöße gegen das Demeter-Gesetz: Mit der Einhaltung des Demeter-Gesetzes soll sichergestellt werden, daß innerhalb der Methoden einer Klasse nur "Wissen" über die Struktur dieser Klasse benötigt wird; [Shar93, Lieb88].	↓
Anzahl der verwendeten globalen Objekte: Die Verwendung globaler Variablen sollte bei der objektorientierten Softwareentwicklung ebenso wie bei der herkömmlichen vermieden werden; [Lore94].	↓

Softwaremaß	Effekt
Softwaremaße für Built-in Test Capabilities	
Anzahl der Zusicherungen: Zusicherungen können dienen der expliziten Verdeutlichung der Funktionsweise einer Klasse.	↑

Tab. 1: Tabelle von Softwaremaßen für die Wartbarkeit objektorientierter Produkte

4. Vorgehensweise zur Validierung des Qualitätsmodells

Das im vorangegangenen entworfene Qualitätsmodell für die Wartbarkeit objektorientierter Softwareprodukte basiert auf Definitionen der Analysierbarkeit, der Änderbarkeit, der Stabilität und der Testbarkeit nach ISO/IEC 9126, die recht unscharf und darüber hinaus indirekt mit Hilfe der jeweils entstehenden Aufwände definiert sind. Die Zuordnung der für die Aspekte der Wartbarkeit jeweils relevanten Eigenschaften der Softwareprodukte beruht auf dem intuitiven Verständnis; sie stützen sich jedoch auf Überlegungen, die in der Literatur als allgemein anerkannt gelten dürfen. Für die relevanten Eigenschaften der Softwareprodukte konnten jeweils einige Softwaremaße angegeben werden. Sie wurden aus der Vielzahl der in der Literatur beschriebenen Maße unter Berücksichtigung der in Abschnitt 2 gemachten Aussagen ausgewählt. Inwiefern anhand der ermittelten Meßergebnisse Rückschlüsse auf die entstehenden Wartungsaufwände möglich sind, bleibt zu überprüfen. (Erste Erfahrungen mit studentischen Arbeiten scheinen die Aussagekraft der Softwaremaße hinsichtlich der Wartbarkeit allerdings zu bestätigen.)

Um das in Abschnitt 3 entwickelte Qualitätsmodell zu validieren, muß gezeigt werden, daß sich anhand der ermittelten Meßergebnisse tatsächlich Aussagen über den entstehenden Wartungsaufwand treffen lassen [Fent93]. Validierungen einzelner Softwaremaße oder ganzer Qualitätsmodelle werden in der Literatur meist mit Hilfe von Fallstudien durchgeführt. Hierdurch kann zwar i.a. keine allgemeingültige Aussagekraft des Qualitätsmodells sichergestellt werden. Eine allgemeingültige Bewertung von Softwareprodukten und -prozessen aller Arten erscheint jedoch wegen des großen Einflusses der im konkreten Fall zu berücksichtigenden Rahmenbedingungen ohnehin nicht erreichbar [Rom87b].

Voraussetzung für die Validierung des in Abschnitt 3 entwickelten Qualitätsmodells ist die Durchführung einer entsprechenden Studie, bei der die im Rahmen der Wartung entstehenden Aufwände und interessierenden Umfeldinformationen konsequent erfaßt werden. Der Erfassung der Aufwände muß eine Betrachtung des Wartungsprozesses vorangestellt werden. Der Wartungsprozeß als solcher läßt sich kaum detailliert allgemeingültig beschreiben, da er von unternehmensspezifischen Gegebenheiten abhängt (insbesondere von der Art des betriebenen Wartungsmanagements [Lehn91]). Die Gliederung des Wartungsprozesses in die Aktivitäten Problemerkennung und -klassifizierung, Analyse, Design, Implementation, Test und Abschluß darf jedoch als allgemeingültig angesehen werden [IEEE94] und ist daher auch für Betrachtungen des Wartungsprozesses objektorientierter Softwareprodukte anwendbar. Auf eine detailliertere Beschreibung der Einzelaktivitäten wird an dieser Stelle verzichtet; nähere Informationen findet man beispielsweise bei [IEEE93 oder IEEE94]. Für jede der Wartungsaktivitäten sollten Aufwände erfaßt und Probleme, die während der Durchführung der Wartungsaktivitäten auftreten, festgehalten werden. Die Erkenntnisse, die sich aus einer Analyse des Datenmaterials ermitteln lassen, tragen zu einem verbesserten Verständnis der Wartbarkeit objektorientierter Softwareprodukte bei und helfen, ggf. verbessernde Maßnahmen einzuleiten. Bei der Wirksamkeit derartiger Rückkopplungen ist insbesondere auch die Reife des zugrundeliegenden Entwicklungsprozesses von Bedeutung [z.B. Bind94, Thal93]. Die Validierung des Qualitätsmodells sollte am besten mit Daten realer Unternehmen erfolgen [wie z.B. von Rom87a beschrieben]; jedoch auch Studien im Universitätsrahmen können durchaus brauchbare Ergebnisse liefern [z.B. Henr93].

5. Fazit und Ausblick

Trotz der anerkannten Bedeutung der Wartung existieren bisher nur sehr wenige Studien, die die Wartbarkeit objektorientierter Softwareprodukte betrachten. Dies verwundert um so mehr, da man sich vom Einsatz objektorientierter Technologien u.a. eine Verminderung des entstehenden Wartungsaufwands erhofft, es auf der anderen Seite aber durchaus Aspekte gibt, die eine schwierigere Wartbarkeit objektorientierter Softwareprodukte vermuten lassen. Die genauere Untersuchung der Merkmale, die einen Einfluß auf die Wartbarkeit objektorientierter Softwareprodukte haben, ist daher notwendig.

Das in diesem Beitrag entwickelte Qualitätsmodell ist ein erster Schritt auf dem Weg zu einem detaillierteren Verständnis der Wartbarkeit objektorientierter Softwareprodukte. Nach seiner erfolgreichen Validierung kann es auf unterschiedliche Weise sinnvoll eingesetzt werden: Zum einen können die Softwaremaße als Indikator für die Wartbarkeit der entwickelten Softwareprodukte dienen, und so die explizite Berücksichtigung der Wartbarkeit als Ziel der Softwareentwicklung kontrollierbar machen. Andererseits können die Meßergebnisse für die frühzeitige Einschätzung des entstehenden Wartungsaufwands genutzt werden und damit von großer Bedeutung für die Wartungsplanung und das Wartungsmanagement sein.

Anmerkungen

[1] Lediglich [LiHe93] stellen ein Schätzmodell für den Wartungsaufwand objektorientierter Produkte auf; sie ziehen für ihre Untersuchungen i.w. die Maße von [Chid91] sowie einfache Größenmaße heran.

2 Unter der "herkömmlichen" Softwareentwicklung wird im folgenden die strukturierte Softwareentwicklung verstanden, wie sie beispielsweise von [DeMa79, Your79 und Myer78] beschrieben wird.

3 Nach dem GQM-Ansatz werden vorgegebene Ziele (Goals) durch Fragen (Questions) schrittweise konkretisiert. Für deren Beantwortung werden dann verschiedene Softwaremaße (Metrics) herangezogen. GQM-Pläne werden daher "top-down" erstellt, so daß nur solche Softwaremaße eingesetzt werden, die zur Beantwortung einer relevanten Fragestellung herangezogen werden können. Die Interpretation der Meßergebnisse erfolgt dagegen "bottom-up" durch schrittweises Beantworten der einzelnen Fragestellungen und evtl. Rückkopplungen.

Literatur

[Bind94] Binder, R.V.: Design for testability in object-oriented systems. Communications of the ACM, 9(37) 1994, 87-101

[Booc94] Booch, G.: Object-oriented analysis and design with applications. 2. Aufl., Benjamin/Cummings Publishing Company Inc., 1994

[Buth91] Buth, A.: Softwaremetriken fuer objektorientierte Programmiersprachen. Arbeitspapier der GMD, Nr. 545, Juni 1991

[Chid91] Chidamber, S.R.; Kemerer, C.F.: Towards a metrics suite for object oriented design. Sigplan Notices 26 (11) 1991 (Conference Proceedings OOPSLA' 91), 197-211

[Coad91] Coad, P.; Yourdon, E.: Object-oriented design. 1. Aufl.,Yourdon Press, Englewood Cliffs, New Yersey, 1991

[Conv94] Convent, B.: Software-Wiederverwendung. Skript zur Vorlesung, Universität Mannheim 1994

[DeMa79] DeMarco, T.: Structured analysis and system specification. 2. Aufl., Yourdon Press, 1979

[Fent93] Fenton, N.E.: Software metrics, a rigorous approach. 1. Aufl., Chapman & Hall, London 1993

[Henr93] Henry, S.; Humphrey, M.: Object-oriented vs. procedural programming languages: effectiveness in program maintenance. Journal of object-oriented Programming, Juni 1993, 41-49

[IEEE94] IEEE Standard classification for software anomalies. Std 1044-1993, 1994

[IEEE93] IEEE Standard for Software Maintenance. Std 1219-1993, 1993

[Kuef94] Küffmann, K.: Software-Wiederverwendung. Vieweg Verlag, 1994

[Kuhl94] Kuhlmann, K.: Ein Katalog objektorientierter Qualitätsmaße. Diskussionspapier 2-94, Universität Mannheim, 1995

[Kuhl95] Kuhlmann, K.: Ein Katalog objektorientierter Produktmaße. Version 1.0., Diskussionspapier 1-96, Universität Mannheim, 1995

[Lehn91] Lehner, F.: Softwarewartung. Carl Hanser Verlag, 1991

[Lehn94] Lehner, F.; Sikora, H.: Wartung objektorientierter Softwaresysteme - Stand des Wissens und Ergebnisse einer Expertenbefragung. In: Lehner, F.: Die Wartung von wissensbasierten Systemen, Haensel-Hohenhausen, 1994

[Leij91] Lejter, M.; Meyers, S.; Reiss, S.P.: Support for maintaining object-oriented programs, IEEE 1991, 171-178

[Lieb88] Lieberherr, K.; Holland, I.; Riel, A.: Object-oriented programming - an objective sense of style. OOPSLA'88 Proceedings, 323-334

[LiHe93] Li, W.; Henry, S.: Maintenance metrics for the object-oriented paradigm. IEEE Comp. Soc. Press, 1993, 52-60

[Lore94] Lorenz, M.; Kidd, J.: Object-oriented software metrics. 1. Aufl., Prentice Hall, New Jersey, 1994

[Manc90] Mancl, D.; Havanas, W.: A study of the impact of C++ on software maintenance. IEEE Conference on Software maintenance, Proceedings, 1990, 63-69

[McGr94] McGregor, J.D.; Korson, T.D.: Integrated object-oriented testing and development processes. Communications of the ACM, 37(9) 1994, 59-77

[Myer78] Myers, G., Composite/structured design. Van Nostrand Reinhold Company, New York 1978

[Risi94] Rising, L.S.; Calliss, F.W.: An information-hiding metric. Journal of Systems and Software 26, 1994, 211-220

[Rom87a] Rombach, H.D.; Basili, V.R.: Quantitative assessment of maintenance. Proceedings from the Conference on Software Maintenance, Austin Texas, 1987, IEEE Comp. Soc. Press, 134-144

[Rom87b] Rombach, H.D.; Basili, V.R.: Quantitative Software-Qualitätssicherung. Informatik-Spektrum 10 1987, 10, 145-158

[Same90] Sametinger, J.: A tool for the maintenance of C++ programs. IEEE Conference on Software maintenance, Proceedings, 1990, 54-59

[Sand94] Sanders, J.; Curran, E.: Software quality. Addison-Wesley, 1994

[Schad95] Schader, M.; Kuhlins, S.: Programmieren in C++. 3. Aufl., Springer Verlag, 1995

[Schad96] Schader, M.; Rundshagen, M.: Objektorientierte Systemanalyse. 2. Aufl., Springer-Verlag, 1996

[Shar93] Sharble, R.C.; Cohen, S.S.: The object-oriented brewery: A comparison of two object-oriented development methods. Software engineering notes 18 (2) 1993, 60-73

[Thal93] Thaller, G.E.: Qualitätsoptimierung der Software-Entwicklung. Vieweg 1993

[Wild92] Wilde, N.; Huitt, R.: Maintenance support for object-oriented programs. IEEE Transactions on Software Engineering 12 1992, 1038-1044

[Will94] Williams, J.: Metrics for Object oriented projects. Beitrag zur DEVCON 1994

[Your79] Yourdon, E.; Constantine, L.: Structured Design. Yourdon Press, Englewood Cliffs, New Jersey, 1. Aufl., 1979

Qualitätssicherung am Beispiel der Betriebssystementwicklung VSE/ESA

Karl Klink

Zusammenfassung

Am Beispiel von VSE/ESA, eines der strategischen Betriebssysteme von IBM, wird gezeigt, wie sich ein effektives Qualitätsmanagement, ein guter Software Entwicklungsprozeß und ein Entwicklungsteam mit besonders hohem Qualitätsbewußtsein auf die Qualität der Entwicklung auswirken.
Die kontinuierlichen Prozeßverbesserungen in allen Phasen der Software Entwicklung führten dazu, daß die Fehlerrate von VSE seit 1989 um 94 % verbessert werden konnte.

Abstract

The example of VSE/ESA, one of IBM's strategic operating systems, demonstrates how an effective quality management, an efficient development process, and a development team that is committed to producing superior quality are responsible for the high quality with which VSE/ESA is delivered.
The continuous improvements of the quality process during all phases of the development process are responsible for delivering a VSE/ESA that has improved its defect rate since 1989 by 94 %.

1. Einführung

Das IBM Labor für Forschung und Entwicklung in Böblingen ist unter anderem zuständig für die Entwicklung von VSE/ESA. VSE/ESA ist das strategische Einstiegsbetriebssystem von IBM für Online-Transaktionen- und Stapelverarbeitungsvorgängen sowie für Client/Server-Betrieb. VSE/ESA gehört zur Familie der ESA/390-Betriebssysteme, zu der auch MVS gehört. Eingesetzt wird VSE/ESA primär in Filialen oder Produktionsstätten und erfüllt somit die Anforderungen zahlreicher Wirtschafts- und Industriezweige für kleine und mittlere kommerzielle Datenverarbeitungsumgebungen. Ungefähr hundert erfahrene Programmierer entwickeln VSE/ESA (Entwicklung, Test, Wartung).

Für VSE/ESA wurde in den vergangenen Jahren der Prozeß der Software Entwicklung und Wartung so verbessert, daß VSE/ESA heute mit minimalen Fehlerraten ausgeliefert wird. Dabei spielten sowohl Prozeßverbesserungen als auch Qualitätssicherung eine große Rolle.

Der Kern eines Betriebssystems mit seinen Funktionen, wie zum Beispiel Input and Output, Dispatching, Error Recovery, Multiprocessing, Deadlock Handling, Interrupt Handling, zählt zu den komplexesten Softwarekomponenten. Die Qualitätsanforderungen an ein derartiges System sind extrem hoch, da es in vielen Firmen rund um die Uhr an sieben Tagen in der Woche eingesetzt wird.

Seit Anfang der 80er Jahre werden für VSE Qualitätsaufzeichnungen durchgeführt. Das macht es möglich, die Qualitätsverbesserungen den Prozeßverbesserungen zuzuordnen.

Die Prozesse, die in der Grafik hervorgehoben sind, haben besonders zur Fehlerreduzierung beigetragen und werden im nachfolgenden näher erläutert.

Abbildung 1 zeigt, welche wesentlichen Prozeßverbesserungen eingeführt wurden und in welchem Maß sie zur Verbesserung der Qualität beigetragen haben.

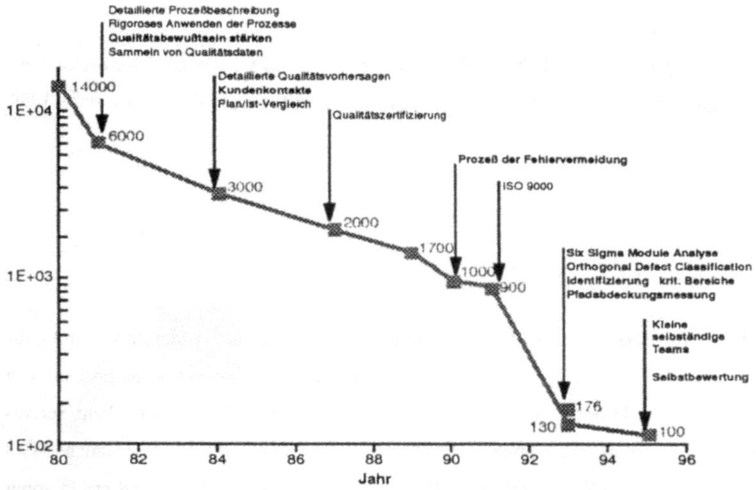

Abb. 1: VSE/ESA Fehlerreduzierung 1980 bis 1995 aufgrund der Prozeßverbesserung

Als Fehler wurden nicht nur Programmfehler verstanden, sondern auch alle anderen Probleme, wie Leistungs-, Benutzbarkeits- und Dokumentationsfehler, in manchen Situationen sogar fehlende Funktionalität.

2. Qualitätsmanagement

Qualitätsmanagement umfaßt alle Aktionen und Tätigkeiten während des Entwicklungszyklus, die dazu beitragen, das Qualitätsziel zu erreichen.

2.1 Untersuchungen als Basis für Qualitätsmanagement

Als Grundlage zum gegenwärtigen Qualitätsmanagement dienten im wesentlichen drei detaillierte Untersuchungen.

2.1.1 Six-SIGMA Module Analyse

Mit der "Six-SIGMA Module Analyse" wurden über 10 Jahre hinweg alle Kundenprobleme den entsprechenden Modulen zugeordnet. Dies erlaubte es, die fehlerträchtigen Module bzw. Funktionen sowie deren Qualitätsverhalten über die Zeit zu identifizieren. Daraus ließen sich notwendige Qualitätsaktionen (wie Restrukturierung, Neuprogrammierung) ableiten. Die Auswirkungen von Prozeßverbesserungen und Qualitätsaktionen wurden sichtbar. Schwächen einzelner Programmierer wurden erkannt und durch gezielte Maßnahmen (wie Weiterbildung und Coaching) angegangen.

Abbildung 2 zeigt, daß von 2731 Modulen 2133 fehlerfrei waren.

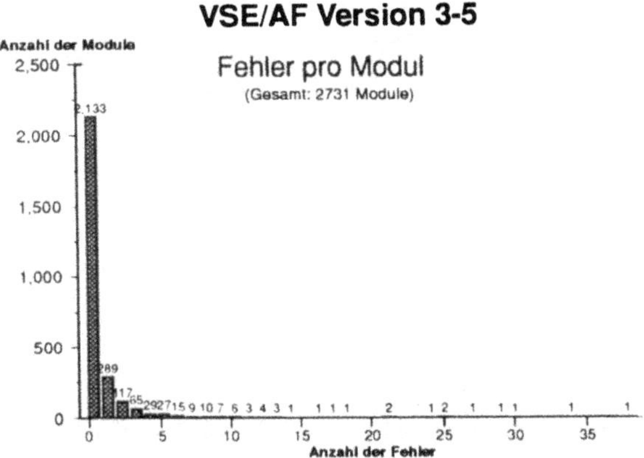

Abb. 2: Anzahl der Fehler pro Modul

Die fehlerhaften Module werden in folgende Gruppen unterteilt:

- Module mit mehr als 15 Fehlern wurden neu entwickelt.
- Module mit 7 bis 15 Fehlern wurden von einem Programmierteam rigorosen Inspektionen unterzogen. Verbesserungen wurden eingebaut und wenn notwendig, wurden Teile neu entwickelt.
- Module mit 3 bis 6 Fehlern wurden einer ausführlichen Ursachenuntersuchung (Detailed Causal Analysis) unterzogen. Fehler und Korrekturen wurden, wo nötig, angebracht.

2.1.2 Orthogonal Defect Classification

Die "Orthogonal Defect Classification" [Ch Bh 92] unterscheidet die Fehler folgendermaßen:

1. Fehlertyp (z.B. Interface Problem, fehlende Funktion)

2. Unterprozeß (z.B. Entwurf, Codierung)

Diese Kategorisierung zeigt auf, bei welchen Aufgaben im Prozeß Verbesserungen vorgenommen werden müssen, entweder um Fehler zu vermeiden oder um diese im Entwicklungszyklus zu beseitigen.
Eine wichtige Erkenntnis aus dieser Untersuchung war, daß über 80 % aller Fehler, die nach der Auslieferung von VSE/ESA gefunden wurden, Probleme waren, die bereits im Entwurf gemacht wurden.
Dies war der Anlaß, mehr Aufmerksamkeit auf die Entwurfsphase zu legen, um die Fehler in dieser Periode möglichst zu vermeiden.

2.1.3 Identifizierung kritischer Bereiche

Diese Untersuchung teilt alle Programmteile nach Programm- und Testkomplexität ein:

Programm Komplexität		Test Komplexität	
D1	Hoch (oder viele Änderungen)	T1	Schwierig zu testen
D2	Normal	T2	Normal
D3	Einfach ('straight forward')	T3	Einfach zu testen bzw. zu verifizieren

Durch diese Untersuchung lassen sich kritische, fehleranfällige Bereiche sehr früh im Zyklus identifizieren, entsprechende Aktivitäten im Entwicklungszyklus planen und damit die notwendigen Testaktivitäten optimieren.

Dies führte zu verschiedenen Aktionen: Programmteile mit D1/T1 bekamen erhöhte Aufmerksamkeit von Testern und Entwicklern. Es wurden gemeinsame Aktionen geplant, um diese Teile möglichst fehlerfrei zu bekommen.

2.2 Voraussetzungen

Die Mindestvoraussetzungen für ein funktionierendes Qualitätsmanagement sind:

- Eine klare Aussage des höheren Managements über den Stellenwert von:
    - Kundenzufriedenheit
    - Qualitätssoftware
    - Softwareentwicklungsprozessen
- Eine klare, detaillierte Prozeßbeschreibung auf der Basis von Kunden-Lieferanten Beziehungen. Diese Beschreibung ist die Arbeitsgrundlage für jeden Mitarbeiter.
- Kontinuierliche Prozeßverbesserungen basierend auf den Prozeßdaten früherer Entwicklungen und durchgeführter Untersuchungen. Dabei werden die Prozeßdaten in den einzelnen Unterprozessen, die als "closed-loop"-Prozesse ablaufen, gesammelt.

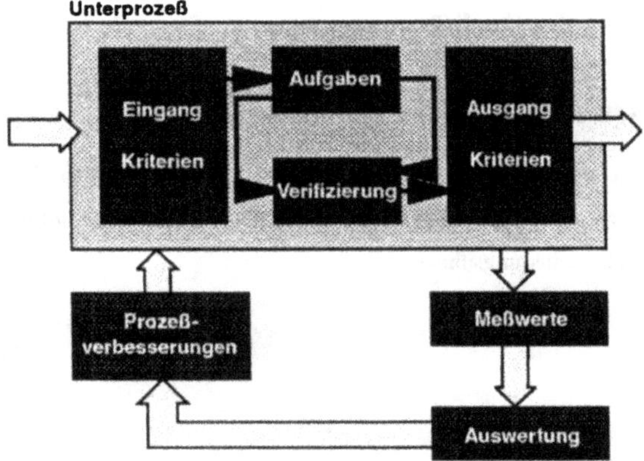

Abb. 3: Ablauf eines "closed-loop"-Prozesses

Jeder Unterprozeß läuft nach demselben Schema ab (Abbildung 3):

- Definition der Eingangskriterien, die beim Start des Unterprozesses erfüllt sein müssen (z.B. detaillierter Entwurf).
- Die Aufgaben (z.B. Implementierung).
- Verifizierung der Arbeiten auf Vollständigkeit und Richtigkeit.
- Kann die Verifizierung beweisen, daß die Arbeiten vollständig und korrekt sind, so sind auch die Ausgangskriterien erfüllt. Andernfalls muß Nachbesserung geleistet werden.

Zu jedem Unterprozeß werden Daten gesammelt (z.B. Anzahl/Art der Fehler), die später zur Verbesserung des Unterprozesses oder mit Daten anderer Prozesse zur Verbesserung ganzer Prozesse verwendet werden.

Dadurch findet über die Zeit ein Reengineering des Gesamtprozesses statt, das sich aus vielen einzelnen Prozessverbesserungen zusammensetzt.

- Direkter Kundenkontakt für jeden Entwickler, zum Beispiel bei der Lösung von Problemen vor Ort oder bei Kundenunterstützung und -beratung. Das Ziel ist ein besseres Verständnis von:
    - der Kundenumgebung
    - der Benutzung des Produkts
    - dem Kundenverhalten.

2.3 Durchführung des Qualitätsmanagements

2.3.1 Aktionen während der einzelnen Entwicklungsphasen

Aktionen während der Entwicklung sind abhängig vom gewählten Entwicklungsprozeß (Wasserfall-, Iterativ-, Prototypprozeß). Die Tabelle zeigt die Zuordnung bestimmter Aktionen zu den wichtigsten Entwicklungsphasen.

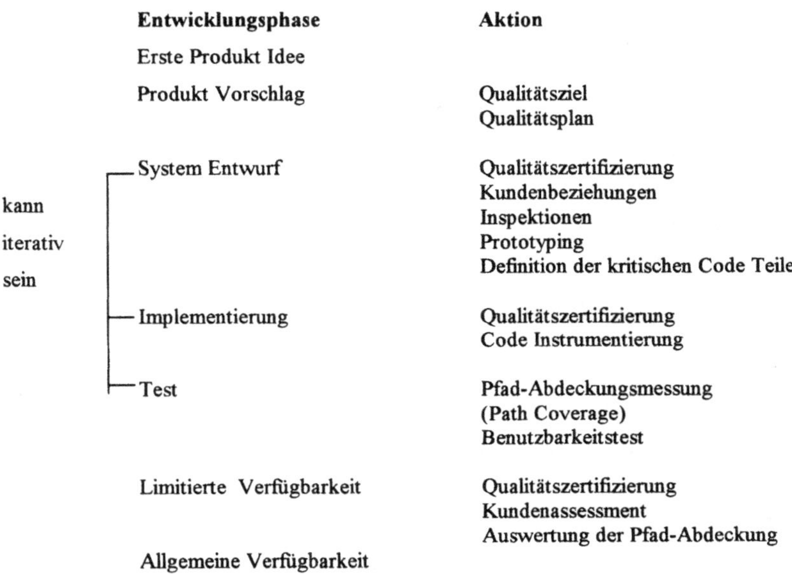

	Entwicklungsphase	Aktion
	Erste Produkt Idee	
	Produkt Vorschlag	Qualitätsziel Qualitätsplan
kann iterativ sein	System Entwurf	Qualitätszertifizierung Kundenbeziehungen Inspektionen Prototyping Definition der kritischen Code Teile
	Implementierung	Qualitätszertifizierung Code Instrumentierung
	Test	Pfad-Abdeckungsmessung (Path Coverage) Benutzbarkeitstest
	Limitierte Verfügbarkeit	Qualitätszertifizierung Kundenassessment Auswertung der Pfad-Abdeckung
	Allgemeine Verfügbarkeit	

2.3.2 Projektbegleitende kontinuierliche Aktivitäten

Die wichtigsten Aktivitäten, die bei jedem Projekt ablaufen, sind:

- Fehlervermeidung [GAND 94]

    - Analyse von Fehlerursachen:
      Es wurde ein Prozeß zur Fehlervermeidung (Defect Prevention Process) eingeführt, der alle Problembereiche umfaßt, von Programm- bis Prozeßdefiziten. Er beinhaltet eine Ursachenuntersuchung der Fehler im Produkt (APAR Causal Analysis) durch ein Team von Programmierern.

    - Vorschläge für Verbesserungen:
      Die obigen Analysen werden monatlich durch ein Fehlervermeidungsteam (Defect Prevention Action Team) betrachtet, das daraus Aktionen bzw. Prozeßverbesserungen ableitet, die zur Fehlervermeidung beitragen.

- Status- und Qualitätsbesprechungen:
    - in kleinen, selbständigen Teams von Programmierern (häufig)
    - in der Abteilung (wöchentlich)
    - im Bereich (monatlich).
- Plan - Ist - Vergleich
  Termine: Alle zwei Wochen (sehr kleine Programmeinheiten)
  Qualität: Mehrfach an bestimmten Kontrollpunkten.
- Feststellen von kritischen (out-of-line) Situationen.
- Korrigierende Maßnahmen
    - Qualitätsaktionen
    - Änderung der Arbeitsverteilung.

2.3.3 Test Strategie

Ein Kernpunkt der Testphilosophie ist die enge Zusammenarbeit zwischen Testteams und Entwicklungsteams. Die Tester schalten sich sehr früh in die Entwicklung mit ein. Das Ziel ist:

- Klare Spezifikationen zu erreichen
- Unnötige Komplexität zu eliminieren
- Optimales Wissen zur Testvorbereitung zu gewinnen.

Bereits während der Produktdefinitions- und der Entwurfsphase wird vom Testteam Einfluß genommen auf:

- Funktionalität
- Benutzbarkeit, Installierbarkeit, Wartbarkeit
- Zeitverhalten
- Test- bzw. Verifizierbarkeit

Dadurch wird der Entwicklungsaufwand insgesamt verringert, die Dokumentation wird einfacher, die Qualität verbessert und der gesamte Wartungsaufwand wird reduziert.

Die folgenden Tests werden vor jeder Produktauslieferung von VSE/ESA durchgeführt:

Black Box Test	der mit konventionellen Methoden arbeitet.
White Box Test	bei dem die Pfad-Abdeckung gemessen und durch weitere Tests hochgetrieben wird.
Regression Test	der garantiert, daß alle wichtigen Funktionen korrekt ausgeführt werden und keine alten Fehler wieder eingebaut werden.
Kundentest bei interaktiver Entwicklung	der den Kunden erlaubt, während der gesamten Entwicklung Einfluß auf Funktionalität und Benutzbarkeit zu nehmen.
Product Introduction Program (PIP)	ist eine Art Beta Test vor der Feldeinführung des Produkts.
Vendor Test	erlaubt Vendoren von Systemfunktionen und Anwendungen ihre Produkte so frühzeitig zu testen, daß diese gleichzeitig mit der Verfügbarkeit des Betriebssystems ausgeliefert werden.

Diese Tests sind nur ein Teil des Qualitätsmanagements. Aber sie müssen heute noch den entscheidenden Beitrag liefern, um am Ende des Entwicklungszyklus das Qualitätsziel zu erreichen und zu verifizieren.

2.3.4 Fehlerabhängige Anwendung von Prozeßmethoden

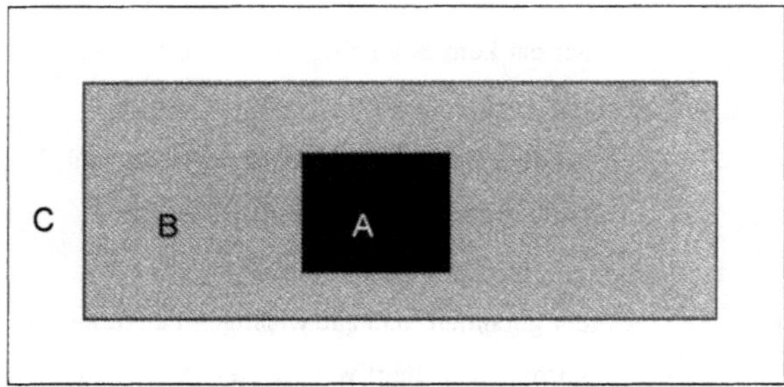

Abb. 4

Bei einem Produkt unterscheiden wir drei Kategorien von fehlerkritischen Bereichen. Je nach Bereich werden unterschiedliche Entwicklungs- und Testmethoden angewandt.

A Extrem sicherheitskritische Funktionen, bei denen kein Fehler auftreten darf.
Methoden:
- Entwurf/Programmierung mit mathematisch logischer Sprache
- 100 % Fehlerkorrektur im Programm (Software Error Recovery)
- Test zur Verifizierung

B Sehr wichtige Funktionen, deren Fehler kritisch für den Kunden sind.
Methoden:
- 100 % Verifizierung in Entwurf und Codierung
- Pfad-Abdeckung zwischen 90 - 100 %

C Normale Funktionen im System
- Verifizierung, abhängig von Programm- und Testkomplexität
- Pfad-Abdeckung > 75 %.

3. Qualitätsbewußtsein

Das VSE/ESA Management Team hat sehr früh festgestellt, daß sich Qualitätssoftware weder durch Kontrollen noch durch Qualitätsziele, die das Management setzt, erzwingen läßt. Vielmehr wurde Wert darauf gelegt, daß sich jeder einzelne Mitarbeiter mit der Qualität des Produkts identifiziert. Dies führt zur Abschaffung der unabhängigen Qualitätssicherungsfunktionen, zur Einführung der Selbstbewertung (Selfassessments) und zur Integration der Wartungsabteilung in die Entwicklungsorganisation.

In den 80er Jahren wurden detaillierte Qualitätsvorhersagen in den Entwicklungsprozeß eingeführt. Dazu diente ein Modell, das auf den Qualitätsdaten der Vorgängerversion basierte. Am Anfang des Produktzyklus, also zum Zeitpunkt des Produktvorschlags, wurde für jede Entwicklungsphase eine Vorhersage getroffen, wieviele Fehler in dieser Phase beseitigt werden. Durch Plan-Ist Vergleich konnten Abweichungen frühzeitig festgestellt und durch entsprechende korrigierende Maßnahmen zielgerichtet auf die geforderte Qualität bei Feldeinführung hingearbeitet werden. Durch die dramatische Verbesserung der Qualität und der geringen Anzahl an verbleibenden Fehlern im Feld wurde die Fehlervorhersage nach Auslieferung immer ungenauer. 1993 wurde obiges Modell durch das Modell der Selbstbewertung (Teamselfassessment) abgelöst.

Die Eigenbewertung wird an definierten Kontrollpunkten im Entwicklungsprozeß (Entwurf, Codierung, Funktionstest, System Test Stufe 1 und 2) für jede größere Funktion bzw. zusammengehörige Gruppe von Funktionen durchgeführt.

Die Bewertung (3 = sehr gut, 2 = ok, 1 = zusätzliche Aktion notwendig) wird für folgende Punkte durchgeführt:

- Stabilität des Entwurfs
- Teamarbeit
- Fortschritt
- Inspektions- und Testergebnisse
- Methoden
- Gesamteindruck.

Abschätzungen während des Systemtests werden sowohl vom Entwicklungsteam als auch vom Testteam unabhängig voneinander durchgeführt.

Die Ergebnisse dieser Bewertungen und der Vergleich der Abschätzungen des Test- und Entwicklungsteams erlauben einen guten Überblick über den Status des Projekts und eine

genauere Vorhersage der Qualität im Feld. Bereiche, in denen zusätzliche Qualitätsaktionen notwendig sind, werden identifiziert. Ein Team aus Testern und Entwicklern definiert die gemeinsamen Qualitätsaktionen.
Voraussetzung für solche Abschätzungen ist es, daß sich in der Firma bzw. in dem Bereich über Jahre hinweg ein Qualitätsbewußtsein entwickelt hat, das sowohl vom Management als auch von den Mitarbeitern getragen ist.

4. Ergebnisse

Am Beispiel von VSE/ESA 2.1 kann man zeigen, welche Ergebnisse und Einflüsse auf den Entwicklungsfortschritt und die Qualität entstanden.

Prozeßverbesserungen in der Entwicklungsphase:

Jahr	1989	1990	1993	1995
Fehlerrate nach Funktionstest (*) (Fehler pro Million Instr.)	1	0,8	0,4	0,2

Erreichte Pfad-Abdeckung

Jahr	1989	1990	1993	1995
Pfad-Abdeckung	nur teilweise angewandt	70%	80%	85%

Ergebnis: Fehlerrate des Produkts im Markt

Produkt	VSE/SP 4	VSE/ESA 1.1	VSE/ESA 1.3	VSE/ESA 2.1
Jahr	1989	1990	1993	1995
Fehlerrate (*)	1	0,8	0,1	0,06

(*) normiert auf den Wert von 1989

5. Zusammenfassung

Dieser Beitrag befaßte sich mit der Frage, wie man die Qualität eines existierenden Programmes verbessern kann. Am Beispiel von VSE/ESA werden die wesentlichen Prozeßverbesserungen im Zusammenhang vorgestellt:

- IBM analysierte jedes Kundenproblem in Bezug auf die Programmfehlerquelle und stellte dabei fest, daß die Fehler immer wieder in denselben Modulen auftauchten.

- Organisatorische Veränderungen und Änderungen im Prozeßablauf während der einzelnen Entwicklungsphasen führten zu weiteren Qualitätsverbesserungen.

- Das Management Team erkannte, daß nur Mitarbeiter, die selbst ein hohes Qualitätsbewußtsein haben und gleichzeitig die Bedeutung von Teamarbeit erkannt haben, rigorose Programmverbesserungen erreichen können.

Das gezeigte Reengineering der Qualitätssicherung erlaubte, die Fehlerrate um 94 % in fünf Jahren zu reduzieren und heute ein sehr stabiles VSE/ESA auszuliefern. Die Stabilität und Zuverlässigkeit der Programme machen die Stärke und den Erfolg dieses Betriebssystems aus.

Literatur

[Ch Bh 92] Chillarege, R.; Bhandori, J.K.; Chaar, M.; Halliday, J.; Moebius, D.S.; Ray, B.K.; und Man-Juen Wong: Orthogonal Defect Classification - A Concept for In-Process Measurements
In: IEEE Transactions on Software Engineering, (1992) 11.

[GAND 94] Gandini, Franco: VSE Defect Prevention.
In: Technical Report, IBM Böblingen Programming Lab. 1994

Metrik-Redundanzen

Bernd Müller

Zusammenfassung

Für die Bewertung der Qualität von Software wird häufig eine Reihe verschiedener Metriken vorgeschlagen. Eine kleine statistische Untersuchung zeigt jedoch, daß die propagierten populären Metriken keinesfalls geeignet sind, die verschiedenen Eigenschaften von Software — Größe, Komplexität, Wartbarkeit, etc. — im besonderen zu messen. Vielmehr sind die Grundaussagen von Metrikwerten („Programm A ist komplexer als Programm B", „Programm C ist doppelt so groß wie Programm D") bereits durch einen kleinen Kern von Basismetriken zu erhalten.

Als Resume ergibt sich die Frage nach praxisrelevanten Metriken, die die benötigte Klassifikation gewährleisten. Dabei sollte dieser Metriksatz möglichst klein — und damit effizient erhebbar — und redundanzfrei sein.

1 Einführung

Software-Metriken wurden in den 70er Jahren als Maß für die psychologische Komplexität — also die Schwierigkeit Software zu schreiben oder zu lesen und zu verstehen — eingeführt:

> „Intuitiveley, a complexity metric attempts to measure the inherent difficulty of understanding of a given problem solution expressed as a collection of software."[HKH81]

Sie sind daher insbesondere für das Reengineering und damit auch die Wartung wichtig, in der das Programmverstehen eine wichtige Rolle einnimmt. Zur Abgrenzung sei hier noch explizit darauf verwiesen, daß die Komplexität einer bestimmten Problemlösung (Programm) aus psychologischer Sicht nicht notwendigerweise mit der Komplexität des Problems (computational complexity) zusammenhängt.

Laut [Zus94] gibt es mindestens 500 verschiedene Metriken. Für die Analyse von Systemen stellt sich daher die Qual der Wahl: Welche Metriken sind geeignet, die zu analysierenden Systemeigenschaften zu quantifizieren? Werden alle 500 benötigt? Gibt es zwischen den Metriken Abhängigkeiten? Diese Art von Fragen werden in der Literatur unserer Meinung nach nicht ausreichend beantwortet.

Obwohl in der Literatur ([CFS81, CSM+79, KR87, HKH81, Lev86]) Angaben über gewisse Korrelationen zwischen verschiedenen Metriken gemacht werden, waren wir bei der Durchführung eines konkreten Metrikprojekts über die enthaltenen Redundanzen sehr überrascht. Zur Untersuchung kamen 5 COBOL-Programme (Kundenprogramme aus dem Bereich Finanzwirtschaft in VS COBOL II, Release 3.2) im Gesamtumfang von etwa 12700 Zeilen und 1MB Code. Die durch das UN*X-Programm wc (word count) berechneten Daten zeigt Tabelle 1. Zur Wahrung von Kundeninteressen anonymisieren wir die Programme und nennen sie COB1 bis COB5.

	Zeilen	Wörter	Zeichen
COB1	1916	11328	151281
COB2	2868	14407	232137
COB3	1295	6292	104724
COB4	3649	19453	288193
COB5	3017	16934	238177
$\sum$	12745	68414	1014512

Tabelle 1: wc-Ausgabe für fünf COBOL-Programme

Zur Berechnung der Metrikwerte wurde ein internes Metrikwerkzeug verwendet. Ermittelt wurden u.a. die McCabe- und Halstead-Metriken, die im Software Engineering, aber auch in der Software-Wartung als „Standard-Metriken" anerkannt sind. [Sne91] etwa nennt McCabe und Halstead explizit als Metriken, die auch für den Wartungsbereich relevant sind. [CSM+79] und [KR87] verwenden die genannten Metriken ebenfalls als Wartungsmetriken.

Bei der Auswertung der Meßergebnisse ergaben sich Redundanzen zwischen verschiedenen Metriken. Diese legen die Vermutung nahe, daß mehr Abhängigkeiten zwischen den Metriken bestehen, als allgemein angenommen wird. Hochgerechnet auf 500 Metriken ist offensichtlich, daß sehr viele dieser Metriken redundant sind — es kann keine 500 verschiedenen Eigenschaften von Software geben.

Als Resume ergibt sich die Frage nach einem Satz von Metriken, der für die verschiedenen Einsatzgebiete eines Metrikwerkzeugs sinnvoll sind.

Im Abschnitt 2 führen wir die verwendeten Metriken ein. Abschnitt 3 stellt die Analyseergebnisse dar und motiviert die vermuteten Abhängigkeiten. Im Abschnitt 4 wird eine zweite Analyse kurz vorgestellt. Die Abschnitte 5 und 6 beenden die Arbeit und geben einen Einblick in zukünftige Arbeiten.

2 Die verwendeten Metriken

Die in Abschnitt 3 näher beschriebene, sehr kleine Stichprobe wurde bzgl. Standardmetriken untersucht. Unter Standardmetriken wollen wir solche Metriken verstehen, wie sie in Lehrbüchern — wir folgen in diesem Artikel der Darstellung in [CDS86] — beschrieben und in kommerziellen Metrikwerkzeugen implementiert sind. Die bekanntesten unter diesen Metriken sind Lines of Code (LOC), McCabe's zyklomatische Komplexität und Halstead's Software Science Metriken.

2.1 Lines of Code

Um die Anzahl der Code-Zeilen möglichst objektiv zu zählen, wird heute unter eine Code-Zeile meist eine Zeile eines Programms, die weder Kommentar- noch Leerzeile ist, verstanden. Die Anzahl der Statements oder Statement-Teile in dieser Zeile ist beliebig.

2.2 McCabe's zyklomatische Komplexität

McCabe's zyklomatische Komplexität $v(G)$ [McC76] basiert auf der zyklomatischen Zahl, die auf gerichteten Graphen definiert ist. McCabe interpretierte den Kontrollflußgraphen eines Programms als einen solchen gerichteten Graphen und übernahm die Definition für $v(G)$:

$$v(G) = e - n + p$$

wobei e die Anzahl der Kanten, n die Anzahl der Knoten und p die Anzahl der zusammenhängenden Komponenten ist. Diese wurde durch Definition auf 2 festgelegt. Man erhält also

$$v(G) = e - n + 2$$

Durch einfache Strukturüberlegungen bzgl. Prädikat- und Funktionsknoten in Kontrollflußgraphen, die im einzelnen in [CDS86] nachzulesen sind, erübrigt sich das Zählen von Knoten und Kanten im Kontrollflußgraphen und reduziert sich auf ein Zählen von Verzweigungen im Programmtext. Die zyklomatische Komplexität ergibt sich dann aus der Anzahl der Verzweigungen plus eins.

McCabe läßt die Komplexität der Verzweigungsbedingungen, die durch Boole'sche Verknüpfungen entstehen, außer acht. Myers [Mye77] erweiterte die zyklomatische Komplexität um komplexe Bedingungen: Die zyklomatische Komplexität wird dabei für jedes logische UND oder ODER um eins inkrementiert.

2.3 Halsteads Software Science

Um die Größe und andere Eigenschaften von Programmen bestimmen zu können, definierte Halstead die sogenannten Software Science Metriken [Hal77], die auf den Token eines Programms (analog zum Token-Begriff im Compiler-Bau) aufbauen. Ein Programm besteht aus Token, die die Programmiersprache festlegt und aus Token, die der Programmierer wählt. Halstead definierte darauf aufbauend Operatoren und Operanden:

$$\begin{aligned}\eta_1 &= \text{Anzahl verschiedener Operatoren}\\ \eta_2 &= \text{Anzahl verschiedener Operanden}\\ N_1 &= \text{Gesamtzahl Operatoren}\\ N_2 &= \text{Gesamtzahl Operanden}\end{aligned}$$

Zu den Operatoren zählen in COBOL Schlüsselwörter wie `DIVISION` oder `EVALUATE`, aber auch `+` oder `>`. Operanden sind benutzerdefinierte Namen, wie etwa Bezeichner für Variablen oder Paragraphen. Zu beachten ist, daß in der Literatur keine absolute Übereinstimmung in den Definitionen von Operatoren und Operanden herrscht.

Die Software Science Metrik *Length* (N) ist ein Maß für die Länge eines Programms. Sie ist definiert als die Summe der verwendeten Operatoren und Operanden, die ja das Programm darstellen:

$$N = N_1 + N_2$$

Um der (lineare) Länge eines Programms (Anzahl Token) mehr Aussagekraft zu geben, kann die *Tiefe* eines Programms (Verschiedenheit der Token) als Einflußfaktor hinzugenommen werden. Das *Volumen* (V) eines Programms beschreibt den minimalen Platzbedarf zur binären Codierung eines Programms und ist definiert als:

$$V = N * log_2 \eta$$

wobei $\eta = \eta_1 + \eta_2$ ist.

Die *Difficulty* Metrik, ein Maß, das vor allem für den Vergleich der (mentalen) Schwierigkeit eines Programms dienen soll, ist definiert als:

$$D = \frac{\eta_1 * N_2}{2\eta_2}$$

Den Aufwand zur Erstellung eines Programms wird durch den *Effort* definiert. Dieser ergibt sich als Produkt von Difficulty und Volumen:

$$E = D * V$$

2.4 Eigenschaften der Metriken

LOC sind sicherlich das meist benutzte Maß zur Bestimmung der Programmgröße. Programmiererproduktivität wird häufig ebenfalls in LOC pro Zeiteinheit gemessen. Für die Projektgröße und auch die Projektkomplexität wird LOC vor allem auch in der Literatur als Standardmaß verwendet. In [BS95] wird etwa von einem Reengineering/Migrations-Projekt berichtet, bei dem 1,7 Millionen LOC migriert wurden, wobei die komplette Anwendung insgesamt 8 Millionen LOC hatte.

Die von McCabe definierte zyklomatische Komplexität zielt auf eine Quantifizierung der Kontrollflußkomplexität ab. McCabe's ursprüngliches Ziel war die Bestimmung der Pfade durch ein Programm, die getestet werden müssen, um eine vollständige Testüberdeckung zu erreichen. Diese sollten in direktem Zusammenhang zur Schwierigkeit des Programmverstehens stehen. Andere Arbeiten haben versucht, über die zyklomatische Komplexität Aussagen über die zu erwartende Fehlerhäufigkeit in den Programmen zu machen.

Halstead versuchte, ebenso wie McCabe, die Schwierigkeit ein Programm zu verstehen, quantitativ zu bewerten (Difficulty). Darüber hinaus definierte er Maße für die Programmgröße (Length, Volume) aber auch für den Aufwand zur Erstellung eines Programms (Effort, Time). Time ist definiert als $T = \frac{E}{S}$, wobei S eine Konstante, abhängig von der verwendeten Sprache, ist. Da Time offensichtlich nur von Effort abhängt, beachten wir sie in dieser Arbeit nicht weiter. Die Software Science Metriken basieren auf der Beobachtung, daß Programme aus elementaren Bausteinen aufgebaut sind: Operatoren, die Beziehungen zwischen Operanden definieren oder den Wert von Operanden ändern, und eben diesen Operanden, die Variablen, Kontanten oder Prozeduren darstellen. Die Software Science Metriken können daher im Bereich Programmverstehen benutzt werden um „schwierige" Programme zu identifizieren. Sie können ebenfalls zur a posteriori Verifikation von Aufwandsschätzungen und vieler weiterer Fragestellungen eingesetzt werden.

3 Meßergebnisse

Tabelle 2 zeigt die ermittelten Daten für die fünf COBOL-Programme. Als ersten Vergleich verschiedener Metriken zeigt Abbildung 1 die Daten für LOC, McCabe, Myers und

	LOC	Komm.	McCabe	Myers	H's Volume
COB1	1022	821	204	305	33523
COB2	1834	930	361	580	57824
COB3	683	516	99	159	19030
COB4	2362	1199	380	656	80812
COB5	1639	1303	247	472	53208

Tabelle 2: Ermittelte Metrikwerte

Halstead's Volume. Dabei ist in der graphischen Darstellung die X-Achse *kein* kontinuierliches Maß sondern lediglich für die fünf Meßwerte gültig. Eine alternative (und „korrektere“) Darstellungsart wäre ein Balkendiagramm. Bei mehreren Meßwerten pro X-Wert leidet unserer Meinung nach aber die Aussagekraft und die Übersichtlichkeit. Die Y-Achse ist vom 0-Wert aus skaliert (und zwar für jede Metrik gesondert), gibt also den *ganzen* Meßbereich wieder. Die Skalierung der Y-Achse für die einzelnen Metriken ist rein zufällig gewählt.

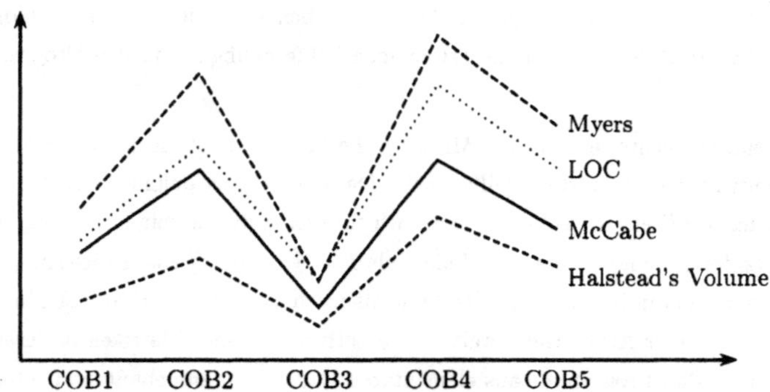

Abbildung 1: LOC, McCabe, Myers und Halstead's Volume

Es fällt sofort eine große Korrelation der Werte auf. Bei der gewählten Skalierung gibt es nur eine Überschneidung der Kurven. Wir wollen beispielhaft das Verhältnis von McCabe's zyklomatischer Komplexität und Halstead's Volumen näher untersuchen. Dies scheint uns deshalb besonders interessant, da beide Metriken völlig unterschiedlich definiert sind. McCabe zählt die Verzweigungen in einem Programm. Im Falle von COBOL sind dies `IF`, `EVALUATE` und Inline `PERFORM`. Halstead's Volumen dagegen mißt die Größe (minimalen Platzbedarf bei binärer Codierung) eines Programms mit Hilfe der verwendeten verschiedenen Token sowie deren Verwendungshäufigkeit. Die Kontrollflußkomplexität und die Größe eines Programms sind sowohl von der Intension als auch von der Definition her sehr verschiedene Größen. Es hat jedoch den Anschein, als ob eine gewisse Korrelation besteht. In Abbildung 2 werden die fünf (McCabe,Volume)-Stichproben dargestellt. Der empirische Korrelationskoeffizient ist ≈ 0,94. Die Gerade steht für einen Korrelationskoeffizienten von eins.

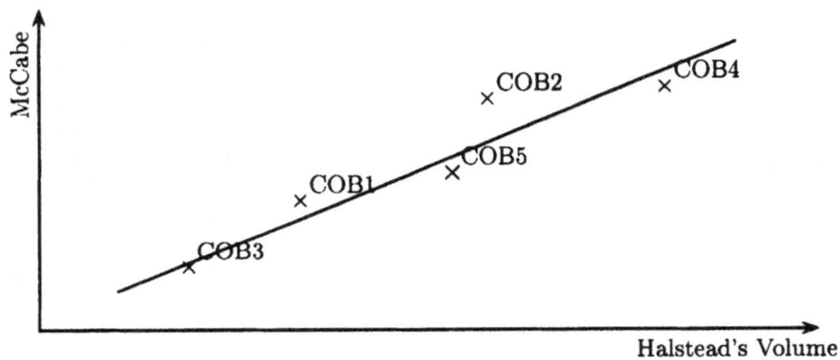

Abbildung 2: Korrelation zwischen McCabe und Halstead's Volume

Auch die anderen Größen scheinen in gewisser Beziehung zu stehen. Tabelle 3 zeigt die Korrelationskoeffizienten zwischen den verschiedenen Metrikpaaren.

	LOC	McCabe	Myers	H's Volume
LOC	—	0,96	0,99	1,00
McCabe	—	—	0,98	0,94
Myers	—	—	—	0,98
H's Volume	—	—	—	—

Tabelle 3: Korrelationskoeffizienten der Metriken

Als nächsten Punkt untersuchen wir die Software Science Metriken. Die Ergebniswerte sind in Tabelle 4 zusammengefaßt. Die graphische Darstellung findet man in Abbildung 3. Auch hier findet man eine große Übereinstimmung zwischen den einzelnen Metriken. Besonders interessant — weil *keine* Übereinstimmung feststellbar ist — ist unserer Meinung nach der Operatorwert η_1. Dieser ist beim größten (COB4) und beim kleinsten (COB3) Programm identisch. Anders ausgedrückt: Obwohl COB4 etwa drei mal so viel Zeilen hat, knapp vier mal so viele LOC und Halstead's Volume mehr als vier mal so groß ist als bei COB3, werden genau so viele — notwendigerweise aber nicht dieselben — Schlüsselwörter benutzt. Insgesamt ist der „benutzte Wortschatz" nicht beonders hoch. Von den über 350 von COBOL zur Verfügung gestellten Schlüsselwörtern wird nur ein

	N_1	η_1	N_2	η_2	Length	Volume	Diff.	Effort
COB1	1984	71	1687	490	3671	33523	122	4097234
COB2	3312	66	2756	673	6068	57824	135	7814309
COB3	1187	68	990	360	2177	19030	93	1779321
COB4	4092	68	4003	944	8095	80812	144	11651186
COB5	2837	64	2663	753	5500	53208	113	6021484

Tabelle 4: Halstead's Software Science Werte

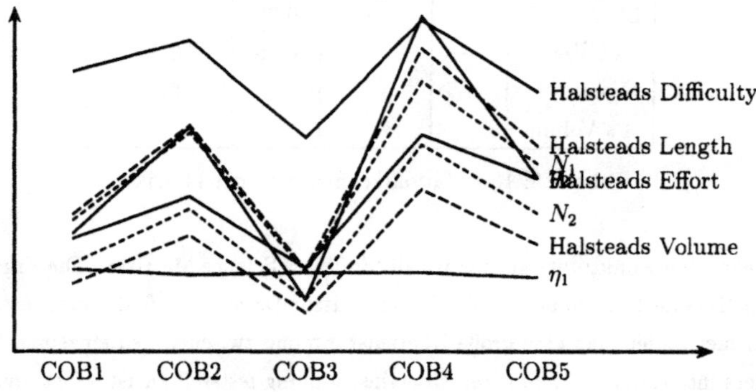

Abbildung 3: Die verschiedenen Halstead-Maße

fünftel benutzt. Dies war ebenfalls ein Ergebnis, das uns sehr überrascht hat. Für eine genauere Analyse haben wir uns auf die Statements beschränkt. Die von COB3 und COB4 verwendeten Statement-Arten sind in ihrer Verwendungshäufigkeit in Tabelle 5 dargestellt. Besonders herauszustellen ist, daß das sehr viel größere Programm COB4 13 verschiedene Statements benutzt, das kleinere COB3 jedoch 15. Auch hier ist der Nutzungsgrad des Wortschatzes nicht sehr hoch: Bei 39 Statement-Arten ca. 38 %.

COBOL-Statement	COB3	COB4
ACCEPT	1	1
ADD	1	17
CALL	11	13
COMPUTE	1	—
CONTINUE	4	6
DISPLAY	1	1
EVALUATE	3	1
EXIT	21	10
GO TO	77	388
GOBACK	1	1
IF	95	378
INITIALIZE	4	—
MOVE	147	411
PERFORM	23	19
SET	4	—
SUBTRACT	—	2

Tabelle 5: Verwendungshäufigkeit von Statements

4 Zweite Stichprobe

Da die erhobene Stichprobe mit nur fünf COBOL-Programmen zwar typisch für COBOL-Programme ist, jedoch nicht als repräsentativ angesehen werden kann, wollen wir noch eine zweite Stichprobe untersuchen. Wir wählen sie aus einem völlig anderen Anwendungsgebiet und einer anderen Sprache. Das untersuchte Anwendungssystem ist Tcl (Tool Command Language, [Ous94]), eine Skript-Sprache für UN*X-Rechner. Implementierungssprache ist C. Die durch **wc** ermittelten Werte gibt Tabelle 7 wieder. Um eine annähernd gleiche Dateigröße zu erhalten, betrachten wir nur Dateien, die mehr als 500 LOC haben. Die entsprechenden Metrikwerte zeigt Tabelle 8 (analog den COBOL-

Programmen in Tabelle 2). Die graphische Darstellung findet man in Abbildung 4, die Korrelationskoeffizienten in Tabelle 6. Sämtliche Tabellen und Abbildungen dieses Abschnitts sind im Anhang wiedergegeben.

Es gibt auch bei den C-Programmen eine Übereinstimmung in den Metrikwerten, jedoch sind sie bei weitem nicht so groß wie bei den COBOL-Programmen. Interessant ist die LOC-Zeile in Tabelle 6. Diese drei Werte unterscheiden sich merklich von den anderen Korrelationskoeffizienten. Eine Untersuchung der Ursachen würde jedoch den Rahmen dieser Arbeit sprengen.

Zusammenfassend kann man sagen, daß auch die zweite Stichprobe auf Abhängigkeiten hindeutet, jedoch ist die Streuung etwas größer als bei den COBOL-Programmen.

5 Interpretation der Resultate

Wir sind uns bewußt, daß eine Stichprobe mit $n = 5$ bzw. $n = 13$ keine statistisch unterstützten Aussagen zuläßt. Zuerst muß daher eine Untersuchung in statistisch relevantem Umfang (z. B. $n > 1000$) die von uns gefundenen Ergebnisse bestätigen. Vorausgesetzt, daß die dargestellten Abhängigkeiten existieren, kann man folgende Schlüsse ableiten.

Es macht keinen Sinn, ein Metrik-Tool „von der Stange" zu kaufen und für den Anwendungsbestand einige Metriken zu erheben. Eine genaue Analyse, welche Eigenschaften der Software erfaßt werden sollen, gefolgt von einer Literaturrecherche, welche Metriken diesen Eigenschaften zugerechnet werden, ist unbedingt nötig. Bevor der ganze Bestand bearbeitet wird, sollte an einer kleinen Stichprobe evtl. mögliche Abhängigkeiten und Redundanzen überprüft werden. Der bereinigte Metriksatz kommt dann für den Gesamtbestand zur Anwendung.

Neben dem oben skizzierten Vorgehen bei einem konkreten Metrikprojekt kann aus der gefundenen Redundanz eine kritische Überarbeitung der Metrik-Landschaft gefordert werden. Es ist kaum möglich, daß Software-Systeme 500 *verschiedene* Eigenschaften haben. Dann sind aber die 500 Metriken zur Quantifizierung dieser Eigenschaften ebenfalls in Frage zu stellen. Wenn dann, wie in unserem Fall, die Eigenschaften Verzweigungskomplexität (McCabe) und Größe (Halstead's Volumen) statistisch keine unabhängigen Größen sind, so reduziert sich die Anzahl *sinnvoller* Metriken weiter. Ziel der Metrikforschung — und der gewonnenen Erfahrung bei durchgeführten Projekten — muß es sein, einen solchen minimalen Satz sinnvoller Metriken zu bestimmen.

6 Ausblick

Neben den im letzten Abschnitt angesprochenen Untersuchungen zur Definition eines redundanzfreien und aussagekräftigen Basissatzes von Metriken wollen wir vor allen in zwei Richtungen weiterarbeiten.

Zum einen wollen wir versuchen, die Bestandsanalyse mit Metrikwerkzeugen zu vervollständigen. Die im Hause IBM entwickelte Methode zur Bestandsanalyse [GH95] kann inkrementell um die maschinelle Erhebung von Metrikdaten erweitert werden. Dies ist in [GH95] bereits angedeutet. Dazu ist es notwendig, eine fundierte Basis von Metriken oder anderen Programmeßgrößen zu definieren, die Antworten auf die dedizierten Fragen der Bestandsanalyse vor allem im Bereich „Programmverstehen auf Management-Ebene" geben.

Zum anderen interessiert uns die Frage nach einem eventuell (hoffentlich) vorhandenen Zusammenhang von Aufwandsschätzungen und source-basierten Metriken. Ideales Ergebnis einer solchen Untersuchung wäre die Korrelation zwischen a priori Schätzungen (etwa Function Points) und einer a posteriori Messung (etwa Halstead's Volume). Publizierte Ergebnisse solcher Art sind uns nicht bekannt, könnten aber beträchtliche Auswirkungen auf Projektplanung und -durchführung (Verifikation von Meilensteinen, etc.) haben. Daß Arbeiten dieser Art erst am Anfang stehen, zeigt folgendes Zitat [BCG95]:

> „One ot the more interesting results of this project was that estimating and planning based on lines of code (LOC) worked quite well. The effectiveness of LOC-based control lends credence to the axiom that all measures of software volume correlate at the 0.9 level of confidence (i.e., LOC is as bad as anything else)."

7 Danksagung

Mein Dank gilt Craig Orcutt für die Implementierung und Bereitstellung des Metrikwerkzeugs. Achim Schneider hat eine frühe Version der COBOL-Grammatik implementiert und damit ebenfalls zum Gelingen der Arbeit beigetragen.

Literatur

[BCG95] William Berg, Marshall Cline, and Mike Girou. Lessons Learned from the OS/400 OO Project. *Communications of the ACM*, 38(10), 1995.

[BS95] Michael L. Brodie and Michael Stonebraker. *Migrating Legacy Systems — Gateways, Interfaces & the Incremental Approach.* Morgan Kaufmann Publishers, San Francisco, 1995.

[CDS86] S. D. Conte, H. E. Dunsmore, and V. Y. Shen. *Software Engineering Metrics and Models.* Benjamin/Cummings, 1986.

[CFS81] K. Christensen, G. P. Fitsos, and C. P. Smith. A Perspective on Software Science. *IBM Systems Journal*, 20(4), 1981.

[CSM+79] Bill Curtis, Sylvia B. Sheppard, Phil Milliman, M. A. Borst, and Tom Love. Measuring the Psychological Complexity of Software Maintenance Tasks with the Halstead and McCabe Metrics. *IEEE Transaction on Software Engineering*, 5(2), March 1979.

[GH95] Rainer Gimnich and Alois Hofinger. Bestandsanalyse als Grundlage der Software-Redevelopment-Strategie. In *3. Workshop Reengineering und Wartung, GI-FG REWA*, Münster, März 1995.

[Hal77] M. H. Halstead. *Elements of Software Science.* Elsevier North-Holland, 1977.

[HKH81] Sallie Henry, Dennis Kafura, and Kathy Harris. On the Relationships Among Three Software Metrics. *Performance Eval. Rev.*, 10(1), Spring 1981.

[KR87] Dennis Kafura and Geereddy R. Reddy. The Use of Software Complexity Metrics in Software Maintenance. *IEEE Transaction on Software Engineering*, SE-13(3), March 1987.

[Lev86] Anany V. Levitin. How to Measure Software Size, and how not to. In *Proc. Annual International Computer Software & Applications Conference (COMPSAC).* IEEE Computer Society Press, 1986.

[McC76] Thomas J. McCabe. A Complexity Measure. *IEEE Transaction on Software Engineering*, December 1976.

[Mye77] G. J. Myers. An Extension to the Cyclomatic Measure of Program Complexity. *SIGPLAN Notices*, 1977.

[Ous94] John K. Ousterhout. *Tcl and the Tk Toolkit.* Addison-Wesley, Reading, Massachusetts, 1994.

[Sne91] Harry M. Sneed. *Softwarewartung.* DV-Praxis Online, 1991.

[Zus94] Horst Zuse. Complexity Metrics/Analysis. In John J. Marciniak, editor, *Encyclopedia of Software Engineering.* John Wiley & Sons, 1994.

8 Anhang

	LOC	McCabe	Myers	H's Volume
LOC	—	0,54	0,54	0,69
McCabe	—	—	0,99	0,92
Myers	—	—	—	0,94
H's Volume	—	—	—	—

Tabelle 6: Tcl-Korrelationskoeffizienten

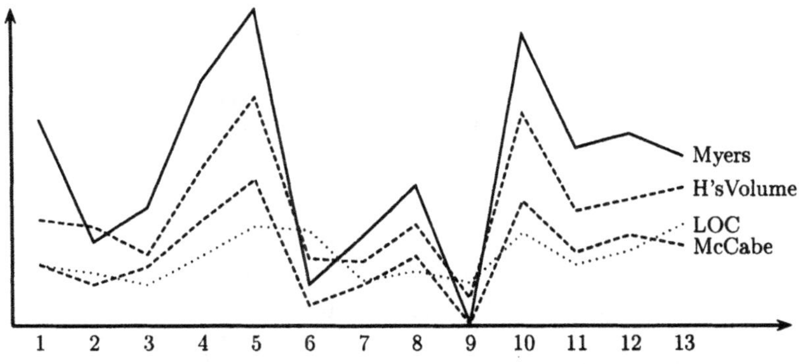

Abbildung 4: LOC, McCabe und Halstead's Volume für Tcl

	Zeilen	Wörter	Zeichen
panic.c	55	196	1408
regexp.c	1310	4820	31917
tclAppInit.c	104	387	2776
tclAsync.c	242	916	6436
tclBasic.c	1447	5043	39282
tclCkalloc.c	670	2221	19353
tclCmdAH.c	944	3215	23071
tclCmdIL.c	1442	5169	37725
tclCmdMZ.c	1920	6621	47854
tclEnv.c	517	1927	13502
tclExpr.c	2045	6926	54740
tclGet.c	221	868	5781
tclGlob.c	430	1702	11654
tclHash.c	923	3328	24708
tclHistory.c	1098	4223	30402
tclLink.c	356	1328	10768
tclMain.c	292	991	7639
tclMtherr.c	88	306	2029
tclParse.c	1320	5030	37703
tclProc.c	658	2285	17261
tclTest.c	933	3338	27177
tclUnixAZ.c	2016	7043	51459
tclUnixStr.c	721	2016	15858
tclUnixUtil.c	1442	5649	39012
tclUtil.c	2155	8097	56660
tclVar.c	2553	9972	73293
$\sum$	25902	93617	689468

Tabelle 7: wc-Ausgabe für Tcl 7.4

		LOC	Komm.	McCabe	Myers	H's Volume
regexp	1	882	387	191	216	28672
tclBasis	2	771	601	78	88	26862
tclCmdAH	3	598	333	112	124	19345
tclCmdIL	4	1018	386	198	256	42336
tclCmdMZ	5	1448	412	276	332	61812
tclExpr	6	1385	534	39	44	18262
tclHistory	7	660	389	78	94	17455
tclParse	8	801	481	132	147	27338
tclTest	9	631	299	3	3	7631
tclUnixAZ	10	1352	604	235	305	57250
tclUnixUtil	11	889	501	139	186	33131
tclUtil	12	1094	980	172	201	34229
tclVar	13	1477	1029	152	177	37417

Tabelle 8: Ermittelte Metrikwerte für Tcl

III. Ansätze des Programmverstehens

Ansätze des Programmverstehens

Rainer Koschke, Erhard Plödereder

Zusammenfassung

Programmverstehen ist der Prozeß des Wissenserwerbs über ein Computerprogramm. Es ist die Voraussetzung für Fehlersuche, Erweiterung, Wiederverwendung und Dokumentation. Eine Reihe von Ansätzen versucht, das Programmverstehen maschinell zu unterstützen. Die gegenwärtigen Ansätze werden in diesem Artikel klassifiziert in *grundlegende* und *wissensbasierte Analysen.* Grundlegende Analysen verfügen über kein Wissen über die Anwendung und allgemeine Programmierung; sie basieren lediglich auf Programmiersprachensyntax und -semantik. Grundlegende Analysen lassen sich weiter gliedern in *grundlegende statische* und *grundlegende dynamische Analysen*, abhängig davon, ob sie zur Übersetzungsszeit oder zur Laufzeit vorgenommen werden. Wissensbasierte Analysen verfügen über Anwendungswissen und allgemeines Programmierwissen. Wissensbasierte Analysen lassen sich unterscheiden in *Parsing-Ansätze*, falls sie sich ausschließlich auf formale und strukturelle Programmeigenschaften stützen, und *informelles Schließen*, falls sie darüber hinaus auch informelle Information in Betracht ziehen. Der Artikel gibt Beispiele zu den verschiedenen Analyseformen.

1. Einführung

Programmverstehen ist der Prozeß des Wissenserwerbs über ein Computerprogramm [Rugaber95]. Es ist die Voraussetzung für Fehlersuche, Erweiterung, Wiederverwendung und Dokumentation. Dieser Prozeß wird gegenwärtig in der Praxis größtenteils ohne Unterstützung durch Werkzeuge vorgenommen. Boehm [Boehm81] und Lintz et al. [Lintz78] schätzen den Anteil der für die Wartung benötigten Ressourcen und der aufgewandten Zeit am gesamten Software-Life-Cycle im Bereich von 50% bis 75%. Dabei wird der größte Aufwand für die Software-Wartung durch das Programmverstehen verbraucht. Fjeldstad und Hamlen berichten über einen Anteil von 47% der Zeit bei der Erweiterung bzw. 62% bei der Fehlersuche, die ausschließlich für das Verstehen verwendet wird [Fjeldstad83]. Darin sind enthalten: das Lesen der Dokumentation, die Untersuchung des Quellcodes und das Verstehen der vorzunehmenden Änderungen. Diese Zahlen machen deutlich, daß der Software-Wartung ein hoher Stellenwert eingeräumt werden muß, um die Gesamtkosten für die Software-Entwicklung zu verringern, und daß insbesondere das Verstehen existierender Software deutlich unterstützt werden sollte. Dieser Artikel stellt unterschiedliche aktuelle Ansätze vor, die das Programmverstehen durch Werkzeugeinsatz erleichtern sollen.

1.1 Terminologie

Reverse Engineering ist der Analyseprozeß eines Systems, um die Systemkomponenten und deren Beziehungen zu identifizieren [Chikofsky90]. Dabei werden Repräsentationen des Systems in einer anderen Form oder auf höherem Abstraktionsniveau geschaffen.
Design Recovery ist ein Bereich des Reverse Engineerings, dessen Ziel eine Beschreibung des Entwurfs ist. Wissen über das Anwendungsgebiet, externe Information - z.B. aus der Systemdokumentation - und informelles Schließen werden zusätzlich zu den bereits im Quellcode direkt beobachtbaren Eigenschaften miteinbezogen [Chikofsky90].
Reverse Engineering, Design Recovery und Programmverstehen sind verwandte Begriffe. Beim Programmverstehen wird grundsätzlich vom Quellcode ausgegangen, während Reverse Engineering auch bereits auf Entwurfsebene einsetzen kann oder gar direkt am ausführbaren Programm beginnt. Die Forschung über das Programmverstehen schließt auch kognitive Prozesse des Menschen ein. Programmverstehen kann spontan und ad hoc vollzogen werden, und es genügt, daß ein Betrachter Zusammenhänge verstanden hat, ohne daß tatsächlich eine für andere einsehbare Repräsentation des betrachteten Systems entsteht. Allerdings wird dieser Prozeß erneut erfolgen müssen, wenn zu einem späteren Zeitpunkt oder durch andere Bearbeiter Interesse an den gleichen Zusammenhängen besteht. Dem Reverse Engineering hingegen liegt ein ingenieurmäßiges Vorgehen zugrunde, bei dem das Entstehen einer lesbaren Repräsentation unabdingbar ist.

Beim Programmverstehen sind für ein gegebenes Programm folgende Fragen zu beantworten:

- *Was* hat das Programm für Funktionen?
- *Wie* sind die Funktionen realisiert?
- *Wozu* werden die Funktionen in der Anwendungsumgebung gebraucht?

1.2 Übersicht

Der nächste Abschnitt wird kognitive Grundlagen des Programmverstehens darstellen. Abschnitt 3 führt die verschiedenen Ansätze des maschinell unterstützten Programmverstehens vor. Dabei lassen sich zwei Klassen erkennen: Grundlegende Methoden, die über kein spezielleres Wissen über den Anwendungsbereich verfügen (Abschnitt 3.1) und wissensbasierte Methoden, die ein solches Wissen aufweisen (Abschnitt 3.2).

2. Kognitive Modelle des Programmverstehens

Die Erforschung der menschlichen Denkprozesse beim Programmverstehen ist ein aktives Feld. Es sind verschiedene Modelle zum menschlichen Programmverstehen aufgestellt worden. Hier soll Brooks Modell näher erläutert werden. Eine Übersicht über weitere Modelle und eine Integration der verschiedenen Modelle in einem Metamodell finden sich in [Mayrhauser95].
Durch die Studie menschlichen Programmverstehens lassen sich Ansatzpunkte finden, wie der Verstehensprozeß effektiv maschinell unterstützt werden kann. Eine Simulation des menschlichen Verstehensprozesses muß aber nicht notwendigerweise eine geeignete Vorgehensweise beim maschinellen Verstehen sein.
Brooks Modell des Programmverstehens basiert auf drei Ideen [Brook77, Brook83]:

- Der Programmierprozeß ist die Konstruktion von Abbildungen aus einem Anwendungsbereich über ein oder mehrere Zwischenbereiche auf den Programmierbereich.
- Der Verstehensprozeß ist die Rekonstruktion aller oder Teile dieser Abbildungen.
- Der Rekonstruktionsprozeß ist erwartungsgesteuert durch das Aufstellen, Bestätigen und Verfeinern von Hypothesen.

Die schrittweise Verfeinerung der primären Hypothese über das Programm führt zu einer Kaskade von Hypothesen. Die Verfeinerung beruht auf dem Wissen über den Anwendungsbereich des Betrachters - als Wissensbasis bezeichnet - und erfolgt in Form der Tiefensuche. Wenn die Hypothesen weit genug verfeinert sind, werden sie anhand des Quellcodes verifiziert. Falsifizierte Hypothesen müssen verändert werden. Dieser Prozeß endet, wenn alle Hypothesen bestätigt sind.

3. Maschinelle Unterstützung des Programmverstehens

Programmverstehen ist ein Abstraktionsprozeß, der durch maschinelle Analysen unterstützt werden kann. Die bereits existierenden vielfältigen Analysen unterscheiden sich darin, inwieweit sie Wissen einbeziehen. Für einige davon sind Implementierungen kommerziell verfügbar, viele sind noch Gegenstand aktiver Forschung.

Grundlegende Analysen des Programmverstehens ermitteln Informationen über das Programm, die dann in geeigneter Weise dem Betrachter präsentiert werden, so daß jener selbst die Abstraktionen vornehmen kann. Sie verfügen über keinerlei spezielles Wissen über Programmierung, Entwurf oder den Anwendungsbereich. Analysen dieser Art sind in der Lage, Aufrufgraphen, Modulhierarchien, Program Slices und ähnliches zu erzeugen.

Wissensbasierte Analysen des Programmverstehens sind mit Vorwissen ausgestattet, das es Ihnen ermöglicht, verschiedene Abstraktionen selbst vorzunehmen.

3.1 Grundlegende Analysen

Grundlegende statische Analysen erzeugen keine Information, die nicht bereits im Quellcode enthalten ist. Statt dessen erlauben sie einen einfacheren Zugriff auf diese Information, die dann beispielsweise visualisiert werden kann. *Grundlegende dynamische Analysen* ermitteln Informationen während des Programmablaufs. Werkzeuge mit grundlegenden dynamischen Analysen sind im einfachsten Fall Profiling-Werkzeuge oder Source-Level-Debugger.

Grundlegende Analysen sind selbst nicht in der Lage, Abstraktionen vorzunehmen, und haben deshalb für große Programme das Problem, daß die Darstellung der von ihnen erzeugten Informationen unübersichtlich wird. So gleicht der Abhängigkeitsgraph für Programme mit mehreren hundert Modulen einem Wollknäuel. Storey und Müller [Storey95] geben eine Möglichkeit an, große Graphen übersichtlich zu präsentieren.

3.1.1 Grundlegende statische Analysen

Kontrollflußanalysen sind grundlegende statische Analysen. Die *intraprozedurale Kontrollflußanalyse* berechnet die Reihenfolge, in der Anweisungen innerhalb eines Unterprogrammes ausgeführt werden, während die *interprozedurale Kontrollflußanalyse* die Aufrufbeziehung zwischen Programmteilen berechnet.

Kontrollflußanalysen sind wichtige Grundbausteine des Programmverstehens. Sie lassen jedoch einige Fragen offen, wie etwa "Welche Anweisungen sind von der Ausführung einer bestimmten Zuweisung betroffen?". Erhält eine Variable einen Wert, spricht man von ihrer *Definition*, wird ihr Wert gelesen, von ihrer *Verwendung*. Die *Datenflußanalyse* berechnet die Definition und Verwendung von Variablen. Auch die Datenflußanalyse läßt sich inter- und intra-

prozedural betreiben. Eine Reihe von Fragen in der Datenflußanalyse sind aber wertebezogen und damit statisch nicht im allgemeinen entscheidbar.
Oft ist der Betrachter nur an ganz bestimmten Variablen interessiert. Herkömmliche Kontroll- und Datenflußanalysen liefern jedoch Informationen über alle Variablen und erschweren die Betrachtung durch unnötige Details. *Program Slicing* schneidet das gegebene Programm in einen für das Verständnis eines bestimmten Aspektes ausreichenden Slice [Weiser81]. Der Slice für eine Variable X ist ein Ausschnitt des Programms, der alle Anweisungen enthält, die bei der Berechnung von X involviert sind. Ein Slice selbst ist ein vollständiges Programm, das sich übersetzen und ausführen läßt.

3.1.2 Grundlegende dynamische Analysen

Während statische Analysen ausschließlich auf Informationen zugreifen, die direkt aus dem Quellcode abgeleitet werden können, nutzen dynamische Analysen auch Informationen beim Ablauf des Programms. So läßt sich ein Sortieralgorithmus durch Visualisierung zur Laufzeit verstehen, ohne den Code selbst zu betrachten. *Software-Animation* ist ein aktiver Forschungsbereich, der Graphikwerkzeuge zur Verfügung stellt, um abstrakte Darstellungen fundamentaler Operationen und zugrunde liegender Datenstrukturen zu erzeugen. Tango [Stasko90] ist ein solches Werkzeug, mit Hilfe dessen ein Betrachter Animationen zusammenstellen kann. Gegenwärtig ist es der Mensch, der entscheidet, was und wie animiert wird. Wie und inwieweit dieser Ansatz automatisiert werden kann, ist eine noch offene Frage der Forschung.
Das rein statische Program Slicing läßt sich erweitern zum *dynamischen Program Slicing*, das die aktuelle Variablenbelegung zur Laufzeit beim Slicing berücksichtigt und damit noch weitere irrelevante Details unterdrücken kann [Kamkar95].

3.2 Wissensbasierte Analysen

Grundlegende Analysen sind in der Lage, Informationen zu ermitteln, die dem Betrachter erlauben, die Abstraktionen selbst in einer einfacheren Weise vorzunehmen. Erfahrene Programmierer verfügen über einen Fundus an Wissen, der es ihnen ermöglicht, schneller als Unerfahrene zu abstrahieren [Soloway84]. Wissensbasierte Analysen versuchen, anhand eines Ausschnitts des dem menschlichen Betrachters zur Verfügung stehenden Wissens in Form einer Wissenbasis automatisch zu abstrahieren. Die verschiedenen Ansätze der wissensbasierten Analysen unterscheiden sich im Inhalt der Wissensbasis und der Art des Schließens.

3.2.1 Parsing-Ansätze

Bei der wissensbasierten Analyse müssen im Quellcode Konzepte erkannt werden, die ihrerseits zu höheren Konzepten zusammengesetzt werden. Die zu erkennenden Konzepte werden *Pläne* genannt und sind Kontroll- und Datenflußmuster. Bekannte und häufig auftretende Pläne werden als *Cliches* bezeichnet. Psychologische Untersuchungen haben gezeigt, daß erfahrene Programmierer über einen Schatz von Cliches verfügen, der ihnen erlaubt, Programme schneller als Unerfahrene zu verstehen [Soloway84].

Ein operationales Modell der Identifikation von Cliches ist es, die Erkennung als Parsing-Prozeß zu betrachten. Der automatisierte Erkenner benützt eine Menge von Cliches, die mit dem Quellcode abgeglichen wird. Die Menge der Cliches stellt die Wissensbasis dar (vergleiche Abb. 1).

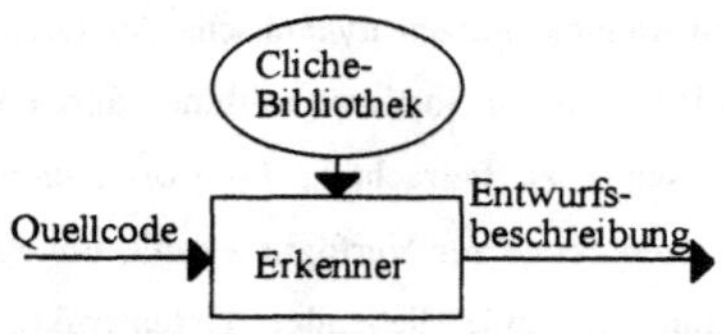

Abb. 1: Parsing-Architektur

Die Cliches bestehen aus formalen und strukturellen Eigenschaften. Voraussetzung für einen erfolgreichen Parsing-Prozeß ist es, daß die zu erkennenden Konzepte vollständig und (so gut wie) eindeutig durch formale und strukturelle Eigenschaften festgelegt werden können, und daß die Eigenschaften kontextuell lokal sind.

Cliches lassen sich gliedern in *Algorithmen -Cliches* und *Daten-Cliches*. Algorithmen-Cliches umfassen beispielsweise Listenaufzählungen, binäre Suche oder iterative Approximation. Beispiele für Daten-Cliches sind sortierte Listen, AVL-Bäume und Hashtabellen. Cliches verfügen über einen festen und einen variierenden Anteil. Fester Anteil der binären Suche etwa ist die Anwendung eines Suchprädikats und die Halbierung des Suchraumes in jedem Schritt. Dabei ist das Suchprädikat selbst dem variierenden Anteil zuzuordnen. Überdies lassen sich an den variierenden Anteil Bedingungen knüpfen, wie beispielsweise, daß der nächste Schritt einer Approximation den Fehler verringern muß.

Das System Recognizer. Als Beispiel für einen Parsing-Ansatz soll an dieser Stelle das System Recognizer von Rich und Wills vorgestellt werden [Rich90a]. Recognizer ist die Programmverstehenskomponente in der Entwicklungsumgebung *The Programmer's Apprentice*

[Rich90b]. *The Programmer's Apprentice* verwendet Cliches nicht nur zum Programmverstehen, sondern auch zur Programmsynthese. Das Subsystem GRASPR des Recognizers, das das eigentliche Parsing übernimmt, ist von Linda Wills entwickelt worden [Wills92].

Ein- und Ausgabe. Recognizer kann in Programmen, die in eingeschränktem Lisp, Fortran, Cobol oder Ada geschrieben sind, Cliches erkennen. L. Wills beschreibt in [Wills92] praktische Erfahrungen beim Verstehen zweier 500 - 1000 Zeilen großer Programme aus dem Bereich der Simulation, wobei sowohl allgemeine Cliches, wie etwa Stacks, als auch anwendungsspezifische Cliches, wie etwa diskrete Simulatoren, in der Cliche-Basis enthalten waren. Die Ausgabe des Recognizers ist eine hierarchische Beschreibung des Entwurfs, ein sogenannter *Entwurfsbaum*, in Form der Beziehungen der erkannten Cliches. Beispielsweise wird das in Abbildung 2 dargestellte Ada-Programm als Cliche Set-Retrieve erkannt, dessen Entwurfsbaum Abbildung 3 enthält.

```
function Lookup(table : Hash_Table;
        Key : Item_Key) return Item is
    bucket : Item_List; entry : Item;
    begin
    bucket := table(hash(table, key));
        loop
        if is_empty(bucket) then
            return No_Item;
        end if;
        entry := First(bucket);
        if Get_Key(Entry) = Key then
            return entry;
        end if;
        bucket := Tail(bucket);
    end loop;
end Table_Lookup;
```

Abb. 2: Ada-Funktion Lookup

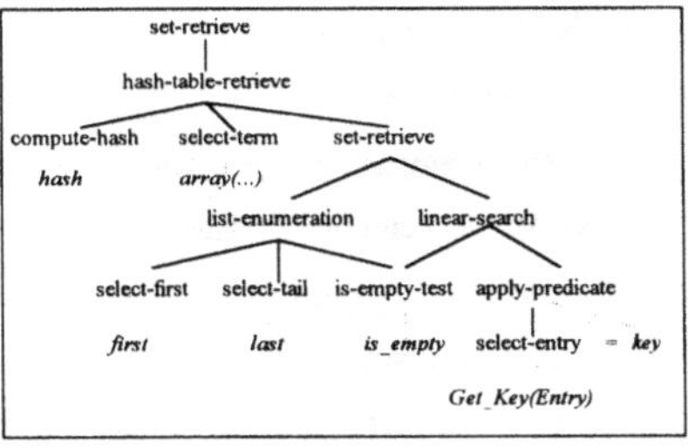

Abb. 3: Erkanntes Cliche Set-Retrieve

Diese formale Beschreibung kann durch einen Paraphrasierer in eine natürlich-sprachliche Beschreibung umgewandelt werden, wie in Abbildung 4 gezeigt. Dazu enthält die Cliche-Bibliothek Schablonen, die das Cliche beschreiben und in die nur noch die speziellen Bezeichner des Quellprogramms eingefügt werden.

LOOKUP is an associative retrieval operation. If there is an element of the set TABLE with key KEY then that element is returned; otherwise NO_ITEM. The key function is GET_KEY. The set TABLE is implemented as a hash table. The hashing function is HASH. A bucket BUCKET of the hash table TABLE is implemented as a sorted list. The elements of the list BUCKET are enumerated. Linear search is used to find the first element of the list BUCKET whose key is equal to KEY.

Abb. 4: Dokumentation zu Lookup

Probleme bei der Erkennung. Ein automatischer Erkenner von Cliches muß die folgenden Probleme bewältigen:

1. Die Implementierung von Cliches kann syntaktisch variieren. For-Schleifen lassen sich z.B. durch While-Schleifen ersetzen.
2. Die Implementierung von Cliches kann über den Programmtext verstreut sein.
3. Für Cliches existieren unterschiedliche Implementierungen.
4. Die Implementierungen von Cliches können überlappen. Zur Optimierung beispielsweise kann ein Cliche das bereits berechnete Zwischenergebnis eines anderen Cliches weiterverwenden. Damit können Programmteile verschiedenen Cliches zugeordnet werden.
5. Nicht jedes Programm ist ausschließlich aus Cliches aufgebaut. Ein Erkenner muß robust gegen unerkannten Programmcode sein.

Plan Calculus. Zur Bewältigung dieser Probleme bedient sich Recognizer einer speziellen Darstellung für Cliches, dem sogenannten Plan Calculus. Vor der Analyse wird der zu verstehende Quellcode zuerst in den Plan Calculus übersetzt (vergleiche Abbildung 5). Der Plan Calculus umfaßt Daten- und Kontrollflußinformation sowie abstrakte Typen. Ein Plan im Sinne des Plan Calculus ist ein hierarchischer Graph, dessen Knoten Operationen und Tests darstellen und dessen Kanten den Kontroll- und Datenfluß denotieren.

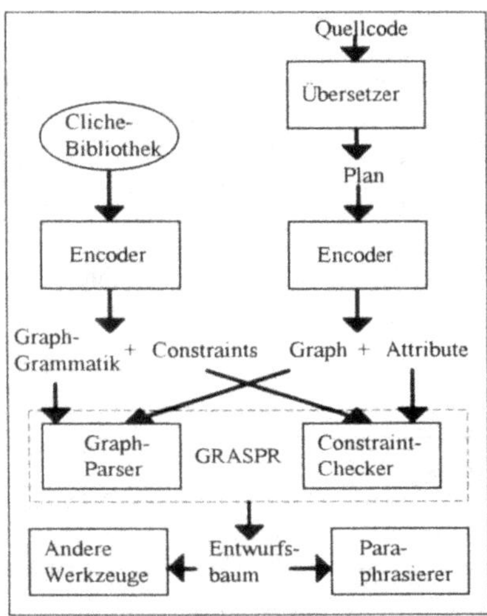

Abb. 5: Architektur des Recognizers

Abbildung 6 enthält Beispiele des Plan Calculus. Auf der linken Seite befindet sich das Implementierungs-Cliche Hash-Table-Retrieve, einer Kombination von Cliches zur Auffindung eines Elements in einer Hash-Tabelle. Die durchgezogenen Pfeile denotieren den Datenfluß zwischen den Subcliches. Da dieses Cliche keine bedingte Struktur aufweist, enthält der Plan keinen Kontrollfluß. Die rechte Seite der Abbildung 6 enthält das Spezifikations-Cliche für eine Operation Set-Retrieve, deren Ausgabe ein Element der Menge ist, dessen Schlüssel mit dem Schlüsselargument übereinstimmt. Falls kein übereinstimmendes Element gefunden wird, schlägt die Operation fehl. Die Vor- und Nachbedingungen von Spezifikations-Cliches sind jedoch nicht in der rein strukturellen Darstellung der Cliches in Form des Plan Calculus' enthalten; sie werden in einer separaten logischen Sprache spezifiziert.

Cliche-Bibliothek. Cliches und zu verstehende Quellprogramme werden für den Recognizer in Form des Plan Calculus repräsentiert. Die Beziehung eines Spezifikations- und eines Implementierungs-Cliches wird durch ein sogenanntes Overlay repräsentiert. Ein *Overlay* besteht aus zwei Plänen und einer Menge von Korrespondenzen zwischen deren Subplänen (in Abbildung 6 als gestrichelte Linien dargestellt).

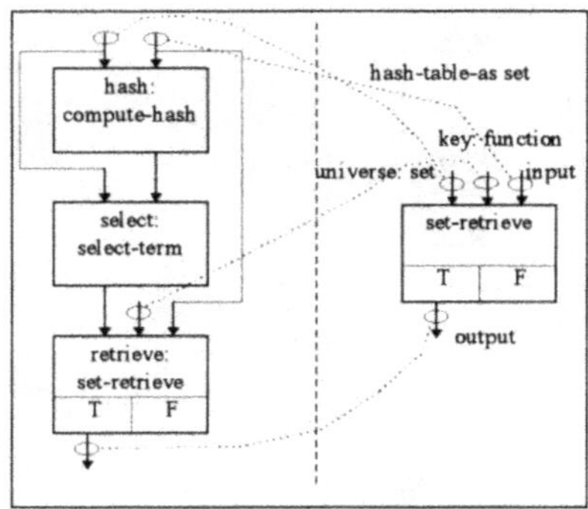

Abb. 6: Beispiel-Pläne

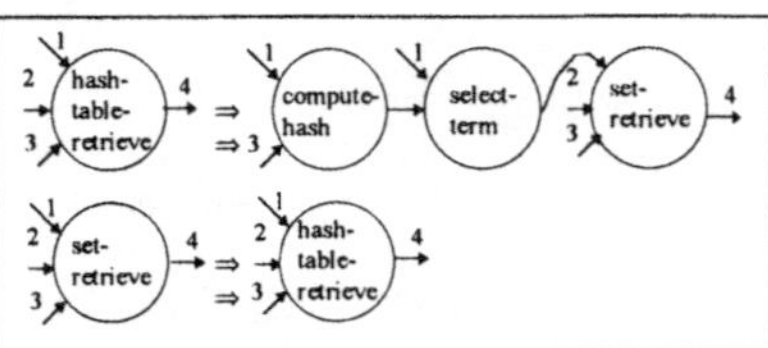

Abb. 7: Graph-Grammatik

Graph-Parsing. Im wesentlichen ist ein Plan ein gerichteter Graph, in dem die Cliche-Erkennung Subgraphen identifiziert und durch abstraktere Operationen ersetzt. Die Cliche-Erkennung wird deshalb im Recognizer durch einen Graph-Parser realisiert, dem Subsystem GRASPR (vergleiche Abbildung5). Vor der Erkennung werden die Pläne in Graphen umgewandelt, wobei Operationen und Tests in Knoten des Graphen und Datenflußinformation in Kanten übersetzt werden. Die restliche Information, namentlich Kontrollflußinformation und Vor- und Nachbedingungen, werden zu Attributen des Graphen. Da der Plan Calculus Iteration durch Endrekursion modelliert, ist der resultierende Graph azyklisch. Die Overlays der Cliche-Bibliothek werden durch eine attributierte Graph-Grammatik umgesetzt. Abbildung 7 enthält eine Graph-Grammatik für das Overlay in Abbildung 6.

GRASPR verwendet die Graph-Grammatik, um die Cliches im Quellprogramm zu erkennen. Dabei wird im Zuge der Erkennung die rechte Seite einer Graph-Grammatikregel erkannt und gegen die linke Seite ersetzt. Dieser Vorgang entspricht der Abstraktion, dem umgekehrten Verfeinerungsschritt bei der Programmsynthese.

Die eingangs aufgezählten fünf Probleme beim Erkennen von Cliches werden von Recognizer in der folgenden Weise angegangen.

Syntaktische Variation. Programme, die sich nur durch Variablenbezeichner, Kontrollprimitive (beispielsweise Case- statt If-Anweisungen) und syntaktische Schachtelung unterscheiden, ansonsten aber denselben Datenfluß aufweisen, werden auf dieselben Pläne abgebildet. Da bei der Erkennung nur strukturelle Information, d.h. Kontroll- und Datenfluß sowie primitive Operationstypen ausgenutzt werden, können derart syntaktisch variierende, aber semantisch äquivalente Programme als Implementierung desselben abstrakten Konzepts erkannt werden.

Verstreutheit des Codes. Im Plan Calculus wird von der textuellen Reihenfolge abstrahiert und statt dessen Kontroll- und Datenfluß betrachtet. Damit sind datenflußabhängige Teile, die im Quellcode durch andere Anweisungen textuell voneinander getrennt sind, durch Kanten im Plan Calculus miteinander verbunden.

Implementierungsvariation. Innerhalb des Plan Calculus können für Spezifikations-Cliches mehrere unterschiedliche Implementierungs-Cliches angegeben werden. Beim Parsen werden dann bei Implementierungsvarianten Ableitungsbäume generiert, die sich im unteren Teil des Baumes unterscheiden, nach oben hin aber dieselbe Spezifikation aufweisen. Um die Implementierungsvarianten kompakt spezifizieren zu können, erlaubt der Plan Calculus eine hierarchische Organisation.

Überlappende Implementierung. Benutzt der Code für ein Cliche Zwischenergebnisse des Codes für ein anderes Cliche, werden beim Parsen zwei Entwurfsbäume generiert, die einen gemeinsamen Teilbaum haben. Dazu verwendet GRASPR einen speziellen Parse-Algorithmus, der einen Ableitungsgraphen statt eines Ableitungsbaumes liefert.

Unbekannter Code. Der von GRASPR verwendete Parse-Algorithmus ist eine Erweiterung von Brotskys Algorithmus. Die erste Erweiterung erlaubt dem Parser, eine unbestimmte Menge unerkannten Codes am Anfang und Ende zu überlesen. Zudem kann das Parsen an jeder beliebigen Stelle wieder aufgenommen werden. Die zweite Erweiterung ermöglicht die Erkennung von Low-Level-Cliches auch dann, wenn keine High-Level-Cliches erkannt werden können, indem jedes Nonterminal der Graph-Grammatik als Startknoten angesehen wird. Die Erweiterungen haben zur Folge, daß der ursprünglich polynomielle Aufwand im schlimmsten Fall exponentiell wird.

Weitere Parsing-Ansätze. Es gibt eine ganze Reihe weiterer Parsing-Ansätze. Wills gibt eine ausführliche Übersicht [Wills92]. Sie unterscheiden sich in ihren allgemeinen Fähigkeiten, wie Erkennung von unstrukturierten Programmen, bedingten Anweisungen, Schleifen mit mehreren Ausgängen, rekursiven Programmen, Aggregatdatenstrukturen und Seiteneffekten sowie der maximalen Länge der Eingabeprogramme.

Die verschiedenen Parsing-Ansätze unterscheiden sich zudem durch die Repräsentation des Eingabeprogramms und der Cliches sowie durch die benutzte Erkennungstechnik.

Repräsentation. Bei vielen der Erkennungssystemen findet keine Umwandlung des Programmtextes in eine abstraktere Darstellung statt. Sie operieren direkt auf dem Programmtext und haben Schwierigkeiten mit syntaktischer Variation, die sie mit Source-To-Source-Transformationen in eine erkennbare Form zu bewältigen versuchen.

LAURA [Adam80] repräsentiert Programme als Kontrollflußgraphen. Der Datenfluß ist nur implizit enthalten, weshalb Transformationen zur "Standardisierung" des Datenflusses durchgeführt werden müssen. UNPROG [Hartman91] beschränkt sich auf die Erkennung von Kontrollkonzepten, wie "Read-Process-Loop" oder "Bounded-Linear-Search". Dafür genügt es, das Programm als sogenanntes HMODEL darzustellen. Ein HMODEL besteht aus einem hierarchisch zusammengesetzten Kontrollflußgraphen und Datenflußinformation. Die Datenflußinformation gibt die Definitions-Verwendungs-Relation von Variablen in den Knoten des Kontrollflußgraphen wieder.

CPU verwendet als Repräsentationsform den Lambda-Kalkül [Letovsky88]. Bei dieser Repräsentation sind wie bei der textuellen Darstellung Transformationen notwendig, um syntaktische Variationen zu erfassen.

Erkennungstechnik. Recognizer stützt sich bei der Erkennung auf Graph-Parsing. Die zur Erkennung eingesetzten Techniken anderer Systeme unterscheiden sich hauptsächlich durch die Flexibilität der Kontrollstrategie, die Art der Heuristiken und die Möglichkeit, weitere Informationen in den Parsing-Prozeß miteinfließen zu lassen.

Recognizer ermöglicht die Unterstützung und Steuerung durch den Betrachter, setzt sie aber nicht voraus, und erlaubt auch eine partielle Erkennung.

Viele Systeme verfolgen eine Bestensuche, bei der die *n* aussichtsreichsten Kandidaten weiterverfolgt und alle anderen verworfen werden, was dazu führen kann, daß Cliches nicht entdeckt werden.

Einige Systeme nutzen Informationen über den Zweck des zu verstehenden Programms in Form von Spezifikationen oder eines Modellprogramms. Einige Systeme beziehen Informationen anderer Nicht-Erkennungstechniken ein, z.B. aus Theorembeweisen oder aus dynamischen Analysen von Programmausführungen.

3.2.2 Informelles Schließen

Biggerstaff geht davon aus, daß Parsing-Ansätze notwendige, aber nicht hinreichende Bedingungen für eine menschorientierte Abstraktion sind [Biggerstaff93]. Beim Programmverstehen müssen im Zuge der Abstraktion formale Programmierkonzepte auf menschliche Konzepte abgebildet werden. So ist für ein grobes Verständnis das Konzept "Reserviere Sitzplatz im Flugzeug" geigneter als das formalere "if (seat = request(flight)) && available(seat) then reserve(seat, customer)". Menschliche Konzepte entziehen sich jedoch durch ihre informelle Natur einem reinen Parsing-Ansatz. Biggerstaffs Ansatz des informellen Schließens kombiniert plausibel und nicht streng logisch erkannte Eigenschaften, bis ein bestimmter Schwellwert an Evidenz erreicht und somit ein menschliches Konzept erkannt wird. Dabei werden zwar auch formale und strukturelle Eigenschaften zur Erkennung herangezogen, aber darüber hinaus auch informelle, wie natürlich-sprachliche Kommentare, Bezeichner, Gruppierung und Konventionen.

Biggerstaffs Ansatz des informellen Schließens ist in dem System DM-TAO implementiert, das als Prototyp von Microelectronics and Computer Technology Corporation entwickelt wurde.

Repräsentation. Eine zentrale Eigenschaft Biggerstaffs Ansatzes ist die Verwendung eines Domain Models, das Elemente und deren Beziehungen des Anwendungsgebiets in dort gebräuchlichen Begriffen enthält. Das Domain Model umfaßt in maschinenlesbarer Form Erwartungen über Software-Architekturen in einem bestimmten Anwendungsgebiet, informelle semantische Konzepte sowie typische Terminologien des speziellen Anwendungsgebietes.

Abbildung 8 zeigt ein Domain Model für die Verarbeitung von Breakpoints in einem symbolischen Debugger. Dieses Modell ist informell. Die Rechtecke repräsentieren Datenspeicher, die Ellipsen Funktionen, die Pfeile den Datenfluß und Texte andere Konzepte, wie etwa Debugging-Ereignisse. Das Modell beschreibt eine typische Variante, wie Debugger Breakpoints behandeln. Wenn der Benutzer einen Breakpoint für eine spezielle Adresse setzt, wird der Originalcode dieser Adresse zwischengespeichert und ersetzt gegen Code, der einen Interrupt auslöst. Wenn der Interrupt eintritt und der Debugger wieder die Kontrolle erhält, stellt er den vorher überschriebenen Originalcode wieder her.

Anhand des Domain Models bewältigt DM-TAO die folgenden Aufgaben:

1. Finde im Quellcode Konzepte, die mit Konzepten im Domain Model korrespondieren.
2. Finde Instanzen eines benutzerspezifizierten Konzepts.
3. Ordne dem gegebenen Programmstück ein Konzept des Domain Models zu.

Die Ergebnisse der ersten Aufgabe ermöglichen einen groben Überblick über das vorliegende Programm. Die zweite Eigenschaft erlaubt eine gezieltere Suche. Zu den berechneten Domain-Model/Code-Bezügen kann der Quellcode angezeigt werden, der dann mit der dritten Fähigkeit genauer analysiert werden kann.

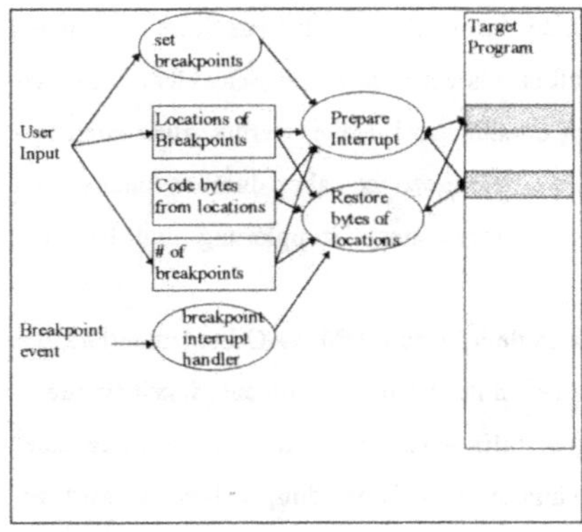

Abb. 8: Modell für Breakpointsverwaltung in Debuggern

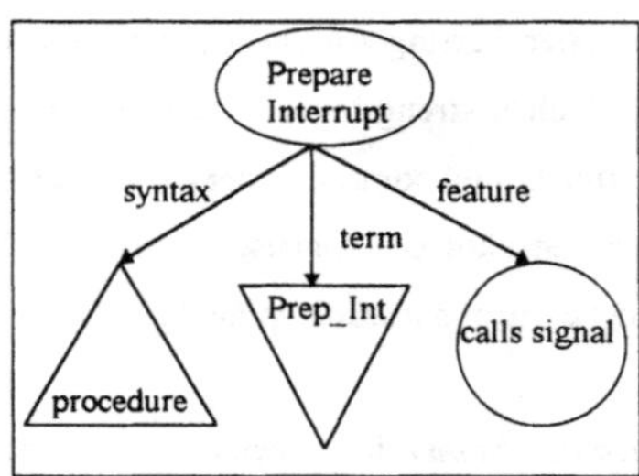

Abb. 9: Domain Model für Prepare_Interrupt

Die mit jedem Konzept im Domain Model verbundene Information umfaßt typische Eigenschaften, die das Konzept charakterisieren, seine Beziehungen zu anderen Konzepten des Anwendungsgebiets, relevantes informelles Wissen, wie etwa die üblicherweise verwendete Terminologie für dieses Konzept, der syntaktische und/oder konzeptionelle Kontext, in den das Konzept normalerweise eingebettet ist, usw. Das Domain Model enthält außerdem die zugrunde liegende Semantik des Anwendungsgebiets durch eine Reihe von Relationen zwischen Konzepten, die die Art und den Grad von semantischen Assoziationen zwischen Anwendungskonzepten verkörpern.

Diese Informationen werden in einer Mischform aus semantischem und konnektionistischem Netzwerk erfaßt. Die Konzepte und ihre Eigenschaften werden durch Knoten unterschiedlichen Typs spezifiziert, was am Beispiel des Konzepts Prepare_Interrupt des Modells in Abbildung 8 illustriert wird.

Abbildung 9 verfeinert die Spezifikation von Prepare_Interrupt um die folgenden Knotentypen:

- Konzeptknoten stehen für Anwendungskonzepte; das ist der ursprüngliche Knoten Prepare_Interrupt
- Featureknoten geben die speziellen Eigenschaften des Konzepts wieder; beispielsweise wird Prepare_Interrupt in Unix-Umgebungen mit dem Betriebssystemaufruf *signal* implementiert
- Terminologieknoten spezifizieren die übliche Benennung des Konzepts in der Implementierung; wir nehmen beispielsweise an, daß Prepare_Interrupt mit Prep_Int bezeichnet wird

- Syntaxknoten bezeichnen den syntaktischen Kontext, in dem das Konzept wahrscheinlich implementiert wird; wir nehmen an, daß Prepare_Interrupt als Prozedur implementiert wird

Erkennungstechnik. Das informelle Schließen in DM-TAO wird durch ein Neuronales Netz vorgenommen, das die Struktur des Domain Models besitzt. Im Domain Model werden Konzepte zu Knoten (oder Neuronen) des Neuronalen Netzes; Beziehungen zwischen Konzepten werden zu Verbindungen zwischen Neuronen. Das abgeleitete Neuronale Netz ist aus mehreren Schichten aufgebaut. Feature-, Terminologie- und Syntaxknoten gehören der Eingabeschicht an. Konzeptknoten befinden sich in den nachfolgenden Schichten. Abbildung 10 gibt das Neuronale Netz für das Domain Model aus Abbildung 8 an.

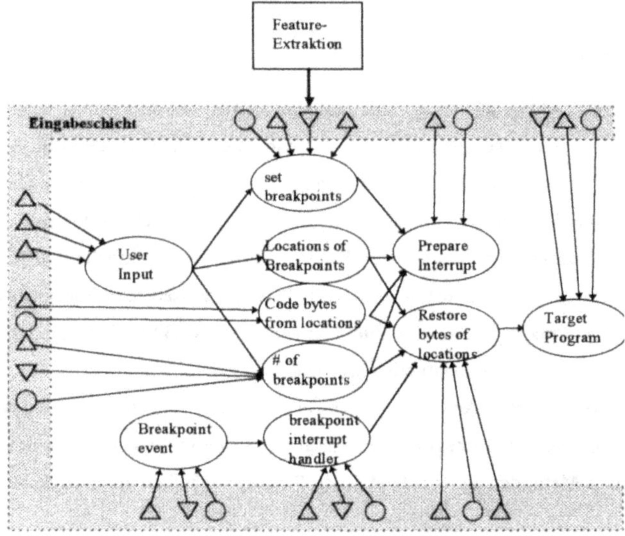

Abb. 10: Neuronales Netz für das Domain Model aus Abbildung 8

Die Eingabeschicht erhält ihre Signale durch eine vorgeschaltete Analyse des Quellprogramms, die sogenannte Feature-Extraktion, die die speziellen Eigenschaften, gebrauchten Bezeichner und den syntaktischen Kontext extrahiert und die entsprechenden Eingabeneuronen anregt. Erkannt gilt ein Konzept dann, wenn eine Bewertung des korrespondierenden Konzeptknotens im Neuronalen Netz einen vorgegebenen Schwellwert übersteigt.

Das Neuronale Netz muß mit vielen unterschiedlichen Beispielen trainiert werden. Ein Beispiel besteht aus einem Quellprogramm und den darin enthaltenen Konzepten. Letztere werden benutzt, um innerhalb des Netzes die Schaltvorgänge zu modifizieren, um die gewünschte Ausgabe zu erzeugen.

Die Verwendung Neuronaler Netze zur Erkennung bringt die allgemeinen Vor- und Nachteile mit sich:

- Die Erkennung ist sehr effizient; sie findet in konstanter Zeit statt.
- Das Netz ist lernfähig; allerdings ist eine sehr große Menge von Beispielen notwendig, um es zu trainieren.
- Das Netz erlaubt keine Einsicht; es ist nicht möglich, genau nachzuvollziehen, weshalb ein bestimmtes Konzept erkannt wurde.
- Das trainierte Netz ist tolerant gegen leichte Abweichungen; gänzlich von der Trainingsmenge abweichende Eingabemuster können nicht erkannt werden.

4. Beurteilung

Biggerstaffs DM-TAO ist das einzige uns bekannte System des informellen Schließens. Die in DM-TAO verwendete Erkennungstechnik des Neuronalen Netzes ist effizient und skalierbar, erscheint aber angesichts der notwendigen großen Menge von Trainingsbeispielen als problematisch. Die Idee, informelles Wissen auszunutzen, ist jedoch vielversprechend. Dem gegenüber steht eine sicherere Erkennung beim Parsing-Ansatz, der struktuelle und formale Eigenschaften des Quellprogramms betrachtet. Ob jedoch der Ansatz des informellen Schließens nicht auch für die Praxis ausreichende Zuordnungen von abstrakten Konzepten zu Programmtexten erlaubt, ist noch nicht quantitativ untersucht worden.

Die beiden wissensbasierten Ansätze sollten nicht als konträr verstanden werden; vielmehr sind sie einander ergänzend. Ein integrierender Ansatz, der eine grobe Aufteilung des Suchraumes durch informelle Methoden anschließend durch Parsing-Techniken untersucht, steht aber noch aus.

Die grundlegenden Analysen, gleichwohl in ihrer Fähigkeit zur Abstraktion beschränkt, sind wichtige Hilfsmittel des Programmverstehens. Zum einen sind sie Bausteine, derer sich die wissensbasierten Methoden bedienen. Zum anderen können sie verwendet werden, um die von den wissensbasierten Analysen aufgestellten Hypothesen zu verifizieren.

Dieser Artikel faßt unsere Erkenntnisse zusammen, die wir beim Aufstellen unserer Bibliographie über Reengineering gewannen. Die Bibliographie ist über World Wide Web unter der Adresse

http://www.informatik.uni-stuttgart.de /ifi/ps/reengineering/reengineering.html

öffentlich zugänglich.

Literatur

[Adam80] Adam, A; Laurent, J.: LAURA, a system to debug student programs. In: Artificial Intelligence, 15:75 122, 1980.

[Biggerstaff93] Biggerstaff, Ted: The Concept Assignment Problem in Program Un derstanding. In: Proc. of the 15th ICSE, S. 482-488, April 1993.

[Boehm81] Boehm, Barry W.: Software Engineering Economics, Prentice Hall, 1981.

[Brook77] Brook, Ruven: Towards a Theory of the Cognitive Processes in Computer Programming. In: International Journal of Man-Machine Studies, Vol. 9, No. 6, S. 737-742, 1977.

[Brook83] Brook, Ruven: Towards a Theory of the Comprehension of Computer Pro grams. In: International Journal of Man-Machine Studies, Vol. 18, S. 543-554, 1983.

[Chikofsky90] Chikofsky, E.J.; Cross, James H.: Reverse engineering and design recovery: A taxonomy. In: IEEE Software, S. 13-17, January 1990.

[Fjeldstad83] Fjeldstad, R.K.; Hamlen, W.T.: Application Program Maintenance Study: Report to Our Respondents. In: Proceedings GUIDE 48, Philadelphia, PA, April 1983.

[Hartman91] Hartman, J.: Automatic control understanding for natural programs. Technical Report AI 91-161, Univ. of Texas at Austin, 1991.

[Kamkar95] Kamkar, M.; Krajina, P.: Dynamic Slicing of Distributed Systems. In: Proceedings of ICSM'95, S. 222-229, Opio/Nice, October 1995.

[Letovsky88] Letovsky, S.: Plan analysis of programs. Research Report 662, Yale Uni versity, December 1988.

[Lientz78] Lientz, B., Swanson, E, Tompkins, G.E.: Characteristics of Application Software Maintenance. In: Communications of the ACM, 21(6), June 1978.

[Mayrhauser95] von Mayrhauser, Anneliese; Vans, A. Marie: Program Comprehension During Software Maintenance and Evolution. In: IEEE Computer, S. 44-55, August 1995.

[Rich90a] Rich, Charles; Wills, Linda Mary: Recognizing a program`s design: A graph-parsing approach. In: IEEE Software, 1990, January, S. 82-89.

[Rich90b] Rich, Charles; Waters, R.C.: The Programmer`s Apprentice. Addison-Wes ley, Reading, Massachusetts, 1990.

[Rugaber95] Rugaber, Spencer: Program Comprehension. Georgia Institute of Techno logy, April 1995.

[Soloway84] Soloway, E; Ehrlich, K: Empirical Studies of Programming Knowledge. In: IEEE Trans. on SE, 1984, Sept. S. 595-609.

[Stasko90] Stasko, John T.: TANGO: A Framework and System for Algorithm Ani mation. In: IEEE Computer, Vol. 23, No. 9, S. 27-39, September 1990.

[Storey95] Storey, Margaret-Anne D., Müller Hausi A.: Manipulating and Docu menting Software Structures Using SHriMP Views. In: Proc. of ICSM, October 1995.

[Weiser81] Weiser, Mark: Program Slicing. In: Proceedings of the 5th ICSE, March 1981.

[Wills92] Wills, Linda Mary: Automated Program Recognition by Graph Parsing. Technical Report 1358, July 1992, Massachusetts Institute of Technology - Artificial Intelligence Laboratory.

Die Bedeutung von *Program Slices* für die Softwarewartung

Lutz Richter, Zafer Öztürk

Zusammenfassung

Die vorliegende Arbeit berichtet über die Technik des *Program Slicing* und deren Bedeutung für typische Aufgaben im Zusammenhang mit Software-Wartung. Für zwei Phasen bei der Software-Wartung spielen *Program Slices* eine herausragende Rolle — beim Programm-Verstehen und bei der Abschätzung der Folgen von Programm-Änderungen. In beiden Fällen leisten *Program Slices* ganz wichtige Unterstützung für den Wartungsprogrammierer und können die Produktivität bei der Durchführung von Änderungs- und Erweiterungsaufgaben massiv erhöhen. Verbessert wird aber auch die Qualität durchgeführter Softwarewartungstätigkeiten, da die Lokalisierung möglicher, durch Änderungen und Erweiterungen eingebrachter Fehler deutlich leichter wird. Darüberhinaus wird die Wahrscheinlichkeit mangelnder Übereinstimmung zwischen beauftragten und durchgeführten Veränderungen sehr viel kleiner. Die Arbeit beschreibt die unterschiedlichen Klassen von *Program Slices* und verschiedene Techniken zur Ermittlung derselben. Aus Platzgründen kann die Beschreibung der einzelnen Techniken in dieser Arbeit nur verbal und zusammengefasst erfolgen. Für die vollständigen Darstellungen wird an den entsprechenden Stellen auf die Originalliteratur verwiesen.

1. Einführung

Den praktischen Hintergrund für diese Arbeit liefert das Projekt AEMES[1] [BFK93a, BFK94], das für Software-Wartungsprogrammierer einen erweiterbaren Satz von Werk-

---

1 AEMES ist das Akronym für "An Extensible Maintenance Engineering System", das als Projekt seit September 1992 durch die KWF, Bern (Kommission zur Förderung der Wissenschaftlichen Forschung, Eidgenössisches Volkswirtschaftsdepartement), die Schweizerische Lebensversicherungs- und Rentenanstalt / Swiss Life, Zürich und die Bull (Schweiz) AG unterstützt wird.

zeugen sowie eine entsprechende Wartungsumgebung für COBOL-Applikationen bereitstellt. Die Wartung des immateriellen Gutes *Software* hat eine Reihe von Besonderheiten, die nicht mit den traditionellen Wartungsaufgaben materieller Güter übereinstimmen. Einer der Gründe für dieses Faktum ist in der von einer Applikations-Software zu erbringenden Aufgabe zu sehen. Unabhängig davon, ob Anwendungen aus dem betrieblichen oder aus dem technischen Bereich betrachtet werden, versucht man doch mittels einer Applikations-Software einen Ausschnitt aus einer realen "Welt" zu modellieren. Das grundsätzliche Problem, dem man bei einer solchen Modellierung gegenübersteht, ist einerseits die immer nur näherungsweise mögliche Modellierung und andererseits die permanente Veränderung der realen Welt, die zur Änderung des Modells bzw. dessen Nachführung zwingt. Damit unterliegen durch Software modellierte Applikationen der Wartung, d.h. der ständigen Anpassung und Erweiterung.

Bei der Wartung von Software spielt der Vorgang des sogenannten Programm-Verstehens eine sehr grosse Rolle [SNE91]. Da die meisten Applikationen in der Vergangenheit nicht unbedingt nach den Grundsätzen der strukturierten Programmierung entwickelt worden sind, ist die Komplexität beim Verstehen eines Programms häufig beliebig gross. Es muss also nach Techniken gesucht werden, die durch Reduktion (beim *Program Slicing* auf die interessierenden Anweisungen beim Verfolgen z.B. einer bestimmten Variablen) zur Verminderung der Komplexität führen. Dieser Prozess ist aber nicht nur beim Programm-Verstehen hilfreich, sondern leistet auch wertvolle Unterstützung bei der Änderung von Programmen — was ja der aktive Teil jeder Software-Wartung schliesslich ist —, da die Folgen solcher Änderungen leichter und vollständiger abgeschätzt werden können.

In dem vorliegenden Beitrag wird zunächst dargestellt, was *Program Slices* sind und nach welchen Eigenschaften sie unterschieden werden. Erste Schlussfolgerungen für die Bedeutung dieser Technik werden abgeleitet. Im Mittelpunkt stehen dann die Verfahren, mit denen *Program Slices* aus bestehenden Programmen erzeugt werden können. Vorhandene und neue Ansätze werden vergleichend gegenübergestellt und daraus Empfehlungen für die praktischen Einsatzmöglichkeiten gewonnen. Ein Ausblick über künftige Aufgaben beschliesst diesen Aufsatz.

2. Was sind Program Slices ?

Der Begriff des *Program Slice* wurde 1982 von Weiser [Wei82] eingeführt, um damit eine Technik zum *Debugging* von Programmen vorzuschlagen, die darauf beruht, bei einem vorgegebenen Testfall nur die relevanten Teile des Programms betrachten zu müssen. Ein *Program Slice* besteht mithin aus den Teilen eines Programms, die die berechneten Werte einer Variablen an einer interessierenden Stelle (d.h. Anweisung) beeinflussen. Das Paar (Variable, Programmstelle) nennt man auch das *Slicing* -Kriterium. Die Anweisungen, die also einen direkten oder indirekten Einfluss auf die berechneten Werte einer Variablen V an der Programmstelle C haben, nennt man das *Program Slice bezüglich des Kriteriums (V, C)*.

Den Vorgang, für eine Variable V alle Anweisungen zu bestimmen, die den Wert von V an der Programmstelle C beeinflussen, nennt man *Program Slicing*. Das Ziel des *Program Slicing* besteht darin, das resultierende *Program Slice* minimal zu halten, d.h. nach Möglichkeit alle Anweisungen aus dem ursprünglichen Programm zu entfernen, die keinen Einfluss auf den Wert von V haben.

Nach Venkatesh [VEN91] hat ein *Program Slice* genau eine aus den acht möglichen Ausprägungen bezüglich der folgenden drei Paare von Eigenschaften:

Analyse-Art	statisch vs. dynamisch
Ausführbarkeit	ausführbar vs. nicht-ausführbar
Richtung	vorwärts vs. rückwärts

Hierbei bedeuten:

- *statisch vs. dynamisch* — Ein *Program Slice* heisst *statisch*, wenn es für beliebige Anfangswerte der Variablen gilt und *dynamisch*, wenn es nur für bestimmte Anfangswerte richtig ist.
- *ausführbar vs. nicht-ausführbar* — Ein *ausführbares Program Slice* hat für die betrachtete(n) Variable(n) (d.h. den Variablen im *Slicing*-Kriterium) das gleiche Verhalten wie das ursprüngliche Progamm, hingegen sind in einem *nicht-ausführbaren Program Slice* nur die Datenabhängigkeiten erfasst und der Kontrollfluss wird vernachlässigt. Daher kön-

nen die Resultate der betrachtete(n) Variable(n) von denen des Originalprogramms abweichen.

- *vorwärts vs. rückwärts*

Ein *vorwärts-orientiertes Program Slice* enthält alle Anweisungen, die von der (den) betrachteten Variable(n) erreicht bzw. beeinflusst werden können. Ein *rückwärts-orientiertes Program Slice* hingegen enthält nur diejenigen Anweisungen, die die betrachtete(n) Variable(n) erreichen bzw. beeinflussen können.

Die folgende graphische Darstellung (Abb. 1) gibt in den acht Ecken des Quaders genau die acht möglichen Attribut-Kombination von *Program Slices* an.

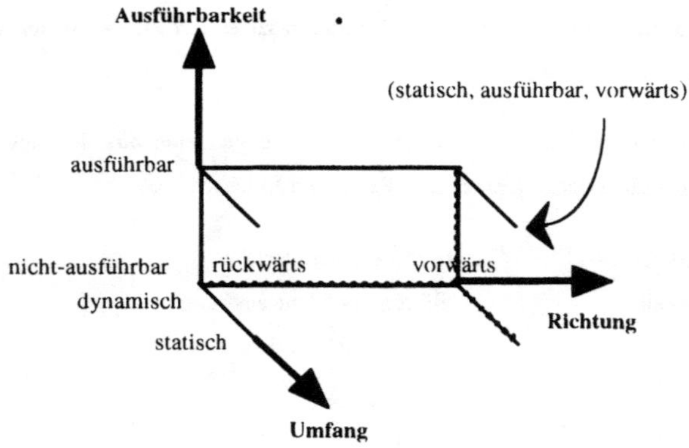

Abb. 1: Attribute von *Program Slices* und ihr Zusammenhang

Offensichtlich enthält ein *statisches Program Slice* nicht weniger Anweisungen als ein *dynamisches Program Slice*. Auch ein *ausführbares Program Slice* kann nicht weniger Anweisungen haben als ein *nicht-ausführbares Program Slice*. Eine ähnliche Aussage lässt sich für das Attribute-Paar *rückwärts/vorwärts* nicht angeben, da der Umfang des *Program Slice* stark von der Position (Programmstelle) des *Slicing*-Kriteriums abhängt. Als Beispiel nehme man die letzte Anweisung eines Programms. Das *vorwärts-orientierte Program Slice* ist offensichtlich leer, aber das *rückwärts-orientierte Program Slice* kann beliebig gross werden.

3. Techniken zur Erzeugung von *Program Slices*

Seit der erstmaligen Publikation des Begriffes *Program Slice* haben in den vergangenen 13 Jahren zahlreiche Wissenschaftler die Eigenschaften dieser Methodik, verschiedener Algorithmen zur Bestimmung von *Program Slices* sowie unterschiedlichen semantischen Ansätzen untersucht [TIP94]. Im ersten Abschnitt dieses Kapitels wird ein kurzer Überblick über die bisherigen Arbeiten zur Thematik gegeben. Da *Program Slicing* zunächst zwingend die Analyse der Semantik eines Programms erfordert, werden die verschiedenen semantischen Ansätze im zweiten Abschnitt skizziert. Im dritten Abschnitt schliesslich wird untersucht, wie weit auch syntaktische und damit meistens weniger aufwendige Analysen hinreichen, um befriedigende Näherungen von *Program Slices* zu erhalten. Die bisherigen Ergebnisse hierzu sind recht erfolgversprechend.

3.1 Vorgängige Ansätze und Arbeiten

Weiser [WEI82, WEI84] analysiert den Kontroll- und Datenfluss eines Programms durch die Bestimmung direkt und indirekt relevanter Anweisungen. Da hierzu ausschliesslich statisch verfügbare Informationen verwendet werden, sind die damit ermittelten *Program Slices* statisch im Sinne der Diskussion in Abschnitt 2. Eine andere Variante zur Bestimmung statischer *Program Slices* benutzen Ferrante et. al. [FOW87], die Programmabhängigkeitsgraphen[2] analysieren. Das *Slicing*-Kriterium ist hier ein Knoten des Programmabhängigkeitsgraphen und das *Program Slice* besteht aus allen Knoten, die das *Slicing*-Kriterium erreichen können.

Während Weiser's Arbeiten sich im wesentlichen mit rückwärts-orientierten *Program Slices* befassten — ohne dass diese in der ersten Hälfte der 80-er Jahre schon so bezeichnet wurden —, wurden von Bergeretti und Carré [BEC85] erstmals die vorwärts-orientierten *Program Slices* eingeführt — ebenfalls erst später durch andere Autoren so bezeichnet.
Die Terminologie des dynamischen *Program Slicing* wurde von Korel und Laski [KOL88] eingeführt, obgleich auch schon andere Autoren gewisse Aspekte dieser Methodik unvoll ständig schon früher diskutiert hatten. Eine Kombination statischer und dynamischer Information nutzt Kamkar [KAM93] in einem hybriden Ansatz.

---

2 Ein Programmabhängigkeitsgraph ist ein gerichteter Graph, der als Knoten die Anweisungen und Kontroll-Prädikate und als Kanten Daten- und Kontrollabhängigkeiten enthält.

3.2 Semantik-basiertes *Slicing*

Der in dem Projekt AEMES verfolgte Ansatz benutzt die denotationelle Semantik. Mit Hilfe der denotationellen Semantik kann die konkrete Semantik einer Programmiersprache sehr gut beschrieben werden. In der denotationellen Semantik existiert zu jeder syntaktischen Kategorie eine semantische Funktion und zu jedem Konstrukt in einer syntaktischen Kategorie eine semantische Gleichung, welche die Semantik des Konstruktes vollständig und ausschliesslich aus den Bedeutungen der direkten Komponenten des Konstruktes definiert.

Für strukturierte Sprachen ohne Sprünge und Prozeduraufrufe kann man eine einfachere, sogen. *Direct-Style-Semantik* verwenden. Der Kontrollfluss eines Programms wird nicht explizit dargestellt, sondern implizit durch die Reihenfolge der syntaktischen Elemente als gegeben angenommen. Um den Kontrollfluss besser darstellen und auch gleichzeitig manipulieren zu können, benutzt man in der denotationellen Semantik eine sogen. *Continuation-Style-Semantik*. Hierbei versteht man unter *Continuation* eine Funktion, welche die Bedeutungen bzw. Wirkungen aller Anweisungen beginnend von einer bestimmten Stelle im Programm bis zu dessen Ende enthält. Übergibt man einer *Continuation* einen Zustand, so liefert diese den Effekt des Restprogramms auf diesen Zustand ([ALS88], [SCH86]).

Der in AEMES benutzte Algorithmus [ÖZT95a] generiert statische, rückwärts-orientierte und ausführbare *Program Slices*. Die interessierende Programmstelle, d.h. das *Slicing-Kriterium* ist implizit immer das Ende des Programms. Ausserdem werden in einem einzigen Durchlauf für alle Variablen im Programm die zugeordneten *Slices* bestimmt, die als Menge von Zeilennummern entsprechend dem Originalprogramm dargestellt werden.

Initial werden den *Program Slices* der Variablen leere Listen zugewiesen. Dann werden im Programm in der durch den Kontrollfluss bestimmten Reihenfolge alle Anweisungen nacheinander analysiert. Bei Schleifen stehen die Anweisungen innerhalb der Schleife in einer Kontrollabhängigkeit mit den Variablen in der Bedingung des Schleifenrahmens und bei bedingten Anweisungen stehen die Folgeanweisungen *aller* Pfade ebenfalls in einer Kontrollabhängigkeit zu den Variablen in der Bedingung. Diese Anweisungen müssen also auch in das *Program Slice* aufgenommen werden. Bei Zuweisungs-Anweisungen muss das *Program Slice* derjenigen Variablen aktualisiert werden, die ihren Wert verändern. Diese Variablen sind offensichtlich abhängig von den im Ausdruck der Zuweisung benutzten Variablen. Daher kann das aktualisierte *Program Slice* als Vereinigung der folgenden drei Mengen ermittelt werden:

- {aktuelle Zeilennummer}
- ≈ zugehöriges *Program Slice* der Variablen im Ausdruck der Zuweisung
- ≈ zugehöriges *Program Slice* der Variablen, mit denen die zugewiesene Variable in einer Kontrollabhängigkeit steht

Diese Art der semantischen Analyse lässt sich bislang allerdings noch nicht auf COBOL anwenden, da (trotz diverser ANSI-Standards) COBOL weder syntaktisch noch semantisch vollständig definiert ist und eine denotationelle Semantik — würde sie überhaupt erarbeitet sein — nur eine "proprietäre Variante" abdecken könnte. Aus diesem Grunde wurde im Projekt AEMES eine syntaktisch und semantisch vollständig definierte Teilmenge COBOL genannt MICO entwickelt, die sowohl die wesentlichen Kontrollkonstrukte als auch die wichtigsten Anweisungen enthält und die für das *Program Slicing* benutzt wird [BFK93b].

3.3 Syntax-basiertes *Slicing*

Aus dem letzten Absatz des vorangehenden Kapitels geht hervor, dass semantik-basiertes *Slicing* zumal für COBOL für praktische Belange (noch) nicht reif ist. Um aber dennoch auf die durch die Methodik der *Program Slices* transparent zu machende Information nicht vollständig verzichten zu müssen, bedarf es anderer Ansätze. Bereits 1991 berichtet Lakhotia in [LAK91] über eine einheitliche Entwicklungsumgebung zum *Slicing* von Graphen. Hierbei werden einerseits *syntaktische* Eigenschaften der *Slices* unterschieden, die ausschliesslich durch graphentheoretische Ansätze ermittelt werden können und andererseits *semantische* Eigenschaften, die durch Interpretation der Graphendarstellung eines *Slices* erhalten werden. Der nachfolgend kurz beschriebene Ansatz [ÖZT95b] geht zwar nicht von Graphendarstellungen aus, unterstellt aber ähnlich eine hinreichend uniforme zeilen-orientierte Darstellung des Programms, so wie diese von einem Cross-Referencer eines Compilers erzeugt wird[3] . In jedem Fall wird eine syntax-orientierte Methode nach der präzisen Definition eines *Program Slice* jeweils nur eine Annäherung, genauer gesagt eine *Obermenge* des tatsächlichen *Program Slice* ergeben und das Ziel eines solchen Vorgehens muss darin bestehen, die Differenzmenge zwischen der *Obermenge* und dem *Program Slice* minimal zu halten. Dies wird

3 Cross-Referencer-Daten stellen üblicherweise die einzige in kommerziellen Compilern allgemein verfügbare Strukturinformation über ein Programm dar. Eine andere Variante ist das Arbeiten auf einer Interndarstellung des vorliegenden Programms (abstrakter Syntaxbaum) falls diese in der benutzten Entwicklungsumgebung vorhanden und zugänglich ist.

umso eher möglich sein, falls bei der Gestaltung des Quellprogramms eine Reihe von Regeln beachtet werden, die im folgenden (ohne nähere Diskussion) kurz zusammengefasst werden:

- jede einfache Anweisung steht auf einer separaten Zeile
- jeder Name eines Paragraphen bzw. einer Section steht auf einer separaten Zeile
- bei bedingten Anweisungen steht das IF mit der Bedingung auf einer Zeile, das Schlüssel wort ELSE auf einer separaten Zeile und die Anweisungen in den beiden Zweigen sind ebenfalls nach den Regeln zu gliedern
- das gleiche Schlüsselwort darf niemals mehrfach in der gleichen Zeile stehen.

Falls in einem vorgebenen Programm das Layout die aufgeführten Regeln verletzt, so kann meistens mit einem Pretty-Printer-Werkzeug leicht Abhilfe geschaffen werden.

Wird das *Program Slice* wie beim oben beschriebenen semantik-basierten *Slicing* auf das gesamte Programm angewendet, so lässt sich der Algorithmus zur Ermittlung des *Program Slice* wie in Abb. 2 angegeben in vier Schritten beschreiben.

1. Kontrollfluss des Programms

   Alle Sprung-Anweisungen und Prozedur-Aufrufe müssen in das *Program Slice* integriert werden, damit die Anweisungen im *Program Slice* in der identischen Reihenfolge wie im Originalprogramm durchlaufen werden.

2. Transitive Hülle

   In das *Program Slice* gehören alle Zeilen des Programms, in welchen Variable benutzt werden, die direkt oder indirekt auf mindestens eine der Variablen in der Anweisung des *Slicing*-Kriteriums Einfluss nehmen können.

3. Erste syntaktische Ergänzung

   Alle bedingten Anweisungen, die mindestens eine Anweisung aus dem *Program Slice* enthalten, werden in ihrer Struktur mit dem (den) relevanten Kontrollfluss-Pfad(en) in das *Program Slice* aufgenommen.

4. Zweite syntaktische Ergänzung

   Es werden noch diejenigen Strukturen (in COBOL z.B. Paragraphen) ergänzt, aus denen bereits Teile zum *Program Slice* gehören, damit wieder ein syntaktisch korrektes Programm als *Slice* entsteht.

Abb. 2: Algorithmus zum syntax-basierten *Program Slicing* für das ganze Programm

Der erste Schritt ist notwendig, da der Kontrollfluss eines Programms nicht allein aus der zeilen-orientierten Darstellung von Daten des Cross Referencer bestimmt werden kann. Die Bestimmung der transitiven Hülle stellt sicher, dass keine für eine *Slicing*-Variable relevante Anweisung "vergessen"wird. Wenn Teile aus einem Programm "herausgeschnitten" werden, können syntaktisch fehlerhafte Fragmente entstehen, die zum Zwecke der Ausführbarkeit einer Vervollständigung bedürfen.

Häufig möchte man zumal bei grossen Programmen ein *Program Slice* nicht auf das gesamte Pro-gramm sondern nur auf einen Teil wie z.B. einen Paragraphen bezogen haben. Dann lässt sich der oben in Abb. 2 angegebene Algorithmus wie in Abb. 3 dargestellt modifizieren und erweitern.

1. Transitive Hülle
   Entspricht Schritt 2 aus Abb. 2
2. Erste syntaktische Ergänzung
   Entspricht Schritt 3 aus Abb. 2
3. Kontrollfluss des Paragraphen
   Entspricht Schritt 1 aus Abb. 2, um auch Einflüsse von aufgerufenen Paragraphen auf die Variablen des *Slicing*-Kriteriums berücksichtigen zu können.
4. Zusätzliche Paragraphen
   Die aufgerufenen Paragraphen werden einer zusätzlichen Unter-suchung unterzogen (PERFORM ... THRU Sequenzen müssen vollständig untersucht werden).
5. Repetieren
   Die Schritte 1-4 werden so oft wiederholt, bis keine zusätzlichen Paragraphen mehr untersucht werden müssen.
6. Zweite syntaktische Ergänzung
   SECTIONs und DIVISIONs mit relevanten Anweisungen müssen dem *Program Slice* hinzugefügt werden.

Abb. 3: Algorithmus zum syntax-basierten *Program Slicing* für einen Paragraphen

4. Evaluation der Einsatzmöglichkeiten

Wie bereits eingangs erwähnt, stellt das *Program Slicing* ein wichtiges Werkzeug sowohl beim Verstehen eines Programms als auch auch bei der Fehlersuche dar. Beides sind zentrale Tätigkeiten bei der Software-Wartung. Zusätzlich kann die Benutzung von *Program Slices* fast noch wichtiger sein bei der Abschätzung von möglichen Folgen von geplanten Änderungen innerhalb des Originalprogramms. Da das Programm-Verstehen lokal im Detail aber global nur grob möglich ist, kann die Unterstützung eines *Program Slicing* Werkzeuges für die Einflussfolgen-Abschätzung von erheblicher Bedeutung sein.

Für grosse *real world* Programme kann die Bestimmung aller *Program Slices* für alle Variablen über das gesamte Programm, so wie der in 3.2 vorgestellte und auf semantischer Analyse basierende Algorithmus vorgeht, schon von beträchtlichem Aufwand sein. Eine Untersuchung des Zeitaufwands für das semantik-basierte *Slicing* für ein einfaches Beispielprogramm auf einer Workstation vom Typ Sun SPARC10 zeigt, wie der Aufwand exponentiell wächst (s. Abb. 4).

Beispielprogramm			Anzahl	Anzahl	Anzahl	Laufzeit
			while-	konsekutiver	sequ.	[sec]
while	(...)	Schleifen	if...endif	Anw. A		
if ...						
then ...			1	0	1	<< 1
else ...			1	1	1	< 1
endif		1	2	1	10	
Anweisung A			1	2	2	35
endwhile			1	2	3	180

Abb. 4: Zeitaufwand für das semantik-basierte *Slicing*

Es kommt hinzu, dass von z.B. 5000 Zeilen Originalprogramm mit vielleicht 250 Variablen weniger als 5% (bezogen sowohl auf die Anteile der Programmzeilen als auch der Variablen) für eine konkrete Wartungsaufgabe überhaupt von Bedeutung sind. Daher ist sicherlich kritisch zu hinterfragen, ob nicht kleinere und damit "massgerechtere" *Slices* mit deutlich geringerem Aufwand eine wesentlich höhere Wirkung haben. Ausserdem muss noch berücksichtigt werden, dass eine initiale Bestimmung eines oder auch aller *Slices* ohnehin jeweils dann wieder obsolet ist, sobald nur eine einzige Änderung im Quellcode durchgeführt wurde. Aus Komplexitäts- und Aufwandsgründen müssen mit Blick auf die Relevanz für die Praxis sicherlich solche Untersuchungen zukünftig in drei Richtungen gehen. Erstens wird dem Aspekt der Segmentierung — zunächst sicherlich sprachunabhängig, später aber dann in den Konsequenzen auf ganz unterschiedliche Sprachklassen bezogen — eine sehr hohe Priorität eingeräumt werden müssen. Zweitens ist vor allem für Software-Wartungs-Umgebungen, für die die typischen konsekutiven Arbeitsschritte

- Navigieren
- Lokalisieren
- Änderung/Erweiterung planen und Folgen abschätzen
- Änderung/Erweiterung durchführen
- Änderung/Erweiterung verifizieren
- ∅ {1}

zyklisch repetitiv ausgeführt werden müssen, die Möglichkeit inkrementeller Analysen[4] von höchster Bedeutung. Und schliesslich werden drittens die aufwendigeren semantischen Analysen im Sinne pragmatischer Verfügbarkeit für die Praxis immer stärker durch syntax-basierte Ansätze ersetzt werden müssen.

5. Zusammenfassung und Ausblick

In der gerade knapp 15 Jahre alten Geschichte des *Program Slicing* sind zahlreiche Vorschläge zur Ermittlung von *Slices* in der wissenschaftlichen Literatur publiziert worden. Die für die betrieblichen Anwendungen nach wie vor wichtigste Quellsprache COBOL blieb jedoch bislang nahezu total ausgespart. Die Gründe hierfür liegen in der aus syntaktischer und vor allem semantischer Sicht unzulänglichen Definition der Sprache, die aber notwendige Voraussetzung für umfassende semantische Analysen sind. Hier könnten die in dieser Arbeit grob beschriebenen syntax-basierten *Slices* wahrscheinlich in naher Zukunft Abhilfe schaffen. Auch wenn die Slices infolge nicht präziser Heuristiken vielfach "zu gross" werden, können die zumal auf Programmteile wie z.B. Paragraphen angewendeten syntax-basierten Analysen wert-

---

4 Bei Code-Änderungen muss nicht das gesamte Programm neu analysiert werden, sondern nur die Änderung in den aus der vorgängigen Analyse vorhandenen Strukturdaten aktualisiert werden.

volle Ergebnisse für den Entwickler wie für den Wartungsprogrammierer geben. Die Einsicht in die Bedeutung derartiger Werkzeuge zur semantischen Analyse wird vermutlich auch die professionellen Software-Werkzeug-Hersteller dazu veranlassen, zukünftig stärker die Integration solcher Werkzeuge in ihre Software-Entwicklungs- und -Wartungs-Umgebungen in Betracht zu ziehen.

Software-Wartung oder der Umgang mit Altlasten wird auch in den vor uns liegenden Jahren eine nicht wegzudenkende Aufgabe bleiben. Es wird also darauf ankommen, dass *state-of-the-art*-Methoden und -Techniken auch der Praxis zum frühestmöglichen Zeitpunkt verfügbar gemacht werden. So mächtig aber auch Werkzeuge wie das *Program Slicing* sein mögen, sie können nicht oder zumindest nur teilweise die Kreativität und die Verantwortung des Menschen als Bearbeiter übernehmen.

Literatur

[ALS88] Alber, K., Struckmann, W., *Einführung in die Semantik von Programmiersprachen.* BI Wissenschaftsverlag Mannheim, 1988, 258 S.

[BFK93a] Baumann, P., Fässler, J., Kiser, M., Öztürk, Z., Richter, L., *Using Standard ML in Software Maintenance: A Promising Approach.* Technical Report 93.37, Institut für Informatik der Universität Zürich, Sept. 1993, 8 S.

[BFK93b] Baumann, P., Fässler, J., Kiser, M., Öztürk, Z., *Beauty and the Beast or A Formal Description of the Control Constructs of Cobol and its Implementation.* Technical Report 93.36, Institut für Informatik der Universität Zürich, Sept. 1993, 12 S.

[BFK94] Baumann, P., Fässler, J., Kiser, M., Öztürk, Z., Richter, L., *Semantics-based Reverse Engineering.* Technical Report 94.08, Institut für Informatik der Universität Zürich, Juli 1994, 27 S.

[BEC85] Bergeretti, J.-F., Carré, B., *Information-flow and data-flow analysis of while-programs.* ACM Transactions on Programming Languages and Systems, 7(1), 1985, pp. 37-61

[FOW87] Ferrante, J., Ottenstein, K., Warren, J., *The program dependence graph and its use in optimization.* ACM Transactions on Programming Languages and Systems, 9(3), 1987, pp. 319-341

[KAM93] Kamkar, M., *Interprocedural Dynamic Slicing with Applications to Debugging and Testing.* PhD thesis, Linköping University, 1993

[KOL88] Korel, B., Laski, J., *Dynamic program slicing.* Information Processing Letters, 29(3), 1988, pp. 155-163

[LAK91] Lakhotia, A., *Graph theoretic foundations of program slicing and integration.* Report CACS TR-91-5-5, university of Southwestern Louisana, 1991

[ÖZT95a] Öztürk, Z., *Semantik-basiertes Program-Slicing für Sprachen mit komplexen Kontrollstrukturen* . Technical Report Nr. 95.22, Institut für Informatik der Universität Zürich, Juni 1995, 41 S.

[ÖZT95b] Öztürk, Z., *Syntax-basiertes Program-Slicing von COBOL-Programmen.* Technical Report Nr. 95.30, Institut für Informatik der Universität Zürich, Dezember 1995, 41 S.

[SCH86] Schmidt, D. A., *Denotational Semantics - A Methodology for Language Development.* W. M. C. Brown Publishers, 1986, 331 S.

[SNE91] Sneed, H., *Softwarewartung.* Verlagsgesellsch. Rudolf Müller, Köln, 1991, 372 S.

[TIP94] Tip, F., *A Survey of Program Slicing Techniques.* Report CS-R9438, Centrum voor Wiskunde en Informatica (CWI), Amsterdam, 1994, 58 p.

[VEN91] Venkatesh, G., *The semantic approach to program slicing,* ACM SIGPLAN Notices 26(6), 1991, pp. 107-119

[WEI82] Weiser, M., *Programmers Use Slices When Debugging.* Communications of the ACM, 25(7), 1982, pp. 446-452

[WEI84] Weiser, M., *Program Slicing.* IEEE Transactions on Software Engineering, 10(4), 1984, pp. 352-357

Verstehen von Software: Leistungsanforderungen an CARE-Werkzeuge für ein praktikables (industrielles) Reengineering von Anwendungssystemen

Reiner Witschurke, Michael Löwe

Zusammenfassung

Ein Verstehen von Software und der Arbeitsaufgaben und Arbeitsabläufe, für die sie eingesetzt wird, ist notwendig, um sie besser nutzen, sie effizienter warten, an geänderte Geschäftsprozesse oder an neue technische Rahmenbedingungen anpassen zu können. Verstehen bezeichnet dabei einen kreativen Prozeß, der von einer Fachkraft geeignet durchgeführt werden muß. Dazu sind verschiedene Werkzeuge hilfreich, die das Verstehen von Software gut unterstützen. Wünschenswert sind Werkzeuge, die eine integrierte Erfassung, Auswertung und ggf. Weiterverarbeitung aller für ein Verstehen von Software notwendigen Informationen erlauben. Im Fraunhofer-Institut für Software- und Systemtechnik in Berlin werden z.Z. Methoden und Techniken untersucht, die die Gestaltung solcher interaktiven Werkzeuge für den Reengineering-Prozeß zum Ziel haben.

Abstract

In order to improve a software system's usage and maintenance, or to make the system accommodate changes in business structures or technical requirements, it is necessary to have an understanding of both the system itself and of the tasks and procedures for which the system is used. Here, the term understanding refers to the creative process carried out by the software re-engineer. This process can benefit from the use of tools supporting software understanding. Tools which integrate both the collection and evaluation of data relevant to system understanding, and which also permit further processing of this information (if necessary) would be of particular use. Methods and techniques for the realisation of interactive tools supporting re-engineering activities are currently being researched at the Fraunhofer ISST, Berlin.

1. Einleitung

Aufgabe von Software ist die Unterstützung der Anwender bei der Lösung von Arbeitsaufgaben und bei der Gestaltung von Arbeitsabläufen. Um diese Aufgaben möglichst lange erfüllen zu können, muß die Software ständig gewartet, d.h. weiter stabilisiert, an neue technische Bedingungen angepaßt und gemäß sich ändernden Geschäftsprozessen weiterentwickelt werden. Dieser Wartungzeitraum umfaßt den Hauptteil des Softwarelebenszyklus. Neuentwicklung von Software muß sich in diesen Wartungsrahmen einordnen, d.h. sie kann nur Teile der Software ersetzen und muß sich in die vorhandene Software eingliedern lassen (siehe auch [Löwe95a]).

Als Software-Reengineering wird heute ein spezielles Arbeitsgebiet der Wartung bezeichnet. Beide Begriffe lassen sich qualitativ nicht scharf voneinander abgrenzen. Mit Wartung werden üblicherweise alle Prozesse bezeichnet, die Software im Rahmen ihrer Entwurfs- und Betriebsstrukturen verändern (lokale Änderung), während mit Reengineering Prozesse gemeint sind, die die grundlegenden Strukturen der Software einer gründlichen Überarbeitung unterziehen (globale Änderung). Als Informationsquellen für das Reengineering werden neben den vorhandenen Quelltexten auch Dokumentationen und weitere Informationen aus dem Umfeld der Einsatzumgebung der Software verwendet.

Einige wichtige Szenarien des Software-Reengineering sind Nachdokumentationen, Portierungen, Modularisierungen und Verteilung von Software. Voraussetzung für die Realisierung dieser Szenarien ist immer das „Verstehen" der zu bearbeitenden Software, d.h. die Analyse und Interpretation dieser Software und ihrer Einsatzumgebung. Mit der Ermittlung der Informationen, die für ein Verstehen von Software benötigt werden, beschäftigt sich ein wichtiges Teilgebiet des Reengineering, das Reverse Engineering.

Ziel der Aktivitäten des Reengineering sind die Verbesserung der Funktionalität der Software, ihrer Nutzungsbedingungen und die Senkung ihrer Nutzungskosten. Dabei reicht die Palette der Aktivitäten von der Umgestaltung der Software selbst über die Veränderung und Anpassung der Nutzungseigenschaften dieser Software an neue Gegebenheiten bis zur Reorganisation des Softwareeinsatzes bei den einzelnen Anwendern. Hilfsmittel für die Durchführung von Reengineering-Aufgaben sind CARE-Werkzeuge (CARE: Computer Aided Re(verse) Engineering), die in zunehmendem Maße, aber mit sehr unterschiedlichem Leistungsangebot am Markt verfügbar sind.

In diesem Vortrag sollen Leistungsanforderungen an CARE-Werkzeuge für ein praktikables (industrielles) Reengineering von Software, speziell von Anwendungssystemen, diskutiert und erste Lösungsansätze gezeigt werden. Der Schwerpunkt wird dabei auf dem Verstehen der Software, d.h. auf der Ermittlung, Abstraktion, Verwaltung, Auswertung und Präsentation der Informationen liegen, die Voraussetzung für ein effizientes Reengineering dieser Software sind.

2. Begriffe

Software ist ein allgemeiner Begriff, unter dem neben Programmen und Programmsystemen auch Daten und Datenbanken, Dokumentationen und Handbücher sowie die Beschreibung spezieller Einsatzbedingungen verstanden wird. Wir werden uns hier auf Anwendungssysteme, d.h. auf Software, die zur Bearbeitung von Arbeitsaufgaben und Gestaltung von Arbeitsabläufen bei kommerziellen Anwendern eingesetzt wird, konzentrieren.

Anwendungssysteme sind in der Regel nicht monolithisch, sondern bestehen zumeist aus mehreren Programmsystemen, einer Reihe von Datenbanken und einer Transaktionslogik, die die Aktivierung der Programmsysteme steuert und die Nutzerinteraktionen kontrolliert. Gerade ältere über längere Zeiträume entstandene Anwendungssysteme sind in allen Komponenten heterogen; die einzelnen Programmsysteme sind in verschiedenen Programmiersprachen geschrieben, die Datenbanken werden von unterschiedlichen Datenbankmanagementsystemen verwaltet, und die Transaktionen werden durch mehrere Transaktionsmonitore gesteuert. Entsprechend heterogen sind die Mechanismen und Strukturen, über die die Einzelteile in einem Anwendungssystem zusammenwirken, z.B. Kommunikation von Programmsystemen über Datenbanken, Kommunikationsmechanismen des Transaktionsmonitors oder globale Speicherbereiche.

Programmsysteme sind Gruppen von Programmen, die nur gemeinsam eine bestimmte Funktionalität zur Verfügung stellen können. Die Mechanismen, die das Zusammenwirken der einzelnen *Programme* im System regeln, entstammen in der Regel der jeweiligen Programmiersprache, z.B. Prozeduraufrufe, Shared Variables, Message Passing etc. Dadurch sind die Strukturen und der interne Aufbau der Programmsysteme zumeist weitaus homogener als die der Anwendungssysteme.

Ein *Verstehen* solcher Anwendungssysteme und der Arbeitsaufgaben und Arbeitsabläufe, für die sie eingesetzt werden, ist notwendig, um sie besser nutzen, sie effizienter warten, an geänderte Geschäftsprozesse oder an neue technische Rahmenbedingungen (moderne Hardware, neue Sprachdarstellung, geänderte Datenbasis, modernere Präsentation, Verteilung auf Client/ Server-Architekturen u.a.) anpassen zu können. Verstehen bezeichnet dabei einen kreativen Prozeß, den eine Fachkraft (z.B. ein Softwareingenieur) geeignet durchführen muß (siehe Abbildung 1). Als Hilfsmittel sind dazu verschiedene Werkzeuge notwendig, die wichtige Teilgebiete des Verstehens von Anwendungssystemen, das Programmverstehen, das Systemverstehen und das Anwendungsverstehen, gut unterstützen (siehe auch [Wits95a]).

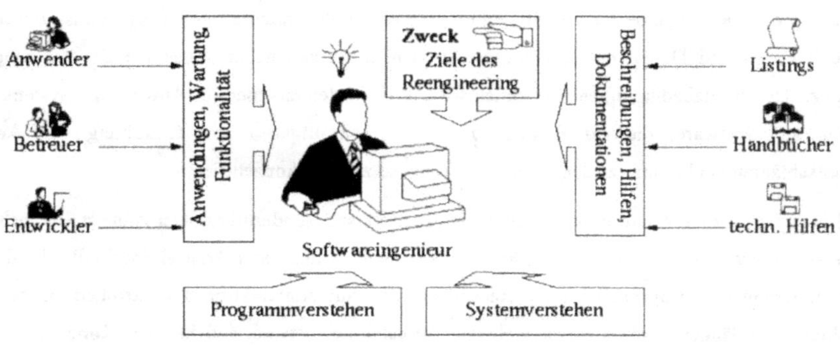

Abb. 1: Verstehen von Softwaresystemen

Diese Teilgebiete haben folgende Schwerpunkte:

- *Programmverstehen*; die Erzeugung von Dokumentationen und Präsentationen zum Zwecke des Verstehens von Funktionalität, Struktur und Aufbau der einzelnen Programme (formatierter Quelltext, Anweisungsstrukturen, lokale Kontrollflüsse, u.a.)
- *Systemverstehen*; die Darstellung der Strukturen, über die Programme eines Programmsystems zusammenwirken (Modulstrukturen, Aufrufhierarchien, ausgewählte Kontrollflüsse, Metriken, Datenbeschreibungen, Datenschemata, Nachrichten, Datenflüsse, u.a.)
- *Anwendungsverstehen*; das Verständnis der Funktionalität und des Zusammenspiels der einzelnen Komponenten eines Anwendungssystems unter Berücksichtigung seines Einsatzkontexts, d.h. der konkreten Arbeitsabläufe und Arbeitsaufgaben, für die dieses Anwendungssystem eingesetzt wird oder werden soll.

3. Leistungsanforderungen an CARE-Werkzeuge

Die Anforderungen an Werkzeuge für das Reverse und Re- Engineering lassen sich anhand der einzelnen Arbeitsschritte im sog. Reengineering-Zyklus (siehe Abbildung 2) klassifizieren:

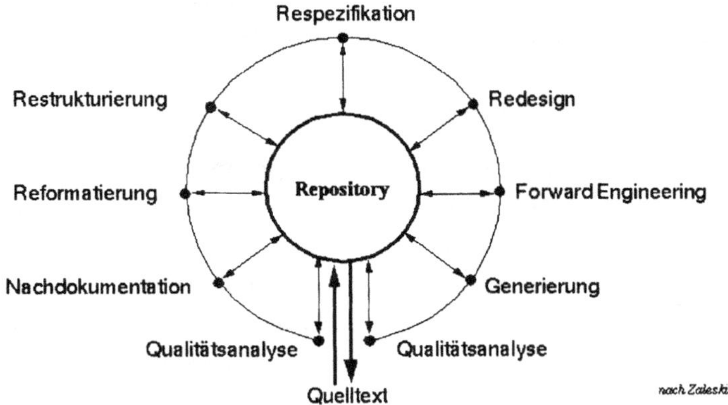

Abb. 2: Zyklus des Reengineering

- Erfassung der Quellen, ggf. *Transformation in abstraktere Darstellungen* und Ablage in einem *Repository*
- Sicherung, Verwaltung und Bereitstellung aller erfaßten, transformierten sowie der daraus abgeleiteten Daten zu weiteren Bearbeitungen
- Beurteilung der Software nach wirtschaftlichen, organisatorischen, technischen und fachlichen Kriterien (Metriken, Portfolio-Analysen (siehe auch [HeGa95]), ...)
- Vervollständigung und Aktualisierung der Dokumentationen der Software
- Reorganisation der Visualisierung der Quellen (Pretty Print, Graphiken, ...)
- Reorganisation der Struktur der Software
- Rekonstruktion von Entwurf und Fachkonzept der Software
- Umgestaltung des Entwurfs der Software unter Verwendung vorhandener brauchbarer Softwareteile
- Programmtechnische Realisierung des umgestalteten Softwareentwurfs
- Generierung von ausführbarem Code aus der programmtechnischen Realisierung
- Überprüfung und Beurteilung der Funktionalität der überarbeiteten Software sowie ihre Einbettung in den organisatorischen und technischen Kontext

Dies ist nur eine grobe Übersicht über Funktionen, die von Werkzeugen in Reengineering-Prozessen erbracht werden sollten. Einige dieser Funktionen werden heute von unterschiedlichen Werkzeugen teilweise in guter Qualität angeboten. Was fehlt ist die *Integration der Informationsverarbeitung*, d.h. die kooperative Nutzung der benötigten Funktionen, der Betrieb unter einer gemeinsamen Oberfläche und über einem gemeinsamen Repository, die Verwendung gleicher Datenstrukturen und die Austauschbarkeit der Daten mit anderen Werkzeugen.

3.1 Nutzung aller verfügbaren Informationen

Insbesondere für das Reverse Engineering sind Werkzeuge wünschenswert, die eine integrierte *Erfassung*, *Abstraktion*, *Verwaltung*, *Auswertung*, *Präsentation* und ggf. *Weiterverarbeitung* aller Informationen erlauben, die für ein Verstehen von Software, insbesondere von Anwendungssystemen, und der konkreten Arbeitsabläufe und Arbeitsaufgaben, für die sie eingesetzt werden, notwendig sind. Das sind neben den Informationen aus den Programmsystemen und ihren Programmen auch Informationen aus dem Umfeld ihres Einsatzkontexts. Dabei umfassen die Informationen aus dem Umfeld (sog. Begleitinformationen) Anwendungsdokumentationen, die Arten der Arbeitsabläufe und Arbeitsaufgaben, spezielle Kenntnisse von Sachkundigen (Anwender, Betreuer, Entwickler, ...), benötigte Ressourcen, Entwicklungsunterlagen u.a.m. Außerdem können Werkzeuge eingesetzt werden, die im Betrieb bestimmte Aspekte eines Anwendungssystems „monitoren”. So kann z.B. ein anwendungsbezogenes Dialogmodell aus dem „Monitoring” der Datenströme von und zu den Terminals gewonnen werden (siehe auch [Gast94]). Die Integration solcher Daten mit den statischen Strukturen, die aus der Programmanalyse gewonnen wurden, ist heute noch ein weitgehend offenes Problem. Aber gerade für das Anwendungsverstehen sind Daten aus dem tatsächlichen Betrieb von unschätzbarem Nutzen. Hier liegen noch ungenutzte Potentiale für fast alle derzeit verfügbaren Werkzeuge.

3.2 Flexibilität und Robustheit

Die Werkzeuge für die *Analyse* der Programme müssen *flexibel* und *robust* sein. Sie dürfen und können die Korrektheit der Quellen nicht voraussetzen (Syntax- und Kontextfehler sind auch bei seit längerer Zeit im Einsatz befindlicher Software keine Seltenheit), sie müssen mit Eigenheiten und Sprachdialekten sowie mit Programmteilen in verschiedenen Sprachen umgehen können (Assembleranteile sind in älteren Programmen eher die Regel denn die Ausnahme), sie müssen Aufrufe und Einbettungen von Betriebssystemfunktionen, von Datenbanken und Transaktionsmonitoren erkennen usw. Hier gibt es noch einige Forschungs- und Entwicklungsaufgaben auf dem Gebiet der Syntaxanalyse, einem Gebiet, das seit langem als vollständig verstanden gilt. Allerdings sind die verfügbaren Generierungswerkzeuge auf derzeitige Technologien ausgerichtet; so sind z.B. Spaltenlayouts älterer Sprachen, nicht vorhandene Trennsymbole u.ä. harte Probleme für Syntaxgeneratoren.

Die Qualität der Syntaxanalyse entscheidet aber über die Einsetzbarkeit der entsprechenden Werkzeuge in konkreten Reengineering-Projekten. Können große Teile der Quellen wegen syntaktischer Eigenarten nicht erfaßt werden bzw. kann das Werkzeug nicht auf diese Eigenarten eingestellt werden, ist der gesamte sich anschließende Reengineering-Prozeß in Frage gestellt.

3.3 Intuitive und abstrakte Darstellung von Informationen

CARE-Werkzeugen müssen Auswertungen und Visualisierungen ermöglichen. *Auswertungen* sind Berechnungen (Metriken, ...), Analysen (Graphen, Schnittstellen, Crossreferenzen, ...) über und Aufbereitungen (Quelltext, Pretty Print, ...) von den Informationen, die im Repository abgelegt sind. Sie verdichten diese Informationen zu geeigneten *abstrakteren Darstellungen*, die dann wieder im Repository abgelegt werden können. Auf diese Weise werden die *wesentlichen Strukturen ermittelt*, die für den jeweiligen Prozeß des Verstehens hilfreich sind.

Visualisierungen sind Präsentationen der Auswertungen an einer Oberfläche (z.B. in Fenstertechnik). Sie sollten in möglichst intuitiver Form erfolgen (siehe auch [FlRi95]). Formatierte Textdarstellungen und übersichtliche Graphiken sind dafür gut geeignet (siehe Abbildung 3). Textdarstellungen bieten sich für die Präsentation der originalen Quellen (Quelltexte, Begleitinformationen, ...), für formatierte Texte (Pretty Print, ...), für Listen (Schnittstellenbeschreibungen, Crossreferenzen, ...) und Tabellen an. Graphiken eignen sich in Form von Zeichnungen für die Darstellungen von Aufrufhierarchien, Kontrollflüssen, Datenabhängigkeiten usw. und in Form von Diagrammen (Geschäftsgrafiken) für die Präsentation von Metriken (Statistiken).

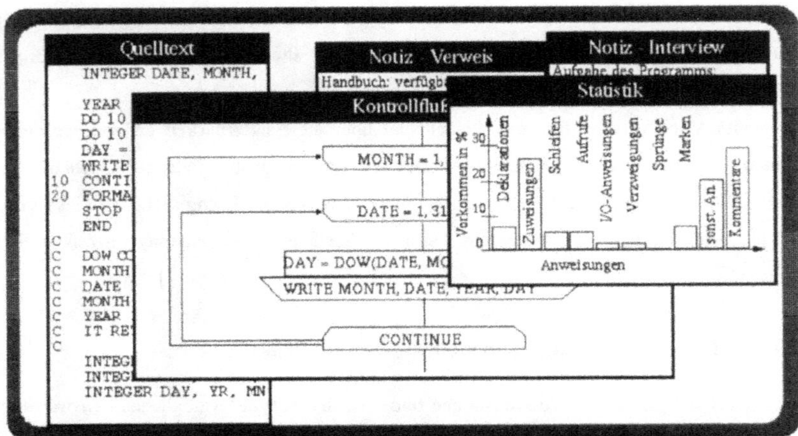

Abb. 3: Beispiel für visualisierte Auswertungen

Mit diesen Darstellungen entstehen unterschiedliche Sichten (Views) auf dasselbe System. CARE-Werkzeuge müssen diese Views in dem Sinne „integrieren", daß die Navigation im Programmsystem über alle Views hinweg einheitlich möglich ist und daß Bearbeitungsfunktionalität z.B. Ein- und Ausblenden von Teilstrukturen, in allen Views auf dieselbe Weise zur Verfügung gestellt wird. Verschiedene Views müssen fexibel gekoppelt und entkoppelt werden können, um denselben Aspekt in unterschiedlichen Darstellungen bzw. verschiedenen Aspekten eines Systems in derselben Darstellung betrachten zu können.

3.4 Unterstützung interaktiver Experimente und Verwaltung dabei entstehender Varianten

Die *interaktive Gestaltung* der Nutzung dieser Werkzeuge ist eine weitere wichtige Eigenschaft. Grundsätzlich stehen die Arbeit und die Kreativität einer Fachkraft beim Prozeß des Verstehens im Vordergrund. Nur durch sie kann der gewünschte Erkenntnisgewinn realisiert werden. Nur sie kann die vielfältigen möglichen Interaktionen mit den Werkzeugen veranlassen, steuern und auswerten (siehe Abbildung 4). Vollautomatische Werkzeuge helfen bei dieser Arbeit nur dann, wenn sie Routinearbeit abnehmen.

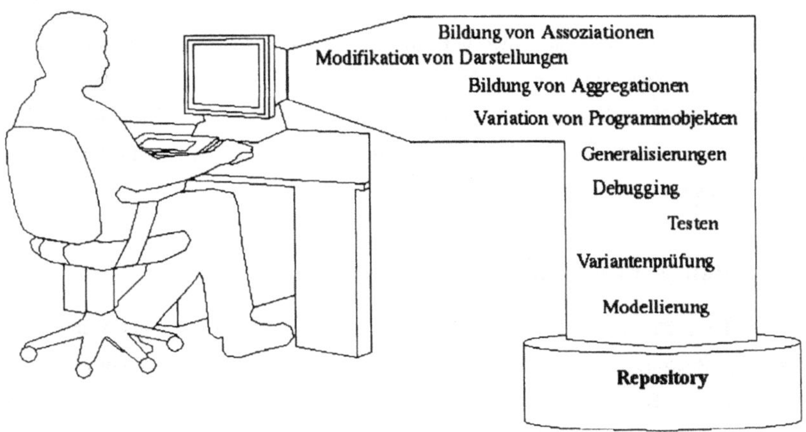

Abb. 4: Mögliche Interaktionen mit dem Werkzeug

Kennzeichen eines guten Werkzeugs für das Reverse Engineering ist die Unterstützung von *interaktiv* und *zielorientiert* durchgeführten *Experimenten* mit den Informationen, die im Repository abgelegt sind. Dabei dürfen die originalen Quellen im Repository nicht verändert oder beschädigt werden, um stets mit Hilfe der Quellinformationen die Relevanz der aktuell bearbeiteten Informationen überprüfen zu können. Mit solchen Experimenten kann ein besseres Verständnisses der Anwendungssysteme erreicht werden. So kann z.B. der Softwareingenieur Vorstellungen über das Anwendungssystem und seine Strukturen verifizieren bzw. falsifizieren. Für eine *differenzierte Weiterverarbeitung* der gewonnenen Informationen im Rahmen gewünschter Problemszenarien (z.B. effizientere Wartung, Anpassung an geänderte Geschäftsprozesse, Portierung in neue Betriebsumgebungen) ist eine gute *Daten- und Variantenverwaltung* hilfreich. Mit ihr kann beispielsweise die Sicherung der originalen Quellen erfolgen oder die bei den Experimenten entstehenden Varianten verwaltet werden.

3.5 Finden von verdeckten Strukturen

Eine eng mit der Durchführung von Experimenten verwandte Aufgabe des Reverse Engineering ist die *Ermittlung verdeckter Strukturen* in alter Software. Alte Software ist in der Regel hoch komplex strukturiert und stark optimiert. Dabei standen nicht die Regeln der strukturierten Programmierung im Vordergrund, (die letztlich nur der leichteren Visualisierung von

Quelltexten dienen,) sondern die optimale Ausnutzung des stark beschränkten Speicherplatzes und die Minimierung der erforderlichen Laufzeiten. Gute CARE-Werkzeuge sollten in der Lage sein, in den Quelltexten alter Software Strukturen zu finden, die solche Optimierungen unterstützten. (In dem Vortrag von den Herrn Sager und Oberndörfer in [Lehn94] wird z.B. ein Werkzeug vorgestellt, das Unterstützung bei der Visualisierung von Pseudo-Prozeduren in PL/1-Programmen bietet.)

3.6 Moderate und kontrollierte Restrukturierung

Ein besonderes Thema im Software-Reengineering ist die *Restrukturierung*. War man ursprünglich, insbesondere im akademischen Bereich, der Meinung, daß Restrukturierung, d.h. Durchsetzung der Regeln der strukturierten Programmierung, die wesentlichste Funktion des Reengineering ist, haben heute, nach dem Scheitern vieler Restrukturierungswerkzeuge, der Realität näherliegende Auffassungen Platz gegriffen. Werkzeuge sollten Restrukturierung der Quelltexte von Programmen nur dort vornehmen, wo es unbedingt erforderlich ist (z.B. bei Modularisierungen). Hauptkriterium ist, daß die Wartungsfachleute ihre Programme auch nach der Restrukturierung noch „wiedererkennen" und auch weiter warten können. Wenn möglich, sind sie an dem Restrukturierung-Prozeß zu beteiligen. In jedem Fall sollten Werkzeuge für die Restrukturierung von Software erlauben, *geeignete Programmteile* durch eine Fachkraft *auszuwählen*, diese Teile *einschließlich ihrer Seiteneffekte zu analysieren*, die *Restrukturierung gesteuert durchzuführen* und ggf. auch zu verwerfen und die erzeugten restrukturierten Programmteile *auf gleiche Funktionalität wie die Originalteile* zu *prüfen*.

3.7 Integration von „Business Process Reengineering" und Software Reengineering

Die *Respezifikation* des Entwurfs und des Fachkonzeptes sind weitere Aufgaben für CARE-Werkzeuge. Während wichtige entwurfsspezifischen Informationen mit den oben angegebenen Features gewonnen werden können, lassen sich Fachkonzepte kaum aus der Untersuchung der Quellen allein rekonstruieren. Dazu sind weitere Informationen aus dem organisatorischem Umfeld der Software notwendig, die mit Fachkenntnis und viel Gefühl analysiert, kombiniert, überprüft, neu geordnet und wieder analysiert werden müssen.

Für diesen Zweck werden derzeit eine Reihe von Werkzeugen zur Modellierung, Analyse und Optimierung von Geschäftsprozessen (BPR - Business Process Reengineering) angeboten. Diese Werkzeuge sind gut geeignet, die Fachspezifikation, in der bestimmte Anwendungssysteme eingesetzt werden, zu ermitteln und darzustellen. Allerdings ist bisher eine Integration dieser Werkzeuge mit Systemen zum Software Reengineering noch nicht verfügbar, d.h. es existieren keine integrierten Umgebungen, die die *freie Verknüpfung von Informationen aus dem BPR mit Informationen aus der Programmanalyse* von Software erlauben und einer einheitlichen Weiterverarbeitung zuführen. Die Integration der beiden Bereiche ist, nach unserer Einschätzung, der einzige Weg, im Software Reengineering die wichtige Ebene der Fachspezifikation mit einzubeziehen.

3.8 Gleichberechtigte Integration von CASE- und CARE-Komponenten

Werkzeuge, die das Gesamtgebiet des Reengineering abdecken wollen, müssen auch Leistungen in den Bereichen Um- bzw. Neugestaltung des Entwurfs, programmtechnische Realisierung des neuen Entwurfs, Generierung des zugehörigen ausführbaren Codes und Überprüfung der neuen bzw. überarbeiteten Software erbringen. Dieses Gebiet ist die Domäne der CASE-Werkzeuge (CASE: Computer Aided Software Engineering). Sinnvoll wäre also, daß die CASE-Werkzeuge nicht mit einem leeren Repository ihre Arbeit beginnen, sondern daß dieses Repository vorher durch entsprechende Werkzeuge für das Reverse Engineering gefüllt wird.
Dementsprechend gibt es für eine Reihe von etablierten CASE-Umgebungen Erweiterungen um Komponenten des Reverse Engineering. In aller Regel sind diese Komponenten darauf optimiert, Zielcode zu erfassen, der mit dem CASE-Werkzeug selbst entwickelt wurde, d.h. die Methoden und Techniken des Forward Engineering stehen im Vordergrund und Reverse Engineering wird als eine Art Umkehrfunktion des Forward Engineering begriffen. Dadurch haben diese Werkzeuge erhebliche Schwierigkeiten bei der Erfassung und Verarbeitung mit den „andersartigen“ Strukturen, die man in Programmen findet, die nicht unter Zuhilfenahme dieser CASE-Werkzeuge entwickelt wurden.
Für diesen Einsatzbereich ist es zweckmäßiger das Forward Engineering als Umkehrfunktion des Reverse Engineering zu verstehen. Mit diesem Verständnis werden Reverse- und Forward-Entwicklungsprozesse gleichberechtigte Komponenten eines umfassenden Entwicklungsszenarios und CASE- und CARE-Werkzeuge gleichberechtigte Hilfsmittel in einer $CA^{S}/_{R}E$-Umgebung.

4. Entwicklung von CARE-Werkzeugen am ISST

Im Fraunhofer-Institut für Software- und Systemtechnik in Berlin werden z.Z. Methoden und Techniken untersucht, die die Gestaltung solcher interaktiven Werkzeuge für den Reengineering-Prozeß zum Ziele haben. So wurde ein *Arbeitsplatz* konzipiert (siehe auch [Wits95b]), der die integrierte Erfassung, Aufbereitung, Präsentation und Verwaltung aller zu einem Anwendungssystem gehörenden Informationen gestattet (siehe Abbildung 5).

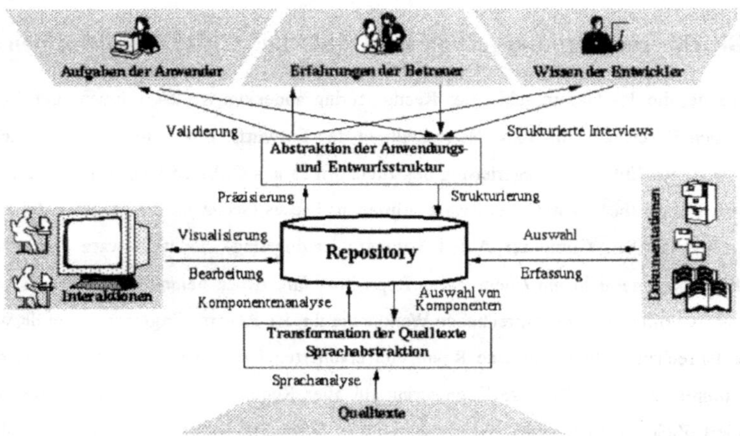

Abb. 5: Systemkonzeption des Arbeitsplatzes

Wichtige Eigenschaften des Arbeitsplatzes sind:

- die Verarbeitung aller Informationen für das Verstehen eines Anwendungsprogramms, also neben Programmanalysedaten auch Daten über das Kommunikationsverhalten und Begleitinformationen aus dem Kontext des Anwendungssystems
- die freie Kommentierbarkeit und Verknüpfbarkeit der ursprünglichen Informationen unter Verwendung hypertextähnlicher Strukturen
- die flexible, alle Möglichkeiten moderner graphischer Schnittstellen nutzende Visualisierungen
- die Unterstützung interaktiver Experimente durch gezielte Umgruppierung von Teilen der Programme
- die Bereitstellung von textlichen und graphischen Aufbereitungen für die externe Weiterverarbeitung

- die klare Ausrichtung auf die Unterstützung des Verstehensprozesses, der sich im Menschen vollzieht und von keiner noch so intelligenten Programmlogik simuliert werden kann

Teile des konzipierten Arbeitsplatzes werden prototypisch im Projekt *FAPU (FORTRAN Application and Program Understanding)* realisiert, das gemeinsam vom Fraunhofer-Institut für Software- und Systemtechnik (ISST) in Berlin und dem Institut für Datenbanken und Software Engineering (IDSE) des Wissenschaftlichen Zentrums Heidelberg (WZH) der IBM bearbeitet wird.
Dieser Prototyp, der Mitte 1996 fertiggestellt sein wird, stellt eine erste Instanz des Arbeitsplatzes speziell für die Programmiersprache FORTRAN (in den Ausprägungen FORTRAN 77 und VS FORTRAN V:2 sowie damit verträglichen Dialekten von FORTRAN) auf IBM Mainframe-Systemen unter den Betriebssystemen MVS und VM dar. Als Plattform für den Arbeitsplatz dient das Betriebssystem AIX auf IBM RS/6000-Workstations unter Nutzung der objektorientierten Datenbank ObjectStore zur Datenhaltung. Als Hilfsmittel für die Oberflächengestaltung wird der ISA-Dialogmanager eingesetzt.
Große Teile des Prototyps sind allerdings unabhängig von diesen speziellen Rahmenbedingungen. Er ist aufgrund der bei seiner Entwicklung verwendeten objektorientierten Technologie offen für Erweiterungen, d.h. er ist erweiterbar auf andere Sprachdialekte von FORTRAN, übertragbar auf andere Programmiersprachen, portabel auf andere Plattformen, eben auch technisch der allgemeinen Konzeption eines Reverse Engineering Arbeitsplatzes angemessen.

Literatur

[Arno93] Arnold, R. S. (Hrsg.): Software reengineering. Los Alamitos CA USA [u.a.] IEEE Computer Society Press, 1993

[Eick94] Eicker, S.: Verknüpfung der Objekte eines CASE-Repository mit der zugehöri gen textlichen Dokumentation. In: HMD 175 (1994) S. 106-122

[FlRi95] Florath, Peter; Richter, Mario: Visualisierung für das Verstehen von Software systemen. Berlin, 1995 (Fraunhofer ISST - Forschungsbericht Nr. 26)

[Gast94] Gastner, Rainer (Hrsg.): Migration von Benutzeroberflächen. Tagungsband zu Workshop am 27. 9. 94 am ISST in Berlin. Berlin, 1995 (Fraunhofer ISST Forschungsbericht Nr. 24)

[HeGa95] Heicking, Winfried; Gastner, Rainer: Projektierung von Reengineering-Aufga ben mit Hilfe der Portfolio-Analyse. Berlin, 1995 (Fraunhofer ISST - For schungsbericht Nr. 25)

[KlGa95] Klösch, R.; Gall, H.: Software Reuse and Reverse Engineering in Practice Berlin [u.a.] Springer 1995

[Lehn94] Lehner, Franz. (Hrsg.): Reengineering und Softwarewartung - Stand der Tech nik und zukünftige Entwicklungen. Proc. zum Workshop der GI-AK 5.1.3 vo 12. April 1994, Vallendar. Vallendar: WHU, 1994 (Forschungsberichte Nr.9)

[Lehn95] Lehner, Franz.: Computer-Aided-Reengineering-Tools. In: iX Multiuser Mul titasking Magazin, (1995) Nr. 6, S. 40-45

[Löwe94] Löwe, Michael.: Umfassende Sanierung. In: Business Computing (1994) Nr.8 S. 30-32

[Löwe95a] Löwe, Michael: Reengineering und Neuentwicklung: Zwei Seiten derselbe Medaille. Proc. zum Congess VII Informationsverarbeitung 1995: Optimierun der IS-Ressourcen auf der ONLINE '95 vom 6.-10. Februar 1995, Hamburg S. C715.01 - C715.15

[Löwe95b] Löwe, Michael: Softwaretechnik mit Zukunft? In: iX Multiuser-Multitasking Magazin, (1995) Nr. 6, S. 34

[Löwe95c] Löwe, Michael: Software-Reengineering: Stand-der-Kunst und Perspektiven In PC-Magazin, (1995) Nr. 50, S. 54-55

[Rich94] Richter, L.: Chancen und Risiken beim Re-Engineering von Software. In: I Information Management 9 (1994) Nr. 1, S. 16-21

[vZuy93] vanZuylen, H. J. (Hrsg.): The REDO Compendium Reverse Engineering fo Software Maintenance. Chichester [u.a.]: John Wiley & Sons 1993

[Wits95a] Witschurke, Reiner: Programmanalyse: interaktives Reverse Engineering. In i Multiuser Multitasking Magazin, (1995) Nr. 6, S. 48-52

[Wits95b] Witschurke, Reiner: Ein Arbeitsplatz für das Verstehen von Programmsystemen Berlin, 1995 (Fraunhofer ISST - Forschungsbericht Nr. 28)

[Zale92] Zaleski, M.: Reengineering - zurück in die CASE-Zukunft. In: online (1992) Nr 1-2, S. 38-41

Programmverstehen und Reverse Engineering in komplexen Systemarchitekturen

Florian Bünte

Zusammenfassung

In der Wartung kommerzieller Anwendungssysteme fallen etwa 50% des Aufwandes für das *Verstehen des Codes* an. Das Verstehen der Wirkungsweise von Software betrifft jedoch nicht nur Programmcode. Code kann auch für Job Control, Transaktion, Format, oder Datenbank vorliegen. Alle Komponenten der *Systemarchitektur* müssen für sich und in ihrer gemeinsamen Interaktion begriffen werden. In diesem Sinne führen Maßnahmen zum besseren Programmverstehen zu einer unmittelbaren *Erhöhung der Wartungsproduktivität.* Sie sind kurzfristig und isoliert einsetzbar und schnell erlernbar. *Reverse Engineering und Redokumentation* sind mittel- bzw. langfristig wirkende Verfahren, die zu einer spürbaren *Verbesserung des Prozesses der Softwareentwicklung* führen. Die Grundlage aller Verfahren bilden das *Metamodell* - gleichsam der konzeptionelle Werkzeugkasten -, die spezielle *Scannertechnologie* zur Erstellung von für die Verfahren geeigneten Tools und die gemeinsame *Codebasis*, eine objekt-orientierte Datenhaltung für die Speicherung des Codes in einer navigierbaren und Retrieval-fähigen Form. Während Verfahren zum Programmverstehen mit weitgehend standardisierten Mechanismen zum Scannen und zur Navigation und Recherche auskommen, müssen beim Reverse Engineering und der Redokumentation individuelle Anpassungen an Besonderheiten des betrachteten Softwaresystems vorgenommen werden. Diese Anpassungen sind sinnvoll, um die Redokumentation der Strukturdaten, die aus dem Reverse Engineering erzielt werden, maschinell möglichst gut zu unterstützen.

1. Situation

Die Situation der in der Wartung alter Anwendungssysteme beschäftigten Programmierer läßt sich mit folgenden Merkmalen charakterisieren:

- Der Programmierer betreut Anwendungssysteme, die schlecht - unvollständig, fehlerhaft, unverständlich oder überhaupt nicht - dokumentiert sind, und deren einmal vorhandene, intakte Struktur im Lauf der Zeit zerstört wurde.
- Bei Erweiterungen ist der Programmierer sehr oft in alle Phasen des Entwicklungsprozesses involviert: Seine Arbeit beginnt bei der fachlichen Anforderung und endet bei der Übergabe der Software in die Produktion.
- Neben dem fachlichen Know-How benötigt der Wartungsprogrammierer Wissen über Programmiersprache(n), Betriebssystem und Job Control, Datenbank, Transaktionsmonitor, Formatsystem - kurz: er muß die gesamte Systemarchitektur kennen.
- Die Programmierer sind schon so lange mit den gleichen Programmen befaßt, daß eine Art „Betriebsblindheit" zu vermerken ist.
- Die Programmierer sind oft unersetzbar; niemand anders „versteht" das Programm.
- Die Zeit reicht nicht aus, um alle Anforderungen gleichermaßen zu befriedigen.
- Fehlende Zeit, kein Budget und mangelnde Aus- bzw. Fortbildung führen dazu, daß der Einsatz von neuen Methoden, Verfahren und Werkzeugen trotz aller positiven Aussichten nicht stattfindet. Wartung und Neuentwicklung sind sehr oft vollkommen verschiedene Welten.
- Neue Mitarbeiter müssen sich einarbeiten, nicht nur in die fachliche Themenstellung und die Programme, sondern auch in die Systemarchitektur. Eine Betreuung findet aufgrund der Kapazitätsengpässe nur unzureichend statt. Die schlechte Ausstattung und die Aussicht, sich „totes Wissen" veralteter Systemarchitekturen anzueignen, tragen nicht zur Motivation bei.

Hauptsächlich aufgrund mangelnder Zeit und wegen des Kostendrucks muß diese Situation bei allen Reengineeringmaßnahmen, die in der Wartung stattfinden, berücksichtigt werden:

- Die Maßnahme muß in die tägliche Arbeit des Wartungsprogrammierers integriert werden.
- Verfahren und Werkzeuge dürfen nicht zu langen Ausbildungszeiten führen.
- Verfahren und Werkzeuge müssen das gesamte Anwendungssystem - nicht nur die Programme - verarbeiten können.
- Ergebnisse müssen schnell vorliegen, direkt einsetzbar sein und sofort zu Verbesserungen führen.

Eigene Erfahrungen und Studien zeigen, daß in der Wartung ca. die Hälfte des Aufwandes entsteht, um das zu ändernde System und die betroffenen Teile zu verstehen. Weitere 25% werden für den abschließenden Test verwendet; nur ein Viertel des Aufwandes betrifft die unmittelbare Realisierungstätigkeit (Abb. 1). Dies bedeutet, daß *drei Viertel des Aufwandes dem Verständnis und dem Nachweis des korrekten Verständnis* dienen. Bereits die Reduzierung dieser „Verständniskosten" um 50% führt zu einer übergreifenden *Produktivitätserhöhung um mindestens 30-35%*.

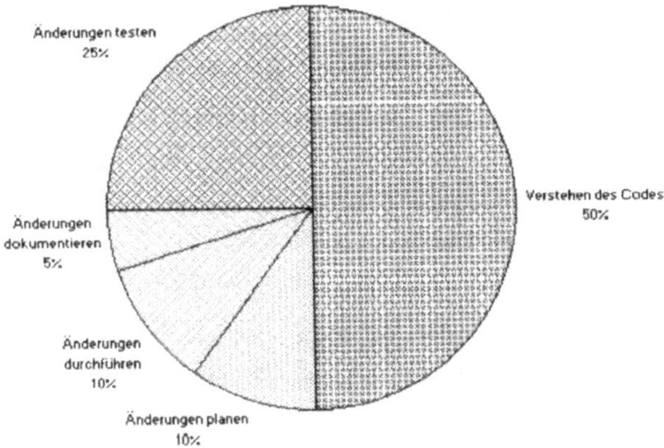

Abb. 1: Verteilung der Wartungskosten

Maßnahmen zum besseren Programmverstehen sind ohne lange Ausbildungszeiten in die tägliche Arbeit einbeziehbar. Die Ergebnisse sind sofort sichtbar. Die Abschnitte 2 und 3 zeigen, wie ein Verfahren zum Programmverstehen auf ganze Anwendungssysteme angewendet werden kann.

Verfahren für ein verbessertes Programmverstehen bieten eine kurzfristig umsetzbare Linderung des Problemdrucks. Weitere Verbesserungen der Produktivität sind nur dann zu erreichen, wenn Maßnahmen ergriffen werden, die die Ursachen mangelnder SW-Qualität beheben:

- Verbesserung der Softwareproduktionsumgebung, z.B. durch Einsatz von Vorgehensmodell, Data Dictionary, CASE-Tools und Werkzeugen für das Konfigurationsmanagement
- Verbesserung der Softwarestruktur, z.B. Remodularisierung und Restrukturierung
- Verbesserung der Systemarchitektur, z.B. Migration zu einer relationalen Datenbank
- Verbesserung des Entwicklungs*prozesses* durch ständige Messung der Qualität und daraus resultierenden Maßnahmen zur Prozeßgestaltung

Diese Maßnahmen zeichnen sich aus durch folgende Merkmale:

- Sie müssen parallel zur Wartung stattfinden.
- Sie werden als Projekt durchgeführt.
- Ergebnisse führen mittel- bzw. langfristig zu Verbesserungen.
- Das alte Anwendungssystem liefert strukturelle und aggregierte Informationen:
  - Abhängigkeiten zwischen Programmen, zur Datenbank, zum Transaktionsmonitor usw.
  - Einfache Metriken, z.B. Mengenangaben, Klassifizierungen
  - Komplexe Metriken, z.B. Codeanomalien

Diese Informationen werden durch Maßnahmen des Reverse Engineering erzeugt. Kapitel 4 illustriert dies. Schließlich werden in Kapitel 5 einige Erfahrungen zusammengefaßt.

2. Modell und Codebasis

Die Basis jedes Verfahrens zum Programmverstehen sind der Code und die darin enthaltenen Objekte, Strukturen und Abhängigkeiten[1]. Diese lassen sich gliedern in lokale und globale Informationen (Abb. 2).

[1] Die folgenden Erörterungen beziehen sich auf imperative Programmiersprachen.

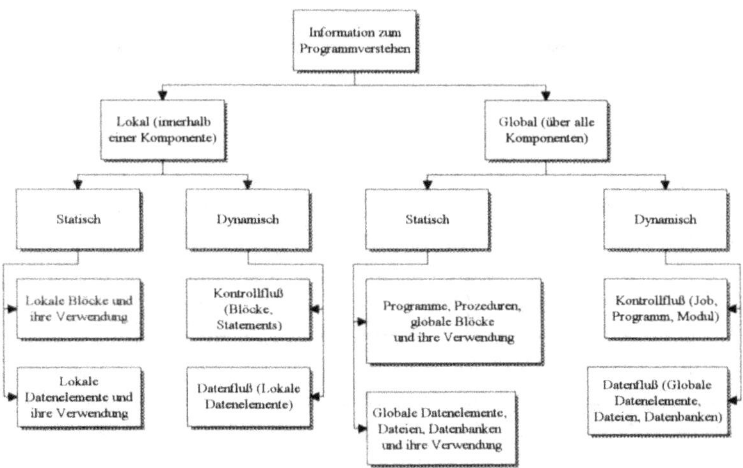

Abb. 2: Informationen zum Programmverstehen

Bei der Analyse komplexer Systemarchitekturen[2] treten besondere Probleme auf. Unterschiedliche Codetypen besitzen für den gleichen Informationsgehalt vollständig verschiedene Umsetzungen. Als Beispiel wird der Dateizugriff in COBOL auf dem IBM Betriebssystem MVS (Abb. 3) verglichen mit PASCAL auf MS/DOS (Abb. 4).

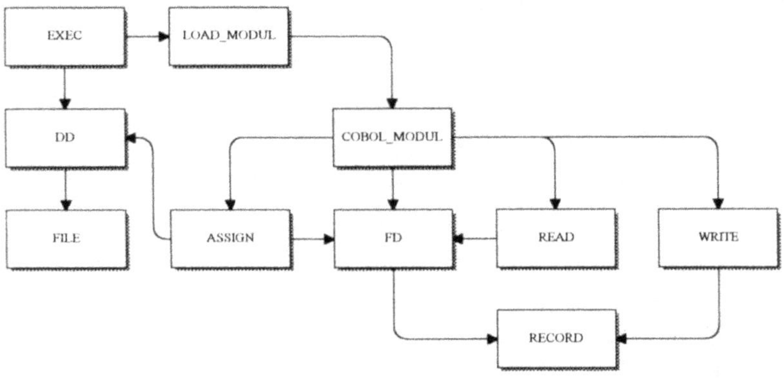

Abb. 3: Dateizugriff COBOL auf MVS

[2] Hierunter verstehen wir Anwendungssysteme, die mit unterschiedlichen Programmiersprachen, Datenbanken, Formatsystemen o.ä. realisiert sind.

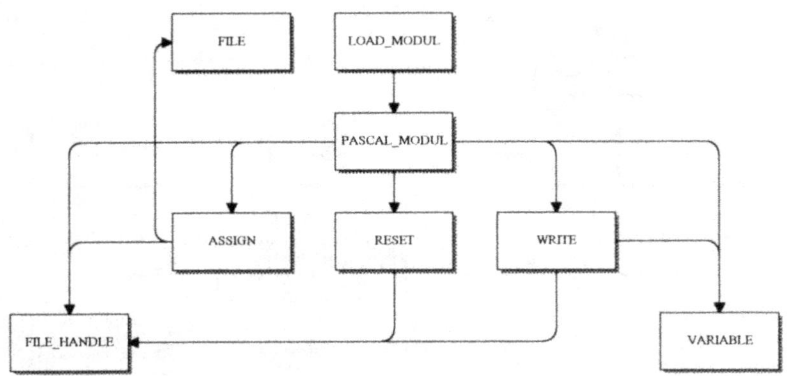

Abb. 4: Dateizugriff PASCAL auf MS/DOS

Zur Ableitung der Informationen ist der Code zu analysieren. Die Betrachtung eines Quelltyps, z.B. der Programmiersprache COBOL, führt direkt zum Verfahren, eine Grammatik für COBOL zu entwerfen, hierin die Ableitung der Informationen durch semantische Aktionen zu realisieren, und dann mit einem Compilergenerator den COBOL-Scanner zu erzeugen (Abb. 5). Das gleiche Verfahren führt zu einem PL/1 oder FORTRAN Scanner. Die Scanner erzeugen Abstrakte Syntaxbäume (Abk. AST), die alle wesentlichen Aspekte des Codes beinhalten.

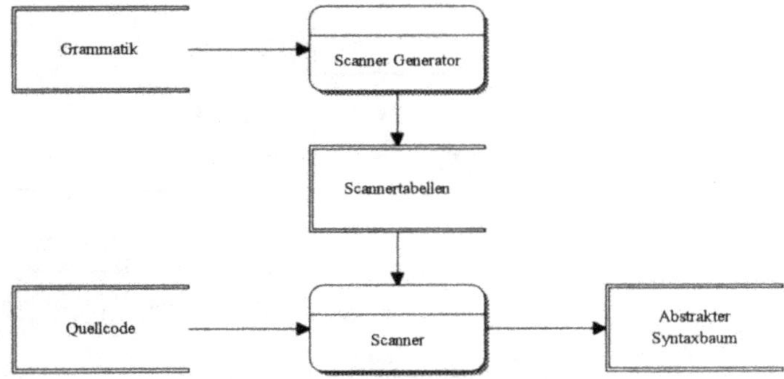

Abb. 5: Erzeugung von Scannern

Welche Aspekte des Codes sind für unseren Informationsbedarf relevant?

- Das Quellobjekt als Ganzes, samt aller Includes, Makroersetzungen u.ä.
- Die einzelnen Objekte, d.h. Blöcke, Statements, Ausdrücke und Datendefinitionen
- Attribute zu den Objekten, z.B. Länge einer Datendefinition
- Die Aggregation eines Objekts aus anderen Objekten
- Die Verwendung von Objekten durch andere Objekte
- Die Reihenfolge der Objekte im Code

Die Abstrakten Syntaxbäume sind nur dann in gleicher Art weiterverwendbar und interpretierbar, wenn die relevanten Informationen in der Grammatik mit der gleichen „Methode" markiert wurden. Zu diesem Zweck läßt sich ein Modell bilden. Dieses *Metamodell* beschreibt, welche grundlegende Struktur alle abstrakten Syntaxbäume besitzen:

- Objekttyp
- Attributtyp
- Beziehungstyp „beinhaltet" (Aggregation)
- Beziehungstyp „referenziert intern" (im AST definierte Objekte)
- Beziehungstyp „referenziert extern" (außerhalb des AST definierte Objekte)

Wenn bei der Erzeugung des AST keine strukturverändernden Transformationen des Codes stattfinden, ergibt sich die Reihenfolge der Objekte wie im Code durch eine entsprechende Traversierung des AST.

AST-Beispiel in COBOL (Abb. 6):

```
READ KUNDE
     AT END
           MOVE K-YES TO W-KUNDE-EOF
           GOTO KUNDE-EOF
     NOT AT END
           MOVE KUNDE-NR TO L-KUNDE-NR
           CALL  'P10034' USING L-KUNDE-NR W-RETCODE.
```

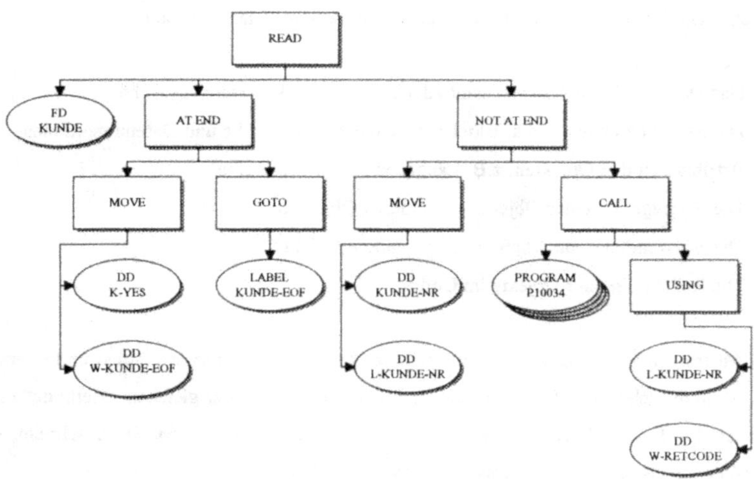

Abb. 6: COBOL-Code als AST

Zur Analyse von Quellcode in einer bestimmten Sprache wird also die Grammatik der Sprache definiert und mit semantischen Aktionen versehen. Die semantischen Aktionen sind genau die Konstruktoren zur Erzeugung von AST-Elementen entsprechend des Metamodells. Dies bedeutet, daß das *konkrete Systemmodell einer Sprache*, also die sprach-spezifischen Objekt-, Attribut- und Beziehungstypen, implizit in der verwendeten Grammatik existiert. Eine explizite Modellierung, z.B. als Entity-Relationship Diagramm, hat sich nicht bewährt.

Dieses Verfahren läßt sich für jede Programmiersprache, Datenbank, Transaktionsmonitor, Formatsystem und Job Control einsetzen. Allein durch die Zuordnung der Elemente eines abstrakten Syntaxbaums zu den Elementen des Metamodells lassen sich sämtliche statischen Analysen auf Code- und Systemebene *generisch* durchführen. Maschinelle Kontrollflußanalysen ergeben sich über die Interpretation der Semantik ablaufverändernder Statements. Für die maschinelle Datenflußanalyse ist schließlich die Interpretation von Statements erforderlich, deren Semantik eine Zuweisung beinhaltet. Kontroll- und Datenflußanalyse werden z.Zt. auf der Ebene des Systemmodells durchgeführt. Die generische Umsetzung dieser Analysen auf der Grundlage des Metamodells sind Gegenstand der laufenden Arbeit.

3. Navigation[3] und Recherche[4]

Bei einem Anwendungssystem mit 1 Million Zeilen (nach Expansion von Includes und Makros) ergeben sich typischerweise etwa die gleiche Zahl von Objekten, mehrere Millionen Attribute, und ca. 500.000 Referenzen, davon allerdings nur einige tausend extern[5]. Die Struktur der Codebasis ist somit geprägt von einem tiefen Nesting der Objekte, einer hohen Vernetzung und großen Mengen. Die Navigation in der Codebasis muß schnell sein. Auch Recherchen dürfen maximal im Bereich von Sekunden liegen. Die Charakteristik der Codebasis widerspricht daher jeder Form „tabularer" Speicherung, insbesondere in relationalen Datenbanken. Die Abstrakten Syntaxbäume werden als strukturierte Objekte in Dateien gespeichert und während der Navigation nach Bedarf geladen. Alle Zugriffe auf die Codebasis, sowohl der Scanner wie auch der anderen Tools, werden über ein *Framework* von in C++ realisierten Klassen abgewickelt. Die Werkzeuge haben über das Framework verschiedene Sichten auf die Codebasis:

- auf die über das Metamodell erzeugte, *generische Objektstruktur*
- auf die jeweilige, *Systemmodell-spezifische Objektstruktur* (z.B. COBOL-spezifisch)
- auf den *Quellcode* selbst

Alle Sichten sind miteinander verknüpft. Zur Navigation werden unterschiedliche Aufbereitungen angeboten, die sich in ihrem Informationsgehalt gegenseitig ergänzen:

- Als *Baumstruktur*, ähnlich dem Explorer von Windows95 (Abb. 7). Diese Aufbereitung dient dem gezielten Einstieg in das Anwendungssystem.
- Zusammen mit dem Code als *Hypertext* (Abb. 8). Diese Aufbereitung bietet eine vollständige Wiedererkennung der eigenen Arbeitsergebnisse, und unterstützt die Navigation im Detail.

- Als *Graph des Kontrollflusses* (Abb. 9). Diese Aufbereitung unterstützt die Analyse dynamischer Aspekte.

[3] Navigation: Freies Auswerten der Objektstruktur
[4] Recherche: Gezielte Suche nach bestimmten Eigenschaften in allen Objekten
[5] Diese Zahlen beziehen sich auf COBOL-Code.

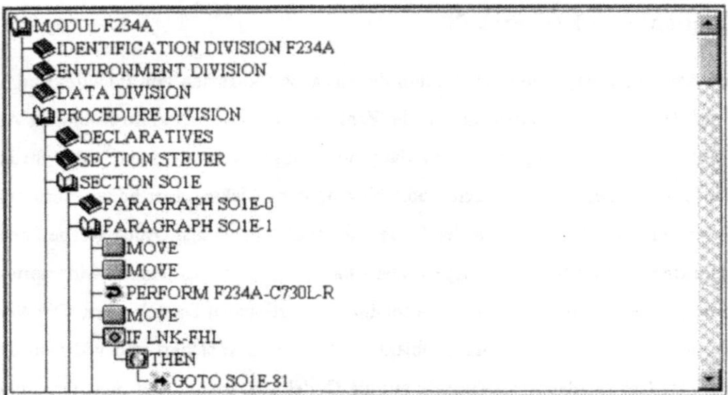

Abb. 7: Baumstruktur

Ergänzt wird die Navigation durch die Verfügbarkeit der *Referenzen*, die jederzeit die Verfolgung der für den aktuell betrachteten Codeteil relevanten Beziehungen auf der Ebene von *Referenz* (Abb. 11) und *Crossreferenz* (Abb. 10) gestatten.

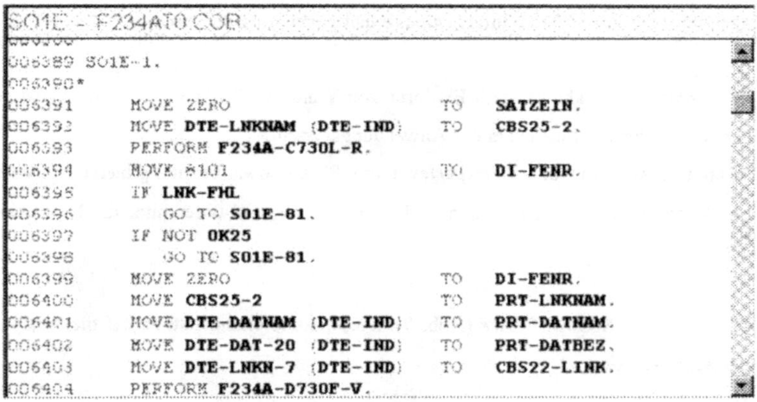

SO1E - F234AT0.COB

```
SO1E-1.
*
     MOVE ZERO                          TO    SATZEIN.
     MOVE DTE-LNKNAM (DTE-IND)          TO    CBS25-2.
     PERFORM F234A-C730L-R.
     MOVE 8101                          TO    DI-FENR.
     IF LNK-FHL
        GO TO S01E-81.
     IF NOT OK25
        GO TO S01E-81.
     MOVE ZERO                          TO    DI-FENR.
     MOVE CBS25-2                       TO    PRT-LNKNAM.
     MOVE DTE-DATNAM (DTE-IND)          TO    PRT-DATNAM.
     MOVE DTE-DAT-20 (DTE-IND)          TO    PRT-DATBEZ.
     MOVE DTE-LNKN-7 (DTE-IND)          TO    CBS22-LINK.
     PERFORM F234A-D730F-V.
```

Abb. 8: Hypertext

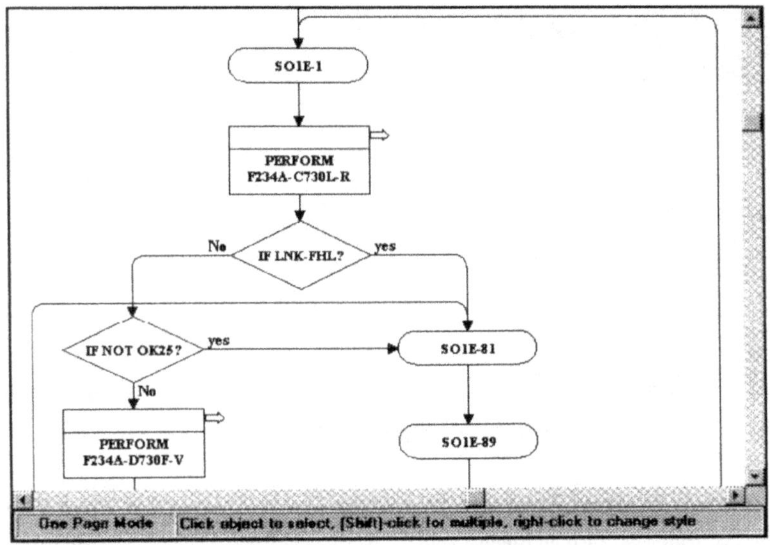

Abb. 9: Graph des Kontrollflusses

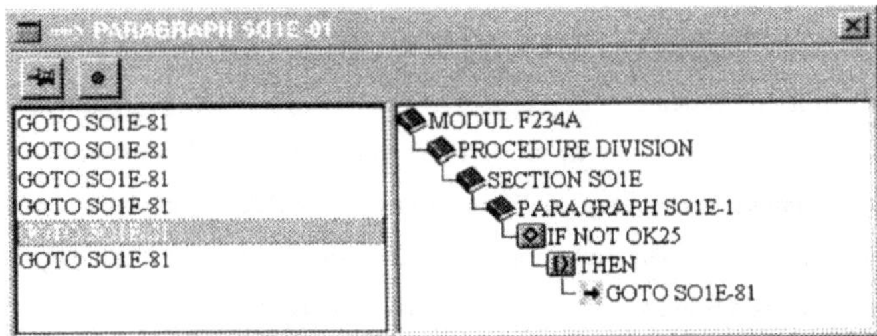

Abb. 10: Verfolgung von Crossreferenzen

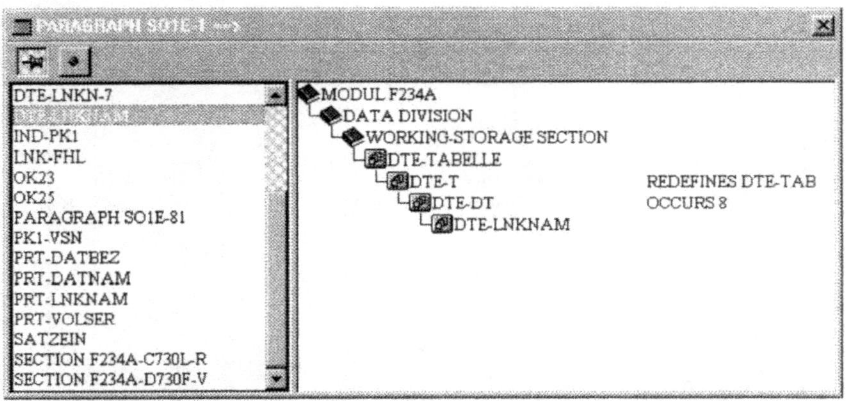

Abb. 11: Verfolgung von Referenzen

Die *Recherche* erlaubt ein Retrieval in der gesamten Codebasis. Gesucht werden können beliebige Zeichenfolgen, auch im Kontext anderer Worte, und typ-gebundene Zeichenfolgen, z.B. der Name einer Prozedur o.ä. Die Suchergebnisse führen wieder zur Navigationsoberfläche.

4. Reverse Engineering

Reverse Engineering beschäftigt sich mit der Darstellung des betrachteten Softwaresystems auf höheren Abstraktionsebenen, z.B.:

- Die Extraktion sämtlicher Include- und Call-Beziehungen zur Darstellung der Konfigurationsvorschrift des Systems.
- Die Extraktion der Kontrollstruktur zur Erzeugung von Action Diagrammen
- Die Extraktion sämtlicher Designinformationen zur Überführung in ein Dictionary
- Die Überführung von Satzstrukturen in ein CASE-Werkzeug, als Ausgangspunkt für eine Rückgewinnung des logischen Schemas für ein Datenbankredesign
- Die Erzeugung von Structure Charts
- Die Erzeugung von Metriken

Damit kann Reverse Engineering einen Beitrag leisten, um den gesamten Prozeß der Softwareentwicklung zu verbessern:

- Einsatz eines Vorgehensmodells, basierend auf einem Dictionary; durch maschinelle Analyse des Codes wird das Dictionary geladen.
- Einsatz von strukturierten oder objekt-orientierten Methoden, mit entsprechender Werkzeugunterstützung (Upper CASE); durch maschinelle Analyse des Codes können bottom-up Design-Informationen extrahiert und weiterverwendet werden.
- Durchführung eines Freigabeverfahrens, basierend auf einem CCM-System[6]; die Konfigurationsvorschriften der freizugebenden Komponenten werden durch maschinelle Analyse gewonnen; auch die maschinelle Überprüfung von Programmierkonventionen wird unterstützt.
- Kontrolle und systematische Verbesserung des Prozesses durch Einsatz von Metriken, die durch maschinelle Analyse aus dem Code gewonnen werden.

Die Aufgabenstellung des Reverse Engineering überschneidet sich mit dem Programmverstehen, denn bei beiden Aktivitäten findet eine Identifikation aller Systembestandteile und ihrer Beziehungen untereinander statt. Aufgrund der Mengen ist auch hier eine maschinelle Analyse durch Scanner erforderlich. Dieser Teil der Aufgabe ist einfacher als beim Programmverstehen, da nur spezielle Aspekte des Codes analysiert werden müssen. Es ist nicht notwendig, für eine Programmiersprache eine vollständige Grammatik zu erstellen[7]. Die Datenbasis besitzt eine gröbere Struktur; die Mengen sind geringer.

Der maschinelle Teil einer Reverse Engineering Aufgabe erzeugt sämtliche Strukturdaten für das gewünschte Abstraktionsniveau. Jedoch ist dies zuwenig. Spätestens zu diesem Zeitpunkt wird offenbar, daß die *erläuternden Beschreibungen* - fachliche Erklärungen, Begründungen von Designentscheidungen usw. - fehlen. Teile können eventuell aus Kommentaren aus dem Code gewonnen werden. Immer ist eine Validierung nötig, meistens Änderung und Ergänzung. *Reverse Engineering geht zwingend einher mit Redokumentation. Und Redokumentation bedarf eines Verfahrens zum Programmverstehen.*

---

[6] CCM: Change and Configuration Management; Verfahren und Werkzeuge zur fortlaufenden Kontrolle und Buchführung der in der Entwicklung entstehenden Komponenten, ihrer Versionen und Varianten, sowie aller Abhängigkeiten.

[7] In diesem Fall muß der Scanner über eine gute Error Recovery verfügen. Bestimmte Teile der Syntax, z.B. alle Elemente der Blockstruktur, müssen vollständig in der Grammatik implementiert werden.

Deutlich wird auch, daß die auf das alte Anwendungssystem eingeschränkte Sichtweise verlassen wird. Verfahren und Werkzeuge müssen in die Softwareproduktionsumgebung integriert werden. Nur in diesem Kontext kann sinnvoll entschieden werden, wo die Ergebnisse der Redokumentation, verknüpft mit den Analyseergebnissen aus dem Reverse Engineering, abgelegt werden sollen. Ferner wird deutlich, daß der gesamte Prozeß sehr „individuell" wird. Beispielsweise wird im Zuge der Redokumentation erkannt, daß Datendefinitionen mit einer bestimmten Namenskonvention Repräsentationen fachlicher Datenelemente sind. Folglich werden die Werkzeuge zur maschinellen Analyse angepaßt, so daß automatisch eine entsprechende Zuordnung vorgenommen wird. Die Ausprägung dieser Individualität wechselt auch im gleichen Unternehmen von Anwendungssystem zu Anwendungssystem.

5. Erfahrungen

Die geschilderten Vorgehen und Werkzeuge wurden vielfach eingesetzt. Ihr Einsatz hat zu guten Ergebnissen geführt. Dabei wurden folgende Erfahrungen gemacht:

- *Die ersten Probleme liegen ganz woanders!*
  - Die Quellen müssen vom Host auf den PC[8] gebracht werden. Diese Forderung kann sehr problematisch sein, wenn der Host gegen alle Zugriffe von außen abgeschirmt wird[9].
  - Die Umsetzungstabelle EBCDIC/ASCII für den Filetransfer Host->PC ist falsch.
  - Zu manchen Programmen gibt es viele Versionen. Welche sind die richtigen?
  - Zu manchen Programmen fehlt der Quellcode.
  - 80% der Module werden nirgends benutzt. Kann das richtig sein?

- *Nicht genormte Sprachen*
  Jeder Hersteller nimmt - auch bei ISO/ANSI-normierten Sprachen - Ergänzungen der Syntax vor.
- *Man findet einen ganzen „Zoo" von Sprachen und Subsystemen*
  Extremfall: 23 Programmiersprachen, mehrere Datenbanken, Formatsysteme u.ä.

---

[8] Die beschriebenen Werkzeuge arbeiten alle auf der PC-Plattform, mit Windows 3.x/95/NT

[9] Dies ist durchaus üblich, da befürchtet wird, daß über den PC betriebliche Informationen unberechtigt an Dritte gelangen können.

- *Widerspruch zwischen „Ordnen" und „Architektur detailliert nachbilden"*

  Beispiel: In einer Bibliothek befinden sich Includes, Programmquellen, Pseudocode, Ladeprozeduren für die Datenbank, Testdaten u.v.m. Für den Einsatz von Werkzeugen muß die Bibliothek, nach Quelltypen geordnet, getrennt werden. Dies führt zu Problemen der Abbildung, z.B. Zugehörigkeit von Includes zur ursprünglichen Bibliothek.

- *Mythos der maschinellen Portfolioanalyse*
  - Der „Zoo" führt zu hohen Aufwänden für die Erstellung passender Scanner.
  - Es können Ängste bei den betroffenen Mitarbeitern entstehen, daß die Ergebnisse der Analyse zu persönlichen Nachteilen führen.

- *Mythos der maschinellen Restrukturierung und Konvertierung*
  - Das System besteht nicht nur aus „COBOL".
  - Der Programmierer muß das Programm auch danach noch verstehen und betreuen.
  - Die bessere Alternative besteht im Verlängern der Lebensdauer (Sanieren), mit einer nachfolgenden Neuentwicklung unter Mitnahme von Reverse Engineering Effekten.

- *Man darf die „Anwender" nicht verlieren!*

  Trotz rascher Erfolgserlebnisse drückt speziell in der Wartung das Tagesgeschäft. Der Prozeß muß sich hierin einfügen, insbesondere unterbrechbar und wiederaufsetzbar sein. Deshalb sind „große" Schritte oft nicht machbar.

IV. Sprachbezogene Lösungen

Dynamisches Reverse Engineering in Smalltalk

Franz-Christian Penz, Günther Vinek

Zusammenfassung

Dynamisches Reverse Engineering wird als Verfahren zur Untersuchung von Smalltalk-Programmen auf zugrundeliegende konzeptionelle Modellinformationen vorgestellt. Im Unterschied zu statischem Reverse Engineering, das auf einer Untersuchung des Quellcodes beruht, wird dabei das Verhalten der Objekte einer laufenden Applikation überwacht und hinsichtlich der zu gewinnenden Entwurfscharakteristika analysiert. Es werden dabei auch Struktur- und Verhaltenseigenschaften betrachtet, die in herkömmlichen Entwurfskonzepten nicht berücksichtigt werden. Weiterhin wird ein Werkzeug präsentiert, mit dem es möglich ist, beliebige Smalltalk-Applikationen zu untersuchen, und die Ergebnisse in Form von Klassen- und Interaktionsdiagrammen darzustellen.

1. Einleitung

Reverse Engineering befaßt sich mit der Untersuchung bestehender Softwaresysteme im Hinblick auf das Erkennen von Strukturen konzeptioneller und technischer Aspekte des zugrundeliegenden Anwendungsbereiches. Es hat bisher eine besondere Bedeutung bei der Restrukturierung veralteter Informationssysteme, die durch *Reengineering* unter weitgehender Beibehaltung ihrer Funktionalität auf eine neue technologische Grundlage gestellt werden sollen.

Da objektorientierte Techniken der Softwareentwicklung eben erst dabei sind, sich in der Softwareindustrie zu etablieren, besteht noch kaum Bedarf nach Reverse Engineering im Zusammenhang mit Restrukturierung objektorientierter Software. Es gibt jedoch gute Gründe, Methoden des Reverse Engineerings bereits bei der Entwicklung objektorientierter Software einzusetzen. Durch die iterative und inkrementelle Vorgangsweise der Softwareentwicklung, die durch das objektorientierte Paradigma besonders unterstützt wird, erfolgt ein häufiger

Wechsel zwischen Entwurfs- und Implementierungsphasen, auf deren Koordinierung und gegenseitige Validierung besonderes Augenmerk zu legen ist. Methoden des Reverse Engineerings können dabei besonders für die Überprüfung der Konsistenz der Implementierung mit den Entwurfsvorgaben herangezogen werden [Booc94, 283].
In dieser Arbeit werden Möglichkeiten des Reverse Engineering von Smalltalk-Software vorgestellt. Abschnitt 2 enthält eine Gegenüberstellung des statischen und dynamischen Reverse Engineerings. Abschnitt 3 bietet einen Überblick über strukturelle und dynamische Eigenschaften von Objektbeziehungen, die bei der Objektmodellierung vorgegeben und durch ynamisches Reverse Engineering aufgefunden werden können. In Abschnitt 4 wird die Funktionsweise eines entwickelten Reverse-Engineering-Werkzeuges an Hand von Beispielen, die aus der Domäne des Bankwesens sowie dem Smalltalk-System selbst entnommen sind, gezeigt. Abschnitt 5 enthält schließlich eine Zusammenfassung und einen Ausblick auf weitere Einsatzgebiete des dynamischen Reverse Engineerings.

2. Reverse Engineering von objektorientierten Systemen

Der logische Aufbau eines objektorientierten Systems ist durch eine statische Struktur und durch ein dynamisches Verhalten gegeben [Booc91].
Die statische Semantik skizziert Klassen- und Objektstrukturen, die in entsprechenden Diagrammen dargestellt werden. Als wichtigste Klassenbeziehungen werden Vererbungs-,Aggregations- und Verwendungsbeziehungen betrachtet. Aggregationsbeziehungen (*has-relationships*) werden auf Klassenebene festgelegt, sie beschreiben den Aufbau komplexer Objekte und ermöglichen die Navigation von einem Aggregatobjekt zu einem oder mehreren Teilobjekten [Booc91]. Verwendungsbeziehungen (*using-relationships*) beschreiben ebenfalls auf Klassenebene Strukturbeziehungen, durch welche das Zusammenwirken der Objekte in einer objektorientierten Applikation ermöglicht wird.
Die dynamische Semantik beschreibt, wie Objekte interagieren um elementare Systemfunktionen zu erfüllen oder Anwendungsfälle (use-cases) [Jaco92] zu realisieren. Objektinteraktionen, oft auch als Mechanismen bezeichnet [Booc91], werden in Interaktionsdiagrammen dargestellt.
Methoden für das Reverse Engineering objektorientierter Software verfolgen somit das Ziel, durch Analyse bestehender Softwaresysteme deren statische und dynamische Semantik zu extrahieren und in entsprechender Form zu visualisieren.

2.1 Statisches Reverse Engineering

In heute verfügbaren CASE-Werkzeugen, die Reverse Engineering von objektorientierten Systemen unterstützen, werden Metainformationen über die Struktur einer Applikation durch Inspektion des Quellcodes eines Softwareproduktes erhalten, weshalb diese Vorgangsweise als *statisches Reverse Engineering* bezeichnet wird. Im Falle streng und statisch getypter Sprachen können Vererbungs-, Aggregations- und Verwendungsbeziehungen zwischen den Klassen aus dem Quellcode direkt abgelesen werden. Die Typisierung stellt dabei sicher, daß zur Laufzeit in jeder Objektzuordnung einem Quellobjekt nur Partnerobjekte zugeordnet werden können, welche der vorgegebenen Klasse oder einer ihrer Unterklassen angehören. In [Jaco92] wird dies als *eingeschränkter Polymorphismus* bezeichnet. Für jede Aggregationsbeziehung kann neben der Art der Partnerobjekte auch ihre Multiplizität festgestellt werden.
Aspekte der dynamischen Semantik eines objektorientierten Systems können durch statisches Reverse Engineering nicht erkannt werden.

2.2 Dynamisches Reverse Engineering

In objektorientierten Sprachen mit dynamischer Typisierung, wie etwa Smalltalk, können Variablen ohne Einschränkung Objekte beliebiger Klassenzugehörigkeit referenzieren, so daß es zu einem *uneingeschränkten Polymorphismus* kommt. Insbesondere können dadurch gleichnamige Instanzvariablen mehrerer Ausprägungen ein und derselben Klasse Partnerobjekte referenzieren, die Klassen angehören, welche in der Hierarchie der Anwendungsklassen keine gemeinsame Wurzelklasse besitzen ("technische" Klassen wie etwa die Klasse *Object* in der Smalltalk-Klassenhierarchie werden dabei nicht berücksichtigt). Aggregationsbeziehungen können in diesem Fall eine *uneingeschränkte Varietät* bezüglich der Art der Partnerobjekte aufweisen.
Wegen des Fehlens von statischen Typinformationen können Aggregationsbeziehungen und Verwendungsbeziehungen, welche über Variable realisiert werden, nicht mehr durch Analyse des Quellcodes erkannt werden, sondern nur durch Beobachtung dynamischer Objektstrukturen. Die Vorgangsweise, konzeptionelle Systemeigenschaften zur Laufzeit zu ermitteln, wird als *dynamisches Reverse Engineering* bezeichnet.
Dynamisches Reverse Engineering ermöglicht es, neben den statischen Eigenschaften der Aggregationsbeziehungen (Multiplizität, Varietät) auch dynamische Eigenschaften wie *Mutabilität* (Ersetzbarkeit der Partnerobjekte) und *Flexibilität* (Änderung der Anzahl der Zuordnungspartner) zu erkennen.

3. Klassenbeziehungen in Smalltalk

Durch die dynamische Typisierung und dem daraus resultierenden uneingeschränkten Polymorphismus ergeben sich Beziehungseigenschaften, die bisher auf konzeptioneller Ebene nur wenig Beachtung fanden. Vor allem das Konzept der Varietät und die dynamischen Eigenschaften Mutabilität und Flexibilität sind in der hier vorgestellten Betrachtungsweise kaum diskutiert worden. Vergleichbare Ansätze bezüglich Beziehungsvarietät wurden in [Ramb95] und bezüglich Mutabilität in [Odell92] vorgestellt.
Vererbungsbeziehungen werden in diesem Beitrag nicht weiter betrachtet, weil diese nicht Gegenstand des dynamischen Reverse Engineerings sind.

3.1 Aggregationsbeziehungen und ihre Eigenschaften

Die Diskussion von Eigenschaften der Aggregationsbeziehungen (has-relationships) erfordert die Betrachtung sowohl der Klassen- als auch der Objektebene. Im folgenden bezeichnen wir eine Aggregationsbeziehung auf Objektebene als *Objektzuordnung*, sie wird in Smalltalk durch eine Instanzvariable implementiert, die in einem *Quellobjekt* definiert ist und ein *Zielobjekt* referenziert. Jede Objektzuordnung kann als Realisierung einer auf Klassenebene festgelegten Aggregationsbeziehung betrachtet werden. Eigenschaften von Aggregationsbeziehungen sind Einschränkungen, die von allen entsprechenden Zuordnungen auf Objektebene eingehalten werden müssen. Abbildung 1 zeigt einen Ausschnitt aus einem Objektmodell einer möglichen Bankapplikation, an Hand dessen die Beziehungseigenschaften veranschaulicht werden.

3.1.1 Statische Eigenschaften

Statische Eigenschaften sind Einschränkungen, die zu jedem Zeitpunkt und unabhängig von der Vorgeschichte der jeweiligen Objektzuordnung erfüllt sein müssen. Statische Eigenschaften von Aggregationsbeziehungen sind Multiplizität, Varietät und Heterogenität.
Unter *Multiplizität* wird eine Einschränkung bezüglich der minimalen und maximalen Anzahl zugeordneter Partnerobjekte verstanden. (Ist die maximale Anzahl der Zielobjekte einer Beziehung größer als eins, so werden in der technischen Realisierung der Zuordnungen die Zielobjekte in einem Behälterobjekt gesammelt, welches selbst nicht als konzeptionelles Partnerobjekt betrachtet wird.) In Abbildung 1 ist beispielsweise für die Inhaber-Beziehung eines Kontos durch die Multiplizitätseinschränkung (1:1) festgelegt, daß jedes Konto genau einen Inhaber zugeordnet haben muß.

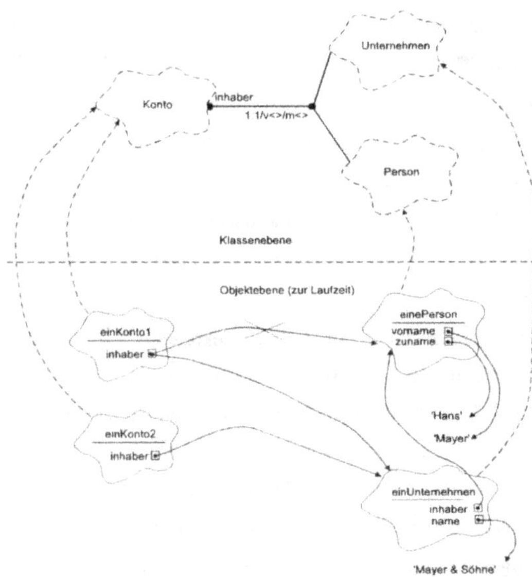

Abb. 1: Objektzuordnungen der Inhaber-Beziehung der Klasse *Konto*.

Die *Varietät* ist eine Eigenschaft, die für eine Beziehung festlegt, welchen Klassen zugeordnete Partnerobjekte angehören dürfen. Man unterscheidet:

- *Keine Varietät* (v!): Die Partnerobjekte gehören in allen Zuordnungen genau der angegebenen Klasse an.
- *Schwache Varietät* (v): Die Partnerobjekte gehören in allen Zuordnungen der angegebenen Klasse oder einer ihrer Unterklassen an.
- *Starke Varietät* (v<>): Die Partnerobjekte können Ausprägungen irgendeiner der angegebenen Klassen sein, die in keiner gegenseitigen Vererbungsbeziehung stehen und auch keine gemeinsame Oberklasse des Anwendungsbereiches besitzen.

Die in Klammern angeführten Kurzbezeichnungen symbolisieren Einschränkungssymbole für die graphische Darstellung der Aggregationsbeziehung.

Die Inhaber-Beziehung der Klasse Konto in Abbildung 1 ist stark variant (v<>), weil einem Konto als Inhaber entweder eine Person oder ein Unternehmen zugeordnet sein darf. Dabei wird angenommen, daß Personen und Unternehmen unabhängigen Klassenhierarchien des Anwendungsbereiches angehören.

Die *Heterogenität* einer Aggregationsbeziehung legt fest, wie sehr sich die Partnerobjekte jeder entsprechenden Objektzuordnung bezüglich ihrer Klassenzugehörigkeit unterscheiden dürfen.

Heterogenitätseinschränkungen sind erst dann von Bedeutung, wenn die Multiplizitätseinschränkung mehr als ein Partnerobjekt erlaubt und zumindest schwache Varietät zulässig ist. Man kann drei Formen der Heterogenitätseinschränkung unterscheiden:

- *Keine Heterogenität (Homogenität)* (h!): Alle Partnerobjekte einer Zuordnung müssen ein und derselben Klasse angehören.
- *Schwache Heterogenität* (h): Alle Partnerobjekte einer Zuordnung sind Ausprägungen einer durch die Varietätseinschränkung zulässigen Klasse oder einer ihrer Unterklassen.
- *Volle Heterogenität* (h<>): Die Partnerobjekte einer Zuordnung gehören unabhängigen Klassenhierarchien des Anwendungsbereiches an.

Würde die Multiplizität der in Abbildung 1 gezeigten Inhaber-Beziehung eines Kontos mehrere Inhaber zulassen, so wäre die Frage nach der Heterogenitätseigenschaft der zugeordneten Menge von Inhabern relevant. Sollte es erlaubt sein, daß sowohl Personen als auch Unternehmen gleichzeitig ein und dasselbe Konto gemeinsam besitzen dürfen, so wäre die Heterogenität der Beziehung uneingeschränkt. Sollte dieser Fall aber ausgeschlossen sein, so müßte für die Beziehung eine Heterogenitätseinschränkung festgelegt sein.

3.1.2 Dynamische Eigenschaften

Dynamische Zuordnungseigenschaften beschreiben, auf welche Weise sich Objektzuordnungen während der Lebenszeit des Quellobjekts ändern dürfen. Zu den dynamischen Eigenschaften zählen Mutabilität und Flexibilität.

Die *Mutabilität* ist eine Zuordnungseinschränkung bezüglich der Ersetzbarkeit zugeordneter Partnerobjekte.

Folgende Formen der Mutabilitätseinschränkung sollen unterschieden werden:

- *Immutabilität* (m!): Ein einmal zugeordnetes Partnerobjekt darf nicht ersetzt werden.
- *Klassengleiche Mutabilität* (m=): Die Ersetzung eines Partnerobjektes durch ein Objekt, das derselben Klasse angehört, ist zulässig.
- *Gleichartige Mutabilität* (m~): Die Ersetzung eines Partnerobjektes durch ein Objekt, das derselben Klassenhierarchie des Anwendungsbereiches angehört, ist zulässig.
- *Volle Mutabilität* (m<>): Die Ersetzung eines Partnerobjektes durch ein beliebiges (durch die Varietätseinschränkung mögliches) Objekt ist zulässig.

In Abbildung 1 ist angedeutet, daß das Quellobjekt *einKonto1* während seiner Lebenszeit zwei Partnerobjekte als Inhaber zugeordnet erhielt. Der ursprüngliche Inhaber, die Person "Hans Mayer", wurde dabei durch das Unternehmen "Mayer & Söhne" ersetzt. Unter der bereits oben erwähnten Annahme, daß die Klassen Person und Unternehmen keiner gemeinsamen Klassenhierarchie des Anwendungsbereiches angehören, handelt es sich hier um eine uneingeschränkt mutable Objektzuordnung.

Die *Flexibilität* ist eine Zuordnungseigenschaft, die sich auf die Änderungsmöglichkeit der Kardinalität einer zugeordneten Menge von Partnerobjekten bezieht. Sie ist nur in jenen Fällen von Bedeutung, in denen Multiplizitätseinschränkungen einen Freiraum für Kardinalitäten der Partnermengen zulassen. Folgende Formen der Flexibilitätseinschränkung sind zu unterscheiden:

- *Keine Flexibilität* (f!): Die Anzahl der zugeordneten Partnerobjekte darf weder zu- noch abnehmen.
- Nach *oben* oder nach *unten beschränkte Flexibilität* (f+, f-): Im Fall einer solchen einseitig beschränkten Flexibilität darf die Anzahl der zugeordneten Partnerobjekte abnehmen (zunehmen) aber nicht zunehmen (abnehmen).
- *Volle Flexibilität* (f<>): Die Anzahl der zugeordneten Partnerobjekte darf innerhalb der Multiplizitätsgrenzen beliebig zu- und abnehmen.

Flexibilitätseinschränkungen von Zuordnungsmengen finden sich in der realen Welt sehr häufig. Beispielsweise gilt oft die Vorschrift, daß die Menge der Buchungszeilen eines Kontos zwar größer, nicht aber kleiner werden darf, was einer nach unten beschränkten Flexibilität (f-) entspricht.

An dieser Stelle werden die Eigenschaften von Aggregationsbeziehungen nur insoweit angeführt, als es zur Erklärung der dynamischen Reverse-Engineering-Techniken notwendig ist. Eine ausführlichere Diskussion dieser Thematik im Zusammenhang mit Forward- und Reverse Engineering findet man in [Vine96] und [Penz95].

3.2 Verwendungsbeziehungen

Verwendungsbeziehungen (*using-relationships*) legen fest, welche Objekte „Konsumenten" und welche „Dienstleister" im Rahmen einer bestimmten Wechselwirkung zwischen Objekten sind. Die Verwendung bezieht sich dabei primär auf das Protokoll des Dienstleisters, welches dem Konsumenten bekannt sein muß, um die Dienstleistung in Anspruch nehmen zu können.

In Smalltalk manifestieren sich Verwendungsbeziehungen hauptsächlich durch Methoden, die über Parameter, lokale oder globale Variablen Ausprägungen der dienstleistenden Klasse verwenden. Wegen der dynamischen Variablentypisierung können auch Verwendungsbeziehungen nicht aus dem Quellcode erkannt werden, so daß auch dafür auf die Beobachtung der Objektkommunikation in einer laufenden Applikation zurückgegriffen werden muß.

4. Dynamisches Reverse Engineering in Smalltalk

Das Erkennen struktureller Klassenbeziehungen in Smalltalk erfordert die Überwachung aller während der Laufzeit einer Applikation durchgeführten Variablenzuweisungen. Der in Abschnitt 4.1 präsentierte Ansatz erreicht dies durch eine Modifikation des Smalltalk-Standardübersetzungssystems und eine Erweiterung des Verhaltens der Smalltalk-Klassenobjekte. Darüberhinaus wird an Hand eines Beispiels ein Werkzeug zur Beobachtung struktureller Klassenbeziehungen vorgestellt.

Das Entdecken von Mechanismen kann prinzipiell mit Hilfe des gewöhnlichen Smalltalk-Debuggers durchgeführt werden [LaLo94, 394]. Dieser bietet aber weder die Möglichkeit Entwurfsdokumente zu generieren, noch gewonnene Erkenntnisse persistent zu halten. Ein Werkzeug, das genau diese Funktionalität zur Verfügung stellt, wird in Abschnitt 4. 2 wiederum an Hand eines Beispiels präsentiert.

4.1 Reverse Engineering der Beziehungsstruktur

Die Grundidee des dynamischen Reverse Engineerings von Aggregations- und Verwendungsbeziehungen basiert auf der Beobachtung von zur Laufzeit stattfindenden Objektzuordnungen zu Smalltalk-Variablen.

Aus diesen Beobachtungen werden Klassenbeziehungseigenschaften heuristisch erkannt, wobei die Ableitungsheuristiken so aufgebaut sind, daß zunächst für jede Beziehungseigenschaft die einschränkendste Form angenommen wird, die später, im Falle einer Widerlegung durch eine beobachtete Objektzuordnung, gelockert wird.

Ein auf Beobachtung basierender Ansatz, muß natürlich Einschränkungen bezüglich der Allgemeingültigkeit von Aussagen über beobachtete Eigenschaften in Kauf nehmen. So sind Aussagen wie „die Aggregationsbeziehung, welche die Klasse X mit der Klasse Y eingeht, ist immutabel“ nicht endgültig. Vielmehr kann nur ausgesagt werden, daß aufgrund der bisherigen Beobachtungen, kein Widerspruch zur Annahme einer immutablen Beziehung auftrat. Andererseits ist die Aussage „die Aggregationsbeziehung der Klasse X zur Klasse Y ist uneingeschränkt mutabel“ richtig, weil mindestens eine Objektersetzung beobachtet wurde und die angesprochene Eigenschaftsausprägung bereits die schwächste Form dieser Einschränkung darstellt.

Die Qualität der Aussage über beobachtete Beziehungseigenschaften hängt, wie bei jeder empirischen Untersuchung, von der Anzahl der Beobachtungen ab.

Die Erkennung von Objektzuweisungen erfolgt durch Einbettung von „Reverse-Engineering-Code" (RE-Code) in die Methoden der beobachteten Klassen. Der RE-Code registriert die Zuweisung und meldet seine Beobachtungen an die betroffene Klasse, die in weiterer Folge die Auswertung der Beobachtungen durchführt.

Um die Einbettung des RE-Codes und Beobachtungsauswertungen durchführen zu können, wurde einerseits das Smalltalk-Standard-Übersetzungssystem verändert, und andererseits eine neue Metaklasse mit der Bezeichnung *REClass* eingeführt, die Unterklassen Auswertungs- und Aufzeichnungsmechanismen zur Verfügung stellt.

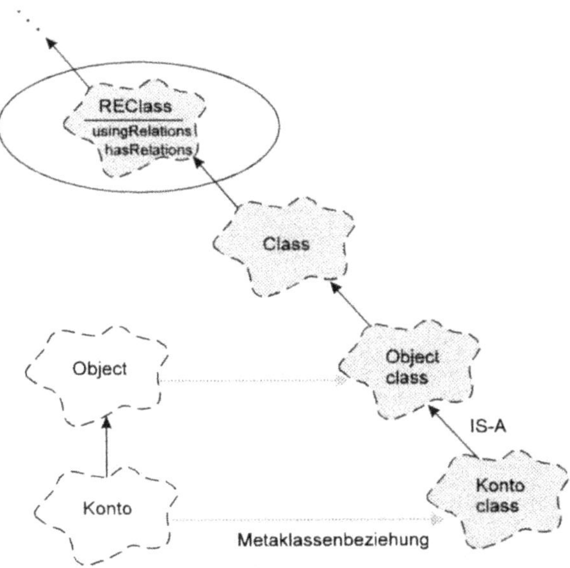

Abb. 2: Positionierung der Klasse *REClass* in der Metaklassenhierarchie.

Wie in Abbildung 2 dargestellt, ist die Klasse *REClass* als Oberklasse der Wurzel der Metaklassenhierarchie (*Class*) definiert, und vererbt somit ihre Mechanismen auf sämtliche Klassen des Smalltalk-Systems.

Die beiden Klasseninstanzvariablen *usingRelations* und *hasRelations* referenzieren *Con-tainer*-Objekte, welche die jeweils aktuellen Informationen über Klassenbeziehungen enthalten.
In Abbildung 3 ist die Beobachtung einer Aggregationsbeziehung am Beispiel der Inhaber-Beziehung von Konten skizziert. Die Methode *setInhaber:* enthält eine Zuweisungsanweisung auf die Instanzvariable *inhaber*. Wird die Nachricht *setInhaber:* an das Objekt *einKonto* gesendet (1), so ändert sich zunächst die Objektreferenz der Instanzvariablen (2). Der eingebettete, im Methodenquellcode nicht erkennbare RE-Code sorgt unmittelbar nach der Objektzuweisung für die Benachrichtigung der Klasse über die erkannte Objektzuordnung (3). Im letzten Schritt vergleicht das Klassenobjekt die beobachtete Objektzuordnung mit bereits aufgezeichneten Eigenschaften der Klassenbeziehung, adaptiert Eigenschaften, wenn es die Beobachtung erfordert, oder zeichnet, falls es noch keine Eintragungen gibt, abgeleitete Eigenschaften auf (4).
Die Erkennung und Aufzeichnung von Verwendungsbeziehungen erfolgt auf ähnliche Weise.

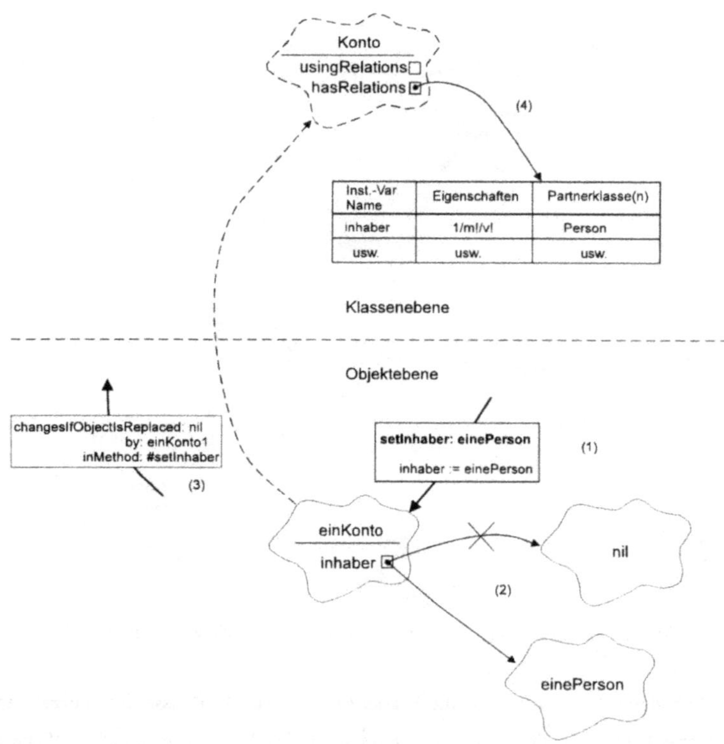

Abb. 3: Beispiel für die Erkennung einer Aggregationsbeziehung.

Zur Durchführung der Beziehungsbeobachtungen wurde ein Werkzeug für die Smalltalk-Entwicklungsumgebung *VisualWorks 2.0*[1] entwickelt (*Structure Explorer*) [Penz95], das auf den beschriebenen Konzepten basiert, und dessen Einsatz nun an Hand eines Besipiels vorgestellt wird. Der *Structure Explorer* stellt Beziehungsinspektoren zur Verfügung, die im Zusammenwirken mit dem *VisualWorks*-System-Browser Reverse-Engineering-Mechanismen für ausgewählte Klassen aktivieren (deaktivieren) und beobachtete Beziehungseigenschaften anzeigen.

Der in Abbildung 4 dargestellte Bildschirmausschnitt zeigt die Beobachtung der Smalltalk-Systemklasse *SelectionInListController*, einer Unterklasse der Klasse *Controller*. Die Reverse-Engineering-Mechanismen wurden bereits mit Hilfe des Kippschalters des Beziehungsinspektors aktiviert, und es wurden auch schon Beziehungseigenschaften auf-gezeichnet.
Für alle Klassen, die im System-Browser das Suffix „RE" aufweisen, sind Aufzeichnungsmechanismen aktiv, während sich alle anderen Klassen wie gewöhnliche Smalltalk-Klassen verhalten.

Ein Smalltalk-System-Browser enthält vier *SelectionInListViews*, wobei jedem dieser *View*-Objekte nach dem Model-View-Controller-Konzept ein *SelectionInListController* zugeordnet ist.

Damit Aufzeichnungen durchgeführt werden können, müssen Objekte der beobachteten Klasse aktiv sein.

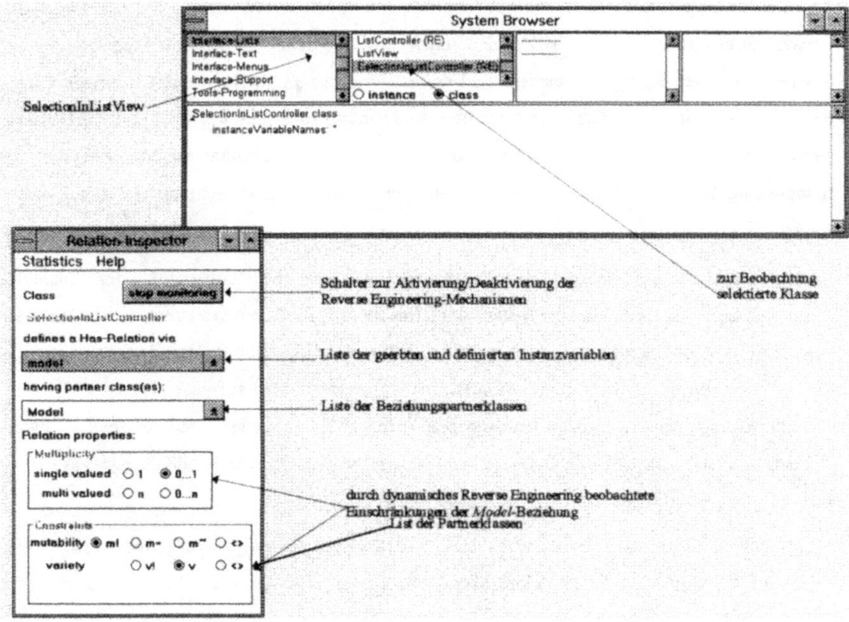

Abb. 4: Beziehungsinspektor und *VisualWorks*-System-Browser.

Durch das Arbeiten mit dem System-Browser und anderen *VisualWorks*-Standardwerkzeugen, die *SelectionInListController*-Objekte verwenden, konnten die in Abbildung 5 skizzierten Beziehungseigenschaften festgestellt werden.

Die *Performer*-Beziehung ist stark variant, weil während des Beobachtungszeitraums sowohl *Browser*-Objekte als auch *SelectionInListController*-Objekte als „performer" (das sind Objekte, die Menüaktionen des *Controllers* durchführen) auftraten. Die Klassen *SelectionInListController* und *Browser* gehören keiner gemeinsamen Klassenhierarchie an. Jeder der beiden Verzweigungsäste der *Performer*-Beziehung besitzt eine starke Varietätseinschränkung (v!). Das bedeutet, daß bisher nur Objekte der angeführten Zielklassen aber keiner Unterklassen dieser Klassen als Zuordnungspartner beobachtet wurden. Weiterhin wurde erkannt, daß zugeordnete *SelectionInListController*- oder *Browser*-Objekte durch Objekte der jeweils anderen Klasse ersetzt wurden. Die Beziehung ist deshalb uneingeschränkt mutabel (m<>).

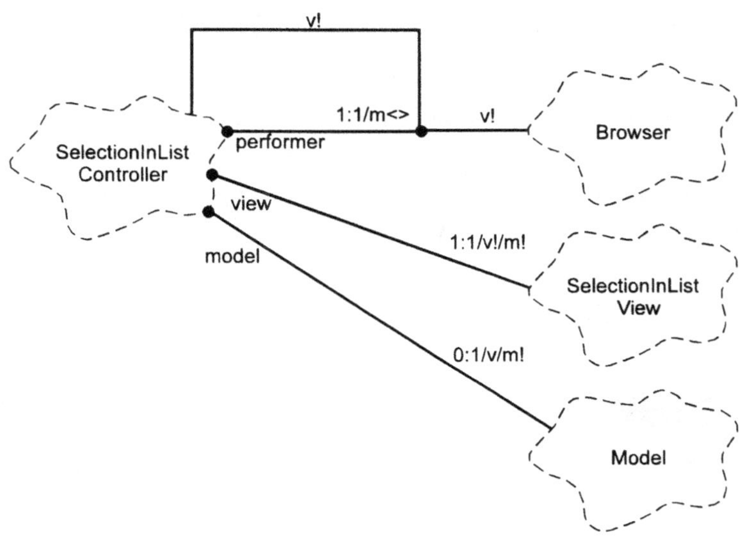

Abb. 5: Ergebnis des Reverse Engineerings der Klasse *SelectionInListController*.

Die *View*-Beziehung wiederum ist invariant (v!) und immutabel (m!). Während des Beobachtungszeitraumes wurden somit ausschließlich *SelectionInListView*-Objekte, aber keine Objekte möglicher Unterklassen als Partnerobjekte beobachtet, wobei zugeordnete Objekte niemals ersetzt wurden.

Models sind im MVC-Konzept Objekte, die Daten halten und Berechnungen durchführen. Sie sind die semantischen Objekte des Anwendungsbereiches, die vom *View/Controller*-Paar visualisiert werden. Die Beobachtung weist darauf hin, daß die *Model*-Beziehung immutabel ist (m!). Die schwache Varietätseinschränkung (v) zeigt an, daß im Rahmen der *Model*-Beziehung bisher zwar Objekte verschiedener Klassen zugeordnet wurden, aber die Klassen der Partnerobjekte gehörten alle der *Model*-Klassenhierarchie an.

Der Beobachtungsvorgang des *Structure Explorers* ist vollkommen transparent. Während der Beobachtungsphase können Methoden und auch Instanzvariablen neu hinzukommen, modifiziert oder sogar entfernt werden. Die Reverse-Engineering-Mechanismen der beobachteten Klassen bleiben solange aktiv, bis diese explizit durch „stop monitoring" wieder deaktiviert werden.

4.2 Reverse Engineering von Mechanismen und Geschäftsprozessen

Die im letzten Abschnitt diskutierten strukturellen Beziehungen zwischen Model-, View- und Controller-Klassen reichen allein nicht aus, um das MVC-Konzept zu verstehen. Erst durch die Darstellung der Mechanismen mit Hilfe von Interaktionsdiagrammen, welche die zwischen den beteiligten Objekten versendeten Nachrichten in ihrer zeitlichen Reihenfolge zeigen, ist das MVC-Konzept vollständig dokumentiert.

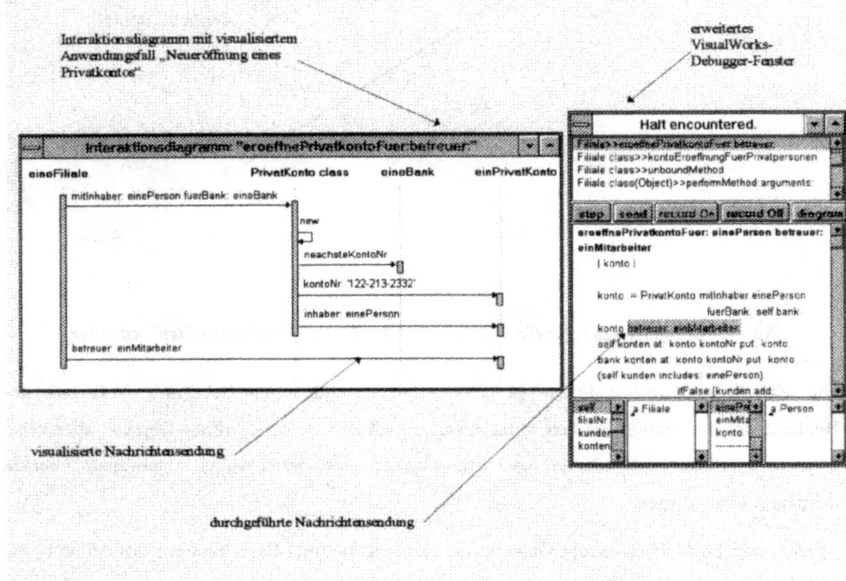

Abb. 6: Visualisierung des Geschäftsprozesses „Neueröffnung eines Privatkontos".

Neben künstlich kreierten technischen Systemmechanismen, wie dem MVC-Mechanismus, beinhalten objektorientierte Systeme aber auch Nachrichtenflüsse, deren Ablauf sich auf natürliche Weise aus der Problemstellung ergibt. Diese Nachrichtenflüsse können als automatisierte Abläufe von Geschäftsprozessen [Hamm93; Jacob95] aufgefaßt werden.

Die Extraktion und Darstellung der Mechanismen und Geschäftsprozesse in Interaktionsdiagrammen geschieht durch Verfolgung der Nachrichtensendungen mit Hilfe eines durch eine Visualisierungskomponente (*Use-Case-Visualizer*) erweiterten Smalltalk-Debuggers. Der *Use-Case-Visualizer* [Penz95] ermöglicht im Rahmen einer Debugger-Sitzung eine selektive Visualisierung von Nachrichtensendungen in einem oder auch gleichzeitig mehreren Interaktionsdiagrammen.

Abbildung 6 präsentiert die Visualisierung des Ablaufes einer Kontoeröffnung im Informationssystem. Das Interaktionsdiagrammfenster zeigt Nachrichten, welche die beteiligten Objekte bei der Neueröffnung eines Privatkontos versenden. Durch Extraktion der Nachrichtensendungen aus einem realen Nachrichtenfluß ist das Interaktionsdiagramm vollkommen synchron mit der aktuellen Implementierung. Extrahierte Interaktionsdiagramme können im System gespeichert und später nachbearbeitet werden.

5. Zusammenfassung und Ausblick

Nach [Gama95, 22-23] unterscheidet sich die Laufzeitstruktur eines objektorientierten Programmes wesentlich von seiner Code-Struktur. Während die Code-Struktur aus Klassen und zur Übersetzungszeit fixierten Vererbungsbeziehungen besteht, stellt die Laufzeitstruktur ein sich permanent änderndes Netzwerk kommunizierender Objekte dar. Die Diskrepanz zwischen Code- und Laufzeitstruktur macht es unmöglich, alle zum Verständnis der Arbeitsweise eines objektorientierten Systems notwendigen Aspekte aus dem Quellcode abzuleiten.

Der vorgestellte dynamische Reverse-Engineering-Ansatz trägt eben dieser Tatsache Rechnung und untersucht Laufzeitstukturen sowie real ablaufende Nachrichtenflüsse zur Gewinnung von Systeminformationen, wobei auch dynamische Struktureigenschaften erkannt werden können. Dynamisches Reverse Engineering hat aber nicht nur im Rahmen der Softwareentwicklung Bedeutung sondern auch im Bereich des *Business Engineerings*.

Die radikale Neugestaltung von Unternehmen durch *Business Process Reengineering*, wird weitgehend durch den Einsatz der Informationstechnologie ermöglicht. Jacobson [Jaco94, 93] sieht *Business Developement* als eine kontinuierliche Tätigkeit der Wartung (*Business Improvement* [Dave93]) und in größeren Zeitabständen auch radikalen Veränderung (*Business Process Reengineering*) von Geschäftsprozessen.

Als weitere Beispiele interessanter Einsatzgebiete für dynamisches Reverse Engineering können die Suche und Dokumentation wiederverwendbarer Systemkomponenten im Rahmen eines *harvesting-after-the-fact*-Prozesses [Gold95, 228-229] und das Überwachen der dynamischen Objektstrukturen in der Einführungsphase eines neuen Systems angeführt werden.

Anmerkung

[1] *VisualWorks* ist ein eingetragenes Warenzeichen der Fa. ParcPlace/Digitalk.

Literatur

[Booc91] Booch, Grady: Object oriented design with applications.The Benjamin-Cummings Publishing Company, Inc. Redwood City, California 1991.

[Booc94] Booch, Grady: Object oriented analysis and design with applications. 2. Auflage. The Benjamin-Cummings Publishing Company, Inc. Redwood City, California 1994.

[Dave93] Davenport, T.H.: Process innovation, reengineering work through information technology. MA: Harvard Business School Press. Boston 1993.

[Gama95] Gamma, Erich et al.: Design Patterns: Elements of reusable object-oriented software. Addison-Wesley Publishing Company, Inc. Reading, Massachusetts 1995.

[Gold95] Goldberg, Adele; Rubin, Kenneth S.: Succeding with objects: decision frame works for project management. Addison-Wesley Publishing Company, Inc. Reading, Massachusetts 1995.

[Hamm93] Hammer, Michael; Champy, James: Reengineering the Corporation. Harper Collins Publisher. New York 1993.

[Jaco92] Jacobson, Ivar et al.: Object-oriented software engineering: A use case driven approach. Addison-Wesley. Workingham, England 1992.

[Jaco95] Jacobson, Ivar et al.: The object advantage: Business process reengineering with object technologie. ACM Press/Addisson Wesley Publishing Company, Inc.1995.

[LaLo94] LaLonde, Wilf: Discovering Smalltalk.The Benjamin-Cummings Publishing Company, Inc. Redwood City, California 1994.

[Odell92] Odell, James: Managing object complexity, part II: composition. In: Journal of object-oriented programming 5 (1992) 10, S 17 ff.

[Penz95] Penz, Franz-Christian: Reverse Engineering in Smalltalk - Beobachtung eines laufenden Systems. Dissertation Universität Wien. Wien 1995.

[Ramb95] Rambaugh, James: OMT: The object model. In: Journal of object-oriented programming 8 (1995) 1, S. 21 -27.

[Vine96] Vinek, Günther: Objektorientierte Softwareentwicklung mit Smalltalk. Springer Verlag. Heidelberg 1996, in Vorbereitung.

Rengineering von COBOL - Verwendung der Logischen Programmierung

Ulrich Geske, Michael Nitsche[1]

Zusammenfassung

Der Beitrag beschäftigt sich mit der Frage, wie COBOL-Programme unter der Verwendung der logischen Programmiersprache Prolog analysiert werden können, um ihre logische Spezifikation zu erhalten. Ein wesentlicher Gesichtspunkt ist, ob eine Form der Spezifikation ableitbar ist, die semantisch äquivalent und ausführbar ist. Es wird eine Spezifikationssprache COPRA definiert, die eine eingeschränkte Teilmenge von Prolog ist. Sie dient zunächst dazu, zu zeigen, wie verschiedene imperative Konstrukte von COBOL wie GOTOs und Subroutinen-Aufrufe dargestellt werden können. Die Spezifikation wird aus dem COBOL-Programm automatisch erzeugt. Sie kann als Ausgangspunkt für Änderungen des Quellprogramms auf einer höheren (und sichereren) Ebene dienen.

1. Einführung

Die Entwicklung neuer Software-Systeme wird heutzutage von verschiedenartigsten Entwicklungswerkzeugen unterstützt. Das letzendliche Ziel derartiger CASE-Tools ist es, eine einheitliche und integrierte Umgebung für den Entwurf, die Implementierung und die Wartung von Software-Anwendungen zu liefern. Dennoch sind in vielen Software-Unternehmen bis zu 80% ([Chi93; RoHa90]) der Entwicklungskapazität mit der Wartung existierender Programme beschäftigt. Der weitaus überwiegende Teil dieser Software wurde noch nicht mit modernen CASE-Umgebungen entwickelt. Derartige Programme wurden im allgemeinen über Jahre oder Jahrzehnte entwickelt und stellen ein gewaltige Investition an Arbeitskraft und Erfahrung dar.

Normalerweise können große Systeme nicht von Anfang an neu erfunden werden. Deshalb müssen existierende Anwendungen an den neuen Standard angepaßt werden, um sie in eine CASE-Umgebung zu integrieren. Dieser Prozeß wird *Reengineering* genannt und stellt die

[1] Mit der beschriebenen Sprache COPRA werden Ergebnisse von Michael Nitsche posthum veröffentlicht.

"...Überprüfung und Veränderung des Ausgangssystems dar. Das Ziel ist der Erhalt einer neuen Form, die anschließend implementiert werden kann" [ChifCr90]. Der erste Schritt des Reengineering ist das *Reverse Engineering*, d.h. der "Prozeß der Analyse des Ausgangssystems, um die Systemkomponenten und ihre Beziehungen untereinander zu identifizieren und um eine Systemdarstellung in einer anderen Form oder auf einem höheren Abstraktionsniveau zu generieren" ([ibid]).

Reengineering hat immer zum Ziel, existierende Software-Anwendungen wiederzuverwenden. Reverse Enginering bedeutet dagegen, einen Analyse- und Veränderungsprozeß, um verlorengegangene Entwurfsinformation aufzuspüren und um alternative Form des Programms zu erzeugen. Letztlich soll durch Reverse Engineering eine abstrakte Spezifikation des Softwaresystems erhalten werden. Sie dient dazu, dem in der Programmpflege arbeitenden Softwaretechniker das Verständnis der Programme zu erleichtern, indem ihm eine übersichtliche Beschreibung des Programms geliefert wird. Das bewahrt ihn vor dem Studium des Programmcodes als einziger Quelle einer gültigen Beschreibung des Programms. Das Herauskristallisieren des Kerns des Programmcodes - und das kann größtenteils automatisch erfolgen - spart etwa 50% der Arbeitszeit [RoHa90].

Wenn eine abstrakte Spezifikation nicht vorhanden ist oder nicht auf dem neuesten Stand ist, dann ist Reverse Engineering die Voraussetzung für jegliche (sicherere) Modifikation des Programmcodes auf einem höheren Abstraktionsniveau. Ein Ansatz in dieser Richtung ist durch die Zwischensprache UNIFORM gegeben, die im ESPRIT-II-Programm REDO [Zuyl93] entwickelt wurde. UNIFORM ist eine Programmiersprache, die semantisch einer eingeschränkten Teilmenge von COBOL entspricht und die unabhängig von einer tatsächlichen Implementierungssprache ist. Im REDO-Projekt wurde UNIFORM verwendet, um COBOL- und FORTRAN-Programme - über eine abstrakte Zwischendarstellung - in Z-Spezifikationen zu übersetzen.

Ein Verfahren, das ähnlich dem ist, das wir auch als Bestandteil einsetzen, ist im System COGEN [Liu95] verwirklicht. Vom COBOL-Quellprogramm wird ein Syntaxbaum (als Prolog-Struktur) unter Verwendung einer erweiterten DCG-Grammatik abgeleitet. In COGEN ist dieser Syntaxbaum der Ausgangspunkt für semantik-erhaltende Transformationen (z.B. die Ersetzung des FIND-Statements durch eine Menge von SQL-Kommandos). Der so veränderte Syntaxbaum wird in ein COBOL-Programm zurück übersetzt. Da der Syntaxbaum in einer einfachen Art und Weise weder interpretierbar (ausführbar) noch global analysierbar ist, transformieren wir ihn in ein Format, daß für Test- und Debuggingzwecke ausführbar ist.

2. Semantik von COBOL-Programmen

Unglücklicherweise liefert der ANSI-Standard für COBOL [ANSI] keine Beschreibung der Semantik eines Programms. Das macht es unmöglich, das Verhalten von Programmen, speziell auch von fehlerhaften Programmen, zu beschreiben, solange sie nicht in einer speziellen Umgebung ausgeführt werden. Das spiegelt sich auch in COBOL-Compilern wieder. Einige Compiler lassen Programmklassen zu, die in anderen nicht erlaubt sind und deren Verhalten nicht definiert sind. Weiter unten werden Beispiele dafür angeführt. Einige Eigenschaften, die vom ANSI-Standard für COBOL-Programme gefordert werden, wie die Eigenschaft der Nicht-Rekursivität, sind von existierenden COBOL-Compilern nicht zu entscheiden. Eine entsprechende Fehlermeldung tritt erst zur Laufzeit des Programms auf. Reverse Engineering ist eine geeignete Möglichkeit, derartige Programmfehler in Softwaresystemen aufzuspüren und zu entfernen.

Prozeduren in COBOL werden normalerweise in der programmierten Reihenfolge, in der sie in der *Procedur Division* auftreten, abgearbeitet. Eine Procedure Division ist eine Folge von *Sections* oder *Paragraphs*. Die Abarbeitung einer *Procedure Division* wird beendet, wenn eine entsprechende Anweisung abgearbeitet wird oder das physische Ende der *Procedure Division* erreicht wird. Dieses Programmverhalten wird als *fall-through semantics* bezeichnet.

Zur Illustration der Probleme, die auftreten können, wenn der Steuerfluß von COBOL-Programmen explizit dargestellt wird, dienen die nachfolgend dargestellten Programme.

```
MAIN SECTION.
   MOVE 1 TO CNT.
   GO TO C.
A SECTION.
   IF CNT>0
   THEN
      SUBTRACT 1 FROM CNT
      PERFORM B.
B SECTION.
   PERFORM A.
C SECTION.
   PERFORM A.
   EXIT PROGRAM.
```

Program 1 - Rekursiver Aufruf von PERFORM.

```
A SECTION.
    A1. PERFORM B.
    A2. GO TO 99-EXIT.
B SECTION.
    B1. PERFORM D.
    B2. EXIT.
C SECTION.
    C1. GO TO 99-EXIT.
D SECTION.
    D1. GO TO B2.
99-EXIT SECTION.
   EXIT PROGRAM.
```

Program 2 - Verlassen von **PERFORM** durch **GO TO**.

Programm 1 enthält einen illegalen indirekt rekursiven Aufruf von Section **A**. Sein intendierte Steuerfluß ist:

$$\textbf{MAIN} \Rightarrow \textbf{C} \Rightarrow \textbf{A} \Rightarrow \textbf{B} \Rightarrow \textbf{A} \Rightarrow \textbf{B} \Rightarrow \textbf{A} \Rightarrow \textbf{C}.$$

Dieses Verhalten wird erreicht, wenn ein **PERFORM**-Aufruf durch einen Prozedur-Stack und eine Rückkehradresse implementiert wird. In Micro-Focus-COBOL [miFocus91] wird in dieser Art verfahren. In anderen Compilern sind **PERFORM**-Aufruf durch eine Tabelle mit Rückkehradressen für jede Prozedur realisiert. Eine derartige Rückkehradresse kann jedoch durch einen weiteren **PERFORM**-Aufruf für dieselbe Prozedur innerhalb der Abarbeitung eines **PERFORM**-Aufrufs überschrieben werden. In diesem Fall müßte die Semantik von Programm 1 folgendermaßen beschrieben werden:

$$\textbf{MAIN} \Rightarrow \textbf{C} \Rightarrow \textbf{A} \Rightarrow \textbf{B} \Rightarrow \textbf{A} \Rightarrow \textbf{B} \Rightarrow \textbf{A} \Rightarrow \text{(Überschreiben der Rückkehradresse) } \textbf{B}.$$

Programm 2 stellt ein Beispiel dar, in dem der Wirkungsbereich von **PERFORM** durch ein **GO TO** verlassen wird, bevor das Ende der durch **PERFORM** aufgerufenen Prozedur erreicht wird. Dieses Programm wird durch Micro-Focus-COBOL folgendermaßen abgearbeitet:

A1 ⇒ B ⇒ D ⇒ B ⇒ C ⇒ 99-EXIT.

Ein Compiler, der nur Rückkehradressen verwaltet, würde die Ausführung der **EXIT**-Anweisung in **B2** als Ende-Anweisung für die durch **PERFORM** aufgerufene Prozedur **B** verstehen, obgleich sie nicht die naheliegenste Prozedur in einer Aufruf-Stack-Umgebung wäre. Folglich würde **B** zu **A1** zurückkehren (anstatt "falling through" zu **C**) und dann würde **A2** abgearbeitet und dann zu **99-EXIT** verzweigt werden.

3. Die Spezifikationssprache COPRA

Wir haben uns entschieden, eine Teilmenge der logischen Programmiersprache Prolog für die Implementierung unseres Reengineering-Ansatzes zu verwenden, weil damit eine einheitliche Umgebung für das Reverse Engineering, die Modifikation der Spezifikation und für die Reimplementierung zur Verfügung steht. Ausgehend vom Quellprogramm wird, über den Zwischenschritt der Generierung des abstrakten Syntaxbaums, die logische Spezifikation abgeleitet. Es gibt verschiedene Möglichkeiten für die Form der logischen Spezifikation. Eine einfache Form stellt eine grafische Darstellung von Nassi-Shneiderman-Diagrammen dar. Sie geben einen Überblick über die interne Struktur des Quellprogramms. Es existieren einige kommerzielle Produkte, die diese Art der Repräsentation verwenden.

Wir transformieren den Syntaxbaum in eine Spezifikationssprache, die wir COPRA nennen (COPRA steht für COBOL to Prolog translation). Sie ist eine Teilmenge von Prolog, die keine anderen außerlogischen Seiteneffekte als die Eingabe des zu analysierenden Quelltexte enthält. Der Transformationsprozeß ist in Abb. 1 dargestellt.

	Scanner		*DCG-Parser*		*Compiler*	
Character String	⇒	Token String	⇒	Syntax Tree	⇒	COPRA Specification

Abb. 1: COPRA Compiler

3.1 COPRA-Repräsentation einiger Steueranweisungen von COBOL

3.1.1 Section-Struktur

beginsect(*Section_name*, **ExMode**):- **para**(Paragraph_name, *Section_name*, **ExMode**).

endsect(*Current_section*, **perf**(*Current_section*}, *ReturnCall*)):- **call(ReturnCall)**.

endsect(*Current_section*, **ExMode**):- **beginsect**(*Next_section*, **ExMode**).

Durch *Paragraph_name* wird der erste *Paragraph* in der *Section* aufgerufen. Die Variable *ExMode* beinhaltet den Ausführungsmodus. Sie hat den Wert **reg** für eine reguläre Abarbeitung und **perf**(*Procedure_name*, *Return_call*) wenn ein **PERFORM** ausgeführt wird. Im letzteren Fall ist *Procedure_name* der Name der durch **PERFORM** behandelten Prozedur (Ein *Section*- oder *Paragraph*-Name). *Return_call* ist der Aufruf desjenigen *Paragraph*, der nach der durch **PERFORM** behandelten Prozedur ausgeführt wird. *Next_section* erhält den Namen **nowhere**, wenn keine weitere *Section* mehr auszuführen ist.

Das folgende Beispiel besteht aus einer *Section* **A-SECT**, die mit dem *Paragraph*en **A1-PARA** beginnt und von einer *Section* **B-SECT** gefolgt wird:

```
beginsect('a-sect',ExMode) :- para('a1-para','a-sect',ExMode).
endsect('a-sect',perf('a-sect',ReturnCall)) :- call(ReturnCall).
endsect('a-sect',ExMode) :- beginsect('b-sect',ExMode).
```

Die letzten beiden Klausel behandeln die Fortsetzung der Abarbeitung am *Section*-Ende. Die erste behandelt den Fall, daß die *Section* durch **PERFORM** aufgerufen wurde, die zweite den regulären Fall.

3.1.2 Paragraph-Struktur

Jeder *Paragraph* wird durch eine oder mehrere COPRA-Klauseln dargestellt. Jede dieser Klauseln ist ein Basis-Block, d.h. eine Anweisungsfolge, die, bis eventuell auf die letzte Anweisung, regulär, d.h. ohne Verzweigungen (wie durch **PERFORM**, **GO TO**, bedingte Anweisungen oder Halt-Anweisung) durchlaufen wird [ASU86]. Diese Aufspaltung wird durch die Einführung von Dummy-*Paragraph*en erreicht. Die Benennung der Dummy-*Paragraph*en erfolgt im Format: '**%***number*'}.

COBOL-Programm	*COPRA-Programm*
A1-PARA	para('a1-para','a-sect',ExMode) :-
MOVE 1 TO X1.	move([1,to,x1]),
PERFORM B1-PARA.	perform(para('%43','a-sect',ExMode), proc('b1-para')).
	para(dp('\%43'),'a-sect',ExMode) :-
ADD X1 TO Z1.	add([x1,to,z1]),
	endpara('a1-para','a-sect',perf('a1-para',ReturnCall)):-call(ReturnCall).
	endpara('a1-para','a-sect',ExMode):- para('a2-para','a-sect',ExMode).

Abb. 2: COPRA-Darstellung eines COBOL-*Paragraph*en

Das Ende eines jeden Paragraphen ist in COPRA durch zwei Klausel codiert. Die erste davon wird für die Rückkehr von einem **PERFORM**-Aufruf verwendet, die zweite zeigt entweder auf den nächsten *Paragraph*en oder, wenn es der letzte *Paragraph* in der *Section* ist, auf das *Section*-Ende (siehe auch Abb. 2).

3.1.3 PERFORM-Struktur

Wenn eine **PERFORM**-Anweisung **perf(***Procedure_name*, *Return_call***)** auftritt, wird der bisherige Ausführungsmodus (bezeichnet mit **OldMod**) in **perf** geändert. **OldMod** kann dabei **reg** aber auch bereits **perf** sein. Letzterer Fall entspricht einem Prozedur-Aufruf-Stack, hervorgerufen durch geschachtelte **PERFORM**-Aufrufe. Das Argument *Return_call* beschreibt die Aktionen nach Rückkehr von der **PERFORM**-Abarbeitung. Es kann die Werte **para(***Dummy_paragraph*, *Section*, **OldMode)** oder **endpara(***Current_paragraph*, *Section*, **OldMode)** haben. Im ersten Fall wird der Dummy-*Paragraph* aufgerufen, der die restlichen Anweisungen des COBOL-Paragraphen enthält. Der zweiten Fall wird verwendet, wenn die **PERFORM**-Anweisung die letzte Anweisung im COBOL-*Paragraph*en war.

3.1.4 GOTO-Struktur

Wenn ein **GOTO** zu einem *Paragraph*en außerhalb der aktuellen *Section* verzweigt, wird in jedem Fall der Wirkungsbereich einer eventuellen aktiven **PERFORM**-Anweisung verlassen (die entsprechenden **endpara**- bzw. **endsect**-Anweisungen werden nicht mehr abgearbeitet). In diesem Fall wird der Ausführungsmodus (die Variable **ExMode**) auf die reguläre Abarbeitung (**reg**) zurückgesetzt.

4. Zusammenfassung und Ausblick

Es wurde die Sprache COPRA als eine Sprache für die Spezifikation von COBOL-Programmen durch logische Programme eingeführt. \copra-Spezifikationen werden automatisch generiert und es wurde gezeigt, welche Programmstruktur es ermöglicht, daß das gleiche Verhalten wie beim COBOL-Quellcode auftritt. Wir konnten zeigen, daß imperative Steuerstrukturen im Logik-Programm emuliert werden können. Dieses Ergebnis ermöglicht, die gesamte Methodik der Logischen Programmierung (wie Programmanalyseverfahren, Abstrakte Interpretation, Beweisverfahren, Programmtransformationstechniken, Debuggingmethoden) für die Aufgabe des Reengineering von COBOL-Programmen auszunutzen.
Die nächste Aufgabe ist, neben dem Ausbau von COPRA zum Behandeln des vollständigen COBOL, die Entwicklung von Algorithmen für die Programmvereinfachung auf dem COPRA-Niveau.

Literatur

[ASU86] Aho, A.V.; Sethi, R.; Ullman, J.D.: Compilers - Principles, Techniques and Tools. Addison-Wesley, 1986.

[ANSI] American National Standard for Information Systems - Programming Language - COBOL, ANSI X3. 1985, New York; American National Standards Institute, Inc., 1985.

[Berg90] Bergmann, J.: Reverse Software-Engineering, KI (1990) 52 - 58.

[BrLa91] Breuer , P.T.; Lano, K.: Creating Specifications from Code: Reverse-engineering Techniques. Software Maintenance: Research and Practice 3 (1991) 145 - 162.

[Brown92] Brown, G.D.: Advanced ANSI COBOL with Structured Programming, John Wiley & Sons, 1992.

[ChifCr90] Chikofsky, E.J.; Cross, J.H.: Reverse Engineering and Design Recovery: A Taxonomy. IEEE Software 7 (1990) 13 - 18.

[Chi93] Chikofsky, E.J.: Reverse Engineering of Software and Data. Tutorial held in conjunction with 4th European Software Engineering Conference, Garmisch, 1993.

[Dijk68] Dijkstra, E.W.: GOTO Statement Considered Harmful. Comm. ACM 11 (1968) 147 - 148.

[GeNi94] Geske, U.; Nitsche, M.: Reverse Engineering of COBOL Programs into Prolog Programs. Proc. Workshop on Appl. of Logic Progr. to Software Engineering in conjunction with ICLP'94, Santa Margherita Ligure, Italy, June 1994.

[Liu95] Liu, Zheng-Yang : Automating Software Evolution. Int. Journal of Software and Knowledge Engineering, 5(1995)73-87.

[miFocus91] Micro Focus COBOL/2. Palo Alto, CA; Micro Focus Inc., 1991.

[RoHa90] Rock-Evans, R.; Hales, K.: Ovum-Report. Reverse Engineering: Markets, Methods and Tools. Ovum Ltd., 1990.

[Zuyl93] van Zuylen, H.J. (ed.): The REDO Compendium: Reverse Engineering for Software Maintenance. John Wiley & Sons, 1993.

Probleme und Lösungskonzepte für die Transformation der Programmiersprache 370-Assembler

Klaus Schultz

Zusammenfassung

Die Transformation von Assembler in eine 3.Generations-Sprache (3GL) hat eine sehr große Spannbreite von Problemen zu berücksichtigen. Beispielhaft werden die Problembereiche dynamische Codemodifikation, Typabschätzung von Variablen, und Erkennung von Tabellen- und Zeichenketten-Verarbeitung diskutiert. Die vorgestellten Lösungsansätze werden in ihrer Tragfähigkeit beleuchtet und mit anderen Lösungsansätzen verglichen.
Eine Gegenüberstellung der unterschiedlichen Sprachfeatures von Assember und einer typischen 3GL gibt einen ersten Eindruck von dem großen semantischen Abstand der beiden Sprachebenen:

	Assembler (2GL)	3GL
Kontroll-Struktur	(bedingter) GOTO Prozedur (ohne return-Anweisung)	(bedingter) GOTO IF-THEN-ELSE WHILE-LOOP CASE Prozedur (mit return-Anweisung)
Deklaration eines Datums	Name Länge Speicherbereich	Name Länge Typ
Deklaration Daten-Struktur	beliebige Übereinanderdefinitionen	Unterdefinition restriktive Redefinition Array
Datenver-wendung	jede Speicherstelle manipulierbar teilweise typgebunden Adressierung per Name Adressierung per Name+Offset Adressierung über Pointer	nur Daten manipulierbar streng typgebunden Adressierung per Name Adressierung über Pointer indizierter Zugriff auf Arrays

Operationen	Zuweisung Addition, Multiplikation, etc. Bit-Operationen	Zuweisung Addition, Multiplikation, etc.

Ein Beispiel für eine einfache 1:1-Transformationen, bei der sich in der Zielsprache ein analoges Konstrukt bilden lässt, ist

```
        AP    FLD,SUM            addiere SUM auf FLD
wird in PL1 zu    FLD := FLD + SUM
```

Aber meistens geht es schwieriger zu:

```
L      R15,=V(UPB112)      Zuweisung der Adresse UPB112 nach R15
BALR   R14,R15             Call auf die in R15 enthaltenen Adresse
```

ist eine typische Sequenz aus einem Anwendungsprogramm, die als CALL UPB112 interpretiert werden muß. Während die folgende Sequenz aus einem Betriebssytem-Makro

```
L      R15,XYZ             Zuweisung von XYZ nach R15
BALR   R14,R15             Call auf die in R15 enthaltenen Adresse
```

in der Regel *nicht* mehr interpretierbar ist, weil über den Inhalt von XYZ nichts mehr ausgesagt werden kann.

Die erste Sequenz kann auch nur dann maschinell als CALL UPB112 interpretiert werden, wenn R15 **evaluiert** wird, d..h. über eine statische Datenfluß-Analyse der mögliche Inhalt von R15 bestimmt wird:

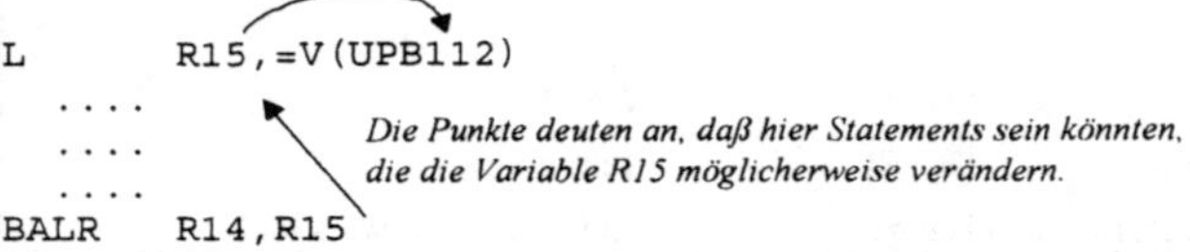

L R15,=V(UPB112)
....
....
....
BALR R14,R15
Die Punkte deuten an, daß hier Statements sein könnten, die die Variable R15 möglicherweise verändern.

Diese Datenfluß-Analyse ist relativ aufwendig (sowohl was ihre Implementierung als auch was die Performance zur Laufzeit betrifft) und führt nur deswegen zum Ziel, weil ein üblicher ***Stil*** in der kommerziellen Programmierung ist, die beiden Zeilen direkt hintereinander zu schreiben - während in der Systemprogrammierung zum Stil gehört, die Adresse an irgendeiner Stelle nach XYZ zu laden. Es ist fast aussichtslos, XYZ zu evaluieren - jede Kontrollflußverzweigung macht es unwahrscheinlicher, daß genau 1 Quelle für XYZ bestimmt werden kann.

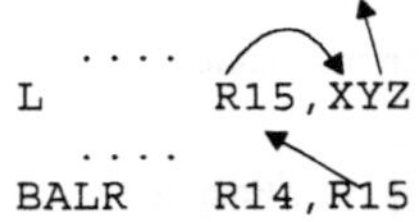

Der BALR könnte in der Sprache PL1 auch in ein "CALL LABXYZ" transformiert werden, mit LABXYZ als Label-Variable (eine Variable, der man Labels wie UPB112 zuweisen kann), in C wäre LABXYZ ein Function-Pointer. Das ist aber nicht Sinn einer Assembler-Transformation - die Sprachebene wird nicht wirklich verlassen. Der Fortschritt der 3. Generation-Sprachen gegenüber Assembler bestand u.a. gerade darin, die **Freiheitsgrade** des Assembler einzuschränken und damit mehr semantische Klarheit in den Programmcode zu bringen. In der Anweisung

```
BALR  R14,R15
```

ist Register 15 eine Variable (man könnte sagen: 1 Freiheitsgrad). Um zu bestimmen, wohin der Kontrollfluß verzweigt, muß der Inhalt von Register 15 bestimmt werden. Wohingegen in

```
       BAL  R14,UPB112
oder   CALL UPB112
```

kein Freiheitsgrad mehr enthalten ist, der Kontrollfluß verzweigt zur Prozedur UPB112, die semantische Aussage des Programmcodes ist eindeutig.

Aus diesem kleinen Beispiel lassen sich bereits einige vorläufige Schlußfolgerungen ziehen, die in den folgenden Abschnitten noch vertieft werden:

- wie schwierig die automatische Transformation eines konkreten Programms ist, hängt weniger vom verwendeten Befehlssatz ab als davon, wie weit die Freiheitsgrade, die dieser Befehlssatz erlaubt, in dem Programm ausgenutzt wurden
- der Grad der Automatisierung hängt damit vom Programmierstil ab
- um einen Freiheitsgrad deterministisch einzuschränken, ist meist eine Datenfluß-Analyse notwendig
- erst als Ergebnis der Datenfluß-Analyse stellt sich heraus, ob die konkrete Assemblerformulierung auf 3GL-Niveau transformiert werden kann oder nicht.

Im folgenden werden einige grundlegende Probleme und Lösungsansätze für die Assemblertransformation vorgestellt. Diese sind in einem Tool mit Namen **REASMGEN** verwirklicht. Die Erfahrungen mit **REASMGEN** beleuchten die Tragfähigkeit und die Grenzen dieser Lösungsansätze.

1. Dynamische Codemodifikationen

In Assembler können die normalen Befehle nicht nur auf Daten angewendet werden, sondern auch auf den ausführbaren Code. Mit einer Instruktion wie

`OI    TAB50+1,X'F0'`   *Bitoperation OR auf die Adresse 1 Byte rechts von TAB50*

wird ausführbarer Code zur Laufzeit zu verändert. Tatsächlich erkennt man dies erst, wenn man das Label `TAB50` kontrolliert: `TAB50` könnte ein Datenfeld sein, ist aber

`TAB50     NOP    TAB80`   *eine ausführbare Instruktion*

Die zitierte Befehlsfolge gehört zum Standard-Repertoire eines Assemblerprogrammierers und ist Teil des kommerziellen Assembler-Stils. Sie ist vergleichbar mit gewissen Tricks in BASIC-Programmen, die ebenfalls den Code dynamisch modifizieren.

Lösungskonzept: Ein Lösungsansatz für die gängigen solcher Modifikationen ist die symbolische Ausführung dieser Anweisung:

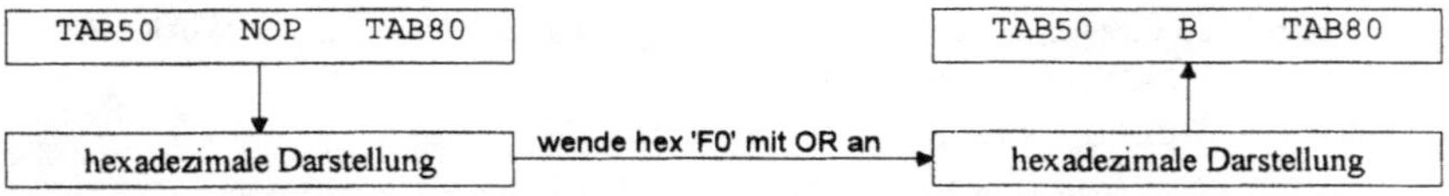

Das Statement hat zu verschiedenen Zeitpunkten zwei verschiedene Zustände:

- `B     TAB80` ist ein Sprungbefehl nach TAB80
- `NOP TAB80` ist ein No-Operation-Befehl (springt nicht)

Das ist auch der Sinn dieser Codemodifikation: sie wird als Schalter eingesetzt. Dies lässt sich folgendermaßen ausdrücken:

```
IF switchTAB50 == 0 THEN NOP;            Anfangszustand
IF switchTAB50 == 1 THEN GOTO TAB80;     modifizierter Zustand
```

Zu dieser symbolischen Ausführung ist anzumerken:

- sie ist nur möglich, weil der Operand `X'F0'` in `OI   TAB50+1,X'F0'` als hexadezimale Konstante angegeben ist und nicht als Variable (die eine Evaluierung erfordern würde)
- die Rückinterpretation der hexadezimalen Darstellung in Assemblercode ist nicht immer eindeutig
- mit dieser Technik lassen sich nur die gängigen Codemodifikationen behandeln. Grössere Manipulationen am Code, die theoretisch durchaus möglich sind, lassen sich so nicht mehr auf diese Weise interpretieren.

2. Die Typisierung der Variablen

Dieses Problem hat sich erstaunlicherweise als eines der schwierigeren Probleme bei der Transformation von ASM in eine 3GL herausgestellt. Die strenge Typbindung von Variablen ist einer der wichtigsten Fortschritte, die die Informatik beim Übergang von Assembler zu 3GL-Sprachen gemacht hat - dementsprechend groß ist der semantische Abstand an dieser Stelle:

- 1.GL: nur hexadezimaler Maschinencode
- 2.GL: Variablen mit symbolischen Namen, die Typbezeichnung ist wenig mehr als ein Lesehinweis

- 3.GL: Variablen mit Datentypen, deren Konsistenz zur Compilierungszeit geprüft wird (statische Typisierung). Die Sprachen C und COBOL erlauben noch ein paar nicht typgerechte Verwendungen.
- 5.GL: dynamische Typisierung in Sprachen wie Prolog, Smalltalk, oder SETL: die Typprüfung findet zur Laufzeit statt.

Folgende Teilprobleme stellen sich:

- der Typ der Felddeklaration stimmt nicht überein mit dem Typ, wie das Feld verwendet wird
- das gleiche Feld wird an verschiedenen Programmstellen mit unterschiedlichen Typen oder unterschiedlichen Längen verwendet.
  Das tritt z.B. auch in der Sprache C auf: eine Variable, die als `char` deklariert ist, kann ein ASCII-Zeichen enthalten oder eine 1 Byte lange Zahl, mit der gerechnet wird
- es ist gar kein Feld deklariert, sondern es wird mit Offset+Länge ein Teil eines größeren Feldes angesprochen (in alten BASIC-Programmen findet sich das auch häufig)
- es gibt keinen Festpunkt-Zahlentyp in Assembler, numerische Felder haben nur eine gedachte Kommastelle
- es gibt in Assembler Bit-Datentypen und Bit-Operationen, die in 3GL meist keine Entsprechung haben

Lösungskonzept: die korrekten Typen der Variablen werden nicht aus der Deklaration der Variablen, sondern aus deren konkrete Verwendung abgeleitet. Im /370-Assembler sind die meisten Befehle nur auf bestimmte Datentypen anwendbar. Der `AP` in

```
AP     FLD,SUM                    addiere SUM auf FLD
```

zeigt, daß es sich um zwei gepackte Felder handelt, also erzeugt die Transformation für SUM, das in Assembler vielleicht als

```
SUM    DS   CL5                   Länge: 5   Typ: Character
```

deklariert ist, die korrekte Deklaration als gepacktes Feld (Beispiel in PL1):

```
DCL 01 SUM   FIXED DEC(9) ;
```

In diesem Fall würde SUM im gesamten Programm nicht anders als gepackt verwendet, deswegen kann der Name SUM direkt uminterpretiert werden. Oft wird aber das Feld an anderer Stelle mit einem anderen Typ oder in einer anderen Länge verwendet, so daß es notwendig wird, die abweichenden Typ-Verwendungen ebenfalls zu berücksichtigen. Hier bietet sich als Lösung an, diese als Redefinition zu erzeugen. Insbesondere die Verwendung von Offset+Länge statt einer Felddeklaration führt zu ausgedehnten Unterdefinitionen:

```
EBER     DS   CL80               Länge: 80   Typ:  Character
...........
UNPK  EBER+44(5),EBER+22(2)   Zuweisung EBER+22(2) nach EBER+44(5)
```

wird in PL1:

```
DCL 01 EBER CHAR(80) ;
DCL 01 filler5 BASED(ADDR(EBER)),       Beginn Redefinition von EBER
     5 filler6 PIC '(22)X',
     5 EBER_22 FIXED DEC(3),
     5 filler7 PIC '(20)X',
     5 EBER_44 PIC '(5)9';
.............

EBER_44 := EBER_22;
```

Nicht bei jedem Assembler-Befehl kann unmittelbar auf den Datentyp geschlossen werden. Insbesondere ist die Unterscheidung zwischen binären Zahlen und Pointern nicht trivial. Beispielsweise kann aus dem CVB in

```
CVB     REG3,ZAELD          Konvertierung der Zahl ZAELD nach REG3 binär
```

ein Typ für REG3 und ZAELD abgeleitet werden, nicht aber aus

```
LA      REG4,3(REG3)        REG4 := 3 + REG3
```

In diesem Fall wird der Typ über eine **Datenfluß**-Untersuchung ermittelt:

```
CVB     REG3,ZAELD
   ......
   ......
LA      REG4,3(REG3)
```

Vom LA-Statement aus wird eine rückwärts gerichtete Datenflußsuche nach REG3 gestartet. Diese gelangt nach einer Weile zum CVB-Statement und ermittelt den dortigen Typ von REG3. Dieser wird zuerst in die rechte Seite des LA-Statements eingetragen und dann - weil es sich um eine Zuweisung handelt, auch in die linke Seite, d.h. in REG4.

Es gibt auch andere Fälle, in denen eine vorwärts gerichtete Datenfluß-Analyse notwendig ist. Die Typermittlung über Datenfluß ähnelt den Ausführungen von [Aho88] über Typabschätzungen, die zum Zwecke der Compilierung von Sprachen mit dynamischer Typisierung durchgeführt werden. Für die Anweisung `A := B + C` kann effizienterer Compilecode erzeugt werden, wenn bekannt ist, daß A, B und C integer-Zahlen sind. Wenn der Typ für C nicht ermittelt werden kann, wird Standard-Code (der den Typ zur Laufzeit ermittelt) erzeugt. Das ist der Unterschied zu einer Typabschätzung beim Reverse-Engineering: ein nicht ermittelbarer Typ hinterlässt hier eine kaum zu schließende Lücke.

3. Tabellen

Eine indirekt adressierte Variable (auch "explizit adressierte Variable" genannt) ist eine Speicherstelle, die über Register adressiert wird, z.B.

```
        AP    0(3,REG7),=P'50'      erhöhe die über REG7 adressierte Zahl um 50
```

Das entspricht in Sprachen wie C oder PL1 einer Adressierung über Pointer.

Eine Transformation in Pointer-Instruktionen der Zielsprache ist aber in der Regel nicht adäquat. In Assembler gab es noch nicht die Konstrukte der indizierten Variablen (Tabellen, Arrays), also wurden Tabellen mittels indirekt adressierter Variablen implementiert. Die Transformation sollte also diejenigen Assembler-Statements, in denen der Programmierer eine Tabelle *gemeint* hat, finden und entsprechend interpretieren:

```
TAB       DS     8PL3              Deklaration von TAB
                 ..............
     LA   REG7,TAB                 Lade Adresse von TAB nach REG7
          ..............
     AP   0(3,REG7),=P'50'         erhöhe die über REG7 adressierte Zahl um 50
```

sollte in PL1 werden zu

```
DCL 01 TAB(8)   FIXED DEC(5) ;
     ................
     REG7_TAB_ix = 1;
     ................
     TAB( REG7_TAB_ix ) = TAB( REG7_TAB_ix ) + 50;
```

Die Deklaration `TAB    DS    8PL3` definiert 8 gepackte Felder der Länge 3. Damit ist TAB zumindest von der Deklaration her eine Tabelle. Oft finden sich aber auch anders gestaltete Deklarationen, z.B.

```
TAB       DS     PL3               Deklariere ein Feld der Länge 3
          DS     CL21              belege 21 Bytes im Speicher ohne Name
```

Wie beim Problem der Typisierung darf sich die Analyse nur beschränkt auf die Deklaration stützen und muß hauptsächlich die Datenverwendung heranziehen.

Umgekehrt repräsentiert nicht jede indirekt adressierte Variable eine Tabelle. Es kann sich auch um die Verarbeitung einer Zeichenkette handeln (Stringverarbeitung) oder eine andere, im Prinzip beliebige, Verwendung.

Lösungskonzept: Es werden **heuristische Regeln** angewendet, die die indirekte Adressierung

- in den Fällen, in denen eine Tabelle gemeint war, auf eine Tabelle abbilden
- in den Fällen, in denen *keine* Tabelle gemeint war, *nicht* auf eine Tabelle abbilden

Hier handelt es sich meiner Ansicht nach um ***das*** typische Reengineering-Problem:

ein bestimmtes Konstrukt mit einer bestimmten Semantik, das in der Zielsprache explizit ausdrückbar ist, findet sich in der Quellsprache nur als Programmierstil - meistens in verschiedenen Varianten - eine Implementierungsebene tiefer.

Man kann versuchen, diese Muster mit heuristischen Regeln zu erkennen, muß aber akzeptieren, daß die Regeln notwendigerweise immer unvollständig sein werden und die Transformation vom Programmier*stil* abhängig ist.

Bei der Transformation von C nach Pascal stellt sich ein ähnliches Problem: in C gibt es keinen Datentyp `string`, sondern es wird ein Pointer `char*` oder ein Array `char[]` dafür benutzt. Operationen auf so deklarierte Variable kann man in der Regel als String-Operationen interpretieren, aber nicht immer.

Im Assembler ist nach meiner Erfahrung eine der wenigen zuverlässigen Hinweise auf eine Tabelle - abgesehen von der Deklaration in Form von `TAB    DS    8PL3` - die Verwendung der indirekt adressierten Variable in einer Schleife. Beispiel:

```
        LA    REG7,TAB            lade die Adresse von TAB in REG7
VM402   AP    0(3,REG7),=P'50'    addiere 50
        LA    REG7,3(REG7)        erhöhe REG7 um 3
        BCT   REG11,VM402         springe nach VM402, wenn REG11 nicht 0 ist
```

oder als abstraktes Muster dargestellt

```
        Initialisierung von REG mit Adresse
LABEL   Verwendung des REG als Pointer
        Incrementierung REG um Schrittweite
        if not Abbruchbedingung erfüllt then GOTO LABEL
```

Ein anderes Muster ist

```
        LA    REG7,TAB-3
VM402   LA    REG7,3(REG7)
        AP    0(3,REG7),=P'50'
        BCT   REG11,VM402
```

oder als abstraktes Muster dargestellt:

```
        Initialisierung von REG mit Adresse
LABEL   Incrementierung REG um Schrittweite
        Verwendung des REG als Pointer
        if not Abbruchbedingung erfüllt then GOTO LABEL
```

Diese Muster sind am besten über den **Datenfluß** des Registers zu erkennen. Eine rückwärts gerichtete Datenfluß-Suche vom Increment-Statement aus ergibt genau zwei Ergebnisse:

1. die Initialiserung des Registers mit einer Adresse
2. die Incrementierung des REG7 um 3

Damit können sogar beide Muster identifiziert werden. Aus dem Increment 3 ergibt sich die Länge eines Tabellenelements. *Nicht* erkannt wird z.B. die Tabelle in folgendem (konstruierten) Beispiel:

```
VM402    LA     REG7,1(REG7)            erhöhe REG7 um 1
         AP     0(3,REG7),=P'50'
         LA     REG7,2(REG7)            erhöhe REG7 um 2
         BCT    REG11,VM402
```

Bei Tabellen, die nicht nur ein Feld als Tabellenelement haben, sondern eine Unterstruktur aufweisen, z.B.

```
DCL 01 TABMKM (6) ,
      05 TABMKM0 FIXED DEC(5) ,
      05 TABMKM3 FIXED DEC(3) ,
      05 TABMKM5 FIXED DEC(3) ;
```

kann es aber durchaus vorkommen, daß in der Schleife das Register an mehreren Stellen hochgezählt wird. Hier nähert man sich der Komplexitätsgrenze dieses Lösungsansatzes. Tabellen mit Unterstrukturen werden von **REASMGEN** nur selten erkannt, zwei- bzw. mehrdimensionale Tabellen garnicht. Der Mensch ist der Maschine in der Mustererkennung immer noch überlegen.

4. Zeichenketten

Falls eine indirekt adressierte Variable nicht als Tabelle zu interpretieren ist, wird sie - sofern der Datentyp nicht dagegen spricht - als Verarbeitung einer Zeichenkette interpretiert. Typisch für eine Zeichenkettenverarbeitung ist

- die Verwendung eines Pointers, der durch die Zeichenkette durchläuft - in Assembler ist dies das adressierende Register
- ein unregelmäßiges Hochzählen des Pointers (im Unterschied zur Tabelle, bei der der Pointer in einer Schleife um ein festes Increment hochgezählt wird)
- der Zugriff auf die Zeichenkette verwendet meistens Einheiten der Länge 1 Byte

Beispiel:

```
         LA       REG4,DBER              lade die Adresse von DBER nach REG4
         ..................
         MVC      10(3,REG4),=3C'A'      Zuweisung von drei A's
```

wird in PL1 zu

```
         SUBSTR(DBER,REG4_DBER_ix+10,3) = (3)'A';
```

Die Semantik von Tabellen und die Semantik von Zeichenketten überschneiden sich: einstellige Tabellen können als Zeichenketten interpretiert werden, umgekehrt können Zeichenketten als einstellige Tabellen interpretiert werden. Um in diesem Fall keine willkürliche Entscheidung zwischen den beiden Interpretationen treffen zu müssen, wird in **REASMGEN** für jede Zeichenkette gleichzeitig eine Tabelle deklariert und auf die Zeichenkette redefiniert.

5. Die Mustererkennung

Die Erkennung von Mustern in Programmen wird an verschiedenen Literaturstellen zitiert. Beispielsweise werden in [Rich90] sogenannte Programm-Cliches mit Hilfe von Grammatiken definiert und über ein Recognizer-Modul automatisch erkannt. In **REASMGEN** gibt es keine Beschreibungssprache für Muster, die Mustererkennung ist hart in Prolog kodiert. Dies hat vor allem zwei Gründe:

1. Performance: es sollen nicht nur Spiel-Programme, sondern kommerzielle Assemblerprogramme mit realen Größen durch **REASMGEN** bearbeitet werden. Insbesondere muß das Antriggern einer Mustererkennung streng kontrolliert werden.
2. die Muster sind parallel zur Entwicklung von **REASMGEN** entstanden. Stand heute werden Indizien der verschiedensten Art (Datenfluß-Informationen, aber auch Informationen der syntaktischen Ebene) zur Mustererkennung herangezogen, so daß eine Beschreibungssprache relativ umfangreich würde.

Abgesehen von der Performance, die mittlerweile relativ akzeptabel ist, sehe ich die Hauptprobleme der Mustererkennung in folgendem:

1. in der Zweideutigkeit. Wie am Beispiel Tabellen vs. Strings angedeutet, gibt es verschiedene Interpretationen von sehr ähnlichen Codesequenzen. Es wird schwierig, die Grenze zwischen zwei Mustern zu ziehen, die aufgrund fast gleicher Indizien identifiziert werden. In der Regel müssen die Muster disjunkt sein, selten kann man wie im Tabelle/String-Beispiel beide gleichzeitig bedienen.

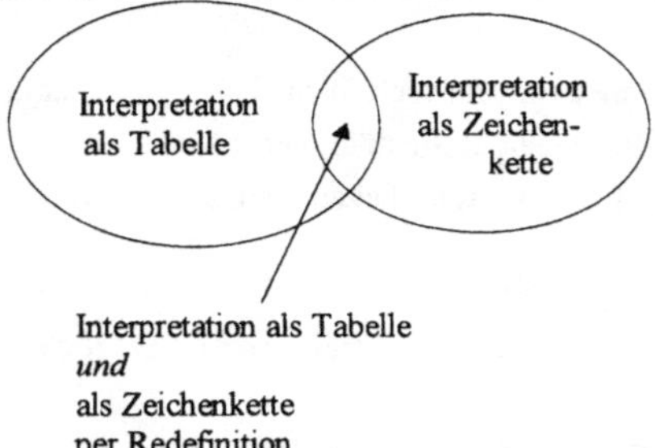

   Fehler in der Abgrenzung zweier Muster äußern sich dann so, daß Verbesserungen an der einen Stelle Verschlechterungen an anderer Stelle nach sich ziehen.

2. So wie es eine Grenze zwischen zwei Mustern gibt, gibt die Grenze zwischen dem Muster und dem "Nirwana", d.h. solchen Codesequenzen, die der Transformator besser als nicht transformierbar ausweisen sollte, statt daß er buchstäblich über das Ziel hinaus schießt und

unsinnigen 3GL-Code produziert. An diese Grenze kann man sich nur herantasten, sie ist nicht exakt bestimmbar.

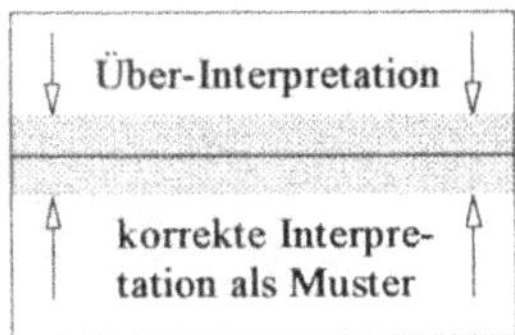

Bleibt man zu weit unterhalb der Grenze (viele Tabellen bleiben unerkannt), schränkt das die Nützlichkeit des Tools ein, überschreitet das Tool die Grenze (es wird manches als Tabelle identifiziert, was keine ist), schränkt das die Nützlichkeit ebenfalls ein.

3. Es gibt darüber hinaus noch einige Gründe, weshalb im Zusammenhang mit der Mustererkennung eine Codesequenz nicht transformiert werden kann:

   - ein Muster kommt so selten vor, daß die Formulierung als Muster aufwendiger ist als die manuelle Übersetzung von Assembler in die 3GL
   - man kann keine trennscharfen Indizien zur Identifizierung eines Musters angeben
   - der Variantenreichtum des Musters ist zu groß, es hat sich kein Stil herausgebildet
   - man kann zwar Indizien angeben, aber deren Ermittlung / Überprüfung wäre in Punkto Performance zu aufwendig
   - eine Datenfluß-Analyse zum Zwecke der Indiziensammlung scheitert an Kontrolfluß-Anomalien des Assembler-Programms
   - ein Muster kann zwar erkannt werden, aber die 3GL bietet kein Sprachkonstrukt dafür

Von diesen Problemen sind die Kontrollfluß-Anomalien ein tatsächliches Problem. Die Datenfluß-Analyse ist sehr stark davon abhängig, daß der genaue Kontrollfluß bestimmt werden kann, jeder "Freiheitsgrad" bewirkt eine kombinatorische Explosion der potentiellen Kontrollfluß-Pfade. Zwar sind die meisten Assembler-Programme von halbwegs ordentlichem Kontrollfluß, aber naturgemäß sind die Programme mit pathologischen Kontrollfluß-Problemen die Problemfälle, die mit Hilfe eines Tools abgelöst werden sollen. Eine pragmatische Lösung dafür in **REASMGEN** ist, daß der Re-Ingenieur dem Tool mitteilen kann, wie der Kontrollfluß an bestimmten zweideutigen Stellen eines bestimmten Programms zu verstehen ist.

6. Mustererkennung versus äquivalenzerhaltende Transformation

Es düfte deutlich geworden sein, daß der Ansatz in **REASMGEN** kurz gesagt der ist, den Assembler-Code aus semantischer Sicht einer 3GL zu ***interpretieren***. An der Universität Durham ist ebenfalls ein Tool zur Analyse von Assembler entwickelt worden [CSM91], [CSM92], genannt "Maintainer's Assistant", das einen anderen Ansatz verfolgt: den der äquivalenzerhaltenden Transformation. Die interne Zwischensprache ist WSL (wide spectrum language) und für formale Beweise geeignet. Soweit aus der Literatur zu beurteilen, unterscheiden sich die beiden Ansätze grundsätzlich in folgendem:

- der Ansatz in **REASMGEN** bedeutet, daß bei der Interpretation Informationen weggelassen werden (z.B. das Setzen des Condition-Code-Flags in `AP    FLD,SUM`) und die Interpretation Zweideutigkeiten in Kauf nimmt. Im Gegensatz dazu erhält die äquivalenzerhaltende Transformation die Semantik des Quellcodes. Die anfänglich produzierten überflüssigen Statements (z.B. das Setzen eines Flags, das später nicht ausgewertet wird) werden durch spätere Transformationen wegoptimiert.

- das Tool "Maintainer's Assistant" ist vor allem interaktiv orientiert: der Re-Ingenieur wählt über eine Motif-Oberfläche die Transformationen aus, die als nächstes angewandt werden sollen. Der Benutzer hat damit eine genaue Kontrolle über die Transformationsschritte, muß sich allerdings auch mit dem Katalog der Transformationsregeln und teilweise mit der WSL auseinandersetzen.
  Im Gegensatz dazu ist **REASMGEN** hauptsächlich ein Batch-Programm mit wenig Eingriffsmöglichkeiten für den Re-Ingenieur. Die interaktive Komponente erlaubt nur Abfragen, keine Manipulationen. Das scheint einerseits marktgerechter (Anwender wollen immer alles vollautomatisch, auch wenn es unrealistisch ist), produziert aber auch ein falsches Gefühl von Sicherheit.

- die Transformationsregeln im "Maintainer's Assistant" sind mathematisch bewiesene Transformationen, während die in **REASMGEN** nicht beweisbar sind (da sie nicht äquivalenzerhaltend sind). Die Regeln in **REASMGEN** abstrahieren Programmierstil-Wissen aus der Untersuchung von realen Programmen.

- es ist zu bezweifeln, ob die auf den vorigen Seiten diskutierten Probleme (dynamische Codemodifikation, manche Formen der Typisierung, indirekt adressierte Variable, etc.) durch äquivalenzerhaltende Transformationen lösbar sind.

7. Zusammenfassung

Auch bei der Transformation einer gesprochenen Sprache, z.B. Deutsch-Englisch, gibt es einen semantischen Abstand zwischen Quell- und Zielsprache, der bei Deutsch-Englisch sicher kleiner ist als bei Deutsch-Japanisch. Man versucht dabei, Zweideutigkeiten durch Einbeziehung des Kontextes aufzulösen: nicht nur das einzelne Wort zu betrachten, sondern den ganzen Satz, nicht nur den ganzen Satz zu betrachten, sondern auch die darum herum gruppierten Sätze mit logischem Bezug. Formale Sprachen haben im Unterschied zu gesprochenen Sprachen zwar eine festgelegte Syntax und im Prinzip eine festgelegte Semantik. Die Semantik ist aber nur in Compilierungsrichtung festgelegt (3GL => 1GL), in der anderen Richtung ergeben sich Zweideutigkeiten, zu deren Auflösung der Kontext einbezogen werden muß. Der Kontext ist in den heutigen Programmiersprachen in der Regel über den Datenfluß zu ermitteln, der wiederum auf dem Kontrollfluß basiert. Werden im Programmierstil die Freiheitsgrade der Sprache ausgenutzt, so erschwert das aussagefähige Datenfluß-Untersuchungen bis hin zur Unmöglichkeit. Da solche Programmierstile auch oft für den Menschen schwer nachzuvollziehen sind, hat sich in der kommerziellen Assembler-Programmierung ein relativ einfacher Programmierstil erhalten, der zum Großteil auch maschinell analysiert und transformiert werden kann.

Literatur

[Aho88] Aho, Alfred; Sethi, Ravi; Ullman, Jeffrey: Compiler-Bau. Addison-Wesley 1988

[CSM91] Yang, H.: The Supporting Environment for a Reverse Engineering System - The Maintainer's Assistant. In: Proceedings Conference on Software Maintenance, IEEE 1991

[CSM92] Bennett, K.; Bull, T.; Yang,H.: A Transformation System for Maintenance. In: Proceedings Conference on Software Maintenance, IEEE 1992

[Rich90] Rich, Charles; Waters, Richard: The Programmer's Apprentice. Addison-Wesley 1990

Wartungsunterstützung in heterogenen Sprachumgebungen ein Überblick zum Projekt GUPRO

Jürgen Ebert, Rainer Gimnich, Andreas Winter

Zusammenfassung

Wirtschaftliche Wartung und Weiterentwicklung von Anwendungssoftware setzt ein grundsätzliches Verstehen vorhandener Quelltexte voraus. Diese sind oft wenig strukturiert, schwach kommentiert und in unterschiedlichen Umgebungen entstanden. Im Projekt **GUPRO - Eine Generische Umgebung zum Programmverstehen**[1] - wird ein benutzerkonfigurierbarer Generator zur Erzeugung sprachübergreifender Programmverstehenswerkzeuge entwickelt, die das Nachvollziehen und Verstehen auch heterogener Software beliebiger Sprachen (Programmiersprachen, Anfragesprachen, Sprachen der "4. Generation") unterstützen. Hierzu dienen Anfrage- und Browsing-Werkzeuge, die über eine gemeinsame, graphbasierte Datenstruktur integriert sind.

1. Software-Wartung und Programmverstehen in der Praxis

Die Praxis der Software-Entwicklung zeigt, daß vorhandene Programm-Quelltexte trotz besseren Wissens unter dem üblichen Zeitdruck meist schwach dokumentiert oder gar unkommentiert bleiben. Zudem führt die korrektive und adaptive Wartung der Software mit der Zeit häufig zu schlecht strukturierten Programmtexten, da der ursprüngliche Programmentwurf durch die notwendigen Korrekturen, Anpassungen und Erweiterungen erheblich verändert wird. Diese Situation erschwert die Wiederverwendung von Programmen bzw. Programmteilen.

Der Aufwand, sich mit den vorhandenen Programmtexten zu beschäftigen, um sie wiederzuverwenden, erscheint oft höher als eine völlige Neuentwicklung, aus denen dann häufig die gleichen Schwächen bezüglich Dokumentation und Klarheit resultieren. Daher sind dringend Hilfsmittel erforderlich, die das Überarbeiten der vorhandenen Quellen erleichtern, um so deren Wiederverwendung und Weiterentwicklung zu unterstützen.

[1] GUPRO wird gefördert durch das BMBF, Initiative zur Förderung der Software-Technologie in Wirtschaft, Wissenschaft und Technik, Förderkennzeichen 01 IS 504 B 9.

In gängigen Programmierumgebungen stehen zu diesen Zwecken verschiedene Optionen zur Erzeugung von übersichtlichen Listings, zur farblichen Hervorhebung der Programmstruktur oder zur Erstellung von Querverweislisten zur Verfügung. Darüber hinaus bieten Debugger zur Analyse des dynamischen Programmverhaltens Hilfen bei der Verfolgung der Programmausführung, z.B. um die Belegung von Variablen oder den Aufruf von Funktionen während des Programmablaufs zu verfolgen. Zusätzliche Hilfe liefern

- *Formatierungswerkzeuge*, die auch spezifische durch den Einzelfall festgelegte Kommentierungskonventionen berücksichtigen, und
- *Analysewerkzeuge*, die auch globale versteckte Abhängigkeiten zwischen Bausteinen erkennen

Für die Zwecke der Wartung sind jedoch weitergehende Unterstützung leisten. Hierzu gehören Hilfsmittel erforderlich, die gezielte in Wartungssituationen

- *Anfragewerkzeuge*, die es erlauben, verborgene Informationen aus dem gesamten System auf eine kompakt gestellte Frage hin zusammengefaßt und übersichtlich strukturiert zu liefern, und
- *Navigationswerkzeuge*, mit denen speziellen Abhängigkeiten interaktiv nachgegangen werden kann.

Die Werkzeuge müssen in einer integrierten, auf die Anforderungen der Anwender hin konfigurierbaren *Wartungsumgebung* zusammengefaßt sein. Diese dient der effizienten Durchführung von Software-Wartungsaktivitäten, indem insbesondere das *Verstehen* der Software unterstützt wird. Die Unterstützung sollte programmübergreifend und möglichst auch *programmiersprachenübergreifend* realisiert sein.

In der Softwarewartung wird das *Verstehen* der Anwendungen, ihrer Programme, Datenbestände und deren Zusammenhänge als zeitaufwendigste Aktivität berichtet (u.a. in [Corbi89; Sneed91; Lehn91; McCl92]). Die meisten über Jahre gewachsenen Anwendungen enthalten eine Vielzahl schwer aufdeckbarer Querbeziehungen (*Cross-Referenzen*) unterschiedlicher Art, z.B. Aufruf-, Einschluß-, Verwendungsabhängigkeiten. Dieses Geflecht aus nicht ausreichend dokumentierten Zusammenhängen erschwert das Verstehen und erklärt zum Teil die heute von vielen Unternehmen (u.a. von großen Finanz-, Versicherungs- und Handelsunternehmen) berichteten hohen Wartungsaufwände. Dabei ist zu berücksichtigen, daß die zu wartenden Anwendungen oft einen hohen wirtschaftlichen Wert haben, der zur Marktposition des Unternehmens entscheidend beiträgt.

2. GUPRO-Projektziele

Im Projekt **GUPRO** - Eine **G**enerische **U**mgebung zum **Pro**grammverstehen - wird ein benutzerkonfigurierbarer Generator zur Erzeugung sprachübergreifender Programmverstehens-erkzeuge entwickelt. Das Projekt basiert auf den praktischen Anforderungen eines Anwenders. Die GUPRO-Verbundpartner sind die Volksfürsorge Versicherungsgruppe, Hamburg, das Institut für Softwaretechnik der Universität Koblenz und das Institut für Datenbanken und Software Engineering des Wissenschaftlichen Zentrums Heidelberg der IBM.

In das Projekt fließen Erfahrungen mit heutigen Programmverstehenswerkzeugen ein. Diese leisten in der Regel Unterstützung für genau eine Programmiersprache oder eine fest vorgegebene Menge von Programmiersprachen. Damit können meist nur Teilbereiche der täglichen Software-Wartung im Unternehmen unterstützt werden. Erforderlich sind hier angepaßte Werkzeuge, die die jeweilige Sprachumgebung des Benutzers berücksichtigen.

Häufig basieren Anwendungen auf verschiedenartigen Sprachen, z.B. eine Anwendung aus COBOL-Hauptprogramm, COBOL- und Assembler-Unterprogrammen und eingebetteten SQL-Anweisungen, oder eine Anwendung aus PL/I-Programmen, "nativen" COBOL-Programmen und über eine 4GL generierten COBOL-Programmen, wobei die Abläufe jeweils über JCL (Job Control Language) -Prozeduren gesteuert werden. Diese Heterogenität muß geeignet berücksichtigt werden. Es sind nicht nur Programmiersprachenkonzepte zu repräsentieren, sondern auch Anfrage- und 4GL-Sprachen. Außerdem ist die beim Anwender vorliegende Sprachumgebung nicht vorhersehbar, so daß es sinnvoll ist, das geforderte Verstehenswerkzeug über einen Generator-Ansatz zu erstellen.

Heutige Werkzeuge zum Programmverstehen beinhalten in der Regel eine fest vorgegebene Menge von Anfrage- und Analysemöglichkeiten, z.B. nach Labels, Prozeduren, Variablen. Doch eigene Untersuchungen am Beispiel der Programmiersprache C [Schü94] haben gezeigt, daß Benutzer in der Regel ein breites Spektrum von Analysefunktionen sowie eine flexible Anfrageformulierung, d.h. eine Anfragesprache, wünschen. Daher sind in GUPRO leistungsfähige Anfrage- und Navigationswerkzeuge (Browser) vorgesehen, die auch kombiniert benutzt werden können.

Der in GUPRO verfolgte Generator-Ansatz kommt damit der vom Anwender gewünschten Flexibilität entgegen, sowohl in bezug auf die vorhandene Sprachumgebung als auch in bezug auf die geforderten Analyse- und Anfragemöglichkeiten.

3. Der GUPRO-Ansatz

Der GUPRO-Ansatz zur Wartungsunterstützung ist durch die Generierung und Anpassung von Werkzeugen geprägt. Es wird ein Rahmen vorgegeben, innerhalb dessen der Anwender seine Arbeitsumgebung und Informationswünsche selbst festlegen bzw. spezialisieren kann. Dieser universelle Ansatz läßt sich auf zwei grundlegende Komponenten zurückführen:

- Mit einer *Repräsentationskomponente* werden die zu untersuchenden Programme in eine von konkreten Programmiersprachen unabhängige Repräsentationsform gebracht.

- Auf dieser Repräsentation können dann in einer *Bearbeitungskomponente* diverse Werkzeugfunktionen etwa zur Formatierung und Analyse von Programmsystemen aufsetzen. In GUPRO sind hier insbesondere Anfrage- und Navigationswerkzeuge geplant.

Die für GUPRO entwickelte Architektur ist grob in Abbildung 1 dargestellt.

Da das gesuchte Werkzeug zur Unterstützung des Programmverstehens für zahlreiche konkrete Programmiersprachen anwendbar sein soll, erfordert die Repräsentationskomponente eine konzeptionelle Vorbereitung. Hierzu sind die für die Anwendung relevanten Konzepte bei der zu analysierenden Software herauszuarbeiten und für die Überführung der konkreten Software in die einheitliche Repräsentation zugänglich zu machen.

Das Vorgehen in GUPRO beinhaltet eine einheitliche Konzeptmodellierung mit einer erweiterten Entity-Relationship-Beschreibungform (EER-Diagramme). Diese Art der Konzeptbeschreibung erlaubt es, Sprachkonzepte (Entities), Beziehungen (Relationships), Fallunterscheidungen (Generalisierungen) und Komposition (Aggregationen) auszudrücken [CEW94]. Die Modellierung einer gegebenen Sprachumgebung (z.B. PL/I, COBOL, CSP) liefert Konzeptdiagramme für jede einzelne Sprache, die zusammengefügt werden können und die die Grundlage zum Generieren von Parsern für diese Sprachumgebung bilden.

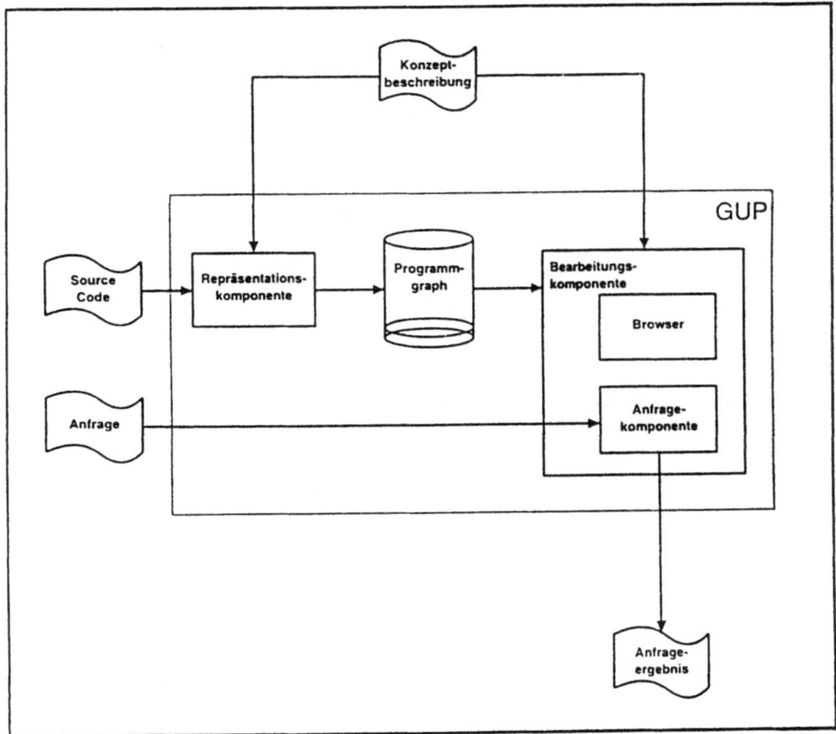

Abb. 1: GUPRO-Architektur

Als Beispiele für Konzeptdiagramme sind in den Abbildungen 2 und 3 Ausschnitte der Modellierung der Programmiersprache COBOL dargestellt. Abbildung 2 beschreibt grob den Aufbau eines COBOL-Programms; Abbildung 3 beinhaltet den Aufbau der PROCEDURE DIVISION in einer grobgranularen Form. Doch bereits auf dieser Abstraktionsstufe sind Anfragen zur SECTION- bzw. Paragraphenstruktur eines COBOL-Programms und zum Aufbau der Paragraphen aus Sätzen und Einzelanweisungen möglich.

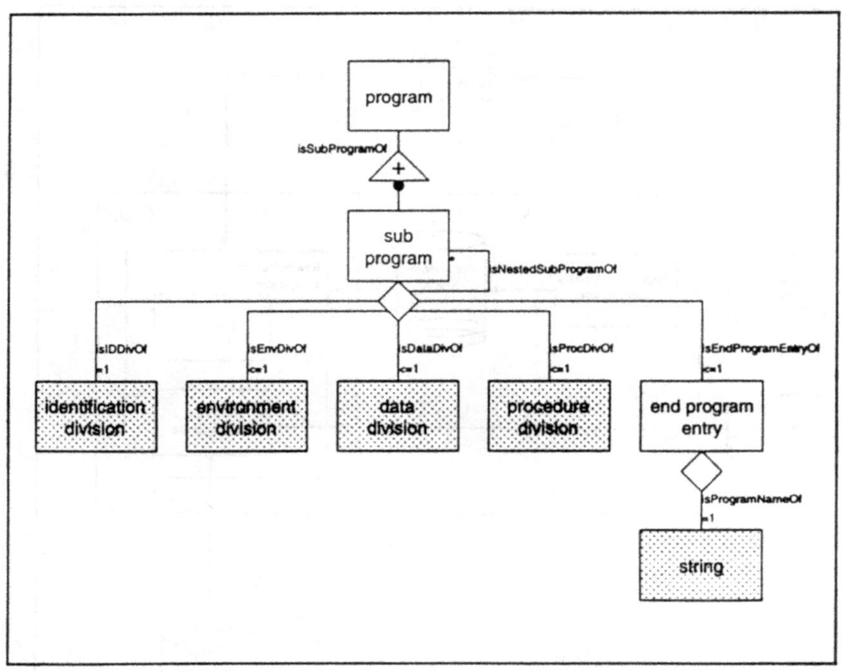

Abb. 2: Konzeptdiagramm zum Aufbau eines COBOL-Programms

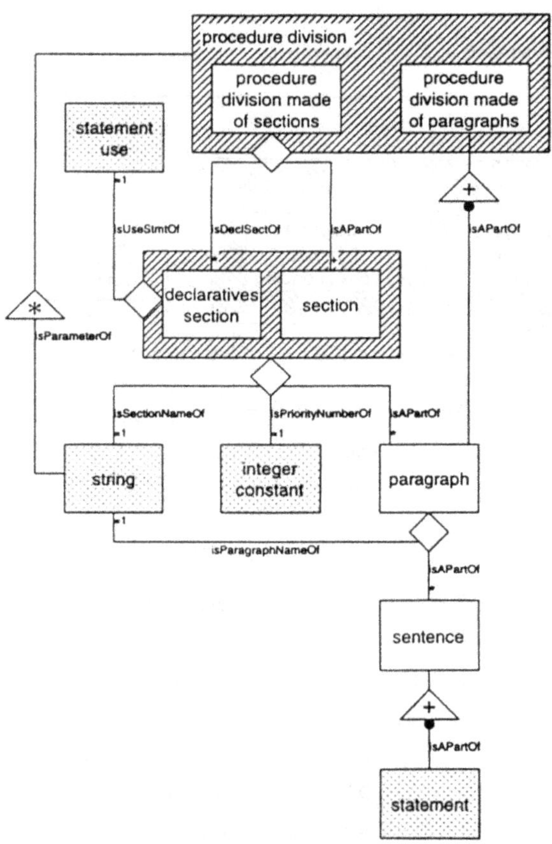

Abb. 3: Konzeptdiagramm zum Aufbau der PROCEDURE DIVISION eines COBOL Programms

Der Feinheitsgrad der Modellierung ist dabei frei wählbar, so daß die individuellen Anwender-Anforderungen gezielt berücksichtigt werden können. Die Modellierung kann z.B. grobgranular auf der Stufe der Dateien, Prozeduren und Module oder feingranular auf der Stufe der Variablen, Ausdrücke und Zuweisungen erfolgen. Als Beispiel wird der Aufbau der PROCEDURE DIVISION (vgl. Abbildung 3) in COBOL um zwei Stufen weiter verfeinert und dann das MOVE-

Statement herausgegriffen, dargestellt in Abbildung 4. Eine vollständige Modellierung von COBOL (ANSI85-Standard) liegt in [Hümm95] vor.

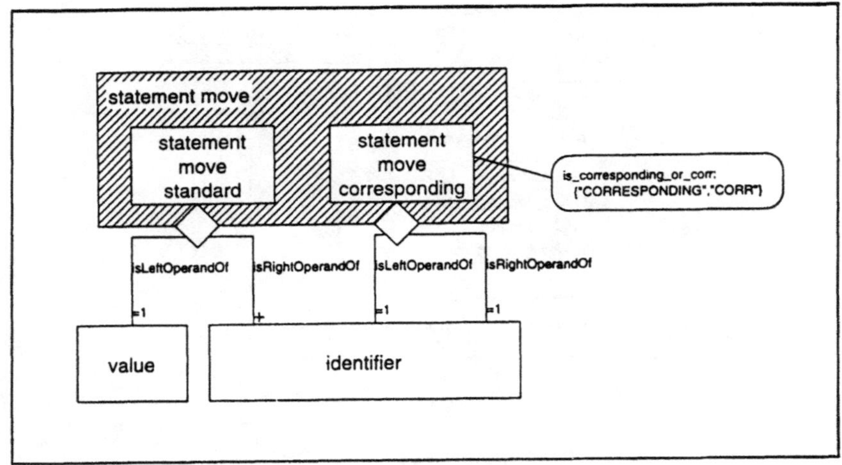

Abb. 4: Konzeptdiagramm zum Aufbau des MOVE-Statements in COBOL

Dem Anwender wird durch die Modellierung die Möglichkeit gegeben, das Werkzeug individuell auf seine Anforderungen hinsichtlich der zu der wartenden Software zu konfigurieren. Insbesondere können neben Programmiersprachenkonzepten auch Konzepte von Datenbank-Anfragesprachen (z.B. SQL, DL/I, DDIL) oder von Sprachen der "4. Generation" (z.B. CSP, Delta) in diesem einheitlichen Rahmen mitmodelliert werden.

Durch die Verwendung der EER-Diagramme als Konzeptbeschreibung erhält der Anwender ein anschauliches Beschreibungsmittel für die ihn interessierenden Konzepte. Durch das Beschreibungsmittel ist aber gleichzeitig, aufgrund seiner definierten Semantik, auch eine Datenstruktur formalisiert.

Ein EER-Diagramm legt stets eine bestimmte Graphklasse fest [CEW94], die als Konzeptschema für die zu realisierende Anwenderumgebung gesehen werden kann. Konkrete Software-Systeme werden entsprechend dem definierten Konzeptschema analysiert und jeweils als Instanzen (d.h. Instanzgraphen) repräsentiert. Auf diesen Graphen erfolgt dann die weitere Bearbeitung zur

Unterstützung des Programmverstehens. Das Anfragen und Navigieren wird auf der Basis dieser Datenstrukturen realisiert, wobei dem Anwender weiterhin die Konzeptbeschreibung für seine Interaktion mit dem Werkzeug dient. Grundlage für die Entwicklung der Repräsentations- und Bearbeitungskomponenten bildet das Graphenlabor der Universität Koblenz [Ebert87; DEL94].

Die Anfragen bzw. Informationswünsche von Anwendern beim Programmverstehen sind vielfältig und können durch die Modellierung der geforderten Konzepte auf unterschiedlichen Abstraktionsstufen abgedeckt werden. Die Formulierung konkreter Anfragen auf dem Konzeptschema muß in einer geeigneten Anfragesprache textuell oder graphisch einfach durchführbar sein. Im Beispiel der grobgranularen Modellierung von COBOL-Prozedurteilen (Abbildung 3) können z.B. Anfragen der Art "Welche Statements enthält Paragraph A?" oder "Wie viele Sätze sind in jeder Section dieses Programms enthalten?" gestellt werden. Verfeinerungen des Konzeptschemas beinhalten z.B. eine Unterscheidung nach der Art der Statements (Arithmetik, Datenveränderung, Ein-/Ausgabe, Kontrollfluß, u.a.) und die Einführung von variablen-bezogenen Konzepten (z.B. Deklaration, Verwendung von Variablen), so daß sich die Anfragemöglichkeiten erheblich erweitern.

Charakteristische Anfragen auf hoher Abstraktionsstufe beziehen sich auf Aufrufbeziehungen zwischen Programmen und Prozeduren/Funktionen, wobei hier heterogene Strukturen (z.B. von COBOL-Programmen aufgerufene Assembler-Programme) mitberücksichtigt werden, und auf Beziehungen zwischen Programmen und externen Datenbeständen (Dateien, Datenbanken). Ergebnisse aus Anfragen dieser Art sind nicht nur in der täglichen Wartungsarbeit, sondern bei anstehenden Reengineering-Maßnahmen sehr nützlich (z.B. Migration der Datenhaltung für eine Anwendung aus 50 Programmen).

Die Entwicklung einer leistungsfähigen textuellen und graphischen Anfragesprache für die Zwecke des Programmverstehens und einer ergonomisch angemessenen Benutzerschnittstelle des Systems bilden wesentliche Arbeitspakete des Projekts. Hier fließen Erfahrungen aus vorangegangenen Projekten in der Software-Ergonomie und Software-Wiederverwendung ein. So wird insbesondere eine geeignete Kombination aus Anfrage- und Browsing-Möglichkeiten angestrebt [GCGW93], bei der Browsing-Ergebnisse z.B. den Suchbereich der weiteren Anfragen festlegen.

4. Projektstand

Nach [IBM93; IBM94] legen wir folgende Begriffsbestimmungen innerhalb Reengineering und Wartung zugrunde:

Bestandsanalyse (Inventory Analysis): Erstellung eines Inventars aller Anwendungen und ihrer Komponenten und Bewertung dieser Anwendungen (z.B. nach Komplexität, Bedeutung für das Unternehmen), vgl. auch [GiHo95]. Die Ergebnisse der Bewertung können als Entscheidungsgrundlage für das weitere Vorgehen, u.a. Weiterentwicklung, Reengineering (Restrukturierung, Redokumentation) oder Migration, dienen.

Anwendungsverstehen (Application Understanding): Verstehen der Anwendung und ihrer Komponenten (Programme, Datenbestände, Prozesse) sowie der involvierten Hardware-/Software-Systeme (u.a. Rechnertypen, Datenhaltungssysteme, Kommunikation, Benutzungsoberflächen).

Programmverstehen (Program Understanding): Verstehen der einzelnen Programme, u.a. im Hinblick auf Datendefinitionen, Datenfluß, Kontrollfluß, Aufrufstrukturen.

Die Bestandsanalyse wird demnach überwiegend auf der Ebene des Unternehmens bzw. der IT-Organisation durchgeführt; die Verstehensunterstützung erfolgt auf der Ebene der Anwendungen und auf der Ebene der Programme. Aufgrund der Ähnlichkeit der Problemstellungen auf diesen drei Ebenen wird in GUPRO ein möglichst einheitliches Vorgehen in der Modellierung und Werkzeugfunktionalität entwickelt. Beispielsweise gibt es sogenannte "weite Cross-Referenzen", die Abhängigkeiten auf Bestandsanalyse-Ebene erfassen, z.B. alle - auch indirekten - Aufrufbeziehungen, die von einem Programm ausgehen und die ein bestimmtes (aufgerufenes) Programm betreffen. Diese Zusammenhänge können auf Programmverstehens- ebene durch weitere Cross-Referenzen (z.B. Deklarationen und Verwendungen von Variablen oder Prozeduren) ergänzt werden, die mit den gleichen Sprachmitteln darstellt und bearbeitet werden können.

In GUPRO wird derzeit das folgende Vorgehen erforscht: Die konzeptuelle Modellierung beginnt auf der Ebene des Anwendungsverstehens. Die noch grobgranularen Modelle der betreffenden Sprachen werden dann für die Bestandsanalyse-Ebene zu einem sprachübergreifenden Modell zusammengefügt und weiter vergröbert. Das Modell auf Anwendungsebene bildet auch die Grundlage für das Programmverstehensmodell. Hierfür werden die grobgranularen Modelle der einzelnen Sprachen weiter verfeinert, bis auf eine vom Anwender gewünschte Feinheitsstufe.

GUPRO wurde Mitte 1995 begonnen und hat eine Laufzeit von 3 Jahren. Vorarbeiten liegen in der Modellierung graphischer Sprachen und in der Graphenlabor-Software der Universität Koblenz sowie in dem dort entwickelten C-Analyse-System CANAL [DaHo92] und in feingranularen Modellen der Sprachen COBOL und PL/I. Weiterhin bringt die Universität Koblenz umfangreiche Erfahrungen zur graphbasierten Modellierung, zur Entwicklung von Anfragesprachen und zur Parsergenerierung in das Projekt ein.

Am Wissenschaftlichen Zentrum Heidelberg der IBM Deutschland werden Reengineering-Forschungsprojekte auf der Basis praktischer Anforderungen durchgeführt. Aktuelle Reengineering-Projekte liegen in den Gebieten Anwendungs- und Programmverstehen, Sprachmigration und Software-Wiederverwendung. Schwerpunkte bilden dabei die Sprachen COBOL, PL/I und FORTRAN. Die entwickelten Reengineering-Methoden und -Werkzeuge werden unmittelbar in Kundenprojekten eingesetzt. Neben der Reengineering-Basis werden für GUPRO auch Erfahrungen in der Entwicklung von Datenbank-Anfragesprachen sowie Methodenwissen aus der Software-Ergonomie genutzt.

Die Volksfürsorge Versicherungsgruppe bringt langjährige und umfassende Software-Entwicklungserfahrungen mit mehreren Programmier-, Datenbank- und Benutzerschnittstellen-Systemen in das Projekt ein. Auch liegen bei der Volksfürsorge umfangreiche Erfahrungen in der Datenmodellierung und Ablaufsteuerung großer Anwendungskomplexe vor. Im Hause Volksfürsorge befinden sich über 16.000 Programmeinheiten in unterschiedlichen Sprachen im Einsatz, so daß eine realistische Umgebung zur Entwicklung und zum Einsatz der GUPRO-Werkzeuge gegeben ist.

Derzeit wird in einer gemeinsamen Entwicklung der drei Verbundpartner ein grobgranulares, integriertes Modell für die Sprachumgebung PL/I, COBOL, CSP und JCL mit DB2- und IMS-Anbindung fertiggestellt. Gleichzeitig wird für dieses Modell ein Parser entwickelt, der zur Unterstützung der Bestandsanalyse im Hause Volksfürsorge genutzt werden soll. Weitere aktuelle Projektarbeiten beinhalten die Entwicklung einer textuellen, SQL-ähnlichen Anfragesprache auf Graphen, die Entwicklung einer geeigneten Report-Struktur auf der Basis der Anfrage-Ergebnisse sowie den Entwurf einer adäquaten graphischen Benutzerschnittstelle für den Wartungsarbeitsplatz. Die Projektzwischenergebnisse werden laufend in der Praxis validiert.

In der zweiten Hälfte des Projektzeitraums werden die graphische Anfragesprache sowie ein geeignetes Browserkonzept realisiert und in die Benutzerschnittstelle integriert. Gleichzeitig wird die Generator-Umgebung für das Programmverstehen weiterentwickelt und in verschiedenen Gebieten der Anwendungsentwicklung erprobt. Die Konsolidierung der Projektergebnisse und der Transfer der Ergebnisse auf neue Anwendungssituationen bilden wesentliche Bestandteile der Projektarbeit. Die Arbeitspakete sind "verzahnt" konzipiert, so daß jeder Partner sein System- und Methodenwissen und seine Erfahrungen möglichst gut einbringen und austauschen kann.

Literatur

[CEW94] Carstensen, Martin; Ebert, Jürgen; Winter, Andreas: Deklarative Beschreibung von Graphensprachen. GI-Fachgruppe 2.1.4 Alternative Konzepte für Sprachen und Rechner, Bad Honnef, Mai 1994 (Fachbericht der Universität Kiel).

[Corbi89] Corbi, Thomas A.: Program Understanding: Challenge for the 1990s. In: IBM Systems Journal 28 (1989), 2, S. 294-306.

[DaHo92] Daute, Oliver; Horn, Georg: CANAL - Ein Reverse-Engineering-Werkzeug für die Programmiersprache C. Diplomarbeit, Universität Koblenz, Fachbereich Informatik, 1992.

[DEL94] Dahm, Peter; Ebert, Jürgen; Litauer, Christoph: Benutzerhandbuch EMS-Graphenlabor. Universität Koblenz, Fachbereich Informatik, 1994. (verfügbar über FTP: ftphost.uni-koblenz.de/outgoing/GraLab)

[Ebert87] Ebert, Jürgen: A Versatile Data Structure for Edge-Oriented Graph Algorithms. In: Comm. ACM 30 (1987), 6, S. 513-519.

[GCGW93] Gimnich, Rainer; Convent, Bernd; Günauer, Jürgen; Wernecke, Wolfgang: Supporting Reuse by Software Documents Management. In: IBM Software Engineering ITL, Toronto, Kanada, 1993, S. 123-142.

[GiHo95] Gimnich, Rainer; Hofinger, Alois: Bestandsanalyse als Grundlage der Software-Redevelopment-Strategie. GI-Fachgruppe 5.1.3 Reengineering und Wartung, Münster, März 1995.

[Hümm95] Hümmerich, Martin: Entwicklung und prototypische Implementation eines konzeptionellen Modells zum Reverse Engineering von ANSI85-COBOL- Programmen. Studienarbeit, Universität Koblenz, Fachbereich Informatik, 1995.

[IBM93] IBM: COBOL Code Reengineering. Doc. No. GG24-3979-0. International Technical Support Center, San Jose, CA., May 1993.

[IBM94] IBM Deutschland Informationssysteme GmbH: Lösungsangebot Software Redevelopment. Heidelberg, April 1994.

[Lehn91] Lehner, Franz: Softwarewartung. Hanser, München, 1991.

[McCl92] McClure, Carma: The 3 Rs of Software Automation - Reengineering, Repository, Reusability. Prentice-Hall, Englewood Cliffs, NJ, 1992.

[Schü94] Schütze, Jürgen: Konzept für ein interaktives, graphbasiertes Werkzeug zum Verstehen von Programmen. Studienarbeit, Universität Koblenz, Fachbereich Informatik, 1994.

[Sneed91] Sneed, Harry M.: Softwarewartung. Müller, Köln, 1991.

V. Methodisches Vorgehen bei der Softwarewartung und beim Reengineering

Modellierung und Ausführung der Softwarewartung

Jinhua Li

Zusammenfassung

Diese Arbeit beschreibt ein Prozeßmodell für die Software-Wartung. Das Prozeßmodell wird als eine Folge von Aktivitäten dargestellt, bei denen Produkte erzeugt oder bearbeitet werden. Vorgegebene Formulare dokumentieren die Ergebnisse dieser Aktivitäten und die erforderlichen Informationen zur Verwaltung, Steuerung und Rückverfolgung des Wartungsprozesses. Jeder Aktivität wird eine Rolle zugeordnet. Verschiedene Rollen liegen diesem Modell zugrunde, die durch die notwendigen Anforderungsprofilen bestimmt werden. Ein aus drei Elementen von Signalen, Vorbedingungen und Teilprozessen bestehender Ausführungsmechanismus wird für diesen Wartungsprozeß konzipiert und durch ein Petri-Netz modelliert. Dieses Prozeßmodell dient einerseits als eine Vorlage, mit der Software-Wartungsprozesse durch ein Simulationssystem simuliert werden können. Andererseits wird der Wartungsprozeß bei der Pflege von großer Software praktisch eingesetzt.

Abstract

This paper describes a process model for software maintenance, aiming at modeling and simulating maintenance processes and systematical performing the practical maintenance tasks. This model identifies the activities undertaken during software maintenance and the products needed or/and created in these activities. Predefined document forms are used to trace and control the maintenance process as well as to record the working results. Each activity is associated with roles who are determined by the necessary experience, knowledge and capabilities to enact the activity. To support execution of this process model, an automating mechanism is constructed and modelled through a Petri net. The execution mechanism consists of three basic elements: signals, preconditions and parallel processes.

1. Einleitung

Heute stellen Softwaresysteme in vielen Unternehmen beachtliche Vermögenswerte dar. Ihre Funktionen sind unverzichtbar für betriebliche Abläufe. Vor diesem Hintergrund ist die zunehmende Lebensdauer von Softwaresystemen erklärbar. Neuentwicklung and Ablösung bestehender Software würde größere Risiken mit sich bringen, als die Wartung und Weiterentwicklung bestehender Software [Lehn89]. Diese Situation macht eine verbesserte Unterstützung der Wartungsaktivitäten durch entsprechende Werkzeuge und Methoden immer dringlicher.

Neben der technischen Unterstützung der Wartungsaktivitäten ist auch eine nicht-technische, organisatorische Unterstützung und das Wartungsmanagement von Bedeutung. Wartung großer Softwaresysteme muß als Projekt organisiert werden, d.h. als Aufgabe mit definierter Zielsetzung, vorgegebenen Ressourcen und festgeschriebenem Zeitraum. In diesem Sinne ist die Software-Wartung vergleichbar einer neuen Software-Entwicklung mit sehr starken Einschränkungen der Entwurfsfreiheiten. Die Software-Wartung wird als ein Prozeß definiert, bei dem die Pflege/Änderung eines Softwareprodukts nach seiner Auslieferung vorgenommen wird: Fehler werden beseitigt, Leistungsfähigkeit verbessert oder das Produkt an veränderte Betriebsumwelt angepaßt. Das generelle Ziel der Prozeßmodellierung läßt sich in die folgenden Gruppen einordnen [CuKO92]: Erleichterung des Verstehens und der Kommunikation, Unterstützung der Prozeßverbesserung, -automatisierung, -ausführung und des Prozeßmanagements.

Darüber hinaus zielt das vorliegende Prozeßmodell für die Software-Wartung speziell darauf ab, Wartungsprozesse zu untersuchen, zu modellieren und die Wartungsaktivitäten systematisch und praktisch durchzuführen. Das Prozeßmodell dient als eine Vorlage, mit der Software-Wartungsprozesses durch das in der Abteilung Software Engineering der Universität Stuttgart entwickelte Simulationssystem SESAM [LuBa92] modelliert und simuliert werden können. SESAM steht für *S*oftware *E*ngineering *S*imulation durch *A*nimierte *M*odelle. In SESAM werden Software-Projekte und -Prozesse simuliert. Ab 1994 wurde ein laufendes SESAM-Softwaresystem ausgeliefert. Seitdem wird die Arbeit an der Pflege und Wartung des Systems durchgeführt. Dabei wird ein Wartungsprozeß eingesetzt, der in diesem Papier vorgestellt wird.

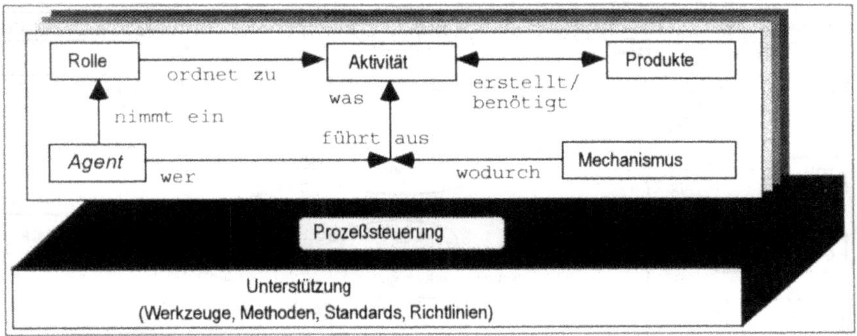

Abb. 1: Elemente und ihre Beziehungen dieses Prozeßmodells

Dieser Wartungsprozeß gliedert sich in eine Folge von Aktivitäten, bei denen Produkte (Software selbst und Dokumente) erzeugt oder bearbeitet werden. Um dieses Prozeßmodell in verschiedenen Umgebungen einsetzbar zu machen, werden alle Tätigkeiten zunächst auf abstrakte Rollen projiziert, die sich in der Aufgabenstruktur jeder beliebigen Einsatzumgebung identifizieren lassen. Die Wartungsaktivität wird von einen Agenten ausgeführt. Agenten nehmen zur Ausführung einer Aktivität die Rolle ein. Zur Durchführung des Prozeßmodells bedarf es noch eines Mechanismus und technischer Unterstützung. In diesem Papier werden aber die folgenden Aspekte (vgl. Abb. 1) dieses Prozeßmodells für die Software-Wartung erläutert: Ativtäten, Dokumente, Rollen und ein Ausführungsmechanismus.

Dieser Aufsatz wird wie folgt organisiert. In Abschnitten 2 bis 5 werden die Aspekte des Prozeßmodells ausführlich beschrieben. Dann wird in Abschnitt 6 ein Vergleich dieses Modells mit anderen verwandten Ansätzen vorgenommen. Mit den Schlußbemerkungen und der zukünftigen Arbeit endet diese Verfassung.

2. Aktivitätsdefinitionen des Prozeßmodells

Das Prozeßmodell für die Software-Wartung gliedert sich in acht Aktivitäten (vgl. Abb. 2): (1) Problemmeldung anlegen, (2) Änderung analysieren, (3) beurteilen, (4) planen, (5) realisieren, (6) abnehmen, (7) integrieren und (8) Neusystem ausliefern. Im folgenden werden diese Aktivitäten erläutert.

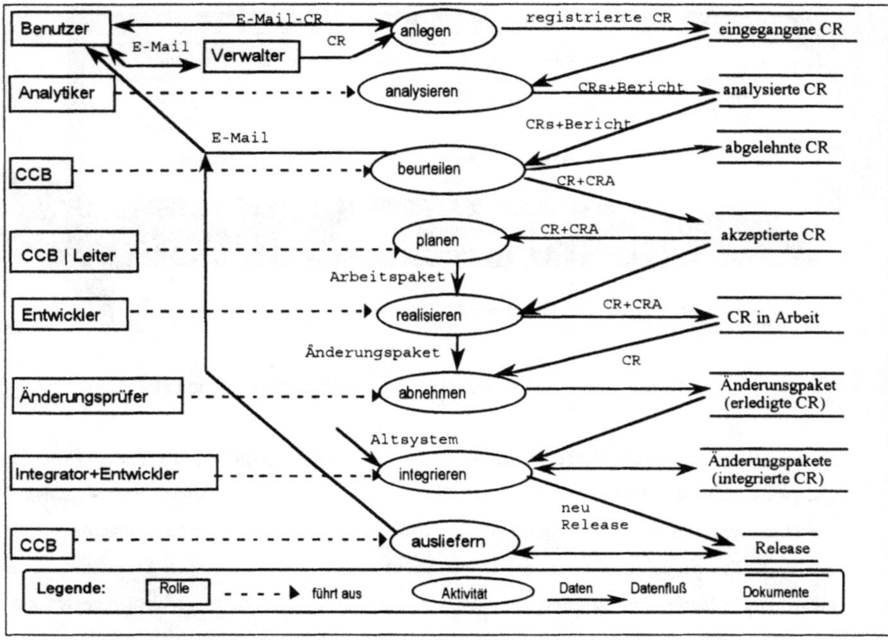

Abb. 2: Das Prozeßmodell für die Software-Wartung von SESAM

2.1 Änderungswünsche anlegen

Dieses Modell wird durch Änderungswünsche vom Benutzern gestartet. Der Benutzer eines Anwendungssystems schickt seine Problemmeldungen/Änderungsanträge formlos oder in vorgegebenen Formularen an das Wartungsteam. Als Ausgaben liefert diese Aktivität die Änderungsanträge in standardisierter Form mit Verwaltungsdaten. Wesentliche Teilaktivitäten sind:

- Problemmeldungen in standardisierte Form (Change Request Form, CR) umsetzen, falls sie in Papierform vorliegen oder formlos sind
- Jeder Änderungsantrag eindeutig (z.B. durch eine ansteigende CR-Nummer) bezeichnen
- Status eines Änderungsantrages auf *eingegangen* setzen und elektronisch ablegen

2.2 Änderung analysieren

Die Aufgabe dieser Aktivität ist es, alle Änderungsanträge gründlich und schnell zu evaluieren und Informationen über Änderungen aus der technischen und wirtschaftlichen Sicht zu erstellen. Eingaben dieser Aktivität sind alle mit Status *eingegangen* vorliegenden CRs, Projekt- and

Systemdokumente. Daraus werden CR-Analyseformulare mit einem ausführlichen Analysebericht (Vorschlag der Annahme/Ablehnung eines CR, Schätzung des Änderungsumfangs, Lösungsvorschläge) resultiert. Dabei sind die folgenden Teilschritte durchzuführen:

- CRs nach bestimmtem Kriterium (FIFO, Benutzer) durchlesen,
- Jedes CR nach der Art der Änderungswünsche, der Dringlichkeit und Priorität, den betroffenen Softwareteil, etc. klassifizieren,
- Auswirkungsanalyse von Änderungen durchführen,
- Änderungs- und Arbeitsumfang abschätzen,
- Änderungen aufteilen und zusammenfassen,
- Kosten-Nutzen-Verhältnis errechnen,
- Lösungsvorschläge erarbeiten und begründen,
- Status eines bearbeiteten Änderungsantrages auf *analysiert* setzen.

2.3 Änderung beurteilen

Der wichtigste Entscheidungsinstanz zur Behandlung von Änderungsanforderungen ist der Wartungsausschuß. Anhand der oben vorgestellten technischen Analyse soll dieses Gremium alle Problemmeldungen behandeln. Dabei soll der Wartungsausschuß:

- Wartungsbedarf und Kosten-Nutzen analysieren,
- Änderungs- und Arbeitsumfang abschätzen,
- über Annahme / Ablehnung einzelner CRs entscheiden,
- Priorität jeder Änderung festlegen
- Status eines bearbeiteten Änderungsantrages auf *angenommen* oder *abgelehnt* setzen,
- Initiator der Änderungsanforderungen über die Entscheidung benachrichtigen.

2.4 Änderung planen

Nach der Entscheidung über Annahme oder Ablehnung von Änderungen kann die Realisierung der ausgewählten Änderungen und ein neues System-Release geplant und die Durchführung der Änderungen Entwickler zugeordnet werden. Dabei wird ein Arbeitspaket (analysierte CRs, die Version des Basissystems und Arbeitsumgebung) und sein Implementationsplan vorbereitet. Die benötigte Prozedure zur Planung ist:

- Termin, Ressourcen und neue Release einplanen,
- Gemeinsamkeiten der angenommenen CRs als ein Arbeitspaket erstellen,
- Entwickler den Arbeitspaketen zuordnen,
- Status des betroffenen Änderungsantrages auf *in Arbeit* setzen.

2.5 Änderung realisieren

Der Entwickler entnimmt dem Arbeitspaket die Anweisungen zur Änderung. Diese Aktivität gilt als eine Software-Entwicklung mit stark eingeschränkten Bedingungen: die Änderungen realisieren und in das Altsystem einbetten, ohne dem Rest des Systems zu verändern. Die Ergebnisse dieser Aktivität stellen ein Änderungspaket (Änderungscode, Testplan, erstellte und aktualisierte Dokumente) und ein Implementationsformular (Change Request Implementation Form) dar. Zur Ausführung dieser Aktivität werden zuerst die Probleme und betroffenen Komponente identifiziert, folgt eine normale Software-Entwicklung, die hier ausgelassen wird.

2.6 Änderung abnehmen

Der Änderungsprüfer nimmt die Änderungspakete ab, prüft die Änderungen gegen die vorgegeben CRs und anderen im Projekt geltenden Richtlinien, Standards, usw. Er spielt, falls notwendig zusammen mit dem Entwickler, die Änderungen in das Altsystem ab. Diese Aktivität läßt sich als die Produktabnahme ansehen. Dabei soll der Änderungsprüfer:

- Vollständigkeit und Qualität des Arbeitspakets überprüfen,
- Regressions-, Schnittstellen- und Funktionstest durchführen,
- Status des Änderungsantrages auf *erledigt* setzen, falls das Änderungspaket alle diese Prüfungen bestand hat.

2.7 Änderung integrieren

Normalerweise bildet eine Gruppe von Änderungspaketen zusammen mit einem gemeinsamen Basissystem ein neues System-Release. Alle Änderungspakete müssen zuerst separat als ein Produkt geprüft werden. Die angenommenen Änderungspakete können dann schrittweise zusammengefügt werden. Dabei können Konflikte zwischen den Änderungspaketen auftreten. Abänderungen an jedem Änderungspaket sollten sorgfältig überprüft und dokumentiert werden. Aus dieser Aktivität ergibt sich ein Integrationspaket (Änderungspakete, Abänderungen an den Änderungspaketen und Dokumenten, Testplan). Die Prozedur zur Integrierung ist:

- Integration mit anderen Änderungspaketen analysieren und durchführen,
- Integrations- und Systemtest durchführen,
- Status des Änderungsantrages auf *integriert* setzen,
- Integrationspaket erstellen.

2.8 Release ausliefern

Nach der Integration von Änderungen kann ein neues System-Release ausgeliefert werden:

- Versionsbeschreibung (Beschreibung der neuen bzw. geänderten Attribute des Systems, Inventar der geänderten Softwarekomponenten und Operationen) erstellen,
- neues Release (Code, aktualisierte Dokumente und Versionsbeschreibung) einpacken,
- alle Benutzer benachrichtigen und Neusystem archivieren,
- alle CRs mit dem Status angenommen, analysiert, in Arbeit oder erledigt wieder auf eingegangen setzen.

3. Rollendefinition und -zuordnung

Ein wichtiger Bestandteil dieses Prozeßmodells sind die *Rollen*, eine Menge von Pflichten und Rechten, die den Wartungsaktivitäten zugeordnet werden (vgl. Abb. 1). Rollen beschreiben, welche Anforderungen an den eine Aktivität ausführenden *Agenten* gestellt werden. Rollen können von einer Person eingenommen oder durch eine Gruppe repräsentiert werden. Eine Gruppe wird aber meist von einer einzelnen Person vertreten, die die ganze Gruppe stellvertretend repräsentieren kann. Agenten nehmen zur Ausführung einer Aktivität die Rolle ein. Unter Agenten kann eine Person oder ein Werkzeug verstanden werden. Die vorgestellte Aktivität „Problemmeldung anlegen" kann etwa durch ein Werkzeug *Change Management System* vorgenommen werden. Die anderen Agenten in diesem Prozeßmodell sind Mensch.

Diesem Prozßmodell liegen verschiedene Rollen zugrunde, die durch die notwendigen Erfahrungen, Kenntnisse und Fähigkeiten definiert werden. Die Rollen *Wartungsausschuß* oder *Change Control Board* (CCB) und *Wartungsteam* werden in dem Prozßmodell verwendet. Das CCB führt die Aufgaben hinsichtlich der Organisation und Verwaltung der Wartungsaktivitäten aus. Dieses Gremium besteht im wesentlichen aus den folgenden weiteren Rollen: Projektmanager (dies ist keine spezielle Rolle in der Software-Wartung und wird daher nicht weiter diskutiert), Projektleiter, Analytiker, Integrator. Die Anforderungsprofile des CCB werden durch diese Mitglieder charakterisiert. Das Wartungsteam führt alle technischen Aufgaben im bezug auf die Wartungsaktivitäten aus. Es läßt sich weiter in einzelne Rolle gliedern: Analytiker, Projekt- oder Teamleiter, Entwickler, Änderungsprüfer, Integrator und Verwalter. Im folgenden wird zuerst jede Rolle in Anlehnung an [KBSt92]nach ihren Anforderungsprofilen beschrieben. Abschließend wird ein Überblick über die Rollenzuordnung gegeben.

Projektleiter:

- Verständnis von betriebswirtschaftlichen Zusammenhängen,
- Kenntnisse über die Anwendung und das Einsatzgebiet des Systems,
- Erfahrung in der Projektabwicklung,
- Fähigkeit zur Führung, Motivation und Moderation,
- Fähigkeit zur Organisation, Kommunikation und Delegation.

Analytiker:

- Kenntnis über verschiedenste technische Gebiete des Systems,
- Kenntnis über die Anwendung, Realisierung und den Einsatz des Systems,
- Fähigkeit, Probleme unter adäquater Berücksichtigung der Software zu analysieren und entsprechende Lösungsvorschläge auszuarbeiten,
- Fähigkeit zur Erkennung von Schwachstellen und Risiken,
- Fähigkeit, zu abstrahieren und zu vereinfachen.

Der *Entwickler* setzt die im Arbeitspaket geforderte Änderungen um. Je nach der Schwierigkeit der Änderungsaufgaben sind unterschiedliche Anforderungen mit dieser Rolle verbunden. Ein Entwickler kann beispielsweise über die Profile eines Systemanalytikers, Systemdesigners und Programmierers verfügen. Seine Anforderungsprofile werden nicht weiter erklärt.

Änderungsprüfer:

- Kenntnis über die Anwendung, Realisierung und den Einsatz des Systems,
- Kenntnis über Maßnahmen der Prüfung, ihre Methoden und Werkzeuge,
- Fähigkeit zur Identifikation von Schwachstellen und Risiken,
- Fähigkeit zur objektiven und konstruktiven Beurteilung,
- Kommunikationsfähigkeit mit Entwicklern.

Integrator:

- Kenntnis über die Anwendung, Realisierung und den Einsatz des Systems,
- Kenntnis über Maßnahmen der Prüfung, Systemintegration und Installation,
- Fähigkeit zur Identifikation von Schwachstellen und Risiken,
- Kommunikationsfähigkeit mit Entwicklern und Anwendern.

Verwalter:

- Kenntnis über die Anwendung und den Einsatz des Systems,
- Kenntnis über benötige Werkzeuge,
- Fähigkeit zu selbständiger Arbeit,
- Ausdrucksfähigkeit in Text und Graphik.

	Benutzer	nalytiker	CCB	Leiter	Entwickler	Prüfer	Integrator	Verwalter
anlegen	X*							X
analysieren		X						
beurteilen	X*	X*	X	X				X*
planen		X*	X	X				X*
realisieren					X			
abnehmen					X*	X		
integrieren					X*	X*	X	
ausliefern	X*		X	X			X	X*

Tabelle 1: Aktivitäten/Rollenmatrix für den Wartungsprozeß (X: ausführen X*: mitwirken)

Über die Zuordnung der Rollen zu den Aktivitäten in diesem Prozeßmodells wird ein Überblick in der Tabelle 1 gegeben. Dabei wird für jede Aktivität nur die primäre Rollen angezeigt, die an der Aktivität beteiligt sind. Der Projektleiter kann sich beispielsweise am ganzen Wartungsprozeß beteiligen, wird aber nur einigen Aktivitäten davon explizit zugeordnet. Selbstverständlich können einer Aktivität auch mehrere Rollen zugeordnet sein.

Darüber hinaus werden auch diejenige Rollen identifiziert, die als „externe Partner" notwendigerweise an verschiedenen Wartungsaktivitäten beteiligt sind. *Benutzer* sind die Initiatoren der Durchführung des Prozeßmodells. Jede Person, die ein Anwendungssystem benutzt und Problemmeldungen erstellt, wird in diesem Modell als Benutzer bezeichnet. Insbesondere kann ein Entwickler des Anwendungssystems auch die Rolle des Benutzers wahrnehmen.

4. Dokumentation und Lebenszyklen eines Änderungsantrages

Die erzeugten und benötigten Dokumente in der Software-Wartung sind ein wichtiger Bestandteil dieses Prozeßmodells. Davon sind aber viele Dokumente nicht eine Besonderheit in diesem Modell. Zum Beispiel sind Änderungsspezifikation, -entwurf, Programmcode, Testplan und Handbücher, die bei der Realisierung von Änderungen entstehen, typische Produkte der Software-Entwicklung. Solche Dokumente werden in der Literatur detailliert beschrieben und in diesem Aufsatz außer acht gelassen. Wir konzentrieren uns auf diejenige Dokumente, die in Abschnitt 2 erwähnt wurden, nämlich Änderungsformulare (CR, CRA, CRI) sowie Analysebericht, Arbeitspaket, Änderungspaket, Integrationspaket und System-Release. Zuerst definieren wir den Minimalinhalt jedes Dokuments.

Der *Change Request Form* (CR) ist der schriftlich formulierte Wunsch nach Durchführung einer Änderung. Darin sind Informationen vom Initiator des Änderungsantrages, die Identifikation eines CR, seines Status, Beschreibung des Anwendungssystems, der Bedienungsumgebung, und der Änderungswünsche enthalten. Der *Change Request Analysis Form* (CRA) beinhaltet zusammen mit einem Analysebericht die Einordnung (Dringlichkeit, Kategorie, Klassifikation), die technische und wirtschaftliche Bewertung des Änderungsantrages, Beziehungen mit den realisierten CRs und Möglichkeiten zur Durchführung der gewünschten Änderungen. Das *Arbeitspaket* enthält eine detaillierte Beschreibung der Änderungsausgabe, die Verfeinerung des ausgewählten Lösungswegs aus dem Analysebericht, die Version des Basissystems, die Arbeitsumgebung und seinen Implementationsplan. Ein Arbeitspaket resultiert aus der Genehmigung des Wartungsausschusses, hat Auftrags- und Anforderungscharakter. Das *Änderungspaket* umfaßt alle Ergebnisse der Durchführung von Änderungen etwa wie Änderungscode, Testplan, erstellte und aktualisierte Dokumente. Darin ist das Formular *Change Request Implementation Form* (CRI) bei der Verwaltung und Rückverfolgung von Änderungen von Bedeutung. Ein CRI beschreibt die betroffenen CRs, eine Kurzbeschreibung der Änderung und eine Liste der geänderten Programmteile und Dokumente. Das *Integrationspaket* beinhaltet die aus der Integrierung von Änderungen resultierten Ergebnisse etwa wie der Integrationsplan, eine Aufliste der abgeänderten Arbeitspakete, Programmkomponente und aktualisierte Dokumente. Das *System-Release* enthält die Installationsbeschreibung eines neuen Release und alle Änderungen von Programmteilen und Dokumenten.

Der Lebenszyklus eines Änderungsantrages

Zur praktischen Durchführung dieses Modells werden die Informationen eines CR, CRA und CRI zum Zweck der Verwaltung, Rückverfolgung und Steuerung von Änderungen durch ein Änderungsmanagementssystem in einem einzelnen Änderungsantrag dargestellt. Der Status eines Änderungsantrages repräsentiert die notwendigen Informationen, um den Ablauf der Software-Wartung zu überwachen und zu kontrollieren. Zu jedem Zeitpunkt besitzt der Status eines Änderungsantrages nur einen Wert aus der Gruppe von *eingegangen, angenommen, abgelehnt, analysiert, in Arbeit, erledigt, integriert.* Davon gilt der Zustand *eingegangen* als Anfangspunkt, mit dem der Wartungsprozeß beginnt. Der Status *integriert* bedeutet, daß die- Änderungen eines Änderungsantrages bereits in ein System integriert worden sind und das neue System ausgeliefert werden kann. Der Status *abgelehnt* symbolisiert die Verweigerung der weiteren Behandlung eines Änderungsantrages. Die Stadien *integriert* und *abgelehnt* sind unveränderbar. Die anderen Zustände müssen beim Übergang auf ein neues Release wieder auf den Anfangsstatus *eingegangen* gesetzt werden. Das bedeutet folgendes, daß solche Änderungsanträge von Anfang an gegenüber einem neuen Softwaresystem wieder bearbeitet werden sollen. In Abb. 3 werden die Möglichkeiten der Statusänderungen zusammengefaßt.

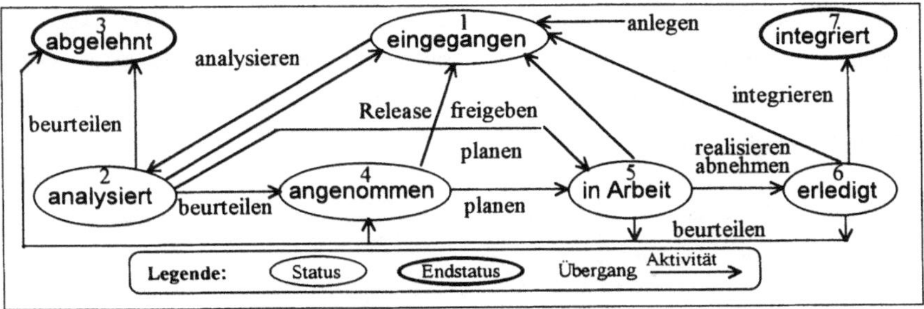

Abb. 3: Zustandsänderungen eines Änderungsantrages

Die Steuerung und Überwachung der Wartungsaktivitäten kann mit Hilfe des Lebenslaufs von Änderungsanträgen unterstützt werden. Der Lebenslauf eines Änderungsantrages wird durch eine Reihenfolge seiner Zuständen repräsentiert. Ein Lebenslauf *<eingegangen, analysiert, in Arbeit, erledigt, angenommen, integriert>* zeigt beispielsweise die Notfallbehandlung von Änderungsanträgen. Die Beurteilung eines Änderungsantrages geschieht nach der Bearbeitung von Änderungen. Regeln und Bedingungen von Statusänderungen bestimmen, ob ein Übergang zwischen zwei Zuständen geschehen darf. Dadurch läßt sich auch überprüfen, ob ein Lebenslauf von Änderungsanträgen gegen Vorschriften in einem Wartungsprozeß verstoßen. Tabelle 2 gibt andere Situationen des Lebenslaufs und Erklärungen an. Der Statuswert wird mit Nummer (vgl. Abb. 3) vereinfacht dargestellt.

Lebenslauf	Erläuterungen
<1, 2, 3>	abgelehntes CR
<1, 2, 4, 5, 6, 7>	(erwünschte) normale Behandlung eines CR
<1>	Es sollte vermeiden werden: ein CR wird vielleicht nie behandelt
<1, 2, 4, 5, 1>	System-Update erzwingt, ein CR erneut zu bearbeiten
1, 2, 1, 2, 4, 5, 6, 7>	Nach dem Update kann ein CR im neuen System integriert werden
<1, 2, 5, 6, 3>	Nicht alle Notfallbehandlungen sind erfolgreich
<1, 2, 3, 2>	Unmöglich: ein abgelehntes CR kann nicht mehr bearbeitet werden
<4, 5, 6, 7>	Unmöglich: jedes CR muß im Status eingegangen beginnen

Tabelle 2: Beispiele von Lebensläufen und Erklärungen

5. Ein Mechanismus zur Ausführung des Wartungsprozesses

Ein Hauptziel der Arbeit zur Modellierung der Software-Wartung ist es, den Wartungsprozeß nach den explizit definierten Aktivitäten praktisch durchzuführen. Die Ausführung dieses Prozeßmodells wird hauptsächlich durch die Statusänderungen von Änderungsanträgen von *eingegangen* bis hin zu *integriert* oder *abgelehnt* repräsentiert. Der Zustand eines Änderungsantrages kann nur durch die Durchführung einer Aktivität, die von Bedingungen zur Initialisierung und Ausführung begleitet wird, verändert werden.

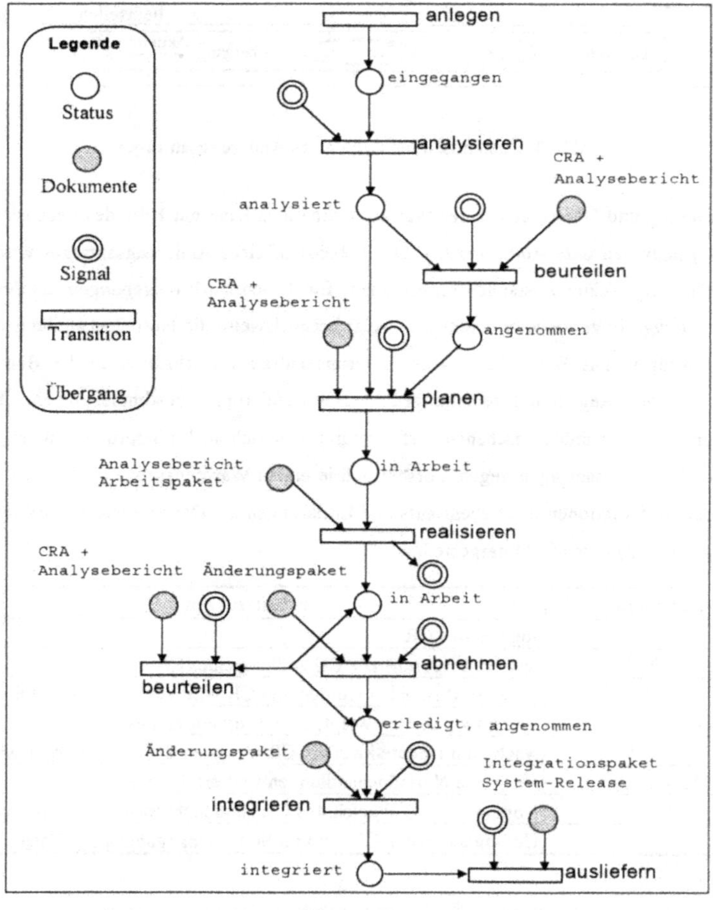

Abb. 4: Petri-Netz-Modell des Wartungsprozesses

Der Mechanismus zur Ausführung des Wartungsprozesses umfaßt drei Elemente: Signale, Vorbedingungen und parallel laufende Prozesse. Dies kann durch ein Petri-Netz modellieren werden (vgl. Abb. 4). Eine *Stelle* modelliert eine Ablage, die nur Dokumente der vorgegebenen Typen und in einem bestimmten Status vorliegene Änderungsanträge aufnehmen kann. Signale werden ebenfalls durch Stellen repräsentiert. Dokumente und Änderungsanträge werden durch typisierte *Marken* dargestellt. Eine *Transition* besteht aus zwei Komponenten: einer der bereits in Abschnitt 3 ausführlich beschriebenen Aktivität und Vorbedingungen, die im folgenden noch erklärt werden. Eine Transition kann gefeuert werden, falls die erforderlichen Vorbedingungen erfüllt werden. *Kanten* modellieren Steuerflüsse zwischen Aktivitäten durch Verbindung von Transitionen und Stellen mit Marken. Eine Kante von einer Transition zu einer Stelle beschreibt die Erzeugung von Marken bzw. Dokumenten und Änderungsanträgen, eine umgekehrte Kante stellt das Verbrauchen von Marken bzw. Dokumenten und Änderungsanträgen dar.

5.1 Vorbedingungen

Vorbedingungen zum Schalten einer Aktivität umfassen drei Aspekte: bestimmte Wartungsphasen, benötigte Dokumente und Ressourcen.

Ein *CR-Statuswert* setzt die Durchführung mancher Aktivitäten voraus. Zum Beispiel muß ein CR vom CCB als *angenommen* beurteilt werden, bevor seine Implementation in einer neuen Systemversion integriert bzw. ausgeliefert werden kann. Alle in einer Aktivität erforderlichen *Dokumente* sollen vor der Durchführung zur Verfügung stehen. Hier kommen diejenige Dokumente in Betracht, die in Abschnitt 4 beschrieben wurden. In diesem Wartungsprozeß wird angenommen, daß alle vor einem Wartungsprozeß schon bestehenden Dokumente, wie etwa Benutzerhandbuch, Systementwurf etc., immer verfügbar sind. Sonst soll ein Reverse Engineering Prozeß durchgeführt werden. *Ressourcen* umfassen hauptsächlich Personen und Betriebsmittel (z.B. Maschine, Geld, Zeit, Softwaretools) zur Durchführung des Prozesses. In diesem Modell wird ebenfalls angenommen, daß alle in einer Aktivität benötigten Ressourcen ausreichend vorhanden sind. Dies wird garantiert, wenn ein Änderungsantrag vom Wartungsausschuß akzeptiert wurde.

5.2 Signale

Bei der Software-Wartung spielt die Kommunikation und Kooperation unter den Wartungsmitgliedern eine wichtige Rolle. Signale können den Beitrag zur Kommunikation und zur reibungslosen Ausführung des Wartungsprozesses leisten. Signale in unserem Modell bestehen aus drei Arten: Zeitsignalen, Anzahlsignalen und Agentensignalen.

Zu einem vorgegebenen Zeitpunkt wird ein *Zeitsignal* an entsprechende Agenten übermittelt. Der Zeitpunkt oder -raum kann als Konstante festgelegt oder in einem Wartungsplan definiert werden. Ein Änderungsantrag soll z.B. spätestens einen Monat nach seinem Eingang behandelt werden. Danach kann ein Signal an den Analytiker geschickt werden. Ein *Anzahlsignal* wird an entsprechende Agenten geschickt, falls die Anzahl von Änderungsanträgen in einer Stelle eine vorgegebene Anzahl überschreiten oder dort keine Änderungsanträgen mehr vorliegen. Ein *Überlaufsignal* kann beispielsweise an den Wartungs-ausschuß geschickt werden, falls mehr als 20 Änderungsanträge analysiert worden sind. Der Wartungsausschuß wird darauf aufmerksam gemacht, daß er sich zur Behandlung der Änderungsanträge treffen soll. Den vorgestellten Signalen gegenüber kann ein menschlicher Agent seine Wünsche fordern. *Agentensignale* unterteilen sich in zwei Arten. Ein *Anforderungssignal* kann ein Agent an andere Agenten schikken, um die Behandlung eines Ausnahmefalls zu erbitten. Solche Signale sollten aber nur eingeschränkt verwendet werden. Es wird vorgeschlagen, daß nur Analytiker, Projektleiter und der Wartungsausschuß Anforderungssignale übermitteln dürfen. Ein *Bemerkungssignal* macht darauf aufmerksam, daß eine Aktivität oder Aufgabe erledigt worden ist. Solche Signale dürfen alle Rollen einschließlich des Benutzers senden.

5.3 Prozesse

In einer Umgebung, in der ein Wartungsprozeß ausgeführt wird, können gleichzeitig vielen Prozesse (im Sinne des Betriebssystems) laufen. Ein Wartungsprozeß wird in Teilprozesse oder einfach in Prozesse aufgeteilt, in denen je eine Aktivität durchgeführt wird. In jeder Transition läuft dauernd ein Monitorprozeß. Seine Aufgaben bestehen darin, die Vorbedingungen zur Feuerung der in dieser Transition definierten Aktivität zu überprüfen, ein Prozeß für die Aktivität zu erzeugen bzw. zu starten, Signale zu empfangen, zu bearbeiten und neue Signale an die entsprechenden Agenten zu schicken. Ausnahmen, etwa auftretete Fehler, Halt eines laufenden Prozesses bzw. seine Fortsetzung können ebenfalls behandelt werden. Parallel können mehrere Prozesse des gleichen Typs wie Aktivitäten der Beurteilung oder von unterschiedlichen Typen, z.B. Aktivität der Planung und der Realisierung, gleichzeitig laufen. Dabei kann eine zentralistische oder verteilte Prozeßsteuerung verwendet werden.

6. Verwandte Ansätze

In diesem Anschnitt werden andere verwandten Ansätze, die sich ebenfalls mit Wartungsprozessen befassen, vergleichend diskutiert.

Im *IEEE Standard 1219-1992* [IEEE92] wird ein Prozeßmodell für die Software-Wartung definiert. Der Wartungsprozeß wird ebenfalls in Phasen aufgeteilt. Verwendete Informationen werden zwar beschrieben, aber keine Beziehungen und Informationsflüsse zwischen Agenten und Wartungsphasen. Der Prozeß bezieht sich auf reine und separate Wartungstätigkeiten in dem Sinne, daß für die Änderungssteuerung, -überwachung und andere einschlägige Teilaktivitäten nicht erläutert, sondern auf entsprechende IEEE Standards verwiesen wird.

COMFORM (COnfiguration Management FORmalisation for Maintenance) [CaMu92] ist eine Methode zur Unterstützung von Wartungsprozessen. Sie identifiziert die Wartungstätigkeiten, als Phasen bezeichnet, und die dabei benötigten bzw. erzeugten Informationen. Vorgegebene Formulare nehmen diese Informationen auf. Dadurch lassen sich auch die Änderungen im Wartungsprozeß nachvollziehen. COMFORM ist durch den Einsatz von Software Configuration Management (SCM) gekennzeichnet. In unserem Wartungsprozeß werden die SCM-Techniken integriert, die sich in die Überwachung und Steuerung des Wartungsprozesses durch das CCB und die Dokumentierung von Wartungszuständen durch den CR-Status wiederspiegeln. Anders als die Phasen/Aktivitäten im IEEE Standard und COMFORM wird die Realisierung von Änderungen im folgenden Modell aus EPSOM und in unserem Modell in einer Aktivität grob definiert. Bei Bedarf läßt sich diese Aktivität weiter verfeinern. Wir sind davon überzeugt, daß die Implementation von Änderungen einer neuen Software-Entwicklung entspricht. Daraus ergibt sich ein Änderungspaket in unserem Modell, dessen Abnahme von einem Änderungsprüfer den erfolgreichen Abschluß dieser Aktivität symbolisiert.

EPSOM (European Platform for SOftware Maintenance) [HaQe92] bietet einen allgemeinen Wartungsprozeß mit Hilfe eines V-Modells. Jede der identifizierten Aktivitäten wird motiviert und abschließend wird eine Methode angegeben, wie das generische Prozeßmodell verwendet werden soll: (1) Rollen identifizieren, (2) Aktivitäten zwischen den Rollen aufteilen und (3) die notwendigen Informationsflüsse zwischen den Rollen festlegen. Demgegenüber wird in unserem Modell das Minimum von Wartungsaktivitäten vorgeschrieben. Die schnelle Reaktion bei wichtigen oder einfachen Änderungswünschen und die gründliche Analyse bei komplexen Änderungswünschen wird durch die technische Analyse realisiert. Dabei sichert der Einsatz des technischen Analytikers und des Projektleiters die Möglichkeit, Änderungswünsche im Notfall schnell zu behandeln. Weiterhin werden die Rollen in unserem Modell nach der Aktivität entsprechend aufgeteilt und definiert.

7. Schlußbemerkungen

In der Software-Wartung ist sowohl die technische Unterstützung als auch die nichttechnische, bzw. organisatorische Unterstützung und das Wartungsmanagement von Bedeutung. Das vorliegende Papier versucht, die Software-Wartung durch ein Prozeßmodell hinsichtlich dieser Aspekte systematisch und effektiv zu uterstützen. Als technische Unterstützung werden ein Change Management System (ChMS) und eine Auswirkungsanalyse in den Wartungsprozeß eingebettet. Aus den Platzgründen können sie aber in diesem Aufsatz nicht präsentiert werden. Das ChMS spielt bei der Änderungssteuerung, -verfolgung, Dokumentenverwaltung und Ausführung des Wartungsprozesses eine wichtige Rolle. Ein weiterer wesentlicher Teil der Software-Wartung liegt darin, die von der Modifikation eines Anwendungssystems betroffenen Teile (z.B. Programme, Dokumentation) zu identifizieren und zu untersuchen. Die dabei verwendete Methode wird als Auswirkungsanalyse (Impact Analysis) bzeichnet. Verfahren und Werkzeuge zur Analyse von Änderungsauswirkungen stellen zusammen mit der Implementation des ChMS folglich zwei unserer zukünftigen Arbeit dar.

Anmerkung

Ich danke Stefan Krauß für die Korrektur der Formulierungen dieser frühen Verfassung.

Literatur

[CaMu92] Capretz, M.A.M.; Munro, M.: COMFORM - A Software Maintenance Method Based on the Software Configuration Management Discipline. In: Proceedings of Conference on Software Maintenance, Orlando, Florida 1992, S. 183-192.

[CuKO92] Curtis, B.; Kellner, M.I.; Over, J.: Process Modeling. Communication of the ACM (1992) 9, S. 75-90.

[HaQu92] Harjani, D.R.; Queille, J.P.: A Process Model for the Maintenance of Large Space Systems Software. In: Proceedings of Conference on Software Maintenance, Orlando, Florida 1992, S. 127-136.

[IEEE92] IEEE Std 1219-1992: IEEE Standard for Software Maintenance. IEEE Computer Society Press 1992.

[KBSt92] Vorgehensmodell für die Planung und Durchführung von IT-Vorhaben. Schriftenreihe der KBSt, Band 27/1, Der Bundersminister des Innern 1992.

[Lehn89] Lehner, Franz: Nutzung und Wartung von Software - Das Anwendungssystem-Management. Carl Hanser Verlag, Müchen Wien 1989, S. 44.

[LuBa92] Ludewig, Jochen; Bassler, Thomas, et al.: SESAM - Simulating Software Projects. In: Proceedings of the Software Engineering and Knowledge Engineering Conference, Capri, Italy 1992, S. 608-615.

Ein ganzheitlicher Ansatz zum Reengineering
Methode, Prozeß,Werkzeugunterstützung

Ulrike Kölsch, Mechtild Wallrath

Zusammenfassung

Das Reengineering von IV-Systemen umfaßt ein breites Spektrum an IV-Komponenten und darauf arbeitenden Methoden, die bisher in der Regel nur sehr partiell angewendet werden. Der im Rahmen des Verbundvorhabens DARE (Datenorientierte Analyse und Restrukturierung von Altsoftware) entwickelte Ansatz stellt der konventionellen Vorgehensweise eine ganzheitliche Betrachtungsweise entgegen. Diese umfaßt die Berücksichtigung aller Komponenten des IV-Systems in sämtlichen Phasen des Reengineering, die konzeptuelle Integration der Verfahren auf IV-Komponenten und über diese hinweg, sowie ein Prozeßmodell für das Reengineering. Die vorgestellten Konzepte werden gegenwärtig in Form eines Reengineering-Frameworks realisiert.

1. Einleitung

Informationssysteme mit den in ihnen festgeschriebenen betrieblichen Strukturen und Abläufen stellen einen wichtigen wirtschaftlichen Faktor eines jeden Unternehmens dar. Sich verändernde Rahmenbedingungen wie der bevorstehende Jahrtausendwechsel oder eine weitreichende Veränderung von Geschäftsprozessen führen derzeit in vielen Unternehmen zu der Erkenntnis, daß ihre Softwaresysteme einer umfassenden Renovierung bedürfen. Insbesondere in Unternehmen, die in den vergangenen Jahrzehnten in hohem Maß eigene unternehmens- oder branchenspezifische Software entwickelt haben, stehen die DV-Abteilungen vor dem Problem, daß diese auf Dauer nicht mehr wirtschaftlich wartbar ist. Ursache hierfür sind in der Regel kontinuierlich erweiterte Informationssysteme, die im Laufe der Zeit zu monolithischen Systemen herangewachsen sind, deren logische Struktur kaum mehr erkennbar ist. Folgerichtig wird derzeit vielfach durch Methoden des Software-Reengineering versucht, diese monolithischen Blöcke aufzubrechen. Die resultierenden Subsysteme erfüllen dann entweder Basisfunktionalitäten, wie Benutzerinterface oder Systemschnittstelle, oder sie stellen ein Anwendungsmodul des IV-Systems dar. Eine derartige Zerlegung ermöglicht eine anschließende Migration einzelner Komponenten entlang klar vorgegebener Migrationspfade unter Verwendung entsprechender Migrationsarchitekturen [BrSt95].

Diese Vorgehensweise führt zwar oft zu einer Verbesserung der Wartungssituation und eröffnet neue Wege hinsichtlich der Wiederverwendung oder des Austausches von Subsystemen. Eine langfristige Lösung stellt sie nach unserer Ansicht jedoch aus folgenden Gründen nicht dar:

- Die starke Orientierung des Reengineering an nur einer Komponente des IV-Systems, in der Regel dem bestehenden Programmsystem, führt nur zu einem geringen Wissenszugewinn bzgl. der im Informationssystem festgelegten Geschäftsobjekte, Anwendungsfunktionen und Geschäftsprozesse. Die Überführung eines IV-Systems in ein längerfristig überlebensfähiges System erfordert aber eine Ausrichtung der Systemrestrukturierung an denselben.
- Viele Probleme der Altsoftware haben ihren Ursprung in den aus heutiger Sicht unzulänglichen Konzepten der zu ihrer Entwicklung eingesetzten Softwaretechnologien. Wesentliche Ziele des Reengineering - die Verbesserung der Wartbarkeit, die Erhöhung der Wiederverwendbarkeit und die Flexibilisierung der Systemstruktur müssen mit dem Einsatz neuer Softwaretechnologien einhergehen. Die Objektorientierung stellt diesbezüglich einen vielversprechenden Ansatz dar. Eine vollständige Transformation der Software ist in der Regel jedoch nicht realistisch. Vielmehr sollte ein Weg beschritten werden, der die objektorientierte Denkweise adaptiert und versucht sie auf der Implementierungsebene mit den verfügbaren Mitteln umzusetzen.

Die dargestellten Probleme existierender Ansätze können nach unserer Ansicht nur durch eine neue Betrachtungsweise des IV-Systems zum Zwecke des Reengineering gelöst werden. Wir schlagen daher eine ganzheitlich Betrachtung des System vor, das bedeutet, die Einbeziehung sämtlicher Systemkomponenten von Prozessen über Datenbasen bis hin zur Ablaufsteuerung in alle Phasen der Reengineering.

Um die Komplexität des bestehenden IV-Systems und des Reengineering-Prozesses, insbesondere unter Berücksichtigung des ganzheitlichen Ansatzes, beherrschbar zu machen, ist eine systematische Vorgehensweise unumgänglich. Das von uns im folgenden vorgestellte Vorgehensmodell besteht zum einen aus einer Sammlung von Grundkonzepten, die Lösungsansätze für Teilbereiche des Reengineering darstellen, zum anderen aus einem Konzept zur Steuerung des Reengineering-Prozesses.

Die Idee des ganzheitlichen Ansatzes werden wir in Abschnitt 2 näher erläutern und anhand einer Darstellung Grundkonzepte unseres Modells vertiefen. Das Prozeßmodell beschreiben wir in Abschnitt 3. In Abschnitt 4 skizzieren wir die Grundideen des Reengineering-Werkzeuges, das im Rahmen des Projektes DARE derzeit entwickelt wird. Im letzten Abschnitt gehen wir kurz auf den aktuellen Stand unserer Arbeiten und weitere Planungen ein.

2. Grundkonzepte

Die meisten Ansätze zum Reengineering von IV-Systemen konzentrieren sich auf das Programmsystem und betrachten das Datenhaltungs- und das Prozeßsystem lediglich als Lieferanten zusätzlicher Randinformationen [LaHa93, Newc94, Zuyl93].

Im Gegensatz dazu vertreten wir mit unserem Ansatz die Auffassung, daß die Daten als zentraler Bestandteil des IV-Systems ins Zentrum des Reengineering gerückt werden müssen. Daten und ihre interne Semantik prägen das IV-System, auch im Programm- und Prozeßsystem. Die Struktur und Semantik der Daten widerstehen aufgrund des statischen Charakters und der Tatsache, daß meist große Mengen physischer Daten in der festgelegten Struktur vorhanden sind, am stärksten den strukturauflösenden Tendenzen langjähriger Wartung. Daten stellen die Invariante des IV-Systems dar.

Um beim Reenigneering eines IV-Systems datenorientiert vorzugehen, reicht es nicht aus, die Datenhaltungskomponenten und zugehörigen Daten zu betrachten. Es bedarf hierzu eines ganzheitlichen Betrachtungsansatzes. Dies führt dazu, ein IV-System als eine Sammlung von Daten mit den zugehörigen Prozessen und Programmen der Anwendung aufzufassen.

Dieses Konzept weist eine hohe Übereinstimmung mit dem objektorientierten Paradigma der Softwareentwicklung auf. Es bietet sich daher an, das Reengineering durch Anwendung einer objektorientierten Methode zu unterstützen. Aufgrund des starken Datenorientierung wählen wir die Object Modeling Technique (OMT) [Rumb91] und passen sie an die Anforderungen des Reengineering an. Durch die drei Teilmodelle, das strukturelle, das funktionale und das dynamische Modell, unterstützt OMT die angestrebte Beschreibung des IV-Systems als Kompositum der Teilsysteme Programm-, Prozeß- und Datenhaltungssystem. Da OMT eine durchgängige Beschreibungsmethode für ein IV-System von der Entwurfs- bis zur Implementierungsebene liefert, ist es möglich, alle aus der Analyse gewonnenen Informationen den verschiedenen Abstraktionsebenen zuzuordnen. Durch eine geeignete Ablage dieser Informationen in einem Repository wird die Voraussetzung für eine Verbindung zwischen dem Reengineering und einem Forward Engineering Prozeß geschaffen.

2.1 Das Vorgehensmodell

Das Vorgehensmodell für das Reengineering eines IV-Systems sieht zwei Hauptphasen vor. In der Reverse Engineering Phase analysiert der Wartungsingenieur das IV-System und erfaßt Informationen darüber. Das resultierende Modell wird im folgenden als das IST-Modell des

IV-Systems bezeichnet. In der Reorganisationsphase wird das analysierte Altsystem an das Zielsystem, das zuvor definierte SOLL-Modell, angepaßt.

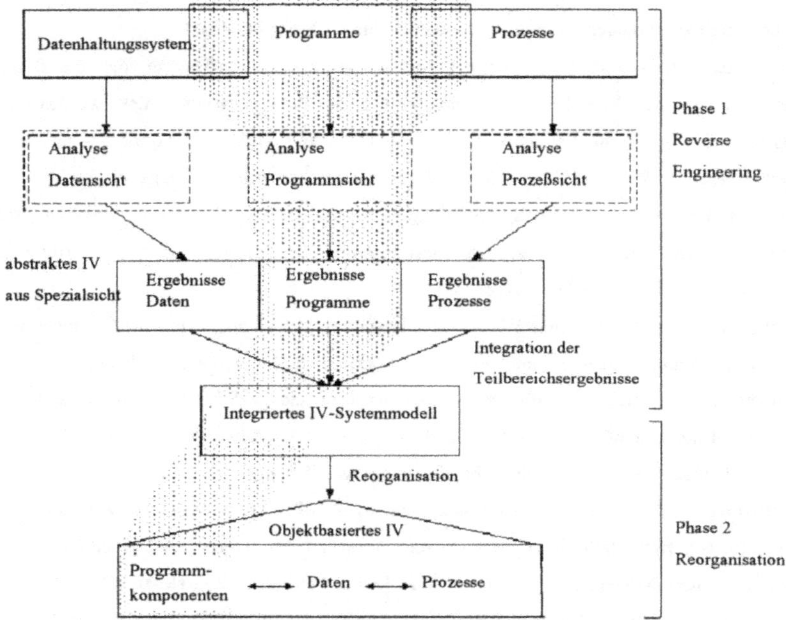

Abb. 1: Das Vorgehensmodell - konventionelle versus ganzheitliche Betrachtungsweise

Wie aus Abbildung 1 zu ersehen ist, wird das IV-System im Verlauf des Reverse Engineering durch verschiedene Einzelverfahren der drei Teilbereiche analysiert. Auf dieser Grundlage wird ein ganzheitliches, das System umfassend beschreibendes Modell aufgebaut. Dabei werden im Bereich des Datenhaltungssystems ausgehend von den physischen Daten und den physischen Datenstrukturen die konzeptuellen Schemata abgeleitet. Anschließend wird aus dem flachen Schema eine hierarchische objektorientierte Struktur aufgebaut. Ziel ist es, den strukturellen Teil der im IV-System vorhandenen „Geschäfts"- Objekte aus dem Datenhaltungssystem abzuleiten [Hain93, Meie95, PeHa95].

Im Programmsystem werden die Programme analysiert, um die Sichtenstrukturen und die funktional in sich abgeschlossenen Programmteilstücke, Prozeduren, Funktionen oder Codeblöcke, zu finden. Ziel ist es, einen Abgleich zwischen den Objekten aus dem Datenhaltungssystem und den Sichtenobjekten durchzuführen, und die gefundenen autonomen Programmstücke als Methoden den Objekten zuzuordnen. Diese Methoden können dann in einem Reorganisationsverfahren aus dem Programm herausgelöst und als eigenständige Komponente wiederverwendet werden. Die Methoden stellen die Anwendungsfunktionalität des IV-Systems als funktionalen Teil der entsprechenden Objekte dar [KlGa95, SnNy95, Pflü93].

Ziel bei der Analyse des Prozeßsystems ist es, die „Geschäfts"-Prozesse des IV-Systems abzuleiten und sie ebenso wie die Methoden den einzelnen Objekten als entsprechender dynamischer Teil der Objekte zuzuordnen [Anto94].

In der Reorganisationsphase muß das Altsystem entsprechend der zuvor definierten Zielvorgaben und der erzielten Analyseergebnisse umgestaltet werden. Reorganisation umfaßt hierbei dem angestrebten Zielsystem entsprechend Vorgänge unterschiedlicher Änderungstiefe im IV-System. Dies kann von einer Restrukturierung des Programmcodes bis zur vollständigen Umstellung des Gesamtsystems auf eine andere IV-Technologie reichen. In Übereinstimmung mit dem angestrebten Zielsystem ist die Reverse Engineering Phase weitreichender durchzuführen oder beschränkt sich auf eine weniger tiefgehende Analyse.

2.2 Das Metamodell

Alle Informationen, die aus dem Reengineering eines IV-Systems gewonnen werden , müssen in irgendeiner Form zur weiteren Verwendung gespeichert werden. Die für alle beteiligten Komponenten allgemein verbindliche Struktur wird durch das Metamodell geschaffen. Es stellt die strukturelle Grundlage aller im Verlauf des Reengineering abgespeicherten Informationen dar. Das Metamodell ist entsprechend der gewählten Methodik objektorientiert konzipiert und spiegelt die Aufteilung in die 3 Teilmodelle von OMT wider.

Alle in der Analyse- und der Reorganisationsphase erzielten Ergebnisse werden in den Strukturen des Metamodells beschrieben, ebenso alle einzelnen Verfahren zur Analyse und Reorganisation. Zusätzlich wird auch der Prozeß des Reengineering selbst dargestellt. Dadurch wird ein geschlossenes und umfassendes Modell des IV-Systems sowie des auf ihm durchgeführten Reengineering-Prozesses erfaßt.

Durch die Geschlossenheit und Vollständigkeit des Metamodells werden zwei Ziele erreicht. Zum einen ist die komplette Erfassung des laufenden Prozesses und aller beteiligten Einzelverfahren gewährleistet, was zu einem hohen Maß an Flexibilität und Verfolgbarkeit des Prozesses führt. So können Abänderungen im geplanten Prozeß durchgeführt werden, ohne daß ein Abbruch des laufenden Prozesses und ein Verlust der gesamten bisher erzielten Informationen riskiert werden muß.

Zum anderen ist durch die Speicherung aller Informationen in einer gemeinsamen Struktur ein hohes Maß an Kooperations- und Interaktionsfähigkeit der verschiedenen Einzelverfahren möglich sowohl auf der Grundlage der aus dem System gewonnenen Informationen als auch über die Beschreibung der Verfahren selbst.

Notwendig ist diese Kooperation aufgrund der ineinander verflochtenen Strukturen des untersuchten IV-Systems. Es ist nicht möglich, die angestrebten Informationen aus den einzelnen Subsystemen jeweils separat abzuleiten. Es müssen übergreifend Informationen aus den verschiedenen Systemen gezielt integriert und genutzt werden. Diese Integration der Einzelverfahren führt so zu Synergieeffekten, die bei der nicht integrierten parallelen Betrachtung der Teilsysteme nicht erzielbar ist.

3. Der Reengineering Prozeß

Die bisher beschriebene Vorgehensweise beim Reengineering eines IV-Systems impliziert, wie Abbildung 2 zeigt, einen strikt sequentiellen Prozeß, bestehend aus einem Reverse Engineering Prozeß gefolgt von einem Reorganisationsprozeß.

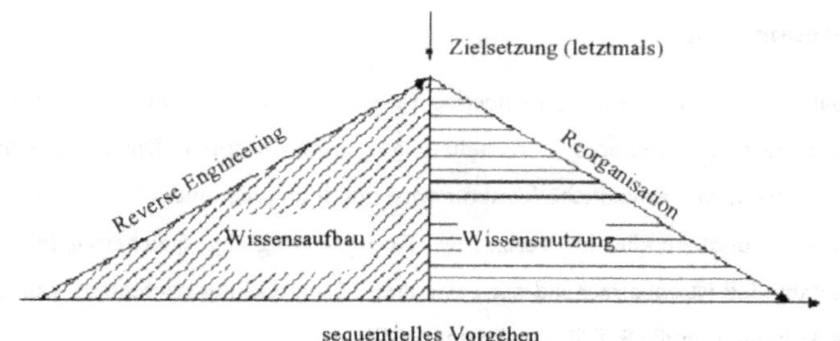

Abb. 2: Reengineering als sequentieller Prozeß

Dieser Ansatz ist jedoch stark idealisiert und in dieser Art aus einer Vielzahl von Gründen auf große IV-Systeme nicht anwendbar:

- Zu Beginn eines Prozesses ist die Planungsgrundlage sehr ungenügend, die Zielplanung entsprechend unsicher. Das Ziel kann erst mit wachsendem Kenntnisstand nach mehreren Iterationen des Reengineering-Prozesses präzisiert werden.
- Der Prozeß läuft meist sehr lange. Es kann während seiner Laufzeit zu Veränderungen der Zieldefinition oder der Randbedingungen kommen.

- Es können aufgrund des Personalbestands oder anderer unternehmensspezifischer Randbedingungen nur Teilbereiche eines großen IV-Systems in einen Reengineering-Prozeß aufgenommen und bearbeitet werden.
- Das System selbst erweist sich im Verlauf des Reverse Engineering nicht selten als von völlig anderer Struktur wie zu Beginn vermutet.
- Es gibt einen hohen Änderungs- und Erwartungsdruck. Ein sequentiell ausgelegter Prozeß braucht zu lange, um selbst kleinere, im Rahmen der Softwarewartung unabdingbare Änderungen durchzuführen.

Das Prozeßmodell muß folglich anders konzipiert werden. In Anlehnung an das Spiralmodell der Softwareentwicklung wird die Methode dahingehend erweitert, daß das Reengineering eines IV-Systems als ein zyklischer Prozeß aus vielen in sich autonomen und abgeschlossenen Unterprozessen aufgebaut wird. Alle Prozesse kooperieren mittels der durch das Metamodell bereitgestellten Kooperationsplattform. Dadurch entwickelt sich langsam ein sich kontinuierlich vervollständigendes Modell des IV-Systems. Jeder einzelne Subprozeß trägt dazu bei und bewältigt gleichzeitig die an ihn gestellten Reengineeringziele [KuJu94, BrSt95].

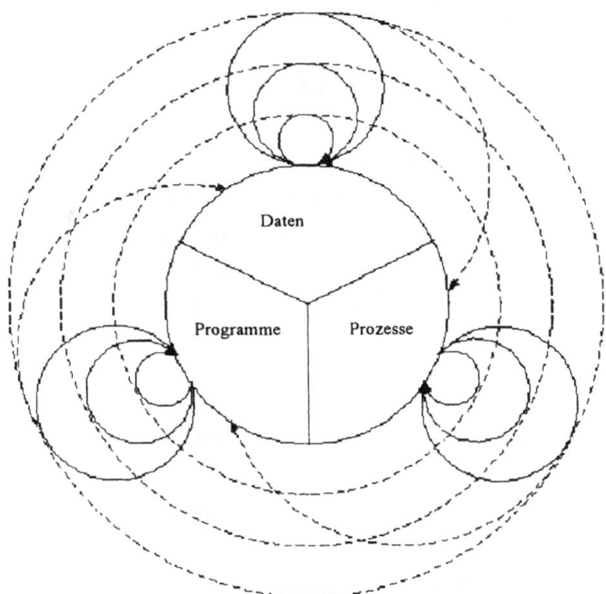

Abb. 3: Reengineering als zyklischer Prozeß

Der Gesamtprozeß ist so gestaltet, daß ein Höchstmaß an Flexibilität erreicht werden kann sowohl hinsichtlich des angestrebten Ziels wie auch des zur Erreichung dieses Ziels geplanten Prozesses. Mit dem sich im Verlauf des Reengineering entwickelnden Wissensstand ist sowohl eine Redefinition des Zielsystems als auch eine Umorientierung des laufenden Prozesses möglich, wobei die bisher erreichten Ergebnisse und Informationen gewahrt bleiben und es nicht erforderlich ist, den gesamten bisherigen Prozeß zu wiederholen. Dabei wird im Verlauf des Prozesses sowohl die Beschreibung des angestrebten Zielsystems als auch das sich entwickelnde Modell des untersuchten IV-Systems ständig auf seine Korrektheit und Konsistenz überprüft. Bei auftretenden Widersprüchen und Konflikten innerhalb des Modells wird der Wartungsingenieur informiert und ein Umplanen des laufenden Prozesses oder eine Umorientierung des Prozeßziels angestoßen.

Diese in sich abgeschlosse und konsistente Erfassung von Prozeß und Prozeßobjekt eröffnet maximale Planungs- und Handlungsfreiheit im Bezug auf die notwendigen Reengineering-Maßnahmen. Es ist mit diesem Konzept sogar möglich, die bisher nicht eingebundene parallel laufende Wartungstätigkeit zu integrieren, was zu einer deutlich Verminderung der Reibung und gegenseitigen Störung führt. Die angestrebte Flexibilität erhöht die Leistungsfähigkeit des Reengineering Prozesses sowie der beteiligten Einzelverfahren. Zusätzlich wird die Planungssicherheit und das Management des Reengineering bei vagem Ausgangswissen erheblich verbessert.

Der beschriebene Prozeß aus vielen Subprozessen muß durch den Wartungsingenieur initiiert, überwacht und nötigenfalls neu bestimmt werden. Dazu bedarf es eines Konzepts, das diese Intervention, Steuerung und Überwachung ermöglicht. Umgesetzt wird diese Anforderung in der Form eines Workflows, der den laufenden Prozeß, die anwendbaren Einzelverfahren sowie den bisher erreichten Stand des Reengineering Prozesses anzeigt.

4. Werkzeugkonzept

Ein grundlegendes Problem beim Einsatz von Reengineering-Werkzeugen, die für die verschiedenen Phasen bereits auf dem Markt verfügbar sind [StDr92, BrSt95], ist ihre mangelnde Integration bzw. Fähigkeit zur Interoperabilität. Im Rahmen des Verbundprojektes DARE verfolgen wir daher den Ansatz ein Framework zu entwickeln, dessen zentrale Idee das Prinzip der Interaktion darstellt. Interaktion muß im Rahmen des Reengineering auf verschiedenen Ebenen stattfinden. Einerseits ist eine Interaktion der Methoden notwendig, um das in Abschnitt 2 beschriebene Konzept der Verfahrensintegration zu realisieren. Andererseits ist die Schlüsselrolle des Wartungsingenieurs in das Frameworkkonzept zu integrieren.

Die technische Umsetzung des Konzeptes der Verfahrenintegration wurde bereits in Abschnitt 2 ausführlich diskutiert. Sie beruht auf zwei Prinzipien - der expliziten und der impliziten Integration. Unter impliziter Integration der Verfahren verstehen wir die Verfügbarkeit eines Repositories, in dem alle Daten abgelegt und im Metamodell beschrieben sind, die zur Anwendung eines Einzelverfahrens notwendig sind. Das bedeutet, eine Kommunikation der Methoden erfolgt über die im Repository gespeicherten Ein-/Ausgabedaten, die bei der Anwendung eines Verfahrens erzeugt werden. Eine explizite Integration der Verfahren liegt vor, wenn eine Inter-Methoden Kommunikation verfügbar ist, also Methoden bei Bedarf direkt miteinander interagieren. Die Fähigkeit zur expliziten Interaktion wird in unserem Werkzeug durch die Realisierung des Workflows auf der Basis der im Metamodell berücksichtigten Verfahrenbeschreibung bereitgestellt.
Das Workflow-Konzept bildet die Grundlage einer optimalen Nutzung der Methoden. So ist es hierdurch möglich, den Reengineering-Prozeß soweit sinnvoll zu automatisieren, d.h. Verfahren, die keiner Benutzerinteraktion bedürfen, automatisch anzustossen und potentielle Folgeaktionen zu ermitteln. Zugleich stellt der Workflow die Basis der dritten angesprochenen Form der Interaktion, nämlich der Benutzerinteraktion, dar. Durch die Darstellung der Abhängigkeiten und Wechselwirkungen im Reengineering-Prozeß kann der Wartungsingenieur gezielt eingreifen und Synergieeffekte bei der Anwendung verschiedener Methoden ausnutzen. Zugleich wird eine experimentelle Vorgehensweise unterstützt, die auch das Arbeiten mit vagem Wissen ermöglicht. Die für das Werkzeug angestrebte Workflowkomponente sieht eine weitgehende Konfiguierbarkeit vor, die im bestmöglichen Fall bis zu einer automatischen Entwicklung von Strategien unter Berücksichtigung der bisherigen Arbeitsweise des Wartungsingenieurs und der damit erzielten Erfolge ausgebaut werden kann.

5. Ausblick

Der in diesem Beitrag dargestellte ganzheitliche Ansatz zum Reengineering dient als Arbeitshypothese für die Vorgehenweise im vom BMBF geförderten Verbundvorhaben DARE. Als Basis zur Validierung dieser Vorgehensweise entwickeln wir derzeit in Kooperation mit unserem Projektpartner Collogia die erforderlichen Reengineering-Werkzeuge zur Umsetzung der Einzelverfahren sowie das Framework. Der Werkzeugprototyp wird im praktischen Einsatz bei Technischen Werke der Stadt Stuttgart (TWS) erprobt und die Vorghensweise hiermit auch validiert. Hieraus erhoffen wir uns auch wesentliche Aufschlüsse bezüglich der Praktikabilität des vorgestellten Prozeßmodells.

Die Schwerpunkte weiterer konzeptueller Arbeiten werden neben der Verfeinerung des Prozeßmodells die Konzepte zur Integration von Analyse und Restrukturierungsverfahren bilden. Eine weiteren wichtigen Arbeitspunkt stellt die Interpretation der aus den Verfahren gewonnen Informationen dar. Zum einen ist es notwendig, geeignete Darstellungsformen für die sehr unterschiedlichen Informationsarten bereitzustellen. Zum anderen müssen dem Wartungsingenieur Mittel zur Bewertung der erzielten Ergebnisse und somit zur Lenkung des Prozesses an die Hand gegeben werden.

Literatur

[Anto94] Anton, Annie I.: Goal decomposition and scenario analysis in business process reengineering. In: Wijers, G. et al. (Hrsg.): Advanced Information Systems Engineering, Springer-Verlag, Heidelberg 1994.

[BrSt95] Brodie, Michael L.; Stonebraker, Michael: Migrating Legacy Systems. Morgan Kaufman Publisher, Inc., 1995.

[Hain93] Hainaut, J. L.et al.: Transformation-based database reverse engineering. In: Elmasri et al. (Hrsg.): Entity-Relationship Approach - ER'93, Springer-Verlag, Heidelberg 1993, S. 364-375.

[KlGa95] Klösch, R,; Gall, H.: Objekt-orientiertes Reverse Engineering. Springer-Verlag, Heidelberg 1995.

[KuJu94] Kurbel, Karl; Jung, Reinhard: An application of the spiral model to reengineering and long-term IS integration into a distributed system. In Wolfinger, Bernd (Hrsg.): Innovation bei Rechen- und Kommunikationssystemen, S. 437-443, Springer-Verlag 1994.

[LaHa93] Lano, K.C.; Haughton, H. P.: Reverse Engineering and Software Maintenance: A Practical Approach. McGraw Hill, 1993.

[Meie95] Andreas Meier. Providing database migration tools - a practioner's view. In: Dayal, U. et al. (Hrsg.): Proc. of the 21st International Conference on Very Large Data Bases, Morgan Kaufman Publisher, Inc., 1995, S. 635-641.

[Newc94] Newcomb, P.: Reengineering procedural systems into object-oriented and data-flow systems. In: Proceedings Reengineering Forum '94.

[PeHa95] Pernul, Günther; Hasenauer, Hubert: Combining reverse with forward database engineering - a step forward to solve the legacy system dilemma. In: Proc. Int.

Conf on Database and Expert Systems Applications (DEXA'95), Springer-Verlag 1995.

[Pflü93] Pflüger, Clemens et al.: Transformation alter COBOL Programme in objektorientierte Systeme. Wirtschaftsinformatik 35 (1993), 4, S. 353-359.

[Rumb91] Rumbaugh, James et al.: Object-Oriented Modeling and Design. Prentice-Hall International, Inc., 1991.

[SnNy95] Sneed, Harry M.; Nyary, Erika. Extracting object-oriented specification from procedurally oriented programs. In: Proceedings Working Conference on Reverse Engineering. IEEE Computer Society Press, 1995.

[StDr92] Stahlknecht, P.; Drasdo, A.: Werkzeuge zur Software-Sanierung - Beurteilungskriterien und Vergleich. Universität Osnabrück, Fachbereich Wirtschaftswissenschaften, 1992

[Zuyl93] van Zuylen, H.J. (Hrsg.): The REDO Compendium: Reverse engineering for Software Maintenance. John Wiley&Sons, 1993.

Framework-orientiertes Reengineering: Ein strategisches Reengineering von Softwaresystemen und ihrer Entwicklungsprozesse

Rainer Gastner, Michael Löwe

Zusammenfassung

Sowohl interaktive, betriebswirtschaftlich orientierte Anwendungssysteme als auch Software-Systeme zur Steuerung, Überwachung und Diagnose technischer Geräte werden sinnvollerweise dadurch erstellt, daß eine Basis-Architektur wiederverwendet und an die spezifischen Problemstellungen angepaßt wird. In Unternehmen, die solche Software-Systeme herstellen und/oder anwenden, bedeutet Wiederverwendung oft aber einfach nur Kopieren und die Anpassung ein Ändern des Programmcodes. Die Qualität der Software-Struktur wird zunehmend schlechter und die Wieder- und Weiterverwendung erschwert. Ein strategisches Reengineering darf sich nicht an einzelnen, aktuellen Schlagworten orientieren, sondern benötigt einen umfassenden Rahmen, der sowohl die Software-Architektur als auch deren Entwicklungs- und Benutzungsprozeß umfaßt. In diesem Beitrag wird ein Reengineering-Prozeß vorgestellt, der ein Framework-Engineering zum Ziel hat. Frameworks sind wiederverwendbare, erweiterbare Mengen von Software-Bausteinen, die so verknüpft werden, daß sie ein definiertes Standardverhalten realisieren, und die methodisch an konkrete Problemstellungen angepaßt werden können.

1. Einleitung

Viele Software-Systeme, die derzeit im Einsatz sind, stoßen an die Grenzen ihrer Entwicklungsfähigkeit. So können viele Verwaltungssysteme, die in den letzten 20 Jahren entwickelt wurden, nur noch mit enormen Kosten an sich ändernde Geschäftsprozesse oder an die heute sehr billig verfügbare modernste technologische Basis angepaßt werden. Aber auch viele technische Systeme, wie etwa Fahrstuhlsteuerungen oder eingebettete Systeme in Kraftfahrzeugen, können kaum noch mit der rasanten Nachfrage nach immer mehr Funktionalität und immer höherer Zuverlässigkeit und Sicherheit Schritt halten. Aus diesen Gründen wird die Nachfrage nach Technologien, die die existierenden Systeme auf eine neue moderne Plattform bringen, und nach effizienten Konfigurations- und Evolutionsprozessen immer größer. Dementsprechend werden unter immer neuen Schlagworten software-technische oder organisatorische Lösungsangebote auf den Markt gebracht (vgl. Abb. 1), die sich aber in vielen Fällen als Modetrends erweisen. Sie entladen sich wie Gewitterwolken über der existierenden DV-Landschaft und ziehen dann weiter. Durch Erfolgs- und Mißerfolgsberichte über entsprechende Reengineering-Projekte werden die Anwender und Hersteller der Software-Systeme zunehmend verunsichert. Und bei vielen Projekten, die kurzfristig durchaus Erfolg vorweisen konnten, steht der langfristige Nutzen der durchgeführten Maßnahmen in Frage und wird sich erst in Jahren erweisen.

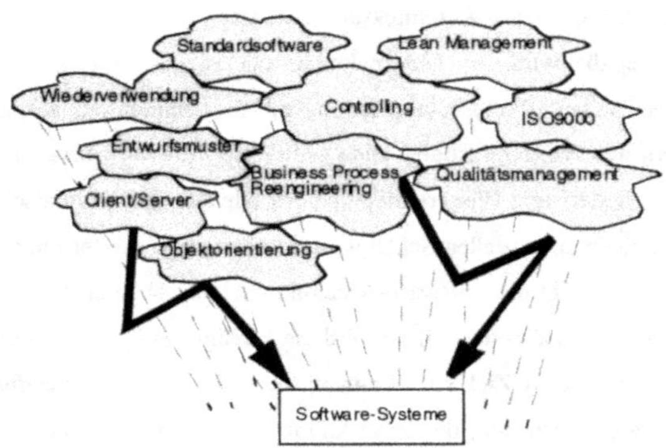

Abb. 1: Evolutionsdruck für existierende Software-Systeme

Steht die Verbesserung der Evolutionsfähigkeit von Systemen im Zentrum des Reengineering, so ist aber gerade dieser langfristige Nutzen von entscheidender Bedeutung. Aus diesem Grunde entwickeln wir im Bereich „Software-Reengineering" im Fraunhofer-Institut für Software- und Systemtechnik ISST Methoden und Techniken für das strategische Software-Reengineering, das zugleich auf die Verbesserung des Produktes selbst, d.h. die Verbesserung der Software-Struktur, als auch auf die Verbesserung der Entwicklungs- und Evolutionsprozesse für das Produkt abzielt. Das strategische Software-Reengineering muß Produkt und Prozeß als zwei Seiten einer Medaille betrachten [Löwe95]. Denn zum einen soll die Verbesserung der Produktstruktur neue kostengünstigere Anpassungs-, Erweiterungs- und Wiederverwendungsprozesse ermöglichen und zum anderen ist zum Erhalt dieser Qualität im Produkt selbst ein

Entwicklungsprozeß nötig, der auf die neuen Strukturen abgestimmt ist und diese kontinuierlich den jeweiligen Bedürfnissen anpaßt.

Die Produkte und Prozesse, die Endziel eines solchen strategischen Reengineering sind, bezeichnen wir als *Frameworks* bzw. *Framework-Engineering*. Der Grundgedanke dabei ist, daß Systeme nur dann kostengünstig erweiterbar, anpaßbar und änderbar sind, wenn das System aus einer relativ stabilen Software-Architektur besteht, die in ihren Komponenten die erforderliche Flexibilität zuläßt. Die Anpassung an neue Gegebenheiten geschieht dann i.d.R. durch die Variation einer oder einiger Komponente(n), die das Standardverhalten dieser Komponente(n) geeignet spezialisieren. Eine solche komponentenorientierte Architektur wird in der Literatur als Framework bezeichnet, da sie nur das grobe (statische und dynamische) Gerüst des Systems festlegt, für die Anpassung der Komponenten aber weitgehende Variabilität zulassen kann. Die Prozesse zur Migration in solche Architekturen, zur Spezialisierung des Frameworks, Verwaltung von Varianten und zur kontinuierlichen Weiterentwicklung des Frameworks selber bezeichnen wir dementsprechend als Framework-Engineering.

Die Methoden und Techniken zu einem solchen Framework-orientierten, strategischen Reengineering, die im folgenden beschrieben werden, sind aus einigen konkreten Reengineering-Projekten hervorgegangen, die wir im Industrieauftrag am ISST durchgeführt haben. Obwohl die bisherigen Projekte entweder die Verbesserung der Produktqualität oder die Verbesserung der Prozeßqualität als Schwerpunkt hatten, zeigte sich, daß das eine ohne das andere zu keinem langfristigen Erfolg führen kann. Dementsprechend favorisieren wir ein integriertes Dienstleistungsangebot, dessen Grundlagen in diesem Artikel beschrieben sind.

2. Problembeschreibung

Viele Anwender von Software, deren Systeme in Bezug auf Weiterentwicklungsfähigkeit an die Grenzen stoßen, stehen vor der Alternative, in Zukunft Standardlösungen einzusetzen oder ihre Speziallösungen durch gezielte Reengineering-Maßnahmen wieder in Form zu bringen. Jede dieser Alternativen birgt Chancen und Risiken: Standardlösungen werden heutzutage so preiswert am Markt angeboten, daß eine vollständige Neuentwicklung der Speziallösung kostenmäßig nicht konkurrieren kann. Außerdem werden dem Anwender von Standard-Software die Wartungsprobleme durch den Anbieter abgenommen, wodurch Kosten gespart werden. Durch umfangreiche Parametrisierung sind Standardlösungen im antizipierten Rahmen variierbar. Und schließlich sind Standardlösungen i.d.R. auf allen gängigen Plattformen verfügbar, so daß der Umstieg auf billigere Hardware möglich wird. Ein entscheidender Nachteil der Standardlösung kann der mit ihrer Einführung verbundene Umstellungsprozeß im Unternehmen sein. Standard-Software ist i.a. nicht in der Lage, die bisherigen sehr speziellen Abläufe abzubilden. Deswegen wird bei ihrer Einführung ein umfangreiches Business-Process-Reengineering nötig. Damit sind häufig jahrelange Einführungszeiten, hohe Kosten für Schulung und der Verlust von bisher vorhandenen Alleinstellungsmerkmalen im Wettbewerb verbunden. Zudem führt der Einsatz von Standard-Software zu einer Abhängigkeit vom Anbieter und zu einem geringen Einfluß auf die Weiterentwicklung der Software.

Die Vorteile einer langfristigen Reengineering-Strategie für die eingesetzten Systeme liegen in der schrittweisen, durch die Benutzer des Systems leicht nachvollziehbaren Evolution der Anwendungslogik. Investitionen in Speziallösungen werden erhalten und damit verbundene Wettbewerbsvorteile geschützt. Da die Codierung des Systems in weiten Teilen beibehalten wird, ist eine Plattformunabhängigkeit kurzfristig nicht zu erreichen, und die Beseitigung erkannter Mängel in der Anwendungsfunktionalität kann nur vorbereitet werden, muß aber selbst durch Neuentwicklung angegangen werden. Der langfristige Nutzen solcher Maßnahmen kann nur dann sichergestellt werden, wenn die anvisierte Zielarchitektur und Anwendungsfunktionalität klar definiert sind. Dieser Punkt verursacht erhebliche Kosten und setzt in den meisten Fällen eine gründliche Analyse der derzeitigen Geschäftsprozesse bzw. Systemfunktionalität voraus. Die Pflege und Wartung des Systems bleibt weiter in der Verantwortung des Anwenders, und um die Vorteile zu sichern, die das Reengineering erbracht hat, sind bei diesen Prozessen umfangreiche Umstellungsmaßnahmen angezeigt.

Eine framework-orientierte Reengineering-Strategie versucht die Vorteile beider Ansätze zu vereinen. Ausgehend von existierenden Systeme werden alle Reengineering-Maßnahmen darauf ausgerichtet, eine für das Anwendungsspektrum des jeweiligen Unternehmens (Domäne) zugeschnittene „Standardlösung" in Form eines Frameworks zu erstellen, die über variable Komponenten Entwicklungsfähigkeit und Zukunftssicherheit gewinnt. Diese Art des Reengineering unterscheidet sich wesentlich von den herkömmlichen Methoden; insbesondere dadurch, daß durch gründliche Analysen der Software-Systeme selbst, ihrer Entwicklungsprozesse und der heute und in Zukunft zu unterstützenden Einsatzkontexte eine Zielarchitektur ausgearbeitet und dokumentiert wird, die durch ihren framework-basierten Ansatz Wiederverwendung und Modifikation unterstützt und in die das existierende System schrittweise migriert wird. Im Gegensatz zu allgemeinen Standardlösungen müssen aber für diese Zielarchitektur nur solche Varianten vorgesehen werden, die für eine konkrete Anwendung in der Domäne auch tatsächlich relevant werden können. Dadurch wird das entstehende Framework wesentlich schlanker und der Wartungsprozeß um Größenordnungen effizienter[1] als bei allgemeinen Standardprodukten.

In den Anwendungsbereichen, in denen bisher keine umfassenden Standardlösungen angeboten werden, z.B. im Bereich eingebetteter Systeme für die Steuerung von Motoren, Fahrstühlen, Haushaltsgeräten, etc., ist der Aufbau domänenspezifischer Frameworks der derzeit einzige Lösungsansatz, um durch massive Wiederverwendung die Entwicklung neuer Varianten so effizient zu gestalten, daß die Reaktionszeit auf Kundenwünsche entscheidend verkürzt werden kann. Gerade im Bereich der eingebetteten Systeme kann ein Umstieg auf das Framework-Engineering enorme Vorteile mit sich bringen, wenn eine Vielzahl von Varianten der im Prinzip gleichen Systemfunktionalität verwaltet und weiterentwickelt werden muß.

Der Erfolg dieser Reengineering-Methode steht und fällt mit der Güte und Problemangemessenheit des zu entwickelnden Frameworks. Um dies sicherzustellen, haben wir im ISST den im folgenden dargestellten Prozeß des framework-orientierten Reengineering entwickelt und erprobt.

3. Framework-orientiertes Reengineering

Das Ziel des framework-orientierten Reengineering ist der Aufbau einer domänenspezifischen Software-Architektur, die Migration der bestehenden Software in diese Architektur, um eine erste Variante des Frameworks zu erzeugen, der Entwurf geeigneter Prozesse für die Anwendungsentwicklung unter Verwendung des Frameworks sowie die anforderungsbezogene Weiterentwicklung des Frameworks selbst. Diesen gesamten Komplex bezeichnen wir als Framework-Engineering. Zum Entwurf eines unternehmensspezifischen Framework-Engineering empfehlen wir die Vorgehensweise, wie sie in Abb. 2 wiedergegeben ist. Sie besteht aus folgenden Phasen:

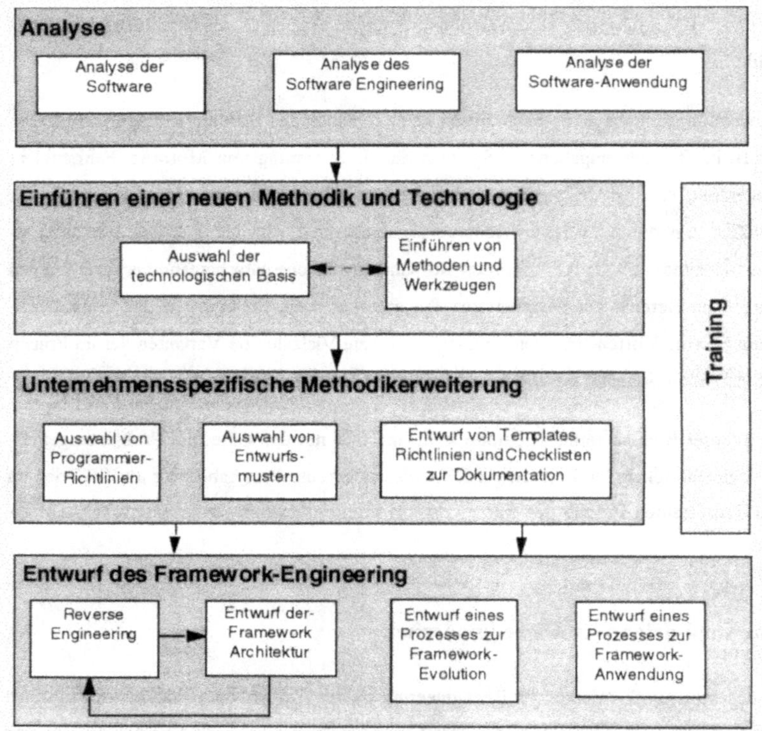

Abb. 2: Framework-orientiertes Reengineering

- *Analyse*

  Die Analyse der gegenwärtigen Situation setzt sich aus drei Teilanalysen zusammen, die sich auf die Software selbst (ihre Struktur und technologische Basis), die Prozesse des Software-Engineering und die von der Software unterstützten Anwendungsprozesse (Geschäftsprozesse, technische Prozesse, etc.) beziehen. Je nach aktuellem Fokus (Software-Herstellung oder Software-Anwendung) kann eine Teilanalyse stärker gewichtet werden oder in den Hintergrund treten. Die Analysephase wird in Abschnitt 4 ausführlicher diskutiert.

- *Einführen einer neuen Methodik und Technologie*

  Basierend auf den Ergebnissen der Analyse werden auf dem Markt verfügbaren Technologien für die Anwendungsdomäne (z.B. spezielle Technologien für eingebettete Echtzeitsysteme) bewertet und eine Technologie ausgewählt und eingeführt. Für diese Technologie verfügbare Entwurfs- und Entwicklungsmethoden werden ebenfalls bewertet und die am besten geeigneten ausgewählt und eingeführt. Dazu sind i.d.R. die generischen Werkzeuge der Methodik entsprechend an die gewählte Zielumgebung anzupassen.Eine tragfähige technologische und methodische Basis ist die Voraussetzung für alle weiteren Schritte.

- *Unternehmensspezifische Methodikerweiterung*

  Die Methodik wird um Elemente erweitert, die die Qualität der Ergebnisse des Software-Engineering weiter verbessern sollen. Dazu werden Programmier-Richtlinien ausgewählt und ggf. an Unternehmensvorgaben angepaßt. Eine Sammlung von bewährten und bereits (kommerziell) verfügbaren Entwurfsmustern [GHJV95], mit denen der Systementwurf des Frameworks strukturiert wird, werden ausgewählt. Templates, Richtlinien und Checklisten für die Dokumentation werden — verträglich mit den Vorgaben der Methodik — entworfen und im Rechner bereitgestellt. Entscheidend ist, daß diese Hilfsmittel einfach zu verstehen, einfach zu benutzen und auf die konkret zu lösende Aufgabe zugeschnitten sind.

- *Training*

  Die Software-Ingenieure und Wartungsfachleute müssen in der neu eingeführten Technologie und Methodik geschult werden. Dies wird idealerweise im Rahmen von Beispielprojekten durchgeführt.

- *Entwurf des Framework-Engineering*

  Das domänenspezifische Framework wird in einem Zyklus von Reverse-Engineering- und Entwurfsschritten unter Verwendung der eingeführten Technologie und Methodik iterativ erstellt. Parallel zum Entwurf des Frameworks werden Prozesse definiert für die Anwendung des Frameworks, zum Erstellen neuer Varianten und für die Weiterentwicklung des Frameworks selbst.

Die einzelnen Phasen dieser Vorgehensweise sind wiederum in Unterschritte verfeinert. Aus Gründen der Platzrestriktion beschränken wir uns auf eine detailliertere Darstellung der Analyse (Abschnitt 4) und von Kernaspekten des Framework-Engineering (Abschnitt 5).

4. Analyse

Für die Analyse der aktuellen Situation in einem Unternehmen schlagen wir einen Prozeß vor, wie er in Abb. 3. schematisch wiedergegeben ist.

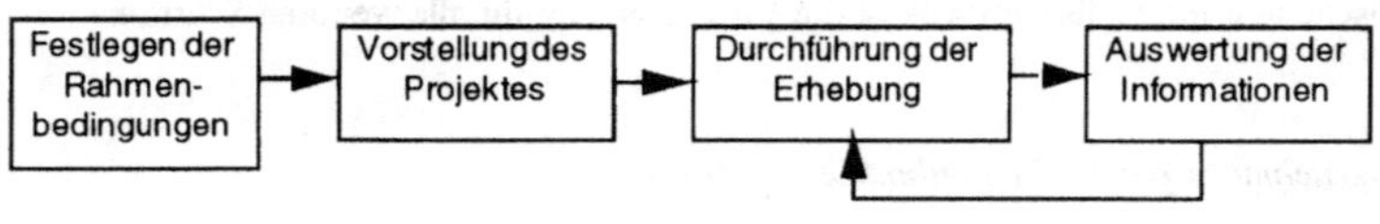

Abb. 3: Analyseprozeß

4.1 Festlegen der Rahmenbedingungen

Zu Beginn der Analyse wird festgelegt, welche Software-Systeme, welche Entwicklungsprojekte (sowohl abgeschlossene als auch laufende) und welche Anwendungen der Software (Geschäftsprozesse, Steuerung technischer Geräte, ...) im Unternehmen analysiert werden sollen. Dabei ist darauf zu achten, daß die Beispiele eine repräsentative Menge darstellen. Die Auswahl der Software-Systeme kann durch eine Portfolio-Analyse unterstützt werden [GaHe95; HeGa95]. Die benötigten Ressourcen sind zu bestimmen und es ist festzulegen, ob und welche Richtlinien und Normen (z.B. ISO 12207 [ISO95] oder ISO 9000 [ScDi94]) bei der Verbesserung der Softwareprozesse anzuwenden sind.

4.2 Vorstellung des Projektes

Das gesamte Projekt inklusive seiner Zielsetzung der Umstellung der Software-Entwicklung auf Framework-Engineering wird den Personen, die während der Analyse befragt werden sollen, vorgestellt. Dadurch sollen eventuelle Vorbehalte gegen das Projekt und den damit verbundenen Änderungen bei den Entwicklern abgebaut werden. In diesem Schritt ist ein konstruktive Auseinandersetzung mit der möglichen Ansicht, daß es bei der etablierten Vorgehensweise überhaupt keine Probleme gäbe, nötig. Es ist wichtig, daß die Entwickler die angestrebten Veränderungen als Verbesserung ihrer persönlichen Situation begreifen. Denn um zu guten Analyseergebnissen zu kommen und die wirklichen Schwachstellen im derzeitigen Entwicklungsszenario festzustellen, bedarf es der konstruktiven und engagierten Mitarbeit der Betroffenen. Nur wenn sie die Entwicklungsperspektiven, die durch das Projekt geschaffen werden sollen, als Nutzen und persönliche Chancen werten, werden die Vorschläge zur Umgestaltung aufgegriffen und in der täglichen Praxis umgesetzt.

4.3 Durchführung der Erhebung

Die Erhebung hat das Ziel, einen Überblick über die Software-Struktur und detaillierte Informationen über den Entwicklungs- und Anwendungsprozeß zu erhalten. Es ist festzulegen, welche Informationen aus welchen Informationsquellen mit welchen Akquisitionstechniken ermittelt werden sollen. Tab. 1 gibt in der linken Spalte Informationsquellen und Akquisitionstechniken wieder und zeigt durch die Markierungen, für welche der Teilanalysen entsprechend Informationen erhoben werden können.

	Entwicklungs-prozeß	Anwendungs-prozeß	Software-Struktur
Interviews mit Software-Ingenieuren und Anwendern	X	X	X
Analyse der Dokumentation (der Software und Prozesse)	X	X	X
Codeinspektion	X	X	X
Programmanalyse mit Reverse-Engineering-Werkzeugen		X	X
Analyse von Meta-Daten, die im Rechner verfügbar sind		X	X
Analyse der Kommunikationsstrukturen im System zur Laufzeit		X	
Analyse der Systemeinbettung		X	

Tab. 1: Quellen und Akquisitionstechniken für die Analyse

Als Beispiel wollen wir im folgenden die Analyse der Entwicklungsprozesse näher betrachten. Das Modell in Abb. 6 (in OMT-Notation dargestellt [Rumb+91]) gibt einen Überblick darüber, welche Informationen bei der Analyse in erster Linie erhoben werden sollen. Wir strukturieren die Prozesse in Primärprozeß (eigentlicher Entwicklungsprozeß), Projektmanagement-Prozeß und eine Reihe von unterstützenden Prozessen, wie Tab. 2 zeigt. Diese Struktur ist von der in der ISO 12207 [ISO95] vorgeschlagenen Struktur abgeleitet.

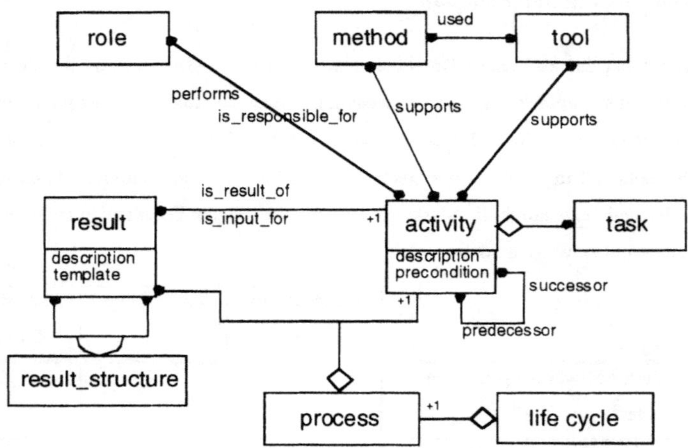

Abb. 4: Informationsmodell für die Analyse

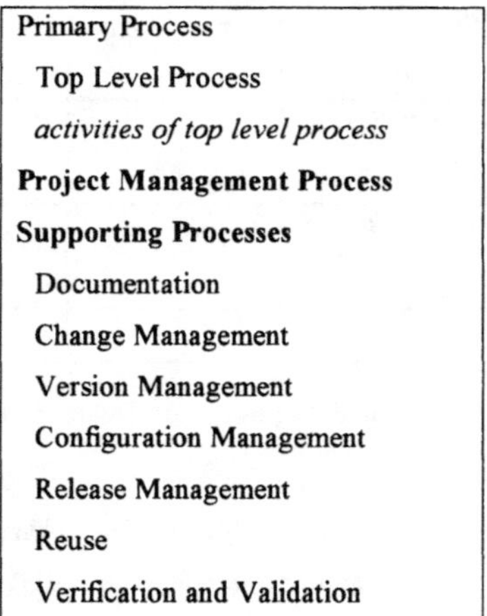

Primary Process

Top Level Process

activities of top level process

Project Management Process

Supporting Processes

Documentation

Change Management

Version Management

Configuration Management

Release Management

Reuse

Verification and Validation

Tab. 2: Prozeßstrukturierung

Falls keine aktuelle Dokumentation dieser Prozesse verfügbar ist, werden sie zusammen mit den Software-Ingenieuren im Rahmen von Interviews analysiert und aufgezeichnet. Dazu werden Prozeßdiagramme verwendet, in denen die Knoten in unterschiedlichen Formen Aktivitäten, Tasks und Ergebnisse darstellen und die Pfeile zwischen den Knoten den Ablauf repräsentieren. Wir führen zunächst mit jedem Software-Team unstrukturierte Interviews durch und versuchen dabei bereits die Prozeßdiagramme für den Primärprozeß zu erstellen. Bei solchen unstrukturierten Interviews bekommt man i.d.R. auch einen guten Überblick über Defizite in der Softwarearchitektur, die sich negativ auf die Wiederverwendung und Wartung auswirken. Die Ergebnisse dieser Interviews werden aufgezeichnet und den Gesprächspartnern zur Kommentierung und Kritik vorgelegt und anschließend überarbeitet. Auf der Basis der Ergebnisse der unstrukturierten Interviews werden Fragebögen entworfen, um ggf. gezielt weitere Informationen zum Primärprozeß, vor allem aber zum Projektmanagement und zu den unterstützenden Prozessen im Rahmen von strukturierten Interviews zu ermitteln. Die Ergebnisse der strukturierten Interviews werden wieder zusammen mit den Gesprächspartnern konsolidiert und als Dokumentation des Ist-Zustandes verabschiedet. Informationen durch Codeinspektion und Sichten der existierenden Dokumentation ergänzen die Ergebnisse der Interviews.

4.4 Auswertung der Informationen

Bei der Auswertung der Informationen gilt es, die Stärken und Schwachstellen der existierenden Software-Struktur und der Software-Engineering- und Anwendungsprozesse zu identifizieren, um sie bei einem framework-orientierten Reengineering entsprechend zu berücksichtigen. Schwachstellen in der existierenden Software-Struktur können z.B. fehlende Modularität und Dominoeffekte bei Änderungen sein, die sich aufgrund der Verwendung von globalen Variablen ergeben, oder eine unzureichende Verständlichkeit der Software. Schwachstellen beim Software-Engineering sind z.B. das Fehlen einer adäquaten Entwicklungsmethode, ein unzureichendes Versions-, Konfigurations- und Change-Management oder ein unzureichender Dokumentationsprozeß. Schwachstellen der Software in Bezug auf die Anwendung treten immer dann zutage, wenn die zu unterstützenden Anwendungsprozesse (d.h. Geschäfts- oder technische Prozesse) nicht mehr adäquat in der Software abgebildet werden. Je stärker sich die software-internen und die externen Prozesse strukturell unterscheiden, umso komplizierter ist die integrierte Weiterentwicklung des Gesamtsystems.

5. Framework-Engineering

Das Ziel des strategischen Reengineering für wiederverwendbare Architekturen bezeichnen wir als Framework-Engineering. Framework-Engineering umfaßt sowohl die Entwicklung eines Frameworks, die Benutzung des Frameworks (im antizipierten Rahmen) als auch die Weiterentwicklung des Frameworks. Wir erläutern zunächst den Begriff Framework und diskutieren dann die Erstellung, Benutzung und Weiterentwicklung von Frameworks.

5.1 Frameworks

Ein Framework repräsentiert die Architektur einer Familie von Software-Systemen oder Subsystemen, indem es die Komponenten und ihre Interaktion definiert. Die Komponenten entsprechen im objektorientierten Sinne abstrakten Klassen, die in einer wohldefinierten und wohldokumentierten Art und Weise zusammenarbeiten. Ein Framework stellt die Infrastruktur für Software-Ingenieure bereit, um aus der generischen Architektur konkrete Anwendungssysteme zu erstellen, und ermöglicht somit Wiederverwendung sowohl auf Entwurfs- als auch auf Programmebene. Es definiert dazu die Stellen, an denen die Architektur konfiguriert, spezialisiert oder erweitert werden kann, um spezifische Lösungen zu erstellen, so daß sich der Software-Ingenieur auf die anwendungsspezifischen Teile des Systems konzentrieren kann. Die variablen Aspekte eines Frameworks werden auch „Hot Spots" genannt, die fixen Aspekte „Frozen Spots" [SBI95].

Man kann domänenspezifische und domänenunabhängige Frameworks unterscheiden. Das framework-orientierte Reengineering zielt auf die schrittweise Entwicklung eines domänenspezifisches Framework ab, das die Problemlösungsfunktionalität für die Anwendungsdomäne bereitstellt.

5.2 Entwicklung eines Frameworks

Zur Entwicklung des Framework, eines Anwendungs- und Weiterentwicklungsprozesses und dessen Einführung in Pilotprojekten empfehlen wir die Einrichtung eines Framework-Engineering-Center (FEC) [BBE95]. Mitglieder des FEC arbeiten zunächst in normalen Entwicklungsprojekten mit dem Ziel, parallel zur eigentlichen Projektarbeit (die dadurch nicht beeinflußt werden sollte) wiederverwendbare Komponenten zu identifizieren und die Basis des Frameworks zu entwerfen. Diese Basis bezeichnen wir auch als Kernel des Frameworks, der die wesentlichen funktionalen Komponenten und die Kommunikation zwischen den Komponenten festlegt.

Eine entscheidende Aufgabe bei der Entwicklung des Frameworks ist der Entwurf der Hot Spots. Hot Spots ergeben sich aus der Analyse, welche Änderungen neue Anforderungen an das Software-System nach sich ziehen. Die unterschiedlichen Typen von Hot Spots (externe Parameter, Variablenbelegung, Zuordnen von Varianten, Überschreiben von Methoden, ...) werden durch Entwurfsmuster [GHJV95] repräsentiert. Dabei ist zu bestimmen, in welchem Kontext welcher Typ von Hot Spot am besten geeignet ist.

5.3 Benutzung eines Frameworks

Unter Benutzung eines Frameworks verstehen wir die Benutzung im vorgesehenen Rahmen, d.h. ausschließlich eine Veränderung an den Hot Spots des Frameworks. Die Benutzung eines Frameworks bedeutet also, eine bestimmte Software-Variante zu erzeugen, die die Anforderungen der konkreten Problemstellung erfüllt [PeSt94]. Wie Abb. 5 zeigt, werden in einem Framework zwei Typen von Schnittstellen unterschieden [Tali94], die die Hot Spots bereitstellen.

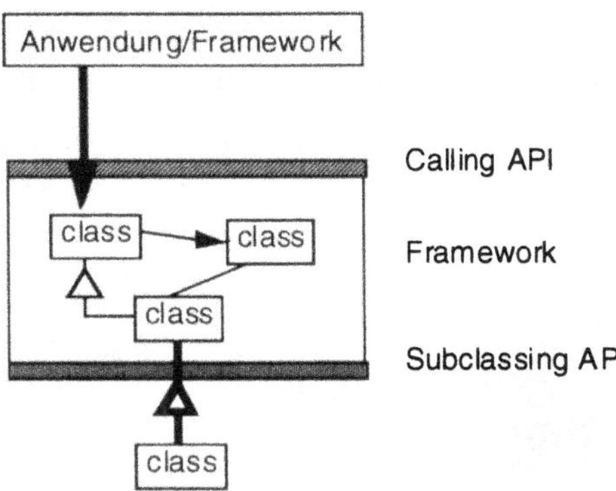

Abb. 5: Calling API und Subclassing API

- ***Aufruf-Schnittstelle (Calling API)***. Über das Calling API wird das Framework so benutzt wie es ist. Die Funktionalität des Frameworks wird von anderen Anwendungen oder anderen Frameworks aufgerufen. Beim Aufruf eines Frameworks werden nur Dienste verwendet, die das Framework an der Aufrufschnittstelle bereitstellt. Dies entspricht einer Black-

Box-Wiederverwendung [SBI95], bei der man das Framework nicht im Detail zu verstehen braucht. Allerdings sind hier die Grenzen fließend. Denn objektorientierte Frameworks lassen an der Aufrufschnittstelle auch die Erzeugung neuer Objekte oder sogar das dynamische Subclassing zu. Insofern geht das Calling API über eine reine prozedurale Schnittstelle hinaus. Über diesen Mechanismus können zur Laufzeit ganze Objektwelten konfiguriert werden und Anwendungs- und Framework-Funktionalität kann z.B. über Delegation in komplizierte Interaktionsmuster integriert werden.

- ***Subclassing-Schnittstelle (Subclassing API)***. Beim Subclassing werden abstrakte Klassendefinitionen konkretisiert, indem z.B. Methoden implementiert oder geändert werden, neue Methoden hinzukommen, die Wertebereiche von Attributen eingeschränkt werden, neue Attributdefinitionen hinzukommen oder Attribute mit Werten belegt werden. Über das Subclassing API ruft das Framework die in Subklassen spezialisierte Funktionalität auf. Dies bezeichnet man als eine White-Box-Wiederverwendung. Man muß in das Framework hineinschauen und das Zusammenspiel der Teile verstehen.

Wie Abb. 6 zeigt, kann die Benutzung eines Frameworks als Schalenmodell dargestellt werden. Der Kernel des Frameworks (innere Schale) wird bei der Benutzung nicht verändert, sondern an den Hot Spots spezialisiert (mittlere Schale). Die äußere Schale schließlich besteht aus spezifischer Funktionalität für eine ganz konkrete Anwendung, die das Framework aufruft oder vom Framework aufgerufen wird.

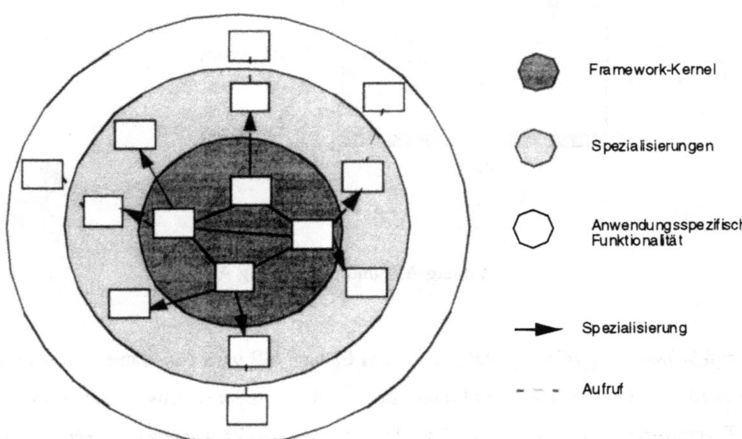

Abb. 6: Framework-Benutzung als Schalenmodell

Eine Trennung der Framework-Entwicklung in die Entwicklung eines Kernels und der Entwicklung von spezifischen Erweiterungen durch Spezialisierung ist deshalb sinnvoll, weil sie oft von unterschiedlichen organisatorischen Einheiten durchgeführt werden bzw. werden sollten. Die Weiterentwicklung des Kernels orientiert sich im wesentlichen an strukturellen und systemtechnischen Aspekten, während die Durchführung von antizipierten Spezialisierungen von fundiertem Anwendungs-Know-How abhängt.

5.4 Weiterentwicklung eines Frameworks

Unter Weiterentwicklung eines Frameworks verstehen wir Änderungen, die den Kernel des Frameworks betreffen. Framework-Benutzung und -Weiterentwicklung sind oft organisatorisch und räumlich getrennt.

Die Änderung des Kernels hat i.d.R. einen der beiden folgenden Gründe: (1) Die systemtechnische Basis hat sich geändert oder ist erweitert worden. Der Kernel wird entsprechend umgestaltet, was zur Folge hat, daß die Spezialisierungen und speziellen Anwendungen, die zur Zeit existieren, angepaßt werden müssen. Diese Art der Änderung entspricht einem Forward-Engineering. (2) Weitaus häufiger wird die Motivation für die Veränderung des Kernels aus der Anwendung kommen: Die Benutzung des Frameworks führt zu einer Menge von Spezialisierungen und Erweiterungen, die in regelmäßigen Abständen konsolidiert werden müssen und deren Kohärenz mit dem Kernel geprüft werden muß. Die Systematisierung der Spezialisierungen kann dazu führen, daß bestimmte Teile der äußeren Schalen in Abb. 6 in den Kernel integriert oder die Strukturen des Kernels auf die neue Systematisierung zugeschnitten werden müssen. Dieser Änderungsprozeß entspricht einem Reverse-Engineering.

Insofern kommen bei der Pflege eines Frameworks Methoden und Techniken des Forward- und des Reverse-Engineering zum Tragen. Sie müssen in einem einheitlichen Rahmen integriert werden, den wir als Continuous Software-Engineering bezeichnen [Löwe95].

6. Ausblick

Im Bereich Framework-Engineering lassen sich eine Reihe von neuen Forschungsfeldern identifizieren. Es ist zu klären, inwieweit und wie existierende, objektorientierte Methoden und Werkzeuge modifiziert und erweitert werden müssen, um ein Framework-Engineering adäquat zu unterstützen. Es stellt sich die Frage, wie die Benutzung eines Frameworks so gestaltet werden kann, daß auch Anwendungsexperten das Framework ohne vertiefte systemtechnische Kenntnisse benutzen können [Gast93]. Es ist zu klären, welche Entwurfsmuster am besten für die verschiedenen Typen von Hot Spots geeignet sind. Es ist eine Methode und ein Werkzeug zu entwickeln, wie die in einem Framework verfügbaren und wiederverwendbaren Bausteine, die am besten für eine bestimmte Problemstellung passen, gefunden werden können [ZeGa95].

Die aus dem Framework abgeleiteten Software-Systeme sollen möglichst schlank sein. Dazu wird eine Methode benötigt, die es erlaubt, nur die Teile in den Laufzeitcode zu integrieren, die vom Software-System auch wirklich benötigt werden. Hier stellt das Framework-Engineering qualitativ seine Anforderungen an das Versions-, Varianten- und Konfigurationsmanagement. Und schließlich sind Methoden und vor allem Werkzeuge zu entwickeln, die die konsistente Umgestaltung eines Frameworks über alle Schalen in Abb. 6 hinweg unterstützen.

Anmerkung

[1] Diese Vorteile sind bereits von einigen Anbietern von Standardsoftware erkannt worden, die dazu übergehen, ihre Produkte in Form konfigurierbarer Frameworks anzubieten (vgl. Kurzkommentar zu den Sapiens-Produkten in IX 12.95, S. 43).

Literaturverzeichnis

[BBE95] Birrer, A.; Bischofberger, W.R.; Eggenschwiler, T.: Wiederverwendung durch Framework-Technik - vom Mythos zur Realität. In OBJEKTspektrum (1995) 5, S. 18-26.

[GaHe95] Gastner, Rainer; Heicking, Winfried: Entscheidung: Portfolio-Analyse für die DV-Strategie. In: iX Multiuser Multitasking Magazin, (1995) 7, S. 144–147.

[Gast93] Gastner, Rainer: FORWARD: A Workbench for Automating Domain-Specific Software Design. In: Proceedings of the Sixth Florida Artificial Intelligence Research Symposium (FLAIRS 93), Ft. Lauderdale (FL), USA, April 1993. S. 166-170.

[GHJV95] Gamma, E.; Helm, R.; Johnson, R.; Vlissides, J.: Design Patterns. Elements of Reusable Object-Oriented Software. Addison-Wesley, 1995.

[HeGa95] Heicking, Winfried; Gastner, Rainer: Projektierung von Reengineering-Aufgaben mit Hilfe der Portfolio-Analyse. Fraunhofer ISST Bericht Nr. 25, Berlin, 1995.

[ISO95] ISO/IEC 12207: Information technology - Software life cycle processes. 1995.

[Löwe95] Löwe, Michael: Reengineering und Neuentwicklung: Zwei Seiten derselben Medaille. In: Proceedings zum Congess VII Informationsverarbeitung 1995: Optimierung der IS-Ressourcen auf der ONLINE '95 vom 6.-10. Februar 1995, Hamburg. S. C715.01 - C715.15.

[PeSt94] Peterson, A. Spencer; Stanley, Jay L. Jr.: Mapping a Domain Model and Architecture ta a Generic Design. Technical Report, Software Engineering Institute, Carnegie Mellon University, Pittsburgh (PA), 1994.

[Rumb+91] Rumbaugh, James et al.: Object-Oriented Modeling and Design. Englewood Cliffs, NJ, Prentice Hall, 1991.

[SBI95] Schmid, H.A.; Ballarin, C. ; Indolfo, F.: Konstruktion eins Geschäftsprozeß-Baukastens zur Steuerung von Fertigungszellen. In: OBJEKTspektrum (1995) 5, S. 42-49.

[ScDi94] Schneeweiss, Heinz; Diercks, Jürgen: Abgestempelt. In: iX (1994) 4, S. 160-168.

[Tali94] Taligent Inc.: Leveraging Object-Oriented Farmeworks. In: http://www.taligent.com/, 1994.

[ZeGa95] Zendler, A.; Gastinger, S.: Werkzeuge zum Aufbau und Einsatz von Bibliotheken zur Software-Wiederverwendung: Kriterien und Anforderungen. FAST-Bericht Nr. 95-08, Dezember 1994.

Der Task-Artifact-Cycle - oder:

Warum man Altsysteme nicht einfach wegwerfen sollte

Sebastian Kutscha, Klaus Henning, Horst Kesselmeier

1. Das Altsystem-Problem

In Gesprächen mit IT-Managern und Praktikern kann man feststellen, daß die modischen Diskussionen um Themen wie Client-Server, Objektorientierung oder Internet für die DV-Praxis keineswegs so wichtig sind, wie es bei der Lektüre einschlägiger Zeitschriften erscheinen mag. Stattdessen beherrscht häufig eine andere Frage Gedanken und Planungen der DV-Verantwortlichen: Wie löst man sich aus der Abhängigkeiten von Altanwendungen?

Fehlende oder mangelhafte Dokumentation, unpassende und oft fehlbelegte Datenstrukturen, unstrukturierter und unverständlicher Code, Know-How-Monopole und Abhängigkeit von Einzelpersonen, völlig veraltete System-Plattformen und fehlende Software-Architektur sind typische Symptome im Zusammenhang mit Altsystemen. All diese Punkte führen dazu, daß Änderungen in und an den Altsystemen immer schwieriger werden. Eine wachsende Inflexibilität ist die unvermeidliche Folge. In einer Zeit, in der die Informationstechnologie an vielen Stellen als wesentlicher Innovationsfaktor gepriesen wird, sieht die Realität für viele Unternehmen ganz anders aus: gerade die veralteten DV-System stellen den größten Hemmschuh für unternehmerische Innovation dar.

Was ist die richtige Strategie, sich aus dieser Abhängigkeit zu befreien? Soll man das alte System komplett wegwerfen? Aber Neubauten "auf der grünen Wiese" sind mit hohen Kosten und vor allem mit hohen Risiken verbunden. Und was ist mit all den Erfahrungen, die in Bau und Weiterentwicklung des alten Systems geflossen sind? Muß man sie unwiederbringlich abschreiben?

Oder helfen Reengineering-Tools, die mit viel Aufwand angepriesen werden? Kann man gar ein Altsystem in einem Billiglohn-Land neu programmieren lassen? Kann das denn wirklich zu einer verbesserten Wartbarkeit führen?

2. Der Task-Artifact-Cycle

Diese beiden Alternativen - Neubau oder Reengineering-Tool - beherrschen noch immer weitgehend die Diskussion. Doch sind dies wirklich die einzig möglichen Lösungen für das Altsystem-Problem? Um diese Frage zu beantworten ist es hilfreich, einen Blick auf die Erfahrungen der Technikentwicklung in den klassischen Ingenieurdisziplinen zu werfen. Ein nützliches Modell ist hier der sog. Task-Artifact-Cycle (Gestaltungs-Nutzungs-Kreislauf ; [Carr91]. Dabei handelt es sich um einen methodischen Ansatz zur Gestaltung technischer Systeme, der aufbaut auf dem Wissen über bereits genutzte Technik und aktuelle sowie künftige Anforderungen.

Der Task-Artifact-Cycle als allgemeiner methodischer Ansatz zur Technik-Gestaltung wurde von Schmitz [Schm94] auf Probleme und Begriffe des Software-Engineering angewandt. In einem gemeinsamen Forschungsvorhaben des Lehrstuhls Informatik im Maschinenbau der RWTH Aachen und der Firma sd&m wurde dieser Ansatz für die Problematik der Ablösung von Altsystemen weiterentwickelt [Henn95].

Abb. 1 zeigt das Grund-Schema des Task-Artifact-Cycle. Ausgehend von einer Definition der Anforderungen ("task") wird im Gestaltungs-Szenario das Soll-System ("artifact") entworfen. Szenario bedeutet hier eine integrierte Beschreibung des technischen Systems in seinem personalen und organisatorischen Nutzungszusammenhang: Es wird konkret dargestellt, wie das System von welchen Personen für welche Aufgaben in welchem organisatorischen Umfeld genutzt werden soll.

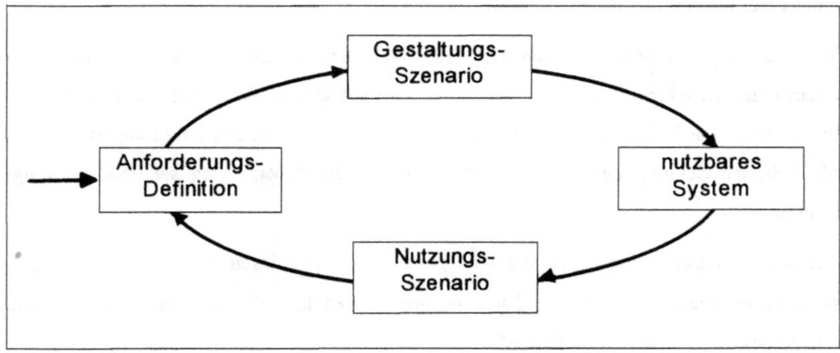

Abb. 1. Task-Artifact-Cycle

Das auf der Basis des Gestaltungs-Szenarios entwickelte System wird nun in der Praxis eingesetzt und genutzt. Dabei ensteht ein Nutzungs-Szenarion, das nicht identisch mit dem Gestaltungs-Szenario ist: geplante und tatsächliche Nutzung eines technischen Systems stimmen niemals vollständig überein. Entscheidender Punkt des Task-Artifact-Cycles ist es nun, daß die für Weiterentwicklung des Systems nicht nur neue Anforderungen, sondern auch das Nutzungs-Szenarion berücksichtigt werden muß.

Ein Beispiel hierfür ist die Entwicklung von Flugzeug-Cockpits. Vergleicht man technische Ausstattung und räumliche Gestaltung über den Zeitraum von 50 Jahren, so zeigt sich, daß jede Cockpit-Generation stark angelehnt ist an die vorhergehende. Diese Kontinuität ist zwingend für die Handlungsfähigkeit der Piloten, um eine hinreichende Sicherheit zu gewährleisten [Hanc92]

Vergleicht man nun diesen Ansatz mit der herkömmlichen Methodik des Software-Enginneering, so fällt auf, daß die klassischen Vorgehensmodelle nur den oberen Bogen des Task-Artifact-Cycle abdecken: der Kreis bleibt offen, die Nutzung der einmal gebauten Systeme wird nicht weiter betrachtet. Historisch ist dies sicher dadurch erklärbar, daß es alte Systeme im Software-Bereich noch nicht sehr lange gibt. Dieser "blinde Fleck" der Informatik hat jedoch fatale Konsequenzen. Die Informatik bietet bis heute keinen methodisch gesicherten Rahmen, der dem Praktiker eine Hilfestellung für den Umgang mit Altsystemen gibt.

3. Nutzungs-Szenario und implizite Funktionalität

Warum aber ist es so wichtig, die Nutzung des existierenden Systems zu betrachten? Was für klassische Technikentwicklung gilt, muß schließlich nicht automatisch auch für die Informatik gelten. Ist denn nicht die Alternative "Neubau" in vielen Fällen letztlich doch die beste, auch wenn sie vielleicht die teuerste ist?

Um die Bedeutung des Nutzungs-Szenarios besser zu verstehen ist es sinnvoll, sich den Prozeß der Gestaltung und Nutzung teilautomatisierter Systeme etwas genauer anzusehen. Schauen wir uns zunächst der Einfachheit halber eine Neu-Automatisierung an: Der Ausgangspunkt ist in Abb. 2 schematisch dargestellt: die bestehenden Anforderungen an das System werden vollständig auf manuelle Weise erfüllt.

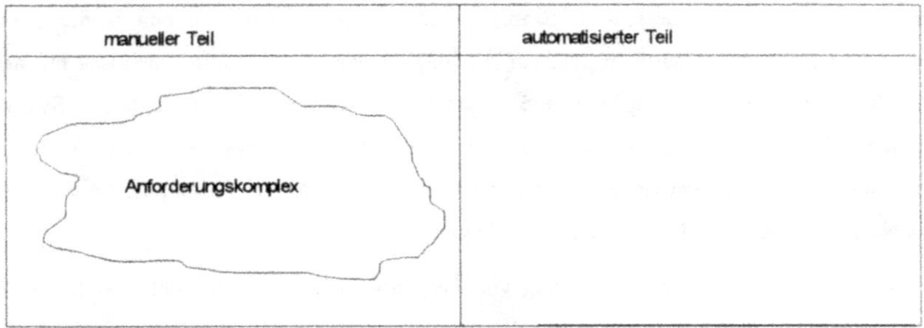

Abb. 2: Ausgangssituation eines Automatisierungsprozesses

Möcht man dieses System nun teilweise automatisieren, so muß zunächst der automatisierbare Teil der Anforderungen identifiziert werden (Abb. 3).

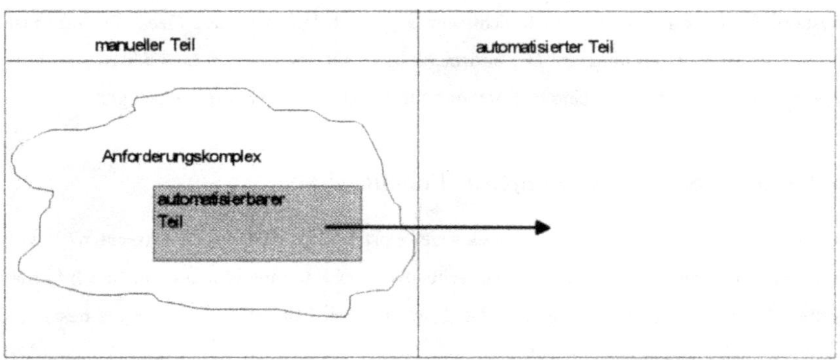

Abb. 3: Prozeß der Automatisierung

Auf dieser Basis wird nun das Gestaltungs-Szenarion für das neue System entwickelt. Es besteht aus einem automatisierten und einem manuellen Teil, die durch Schnittstellen verbunden sind (Abb. 4).

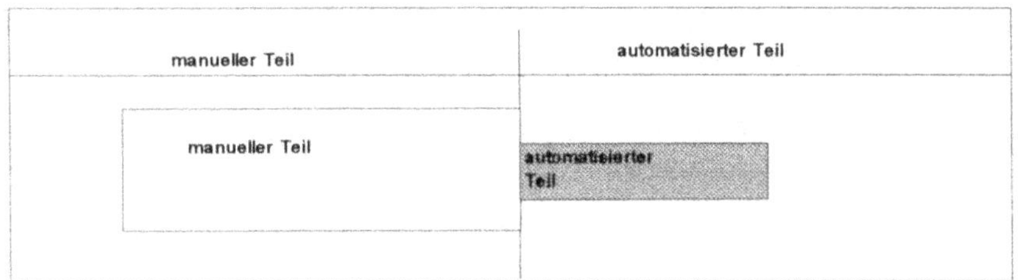

Abb. 4: Gestaltungs-Szenario

Wichtig ist nun, was ab dem Zeitpunkt der Inbetriebnahme geschieht: das System wird zunächst genau so eibgesetzt, wie im Gestaltungs-Szenario vorgesehen. In der Regel stellt sich jedoch bald heraus, daß bestimmte Aufgaben des ursprünglichen Aufgabenkomplexes nur auf komplizierte Weise erfüllt werden können. Andere Teilaufgaben wurden vielleicht ganz übersehen. Im weitern Verlauf der Systemnutzung kommen - beispielsweise aufgrund von veränderten Marktanforderungen oder einer neuen Organisation - weitere Aufgaben hinzu, die ursprünglich nicht vorgesehen waren. In solchen Situationen entwickeln die Nutzer eines Softwaresystems eine große Phantasie, durch Tricks, "Workarounds" oder "Verbiegen des Systems" neue Problemlösungen zu erfinden. Häufig sind dafür überhaupt keine Änderungen des Codes erforderlich. Man kann stattdessen die "implizite Funktionalität" eines Software-Systems nutzen. Damit ist Funktionalität gemeint, die das System hat, ohne daß sie spezifiziert wurde. Ein Beispiel aus dem Alltag möge dies verdeutlichen: Man kann mit einem Schraubenzieher Schrauben eindrehen, man kann ihn aber auch zum Umrühren von Farbe verwenden. Letzteres gehört nicht zum ursprünglichen Zweck eines Schraubenziehers, ist also implizite Funktionalität. Vom Standpunkt der spezifizierten Funktionalität erfüllt ein Akku-Schrauber denselben Zweck wie der Schraubenzieher. Bei der impliziten Funktionalität gibt es jedoch erhebliche Unterschiede: der Akku-Schrauber ist als Rührgerät untauglich!

Ein - zugegebenermaßen weniger anschauliches - Beispiel aus dem Software-Bereich: Im Buchungssystem eines Reiseveranstalters müssen Hotels und Flüge den touristischen Reisezielen zugeordnet werden. Diese Zuordnung ist für viele Folgefunktionen unentbehrlich. Deswegen gibt es eine Integritätsregel, die besagt, daß ein Hotel nur buchbar ist, wenn die Reiseziel-Zurodnung vorhanden ist. Diese Integritätsregel wird durch eine Plausibilitätsprüfung im Buchungssystem realisiert. Zweck dieser Prüfung ist es also, die korrekte Weiterverarbeitung von Buchungen in den nachfolgenden Systemen sicherzustellen. Die Nutzer des Systems erkannten jedoch nach einiger Zeit , daß damit ein einfacher Mechanismus vorliegt, ganze

Hotels komplett zu sperren. Diese Sperrfunktion ist für die betreffenden Fachbereiche sehr nützlich. Sie war jedoch nie beabsichtigt, stellt also implizite Funktionalität dar.

Darüberhinaus gibt es in der Regel häufig auch Sonderfunktionalität im Programm-Code, die für Spezialfälle eingefügt wurde, aber in der Spezifikation und Dokumentation "vergessen" wurde. Die Gesamt-Situation nach einer gewissen Nutzungszeit stellt Abb. 5 dar.

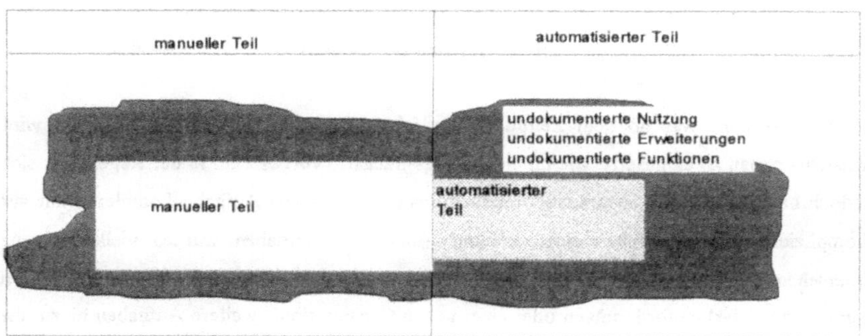

Abb. 5: Nutzungs-Szenario

All diese Beispiele zeigen, daß das Nutzungsszenario mit dem Gestaltungsszenario nicht deckungsgleich ist. Dies ist ein typisches Merkmal teilautomatisierter Systeme. Durch die Kreativität der Nutzer können sich solche Systeme eher an veränderte Umfeldbedingungen anpassen als vollautomatisierte. Dieses "Driften" von Systemen ist damit eine notwendige Bedingung für Flexibilität. Das vollständige Nutzenpotential eines solchen Systems läßt sich also nur aus dem Nutzungs-Szenario erschließen.

Hier liegt nun genau die Bedeutung des geschlossenen Kreises im Task-Artifact-Cycle. Wenn man beim Neubau eines Systems nur die neuen Anforderungen betrachtet, nicht aber die Nutzung der vorhandenen Systeme, so übersieht man zwangsläufig wesentliche Aspekte. Existierende Systeme sind ein "Wissensspeicher" über die Feinheiten des Geschäfts. In diesem Sinne sind sie nicht nur ein Hindernis, sondern auch ein Schatz, den zu bergen durchaus lohnend sein kann. Wie kann das gehen?

4. 1:1*-Ablösung

Der Schlüssel zu diesem Schatz liegt darin, sich von der obigen Alternative - Neubau oder Reengineering per Tool - zu lösen. Dazu ist es sinnvoll, den Begriff Reengineering weiter zu fassen. Häufig wird unter Reengineering eben nur das Re-Programmieren per Tool oder Offshore-Programming verstanden. Solche Techniken haben einen großen Vorteil: sie sind erheblich billiger als ein Neuschreiben der Software. Wie die Praxis zeigt, ist dies aber auch fast der einzige Vorteil solcher Verfahren. Der auf diese Weise entstandene Code ist genauso unverständlich und schlecht strukturiert wie der alte: Cobol-Programme mit Assembler-Strukturen! Evtl. vorhandene Kommentarzeilen der Altsoftware machen im neuen Programm mit Sicherheit keinen Sinn mehr - also gehen auch noch die letzten Verständnishilfen verloren. Eine automatisierte Transformation alter Software löst also mit Sicherheit weder die Qualitäts- oder Wartungsprobleme.

Faßt man das Prinzip des Reengineering - Weiterverwendung alter Software - etwas weiter, so kommt man zu folgender Definition: Reengineering ist der Umbau existierender Systeme unter Beibehaltung von Teilen des Codes, der Struktur oder der Funktionalität zum Zwecke der Verringerung von Kosten und/oder Risiken.

Nach dieser Definition kann Reengineering nun auf allen drei Ebenen eines Software-Systems (Anforderungen/requirements, Struktur/design, Code/implementation) stattfinden:

- *Reengineering auf Code-Ebene (Re-Implementierung)*
  Dies ist das Reengineering im oben erwähnten erngeren Sinne. Es ist sinnvoll vor allem dann, wenn Hardware-oder Systemsoftware-Basis gewechselt werden müssen. Die Probleme dieser Vorgehemsweise wurden bereits erwähnt. Eine Betrachtung des Nutzungs-Szenarios ist hier nicht erforderlich, da

- *Reengineering auf Design-Ebene (Restrukturierung)*
  Dabei wird die Systemarchitektur überarbeitet. Ein Werzeug-Einsatz ist hier durchaus möglich - z.B. zur Kapselung von Datenbank- bzw. Dateizugriffen - , aber bei weitem nicht in dem Maße wie bei einer Re-Implementierung.

- *Reengineering auf Anfordrungs-Ebene (1:1*-Ablösung)*
  Hier wird das System neu strukturiert - v.a. die Datenstrukturen stehen hier im Mittelpunkt - und zumindest teilweise auch neu implementiert, jedoch unter Beibehaltung der Funktionalität, insbesondere auch der impliziten Funktionalität.

Diese dritte Variante stellt nun eine Umsetzung des Task-Artifact-Cycle für Reengineering-Anforderungen (der "*" im 1:1*) wird das neue bzw. überarbeitete System entwickelt. Der Schwerpunkt liegt dabei darauf, die tatsächliche Funktionalität strukturell sauber neu zu implementieren. Der Nutzen liegt damit vor allem in der erheblich verbesserten Wartbarkeit und Flexibilität des neuen Systems. Erweiterungen der Funktionalität stehen demgegenüber nicht im Mittelpunkt. Sie können jedoch ggf. in einer zweiten Stufe nachgezogen werden.

Bei dieser Vorgehensweise wird die implizite Funktionalität bewahrt. Das Nutzungs-Szenario des Altsystem stellt die "Meßlatte" für das neue System dar. Qualitäts-, Funktionalitäts- und Verfügbarkeitsziele werden damit sehr klar und eindeutig meßbar. Dies ist ein entscheidender Vorteil gegenüber Neuentwicklungen ohne Bezug zum Existierenden. Solche Neuentwicklungs-Projekte haben i.d.R erheblich größere Anlauf-Schwierigkeiten, da erst in der Pilotphase die Lücken der Spezifikation erkennbar werden. Die Beschränkung auf strukturelle Verbesserungen reduziert darüberhinaus die Komplexität des entsprechenden Projektes deutlich. Auch dies ist ein Faktor der Risiko-Minimierung. Die 1:1*-Ablösung bietet sich daher vor allem für die Ablösung zentraler, operativ und strategisch lebnswichtiger Altsysteme an.

Literatur

[Carr91]. Carroll,J.M. Kellog, W.A., Rosson, M.B: The Task-Artifact-Cycle, in: Carroll, J.M. (Ed):Designing Interaction. Psychology at the Human-Computer-Interface. Cambridge, 1991

[Hanc92] Hancke, T: Hamilton's Principle and the Design of Human-Machine Systems; Dissertation am Empirial College: London, 1992

[Schm94] Schmitz, B.: Kriterien zum Einsatz von Betriebssystemen am Beispiel der Nutzung von UNIX im Intermodalen Verkehr. VDI-Verlag, Düsseldorf 1995

[Henn95] Henning, K., Kesselmeier, H: Entwicklung eines methodischen Ansatzes für das Software-Reengineering in der Projektarbeit bei sd&m. Forschungsbericht, IMA/RWTH Aachen, 1995

Change und Configuration Management (CCM) in Wartung und Reengineering

Bedeutung des CCM für einen kontrollierten Wartungs- und Reengineeringprozeß in der Zukunft

Günter Penzenauer

Zusammenfassung

Softwarewartung, Re- und Reverse-Engineering und Migrationen der Zukunft werden durch die heute abzusehende Heterogenitätsentwicklung beeinflußt sein. Durch die mit steigender Heterogenität verbundenen unterschiedlichen Produktarten und unterschiedliche Entwicklungsmethoden und -werkzeuge, wird das „Altlastenproblem" nicht kleiner; jedoch mit Sicherheit „bunter" werden. Change und Configuration Management (CCM) wird als Mittel betrachtet, Produkte über den ganzen Lebenszyklus von der Ideenphase bis zur Außerdienststellung kontrolliert zu erstellen und zu pflegen. Allerdings bestehen heute Brüche in den Prozeßketten zwischen der Entwicklung/Wartung und vorausgehenden Support- bzw. nachfolgenden Liefer- und Verteilvorgängen. CCM ist eine Möglichkeit zur Integration dieser Prozesse.

Abstract

The future of software maintenance, reengineering and reverse engineering as well as migration will heavily be influenced by actual heterogeneous trends in information processing.These trends cause new kinds of software products, methods / techniques and tools. Perhaps, the problem of maintenance residues will not change dramatically, but there will be more colour in the picture, for sure. Change and Configuration Management (CCM) is seen as a way to manage the Cross Life Cycle i.e. controlling of creation and maintenance of applications and/or software products across the whole life cycle. Nevertheless, today there are gaps in the process chains between the maintenance and the predecessing support and successing delivery / distribution. CCM integrates these processes.

1. Einführung zu CCM

CCM (Change- und Configuration-Management) ist ein flankierendes Engineering-Verfahren für das Cross Life Cycle Management, d.h. das Kontrollieren der Produkterstellung, -pflege und -bereitstellung über den gesamten Lebenszyklus. Es ist ein Teilprozeß der Anwendungsplanung und -entwicklung und damit auch Teil der Software-Entwicklungs-Umgebung (SEU). CCM ist erforderlich für die synchronisierte Ansteuerung von Verteilsystemen insb. In Client-Server-Szenarien und eine Basis für das Problemmanagement und die Entwicklungsplanung (Produktmanagement).

Wesentliches Ziel von CCM ist die Erhöhung der Persistenz (Dauerhaftigkeit) der Anwendungen / Produkte als Basis für die Weiterentwicklung und Wartung, die Vermeidung unerwünschter Nebenwirkungen in der Entwicklung, Verteilung und Wartung sowie die Erhöhung der Revisionssicherheit und der standbezogenen Qualität. Auch für Re-/ Reverse-Engineering bietet CCM diese Perspektiven.

CCM hat Schnittstellen zu benachbarten Teilsystemen wie Projektmanagement, Qualitätssicherung / Test, ist eingebettet in der ISO9000 und in Vorgehensmodellen und wird durch eine Vielzahl von Werkzeugen unterstützt.

Begrifflich ist Change Management (ChM) und Configuration Management (CM) mehrfach belegt. So wird CM heute im Bereich Hardware, Netzwerk und Facility Management verwendet. In der Anwendungsentwicklung gibt es das Software CM (SCM). ChM wird globaler gesehen und als unternehmens-strategische Disziplin für den Umgang mit den Ressourcen Zeit, Geld und Menschen gesehen [DoLa94][CaPa92].

ChM ist zu sehen als prozeßübergreifendes Mittel zur Bildung und Verfolgung von Änderungsvorgängen an informatischen Produkten (Hardware, Netware, Software, Brainware) und CM als projektübergreifende und projektbezogene Engineering-Disziplin [Pe93]. Zusammengefaßt bezeichnet R&B dies als Change und Configuration Management, eingebettet in ein Organisationsmodell für das Cross Life Cycle Management (CLCM)[Pe95].

2. Ausgangssituation

2.1 Prozeßinseln

Neben der Tatsache, daß es keine einheitliche Terminologie gibt, sind einzelne ChM- und CM-Prozesse voneinander unabhängig entstanden und werden überwiegend als Insellösungen betrieben. Es bestehen vor allem Differenzen in der Ausgestaltung und Anschauung von CCM zwischen Entwicklungsbereichen und (RZ)-Betriebsbereichen (Produktion), das Produktmanagement ist wenn überhaupt meist völlig separat organisiert. Es fehlt eine übergreifende Prozeßbetrachtung.

Auch die Vollständigkeit der verwalteten Elemente-Typen läßt häufig zu wünschen übrig. So stehen heute meist nur zentrale Codebestandteile unter Verwaltung. Indirekete Quellen, Dokumentation und Analyse/Entwurfsdokumente fehlen häufig oder werden nicht synchronisiert und veralten.

Die Bewältigung der Wartung wird durch steigenden Einsatz heterogener Plattformen, heterogene Werkzeuglandschaften, heterogene Entwicklungsprozesse, durch Globalisierung und regional verteilte Entwicklung sowie durch eine Fülle weiterer Einflußparameter beeinflußt. Die Prozeßinseln müssen zusammengeführt werden und die Typenvollständigkeit erhöht werden.

Aktuelle Forderungen und Trends lassen für die Zukunft eine weiter steigende Heterogenität für die Informationsverarbeitung im Unternehmen bei gleichzeitig gestiegenen Flexibilitätsanforderungen (unterschiedliche Produktarten, Reaktionszeit) erkennen. Die Zeit für eine reifliche Vorüberlegung *einer* universellen SEU reicht nicht mehr aus bzw. ist eine homogene SEU nicht mehr realisierbar. CCM sieht sich daher mit einer Flut unterschiedlichster Verwaltungsobjekte (Configuration Items) konfrontiert, die in der späteren Wartung eine Rolle spielen.

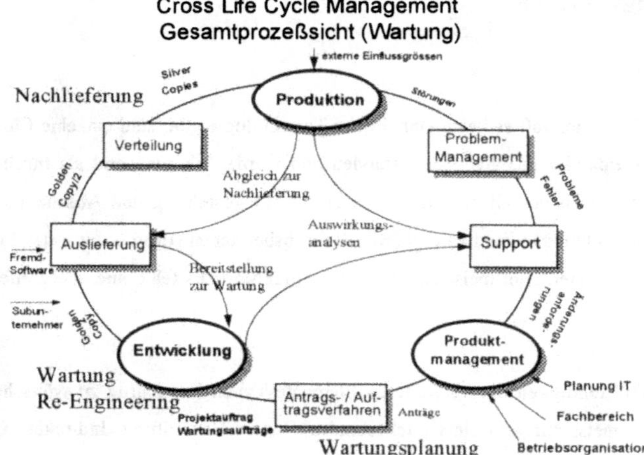

Abb. 1 Gesamtprozeßsicht

2.2 Client-Server-Entwicklung

Der Charakter der Informationsverarbeitungszentren verändert sich rasch von der reinen Mainframeausrichtung zur Client-Server-Architektur, in der der Mainframe als Superserver auftritt. Es wird vermehrt eine 7-Tage und 24-Stunden-Verfügbarkeit gefordert.

2.2.1 Tendenzen

Dadurch wird der Anwendungsentwickler und der System-Manager mit den o.g. heterogenen Einflüssen konfrontiert. Es ändert sich nicht nur die Zielplattform, sondern auch die Entwicklungsumgebungen, die selbst zu CS-Anwendungen evolutionieren. Im Vordergrund stehen nicht mehr einzelne Code-Elemente (Programme), sondern die transparente Nutzung von Diensten, die als mehrfachbenutzbare Configuration Items aufgefaßt werden müssen.

Die Anwendungsentwicklung hantiert mit einer Vielzahl von Komponenten unterschiedlicher Eigentümerschaft. Der Zukauf und die Zulieferung von Softwareteilen nimmt zu und der Endbenutzer nimmt stärkeren Einfluß auf die Lösungsgestaltung. Die Telekommunikation wird zum tragenden Kernstück der Informationsverarbeitung. Die Anzahl der beteiligten Ausführungsstellen steigt dramatisch. In großen Unternehmen oder Verbundgesellschaften sind heute bereits mehrer tausend Netz-/Server-Einheiten und mehrere zehntausend Endgeräte im Einsatz.

Es kann nicht davon ausgegangen werden, daß alle Arbeitsplatzkonfigurationen homogen sind. Es ist mit einer mehr oder weniger hohen Anzahl unterschiedlicher Konfigurationstypen zu rechnen. Der optimale Umgang mit diesen Faktoren erfordert die Veränderung herkömmlicher Organisation und Prozeßbetrachtung hin zur integrativen Wirksamkeit. Damit können für die Bewältigung der Wartung in der Zukunft produktivitätssteigernde Potentiale geschaffen werden.

2.2.2 Stellung von CCM

Change und Configuration Management wird für unterschiedliche SW- und HW-Typen bzw. für die technische Infrastruktur wichtig. Aus gmeinesamer Sicht der Anwendungsentwicklung und des System-Managements, definiert sich CCM wie folgt:

Change Management

stellt Einrichtungen zur Verwaltung und Steuerung von Änderungen an Informationssystemen und zugehörigen Einrichtungen bereit. Dazu zählt die Planung, Freigabe, Verteilung und Überwachung aller relevanten Ressourcen.

Configuration Management

stellt Einrichtungen für die Unterstützung eines kontinuierlichen und sicheren Betriebes von Informationssystemen bereit. Dazu zählt die Identifizierung und Informationsversorgung für alle zu verwaltenden Konfigurationselemente.

Konfigurationselemente

oder Configuration Items sind jene dauerhaft (persistent) zu gestaltenden Objekte, die einer prozessual definierten Erstellung, Wartung, Pflege, Instandhaltung oder Weiterentwicklung unterliegen.

2.2.3 CCM-Besonderheiten für CS-Architektur

Die zusammengehörigen Client- und Server-SW-Teile müssen synchronisiert verwaltet werden und als gemeinsames Release (Golden Copy) in Richtung System-Management (Verteilung) geschoben werden. Aus der Sicht des System-Managements ergeben sich viele verschiedene Plattformeinheiten, die mittels Netz- und Telekommunikationstechnologien gekoppelt sind. Diese Plattformeinheiten sind i.d.R. nicht einheitlich und in hoher Instanzenmenge vorkommend. Verwaltet werden diese einzelnen Instanzen in einem Inventory-Management, das Hardware, Vernetzung und verteilte Software einschließt.

Eine CS-Anwendung läuft nur unter ganz bestimmten Rahmenbedingungen, die sich unabhängig voneinander ständig ändern und daher laufend beobachtet werden müssen (Monitoring). Aufgrund der Uneinheitlichkeit der Plattformelemente bezogen auf ein von der Entwicklung bereitgestelltes Basis-Release (Golden Copy), kommt es zur Ausprägung von Silver Copies in beliebiger Anzahl.

Diese werden im Verteilungsprozeß gebildet, wobei konfigurierende oder parametrierende Eingriffe vorgenommen werden müssen. Es ist auch mit abschließenden Build-Prozessen (außerhalb der eigentlichen Golden-Copy-Entwicklung) zu rechnen, da manchmal bis in die Installation hinein zielsystemspezifische Anpassungen vorgenommen werden müssen (Achtung Änderungen).

2.2.4 Service Level

Für die Gestaltung eines CCM-Systems in Client-Server-Umgebung mit den geschilderten Merkmalen ist auch der jeweilige Service Level oder Status der informationsverarbeitenden oder entwickelnden Unternehmenseinheit von Bedeutung.

Der einfache Fall

Im einfachsten Fall ist von einer einzigen Entwicklungs- und einer einzigen Betriebseinheit sicherzustellen, daß ein Release einer CS-Anwendung an einem Standort sicher, identifiziert und für das Problem Management analysierbar und auswertbar betrieben werden kann.

Der komplexe Fall

Im komplexen Fall ist von mehreren Entwicklungs- und/oder Betriebsstellen sicherzustellen, daß mehr als ein CS-Release zeitgleich an beliebig vielen Standorten betrieben werden kann. Für CCM in der Entwicklung kann als Steigerung noch die Entwicklung von mehreren Ständen gleichzeitig (versetzte/gestufte Entwicklung) hinzukommen.

3. Zu verwaltende Konfigurationselemente

Die Ausführbarkeit eines Produktes in einer heterogenen Welt ist nicht auf individuell entwikkelte Software beschränkt. Andere Softwarearten (z.B. Middleware, Basissysteme, Werkzeuge, Betriebsysteme) sowie Hardware und Vernetzung sind mitbestimmende Faktoren. Die Bereitstellung von Software erfolgt aus der Sicht der Entwicklung als sg. „Golden Copy" mit Anpassungen für verschiedene Zielsysteme. Die Bereitstellung von Arbeitsplätzen für den

Fachbereich umfaßt auch die Hardware und die Vernetzung mit den zugehörigen systemnahen Softwarebestandteilen.
Spielt für die Golden Copy der einzelne Arbeitsplatz als Instanz keine Rolle, so ist er in der Hardwarebereitstellung von hoher Bedeutung und erfordert spezifische Maßnahmen zur Verwaltung (z.B. Inventory-Management). Aus der Sicht des Betriebes (System-Management) ist die Anwendungssoftware EIN Bestandteil einer Arbeitsplatz-Gesamtkonfiguration neben vielen anderen Bestandteilen.

Die Aktivierung von Gesamtkonfigurationen für einzelne Zielgruppen im Zielsystembereich der Arbeitsplätze beim Endanwender erfolgt nicht unter direkter Steuerung der Entwicklung der Software. Meist sind dafür Benutzerkoordination oder Betriebsbereiche (System-Management) für die umfassende, richtige und zeitlich passende Aktivierung der jeweiligen Gesamtkonfiguration verantwortlich. Die herkömmliche Philosopie der Abnahme-/Übergabeverfahren aus der Sicht der Entwicklung beziehen sich nicht mehr auf die Übergabe in „Produktion" sondern auf die Bereitstellung einer Teilkonfiguration für die Verteilung. Die Verteilung (Instanzierung) und Aktivierung wird dann von verantwortlichen Stellen außerhalb der Entwicklung durchgeführt und koordiniert. Dazu wird i.d.R. ein Flaschenhals geschaffen, durch den definierte SW-Konfigurationen der Entwicklung geschleust werden müssen, um sie mit anderen Konfiguration zu einer Gesamtkonfiguration zu packen. Die anzuwendenden Prinzipien für ChM und CM sollten in allen beteiligten Bereitstellungsbereichen identisch gehandhabt werden (Regelungen, entsprechende Teilverfahren), auch wenn sie wahrscheinlich mit unterschiedlichen technischen Mitteln implementiert werden müssen (SW-CM-Werkzeuge, Verteilwerkzeuge mit Inventory-Management, Change-Control-Werkzeuge).

3.1 CCM für Software

Neben den klassischen Elementen eines CCM (Code, Module, Programme) gehören viele andere Typen von Konfigurationselementen zum Bereich Software. Durch die heterogene Entwicklung verstärkt sich die Anzahl der Typen noch. Waren es bisher zwischen 15 und 50 Typen, so sind es heute 150 - 500 Typen, die eine Anwendung insgesamt ausmachen und durch speziell zu kontrollierende, teilautomatisierte Prozesse erstellt bzw. abgeleitet werden. Grund für diese Typenvielfalt ist nicht nur die Heterogenität. Man hat bisher zuwenige Typen verwaltet. Neben der Client-Server-Architektur bringen jedoch auch andere Einflüsse Typenvielfalt mit sich: Objekt-Orientierung, Prototyping, Testverfahren, ISO9000, Repository-Einsatz, Upper-Case-Technologie, neue Werkzeuggenerationen, Middleware-Konzepte, Internet-Anwendungen usw. tragen das Ihre dazu bei.

3.2 CCM-Modell für SW-Entwicklung und SW-Verteilung

SW-CCM wirkt sowohl projektbezogen als auch projektübergreifend bzw. produktbezogen. Wesentlicher Anwendungsbereich des SW-CCM ist primär das Bereitstellen der Software aus dem Entwicklungsvorgang (Code und Dokumentation) für die Zwecke der revisionierbaren Weiterentwicklung unter Wahrung der relevanten Aufbewahrungsfristen (Archivierung).

SW-Configuration Management in der Entwicklung

Das entsprechende Entwicklungs-Endergebnis ist die sg. „Golden Copy" (GC), also jene Summe aus Quellen, Ausführbaren und steuernden Elementen incl. zugehöriger Dokumentation, die üblicherweise als „Release" oder „Baseline" (eingefrorene Konfiguration) aus der Erstellung über verschiedene Qualitätsstufen in die Produktion gelangen. „Produktion" bedeutet für SW-CM nicht die RZ-betriebliche Ausführung, sondern das Bereitstellen für die Wartung / Weiterentwicklung und für die Archivierung.

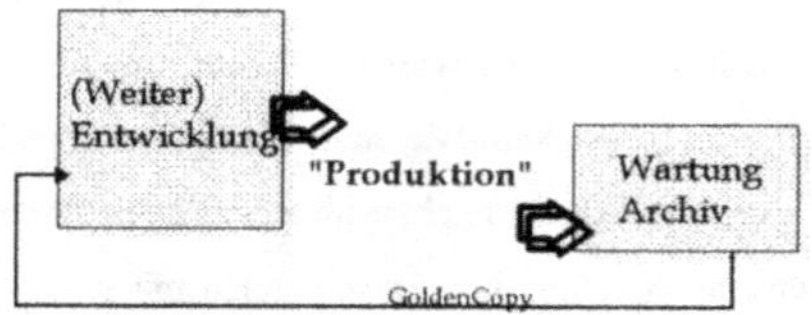

Abb.2 Konfigurierungskreislauf

Aktiviert wird jedoch nicht die gesamte Golden Copy sondern nur die für den Betrieb erforderlichen Teile. Dies bedeutet, daß Entwurfsdokumente, Upper-Case-Enzyklopädien und die meisten Quellen nicht für die Nutzung im Betrieb aktiviert werden. Nur Ausführbare, Jobcontrol, Steuerscripts und Dokumentation für den Benutzer und Betreiber werden tatsächlich in die betriebsaktive Produktion gelangen.

Auslieferung

Die Selektion und die Paketbildung der in der Produktionsstufe der Entwicklung bereitgestellten Golden Copy wird in einer Verbindungsfunktion „Auslieferung", die zum CCM-Kern zählt, vorgenommen. Ergebnis ist die sg. Golden Copy Halbe (GC/2). Sie kann als „zu lieferndes Release" im Sinne einer Teilkonfiguration der Entwicklung gesehen werden.

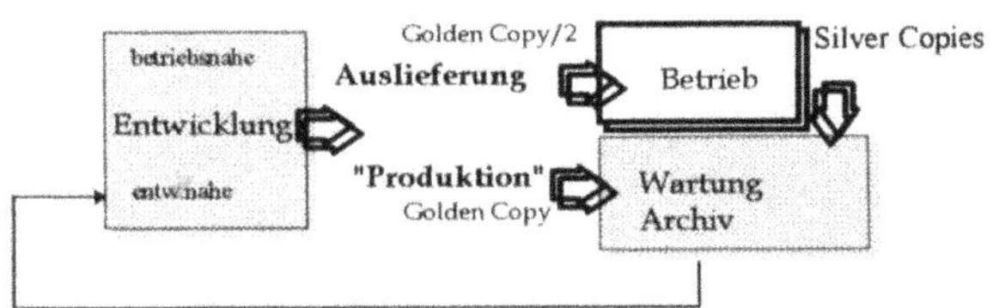

Abb.3 Konfigurierungskreislauf 2

Die durch den Betrieb (System-Management, Benutzerbetreung) zu verantwortenden Anpassungen bzw. Konfigurationsarbeiten (hier bei der Software, aber auch generell), sind durch ein CCM auch zu kontrollieren. Sämtliche Konfigurationselemente und sämtliche Änderungen daran sind aufzuzeichenen. Nur so kann festgestellt werden, welche Ausstattung in welchem Stand ein Arbeitsplatz tatsächlich hat.

Heterogene Einflußfaktoren

Das oben dargestellte Szenario gilt ohne Silver Copies typischerweise dann, wenn z.B. ein Mainframe für Entwicklung und Betrieb verwendet wird. Häufig ist die Funktionalität „Auslieferung" nicht explizit bestimmt. Das Aktivieren beschränkt sich auf ein einmaliges Kopieren der ausführbaren Bibliotheken. Nur dann ist aktivierter Betrieb gleich „Produktion".
Bei mehreren Mainframe-Zielrechnern, bei unterschiedlichen Rechnerarchitekturen und bei PC-LAN- oder UNIX-Einbindung kann diese einfache Aktivierung nicht mehr vorgenommen werden. Es kommen neue Aspekte, Rollen und Funktionen hinzu, die üblicherweise im System-Management bzw. in der Benutzerbetreuung und nicht mehr in der Anwendungsentwicklung wahrgenommen werden.
Für die einzelnen Zielsystemausprägungen sind entsprechend viele „Kopien" zu machen, die aufgrund der unterschiedlichen Ortsparameter jedoch Unterschiede aufweisen können. Es entstehen Silver Copies (SC).

Verteilung

Der Aktivierungsprozeß für den Betrieb ist im heterogenen Feld komplexer geworden. Für eine Aktivierung oder tatsächliche Produktionssetzung bei jedem einzlnen Benutzer an einem PC oder Server sind viele technische Voraussetzungen zu schaffen bzw. abzuprüfen.

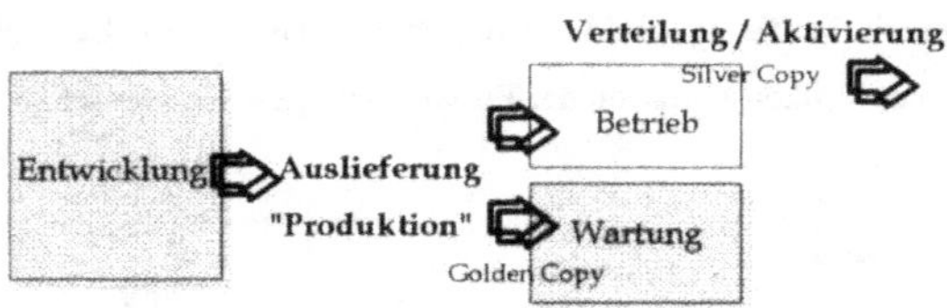

Abb.4 Konfigurierung von Silver Copies

Dabei sind die Besonderheiten von Client-Server-Architektur genauso zu berücksichtigen wie unterschiedliche Hardware, Netzwerke oder Endgeräte.

Die Verteilung ist, wie die Entwicklung auch, nicht Bestandteil von CCM sondern ein Nachbarsystem, in dem CCM auch zur Anwendung kommt. Die Verteilung umfaßt Aufgaben für

- Gesamtkonfigurierung
- Paketbildung und Profilierung,
- Anpassung an Ortsparameter,
- Transport und
- Installation und Aktivierung.

Erst dann ist die Software beim Endanwender. Die Auslieferung ist Teil von CCM und eine bisweilen sehr komplexe Verbindungsfunktion (Flaschenhals) zwischen den Entwicklungs- und Verteilungsarbeiten. Sie enthält im Idealfall einen konsolidierten Datenbestand von Konfigurationen über alle Plattformen und synchronisiert somit auch Client- und Server-Teile (Single Point of Control).

Die Anwendung von CCM im Silver Copy Bereich ist dadurch gekennzeichnet, daß z.B. im Falle von Nachrüstungen nicht davon ausgegangen werden kann, daß ein Entwicklungsprojekt läuft. Dies Arbeiten werden in der Systemtechnik als Linienaufgabe aufgefaßt und durch spezielle Linienfunktionen wahrgenommen. Dies gilt u.U. auch für die SC-Bildung im Entwicklungsprojekt. Obwohl das Projekt läuft, werden SC-Konfigurationsarbeiten schon von den zuständigen Linienaufgaben wahrgenommen und nicht (nur) von den GC-Entwicklern bzw. Programmierern.

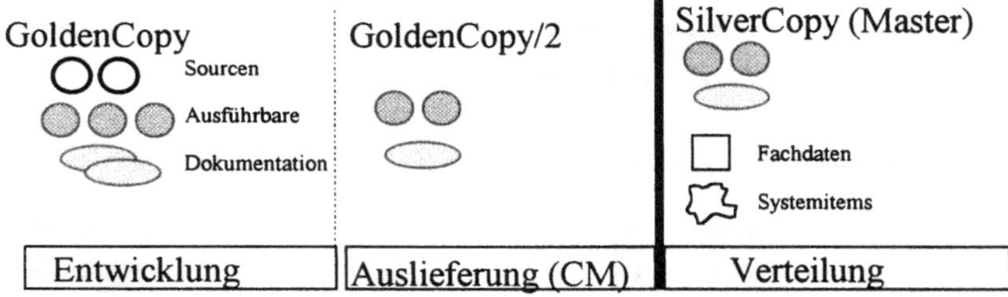

Abb.5 Entwicklungs- und Verteilungs CM

SW-Change Management

Die Unterscheidung von GC und SC spielt nicht nur im Lieferprozeß zum Endanwender eine Rolle. Auch in der Störungsbearbeitung (Problem Management) und den sich anschließenden Aufgaben spielt die Erkennbarkeit der besonderen Merkmale einer Silver Copy und die zielgerechte Ermittlung von GC-Problemen eine wichtige Rolle. Dabei ist vor allem durch ein steuerndes Antrags-/Auftragsverfahren darauf zu achten, daß die Konfigurationsarbeiten an der richtigen Adresse (Entwicklung und/oder System-Management) vorgenommen werden.

SW-CCM und Verteilung sind daher gemeinsam und prozeßübergreifend zu entwerfen und bereichsübergreifend zu implementieren.

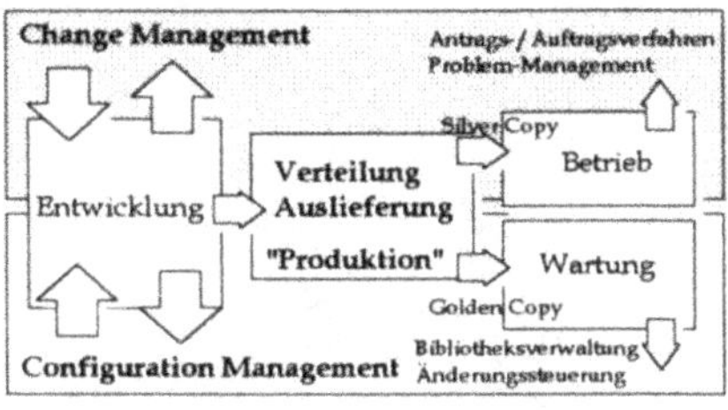

Abb.6 Change und Configuration Management

Variantenbildung durch Wartung

Vor allem bedingt durch die Wartung entstehen häufig Varianten als zeitgleiche Spielarten von Configuration Items (Branches). Sofern diese aus zeitgleichen Entwicklungs-/Wartungsaktivitäten entstehen, sollten sie durch Integrationsvorgänge wieder abgebaut werden (Merging). Permanente Varianten sind eigenständige dauerhafte Verwaltungsobjekte und insofern „normale“ Versionen, die voneinander abgeleitet sind.

Auslöser für temporäre Varianten sind Wartungsüberholer in der Entwicklung, dringende Änderungen, Notfälle, organisatorische Duplizität (z.B. Wartungsteam und Entwicklungsteam getrennt) oder nicht eindeutige Zuordnungen (Ownership).

3.3 Weitere Einflußfaktoren der Heterogenität

CCM als querliegendes Kontrollverfahren ist von einer Vielzahl von Einflußfaktoren betroffen. Immer wenn sich die Produkte der Entwicklung ändern, die technische Basis modernisiert wird oder organisatorische / prozeßbedingte Änderungen im Unternehmen bzw. in der Informatik anstehen, ist auch CCM beeinflußt. Neben organisatorischen Veränderungen (z.B. ISO9000-Zertifizierung, Trend zum Informatik-Profitcenter, Outsourcing) und ständigen Technikänderungen (Plattformen, Werkzeuge), sind es Veränderungen in der Prozeßlandschaft der Entwicklung, Verteilung, im Problem-Management und der Produktplanung, die CCM direkt oder indirekt betreffen.Für die Wartung der Zukunft ist durch CCM entsprechende Vorsorge getroffen (Standsicherheit, Identifizierung, Fallback).

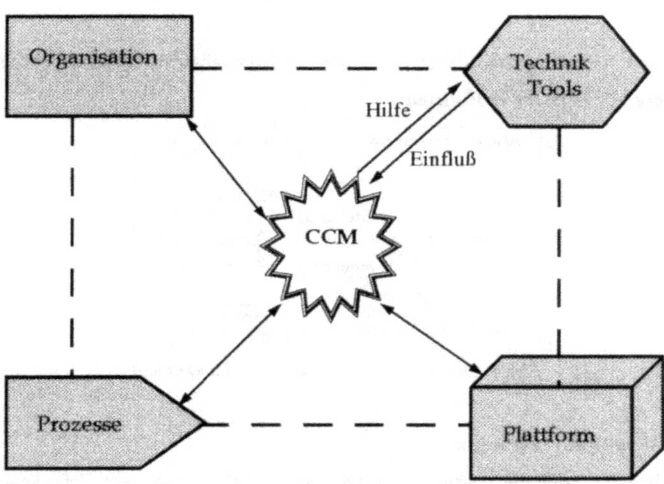

Abb.7 CCM-Einflußbereiche

4. Ausblick

4.1 Empfehlungen

Die umfassende Bewältigung von Wartung in der Zukunft benötigt vordringlich eine interdisziplinäre Betrachtungsweise (Gesamtprozeß des CCM) wie in der Einleitung bereits dargestellt. Insbesondere die Verzahnung zwischen Entwicklung und Betrieb/Produktion nimmt zu. Zur Bewältigung der Wartung in der heterogenen Umwelt empfiehlt sich eine modellhafte Betrachtung von CCM (Systemmodell), damit gleiche Prinzipien auch nur einmal beschrieben werden müssen und nicht dauernd neue (technische) Inseln entstehen.

Da die Innovation über Entwicklungsprojekte kommt (neue Produktarten), werden auch die Entwicklungs- und Bereitstellungsprozesse dafür ständig anzupassen sein. ChM (Change Management) und CM (Configuration Management) müssen daher auch ständig angepaßt werden. Dann liefern diese Verfahren als unterliegende Kontroll- und Steuerverfahren Hilfestellung für viele Zielgruppen auch und besonders in der Wartung.

4.2 CLCM und CCM

Legt man zwischen die einzelnen mehr oder minder isolierten Prozeßinseln ein gemeinsames Band an Change- und/oder Configuration Management-Funktionen, so kann man für die Wartung davon ausgehen, daß einige Vorteile eintreten:

- Erzielung oder Erhaltung nebenwirkungsfreier Qualität des SW-Produktes,
- sichere Migrationen,
- dauerhafte Verwaltbarkeit bei Re-Engineering / Reverse Engineering,
- schnellere und sichere Auswirkungsanalysen,
- sicherer Re-Use,
- Nachvollziehbarkeit,
- Revisionssicherheit,
- Workload-Optimierung für die Wartung,
- gezielte Nachlieferungen / Sonderverteilungen möglich.

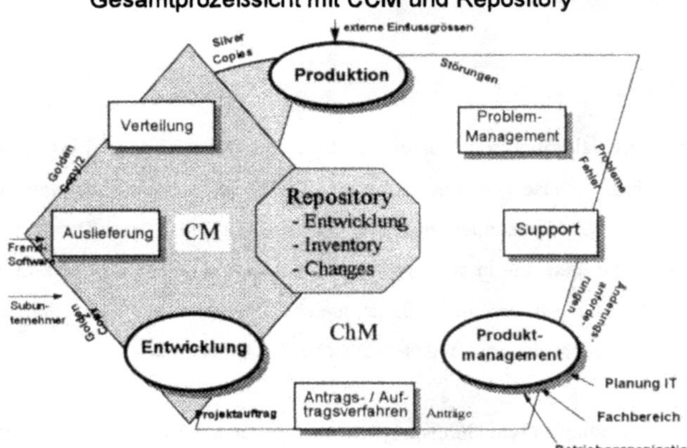

Abb.8 CLCM und CCM

4.3 CCM-Werkzeugverbund

Bei heterogener Umwelt ist davon auszugehen, daß man nicht mit einem Werkzeug auskommt. Eine Vielzahl von Werkzeugkomponenten sind erforderlich, um CM und ChM über Hardware und/oder Software abzudecken. Die Kopplung der Werkzeuge erfolgt mit Übergangswerkzeugen oder manuell auf Basis der Modellvorstellungen im CCM-Systemmodell. Es bleibt darauf hinzuweisen, daß selbst in einer homogenen Welt davon auszugehen ist, daß CCM bei einer hohen Abdeckung von Konfigurationselementen über CM und ChM häufig auch heute schon nicht mit einem einzigen Werkzeug auskommt. Für die Zukunft ist dieser Trend unverändert und besonders für die Wartung von Bedeutung.

Literatur

[DoLa94] Change Management : den Unternehmenswandel gestalten / Klaus Doppler; Christoph Lauterburg; New York : Campus Verlag

[CaPa92] Change Management : Guide to Effective Implementation / James McCalman; Robert A. Paton; London : Paul Chapman Publishing Ltd, 1992

[Pe93] R&B-Publikationsreihe „CCM“ : CCM als Sachgebiet / Günter Penzenauer; Obernburg : R&B Consulting Eigenveröffentlichung, 1993

[Pe95] R&B CCM-Referenzmodell : Editor: G. Penzenauer, Obernburg : R&B Consulting Eigenveröffentlichung, 1995

Autorenverzeichnis

Dipl.-Math. Jens Borchers
Case Consult GmbH
Carl-von-Linde-Str. 20
65197 Wiesbaden

Dipl.-Inform. Florian Bünte
PARTNER CONSULT
Beratungsgesellschaft für Information und Organisation GmbH
Wandsbeker Zollstr. 19
22041 Hamburg

Prof. Dr. Gerhard Chroust
Systemtechnik und Automation
Universität Linz
Altenbergerstr. 69
A-4040 Linz

Ute Dippold
DATEV e.G.
Software Engineering
Qualitätssicherung Methodik
Obere Kanalstr. 2-4
90329 Nürnberg

Stefan Dresbach
Lehrstuhl für Wirtschaftsinformatik und Operations Research
Universität zu Köln
Pohligstr. 1
50969 Köln

Prof. Dr.-Ing. habil. Reiner Dumke
Otto-von-Guericke-Universität Magdeburg
Fakultät für Informatik
Postfach 4120
39016 Magdeburg

Prof. Dr. Jürgen Ebert
Universität Koblenz
Institut für Softwaretechnik
Rheinau 1
56075 Koblenz

Rainer Gastner
Fraunhofer-Institut fuer Software- und Systemtechnik
Kurstr. 33
10117 Berlin

Prof. Dr. Ulrich Geske
GMD - Forschungszentrum Informationstechnik GmbH
Forschungsinstitut für Rechnerarchitektur und Softwaretechnik
GMD-FIRST
Rudower Chaussee 5
12489 Berlin

Dipl.-Inform. Rainer Gimnich
IBM Deutschland Informationssysteme GmbH
Institut für Datenbanken und Software Engineering
Vangerowstr. 18
69115 Heidelberg

Prof. Dr.-Ing. Klaus Henning
Lehrstuhl Informatik im Maschinenbau
RWTH Aachen
Ahornstraße 55
52074 Aachen

Dipl.-Ing. Horst Kesselmeier
Lehrstuhl Informatik im Maschinenbau
RWTH Aachen
Ahornstraße 55
52074 Aachen

Dr. W. Klein
Braun AG
A.-Kolping-Str. 32
61118 Bad Vilbel

Dipl. Ing. Karl Klink
IBM Deutschland Entwicklung GmbH
Schönaicher Str. 220
71032 Böblingen

Dipl.-Inform. Ulrike Kölsch
Forschungszentrum Informatik (FZI)
Haid-und-Neu-Straße 10-14
76131 Karlsruhe

Dipl. Inform. Rainer Koschke
Institut für Informatik
Universität Stuttgart
Breitwiesenstr. 20-22
70565 Stuttgart

Kathrin Kuhlmann
Lehrstuhl für Wirtschaftsinformatik III
Universität Mannheim
68131 Mannheim, Schloß

Dr.-Ing. Sebastian Kutscha
sd&m GmbH und Co KG, München
Thomas-Dehler-Str.27
81737 München

Jinhua Li
Abteilung Software Engineering
Institut für Informatik
Universität Stuttgart
Breitwiesenstraße 20-22
70565 Stuttgart

Dr. Michael Löwe
Fraunhofer-Institut fuer Software- und Systemtechnik
Kurstr. 33
10117 Berlin

Dr. Berd Müller
IBM Deutschland Informationssysteme GmbH
Wissenschaftliches Zentrum Heidelberg
Vangerow Str. 18
69115 Heidelberg

Franz-Christian Penz
Institut fuer Angewandte Informatik und Informationssysteme
Universitaet Wien
Rathausstrasse 19
A-1010 Wien

Günter Penzenauer
R&B Consulting Gruppe, Deutschland, Österreich, Schweiz
Geschäftsführer der R&B Consulting GmbH, Steyr, Österreich
Eulenstraße 14
A-4523 Neuzeug

Prof. Dr. Lutz Richter
Institut für Informatik
Universität Zürich
Winterthurerstrasse 190
CH-8057 Zürich

Klaus Schultz
Reverse- & Software-Engineering
Obere Beutau 71
73728 Esslingen

Harry M. Sneed
Technischer Direktor SES
Software-Engineering Service GmbH
Rosenheimer Landstraße 37
85521 Ottobrunn/München

Dr. U. Streubel
Braun AG
Frankfurterstr. 145
61476 Kronberg im Taunus

Prof. Dr. Günther Vinek
Institut fuer Angewandte Informatik und Informationssysteme
Universitaet Wien
Rathausstrasse 19
A-1010 Wien

Dr. Mechtild Wallrath
Forschungszentrum Informatik (FZI)
Haid-und-Neu-Straße 10-14
76131 Karlsruhe

Dipl.-Inform. Andreas Winter
Universität Koblenz
Fachbereich Informatik
Institut für Softwaretechnik
Rheinau 1
56075 Koblenz

Reiner Witschurke
Arbeitsgruppenleiter: Programm- und Systemstrukturen
Fraunhofer Institut für Software- und Systemtechnik
Kurstraße 33
10 117 Berlin

GPSR Compliance
The European Union's (EU) General Product Safety Regulation (GPSR) is a set of rules that requires consumer products to be safe and our obligations to ensure this.

If you have any concerns about our products, you can contact us on

ProductSafety@springernature.com

In case Publisher is established outside the EU, the EU authorized representative is:

Springer Nature Customer Service Center GmbH
Europaplatz 3
69115 Heidelberg, Germany

www.ingramcontent.com/pod-product-compliance
Lightning Source LLC
Chambersburg PA
CBHW071402050326
40689CB00010B/1723
* 9 7 8 3 8 2 4 4 6 2 9 4 0 *